교양

법학

강의

지은이_**이상수**

서강대학교 법학전문대학원 교수. 법조윤리와 법사회학을 주로 강의하고 있다. 서울대학교 법과대학을 졸업하고 같은 대학에서 법학 석사와 박사 학위를 취득했다. 인도의 방갈로르에 있는 인도국립로스쿨에서 연구한 바 있고, 로스쿨 제도의 도입을 위해 적극적으로 시민단체 활동을 했다. 번역한 책으로 《암베드카르 평전》(필맥, 2005), 《기업과 인권》(필맥, 2014)이 있고, 저술한 책으로는 《법조윤리의 이론과 실제》(서강대학교 출판부, 2009), 《법조윤리》(공저, 박영사, 2010), 《법사회학》(공저, 다산출판사, 2013) 등이 있다.

교양법학강의

지은이 | 이상수

개정판 1쇄 펴낸날 | 2017년 8월 25일
개정판 4쇄 펴낸날 | 2021년 3월 15일

펴낸이 | 문나영
출력 | 문형사
종이 | 화인페이퍼
인쇄 | 한영문화사
제본 | 천일제책사

펴낸곳 | 필맥
출판신고 제 2003-000078호
주소 | 서울시 서대문구 경기대로58, 606호
이메일 | philmac@philmac.co.kr
홈페이지 | www.philmac.co.kr
전화 | 02-392-4491
팩스 | 02-392-4492

ISBN 978-89-99951-88-4 (03360)

* 인쇄, 제본, 유통 과정에서 파본된 책은 구입하신 서점에서 바꾸어 드립니다.
* 이 책의 전부 또는 일부 내용을 재사용하려면 반드시 사전에 필맥의 서면 동의를 받아야 합니다.

교양 법학 강의

이상수 지음

머리말

훗날 어느 훌륭한 법률가가 과거를 회고하면서 자신을 법학에 입문하게 해주고 법학의 기초를 제대로 다지게 해준 책으로 내가 쓴 법학 입문서를 거론한다면 얼마나 고맙고 반가울까? 나는 그런 심정으로 이 책을 썼다. 우리 사회의 많은 유능한 사람이 법학에 입문하고 올바른 법학의 길을 걸어가도록 인도할 생각으로 이 책을 썼다. 이것은 무리한 욕심일 것이다. 하지만 나는 적어도 그런 심정으로 이 책을 썼다. 그렇기에 이 책은 여느 법학 입문서와 다르다.

무엇보다 이 책은 '대학생'으로서 법학에 입문하려는 사람들을 염두에 두고 집필한 것이다. 여기서 대학생이라 함은 일반적으로 대학생 수준의 지적 능력을 갖추고 있지만 아직 법학을 공부해본 적은 없는 사람들을 말한다. 나는 특히 로스쿨 진학에 관심이 있는 학생들을 염두에 두고 이 책을 썼다. 그들이야말로 향후 위대한 법률가가 될 사람들이기 때문이다. 이 책은 그들에게 현행법의 체계를 보여주는 것을 넘어 현행법을 보다 근저에서 이해할 수 있도록 조력하고자 한다. 그리하여 그들이 궁극적으로 법과 법학에 대해 나름대로의 비전을 갖게 되는 데 기여하고자 한다. 눈높이가 이러하기에 이 책은 그리 쉽지 않으며, 추상적이고 이론적인 내용도 적지 않다. 이 정도의 눈높이에서 법학을 이해해 보려는 일반인에게도 이 책을 권한다.

그렇지만 이 책이 법학 이론서의 범주에 속할 정도는 아니다. 법학이라는 학문 자체가 실용성을 본질로 한다고 해도 과언이 아니지만, 실용성을 배제한 법학 입문서란 그야말로 본말이 전도된 것이라고 아니할 수 없다. 그래서 이 책도 여느 입문서처럼 실정법에 대한 실용적 이해를 도모한다. 다만 이 책의 실용성은 생활인을 위한 실용성이기보다 전문직업인을 위한 실용성에 가깝다. 이 책에 절차법에 관한 내용이 유난히 많은 것은 그러한 측면을 반영한다. 그러므로 이 책을 읽고 이해하게 된다면 생활법률 정도는 뛰어넘는 법률지식을 갖출 수 있을 것이다. 이 책의 위상을 실용적이라고 한다면 그렇기도 하고, 이론적이라고 한다면 그렇기도 하다. 그런 의미에서 이 책은 실용적이면서도 이론적이고, 이론적이면서도 실용적이라는 양면을 갖고 있다. 대학생 수준에서 법학에 입문하고자 한다면 이 정도가 적정한 수준이 아닐까 싶다.

이 책의 또 다른 특징은 저자의 주관을 상당히 많이 담고 있다는 점이다. 이 책에서 나는 몇몇 논쟁적인 주제에 대해 단정적인 주장을 펼친다. 이 점은 이 책의 한계이자 장점이다. 사실 무미건조한 책을 여러 권 읽는 것보다는 몇 권이라도 저자의 주관이 드러난 책을 읽는 것이 훨씬 낫다. 어쩌면 한 권을 읽더라도 저자의 주관이 뚜렷이 드러난 책을 읽는 편이 더 나을 수 있다. 가장 좋기로는 서로 다른 편향의 책을 여러 권 읽음으로써 저자들 사이의 견해차이를 파악하고, 이를 통해 자기 나름의 법률관을 만들어내는 것이리라. 이런 관점에서 보면 이 책은 법이란 무엇인지에 대한 저자인 나의 생각을 서술한 것이다. 이렇게 쓴 책을 놓고 자의적이라고 폄하하는 것은 옳지 않다. 인간의 인식작용에서, 특히 사회과학 분야에서는 주관과 객관을 구분하는 것은 거의 불가능하다. 견해가 주류적이냐 아니냐의 차이가 있을 뿐이다. 이 책이 그

나마 균형이 잡히고 읽을 만한 책인지, 아니면 저자의 생각이 불필요하게 남발된 편파적인 책인지는 독자들이 판단할 일이다.

이 책을 읽은 독자들이 이 책을 암기의 소재가 아니고 비판과 토론의 재료라고 생각하게 된다면 좋겠다. 사실 그것이 바로 내가 생각하는 법이고 법학이다. 이 책은 한 번 죽 읽고 나서 버릴 책이 아니다. 지속적으로 반추돼야 할 중요한 내용을 많이 담고 있기 때문이다. 그런 점에서 이 책은 반드시 법학의 초심자들만을 위한 것이 아니다. 이 책이 법학을 전문적으로 공부할 때에도 지속적으로 참고가 되기를 희망한다. 내가 생각하는 좋은 입문서란 그런 것이다.

이 책은 대학강의에서 편리하게 이용될 수 있도록 구성됐다. 16주의 대학강의에서 중간시험과 기말시험의 기간을 빼면 14주에 걸쳐 한 학기의 강의가 이루어지는데 75분씩의 강의를 매주 두 번 한다고 하면 28회의 강의분량이 필요하다. 이런 점을 고려해 이 책을 28강으로 나누었다. 하지만 이 책을 실제로 대학교재로 사용하는 경우에 한 한기에 이 책의 내용을 다 다루기는 힘들 것이다. 교수의 필요에 따라 단원을 선별하고 이 책에 없는 내용 중에서 교수가 다루고자 하는 내용을 첨가한다고 가정하면 이 책의 28강 중에서 20강 정도가 실제로 소화가능하지 않을까 한다. 하지만 학생의 입장에서는 이 책의 28강을 모두 읽어보기를 권한다.

각각의 강의는 간단한 요약, 본문, 생각거리, 읽을거리/볼거리로 구성돼 있다. 강의별로 맨 앞부분에 그 강의의 내용을 압축적으로 요약해두었다. 만약 본문을 읽고도 이 요약 부분을 이해하지 못한다면 본문을 다시 읽기를 권한다. 요약과 본문을 왕복하면서 읽노라면 이 책의 핵심에 좀 더 빨리 접근할 수 있을 것이다. 본문에는 각주가 많이 달려 있지만 필요하다고 느끼는 경우에만 그것을 참조하면 된다. 생각거리는 본문에서 익힌 지식을 적용해보는 연습을 위해 제공되는 문제들이다. 혼자의 힘으로 답할 수 있으면 본문의 중요한 내용을 이해했다고 볼 수 있다. 그 뒤에는 추가적인 읽을거리를 제시해두었다. 가끔 학생들이 찾아와서 법학도가 읽을 만한 책을 소개해달라고 하는데, 읽을거리는 바로 그런 학생들을 위한 안내인 동시에 심화학습 거리도 제공한다. 법을 이해하는 데 도움이 될 만한 영화도 몇 편 엄선해 볼거리로 소개했다. 영화별로 표시된 별의 수에 유의한다면 나의 영화취향이 어떤지를 알 수 있을지도 모르겠다.

이 모든 내용을 강의를 통해 접하면 좋겠지만, 혼자서라도 차분히 읽는다면 이해하지 못할 정도는 아니다. 사실 이 책 자체가 강의내용을 녹취한 듯한 구어투의 문장으로 돼있기 때문에 이 책을 읽는 것은 강의를 듣는 것이나 마찬가지다. 아무쪼록 이 책을 읽는 이들이 법에 좀 더 근접하는 계기를 이 책에서 얻기를 바란다.

이 책은 여러 사람들의 수고로 만들어졌다. 특히 저자는 이 책을 쓰면서 여러 전문가들의 도움을 받았다. 오동석 교수(아주대학교 법학전문대학원), 이계수 교수(건국대학교 법학전문대학원), 이은희 교수(충북대학교 법학전문대학원), 이준현 교수(서강대학교 법학전문대학원), 이창현 교수(서강대학교 법학전문대학원), 김상수 교수(서강대학교 법학전문대학원), 이상복 교수(서강대학교 법학전문대학원), 윤영철 교수(한남대학교 법과대학), 김재훈 교수(서강대학교 법학전문대학원), 김관식 교수(한남대학교 법과대학), 정경수 교수(숙명여자대학교 법과대학) 등이 이 책의 초고를 검토하고 좋은 의견을 주었다. 그러한 검토과정에서 놀랍게도 적지 않은 용어상의 오류와 법률적 오류가 발견됐다. 여러 가지 크고 작은 오류가 걸러진 것에 대해 여러 교수님들께 고개 숙여 깊은 감사의 인사를 드린다. 그들 덕분에 이 책의 가치가 두 배는 높아졌을 것으로 믿는다. 혹시 오류가 아직도 남아있다면 그것은 전적으로 저자의 잘못이며, 이에 대해서는 강호제현의 질타를 기다리겠다. 법학도에게 소개할 만한 영화의 목록을 만들어주고 또 영화파일을 구해준 서강대학교 법학전문대학원의 이승기 학생에게도 고맙다는 인사를 전한다.

그리고 이 책이 모양을 갖추는 데 주요한 기여를 한 필맥출판사 이주명 사장의 수고를 거론하지 않을 수 없다. 이주명 사장은 어려운 출판여건에도 불구하고 이 책의 출간을 기꺼이 수락해주었을 뿐만 아니라 문장을 꼼꼼히 다듬어주고 집필의 방향과 개선점에 대해 진지하고 유익한 지적을 해주었다. 이주명 사장께 거듭 감사의 인사를 드린다. 마지막으로 늘 변함없이 힘이 되어주는 아내와 두 아들에게도 감사한다.

2010년 10월 이상수

개정판을 내며

이 책은 다음과 같은 믿음을 담고 있다.

법학은 정의를 추구하는 학문이다.

법학은 인권과 자유를 추구하는 학문이다.

법학은 창조력이 요청되는 흥미진진한 학문이다.

그것은 현실의 법학이 모두 그렇기 때문이라기보다 그러한 법학이 가능하다고 믿기 때문이다. 나는 정의, 인권, 자유, 창조의 가치에 매혹된 청년에게 법학이 하나의 대안이 될 수 있다는 것을 보여주고 싶었다. 우리 청년들이 이러한 가치에 추동되어 법학에 입문하고 열정적으로 법학을 공부할 때 우리 학문과 사회는 비로소 밝은 미래를 기대할 수 있을 것이다.

이 책이 이러한 소기의 목적을 제대로 이루었는지에 대해 의문이 작지 않다. 이런 의문을 품고도 개정판을 낸다는 것은 부끄러운 일이다. 하지만 내 의도를 읽은 몇몇 독자의 격려를 방패막이 삼아 개정판을 내기로 했다. 법률의 개정을 반영한 외에 많이 다듬지 못한 점에 대해 독자 여러분의 양해를 부탁드린다. 대신 다른 기회를 통해서 다시 만날 수 있도록 부단히 노력하고 있다는 정도의 변명을 드린다.

부족한 이 책을 읽고 또 다양한 피드백을 주신 여러 독자께 이 자리를 빌려 다시 한 번 감사 인사를 드린다.

2017년 8월 적성면 공부방에서

차례

머리말 · 4
개정판을 내며 · 9

제1강 법과 정의 **법률은 정의를 담고 있다**
1. 법학을 공부하는 이유 · 17
2. 정의란 무엇인가? · 20
3. 아리스토텔레스의 정의론 이후 · 25
4. 법학도와 정의 · 28

제2강 권리 **권리 위에 잠자는 자는 보호되지 않는다**
1. 권리는 곧 법이다 · 35
2. 권리를 위한 투쟁 · 37
3. 입법을 통한 권리주장 · 43
4. 소송을 통한 권리주장 · 44

제3강 헌법 **기본권 보장과 권력견제 장치가 없으면 헌법이 아니다**
1. 헌법과 입헌주의 · 51
2. 대한민국 헌법개정사와 근대 입헌주의 · 54
3. 헌법의 최고규범성과 추상성 · 62

제4강 기본권 **국가의 목적은 기본권 보장에 있다**
1. 인권과 기본권 · 71
2. 기본권의 역사 · 74
3. 기본권의 내용 · 78
4. 기본권의 제한 · 86

제5강 통치구조 **권력은 권력으로 견제한다**
1. 국민주권론 · 93

2. 대의제와 권력분립·98
3. 정부형태·100
4. 국회와 행정부·101
5. 법원과 사법권의 독립·103

제6강 헌법재판 헌법에 위반되는 법률은 무효다
1. 재판규범으로서의 헌법·111
2. 헌법재판의 종류·113
3. 위헌법률심판·116
4. 헌법소원심판·121
5. 헌법재판소의 이용가능성·123

제7강 행정법 법치주의는 국가를 통제하는 원리다
1. 행정법의 범위·129
2. 행정과 행정법의 개념·130
3. 행정법의 지도이념으로서의 법치행정·133
4. 법치행정의 3요소·134

제8강 행정쟁송 위법한 행정작용은 취소시켜야 한다
1. 행정구제법·143
2. 행정심판·148
3. 행정소송·151

제9강 국가보상 국가를 상대로 손해배상을 청구하자
1. 행정상 손실보상·159
2. 행정상 손해배상·163

제10강 민법 로마법에서 기원한 민법의 역사
1. 민법의 개념·175
2. 민법의 역사·177
3. 민법의 기본원리·195

제11강 능력 미성년자는 행위능력이 없다
1. 권리능력 · 201
2. 행위능력과 미성년 · 205
3. 법인 · 211

제12강 물권 부동산을 사고 팔 때는 신중하게
1. 물권과 채권 · 215
2. 물권의 종류 · 216
3. 부동산의 매매 · 221

제13강 임차권 임대차보증금을 사수하라
1. 임대차 · 231
2. 제3자에 대한 대항력 · 233
3. 보증금의 우선변제권 · 236
4. 소액보증금의 최우선변제권 · 239
5. 기타 임차인 보호규정 · 240
6. 상가건물임대차보호법 · 242

제14강 채권 불법행위에 대해 손해배상을 청구하라
1. 채권발생의 원인 · 247
2. 일반불법행위 · 250
3. 특수한 불법행위 · 253
4. 제조물책임 · 256

제15강 교통사고 손해배상은 확실히, 그러나 형벌은 가볍게
1. 자동차사고 · 263
2. 교통사고 직후의 조치 · 264
3. 교통사고의 민사책임 · 266
4. 교통사고의 형사책임 · 270

제16강 부부관계 혼인도 계약이다
   1. 가족법 · 275
   2. 약혼 · 277
   3. 혼인 · 279
   4. 이혼 · 282
   5. 사실혼 · 287

제17강 상속 유산분배를 법대로 한다면
   1. 유언 · 291
   2. 상속의 기준 · 295
   3. 유류분 · 298

제18강 약식소송 변호사 없이도 소송할 수 있다
   1. 혼자 하는 소송 · 305
   2. 민사소송의 기본원리 · 307
   3. 공정증서 · 311
   4. 지급명령 · 313
   5. 조정 · 314
   6. 제소전 화해 · 317
   7. 소액사건심판소송 · 318

제19강 민사소송 변호사를 통제하라
   1. 제소전 절차 · 323
   2. 본안심판과 판결 · 329
   3. 확정판결후 절차 · 336

제20강 회사법 소유-경영 분리의 딜레마
   1. 기업과 회사 · 341
   2. 회사의 종류 · 345
   3. 주식회사 · 349
   4. 이사의 의무와 책임 · 351

5. 주주대표소송 · 353

제21강 형법 **법률에 규정된 것만 범죄다**
1. 근대형법의 등장 · 357
2. 형벌사상 · 362
3. 범죄의 성립요건 · 364
4. 미수범과 공범 · 367
5. 형벌 · 368

제22강 형사소송 **범죄에 대한 입증책임은 검사에게 있다**
1. 형사소송과 인권보호 · 375
2. 수사와 구속 · 377
3. 기소와 공판 · 380
4. 진술서 등의 증거능력 · 382
5. 국민참여재판 · 385
6. 형사보상과 구제절차 · 385

제23강 노동법 **노동자의 권리는 법에 보장돼 있다**
1. 사회법 · 393
2. 해고 · 395
3. 임금 · 399
4. 부당노동행위 · 401
5. 비정규직 근로자 · 403
6. 산업재해 · 404

제24강 경제법 **시장경제를 활성화시켜라**
1. 경제법 · 409
2. 독점규제 및 공정거래 · 412
3. 소비자분쟁 · 417
4. 할부거래 등에서의 소비자보호 · 419

제25강 지적재산권 **지식은 곧 재산이다**
1. 지적재산권 · 427
2. 특허권 · 431
3. 저작권 · 436
4. 신지적재산권 · 438

제26강 국제법 **국제사회도 법이 규율한다**
1. 국제법의 형성 · 445
2. 국제법의 주체 · 448
3. 외교관계 · 451
4. 국제법 위반에 따른 분쟁의 해결 · 452
5. 국제경제질서와 법 · 453
6. 국제공무원 · 455

제27강 기초법학 **법철학이 없는 법학은 맹목이다**
1. 실정법학과 기초법학 · 461
2. 법철학 · 467
3. 법사학 · 468
4. 법사회학 · 470
5. 비교법학 · 471
6. 기초법학간의 관련성 · 472
7. 기초법학의 실용적 변용 · 474

제28강 변호사윤리 **"법대로 했을 뿐"이라고 말하지 말라**
1. 변호사와 윤리 · 479
2. 법조윤리 · 486

생각거리에 대한 안내 · 494
찾아보기 · 517

제1강 법과 정의
법률은 정의를 담고 있다

> 법학은 소시민의 호구지책도 아니고 속물들의 권력도구도 아니다. 법학은 정의의 학문이다. 법학도가 실정법을 공부하고 그 실행의 방법을 익히기 위해서 노력하는 것은 우리 사회에 정의가 강물처럼 넉넉히 넘쳐흐르기를 원하기 때문이다.
>
> 하지만 법을 냉혹하게 실행하는 것만이 능사는 아니다. 때로는 법을 위반해서라도 자비를 베풀고 용기를 내는 사람들이 있음으로 인해 법은 비로소 건전한 생명력을 갖게 되고 고유한 아름다움을 발한다. 그런 점에서 정의와 형평 사이에서 위태로운 균형을 유지해야 하는 것은 법학도가 피해갈 수 없는 치명적 운명이다.

1. 법학을 공부하는 이유

사람들은 왜 법을 공부하는가? 학생들은 왜 법학을 공부하기 위해 대학에 가고 로스쿨에 진학하는가? 더구나 똑똑하다고 소문난 사람들이 왜 법학에 몰려드는 것일까?

법(法)이라는 명칭 속에 약간의 실마리가 있는지도 모른다. 법은 예전부터 뭔가 규칙적인 것을 의미하는 말이었다. 법은 곧 질서였고 법칙이었다. 자연세계에는 자연적인 질서가 있듯이 인간세계에는 인간을 규율하는 질서가 있다고 사람들은 보았다. 그런데 자연적 질서나 인간적 질서는 모두 법이라는 동일한 용어로 지칭됐다. 이는 영어에서도 마찬가지다. 예컨대 사회질서로서의 법은 영어로 Law이고, 중력법칙은 Law of Gravitation이다. 이는 자연적 질서와 인간적 질서 사이에 유사성이 있기 때문이리라. 인간은 자연법칙을 이해하지 못했을 때에는 자연 앞에서 수동적이고 미약한 존재에 불과했지만, 자연법칙을 발견하고 이해하게 되면서 엄청난 힘을 갖게 됐다. 현대 물질문명이 모두 자연법칙을 이해하고 응용하는 데서 비롯됐다고 해도 과언이 아니다. 현대의 수많은 과학자들이 자연법칙을 탐구하는 이유는 단순히 지적 호기심을 풀기 위해서라기보다 자연을 더 많이 이해함으로써 그것을 더 많이 이용하기 위해서이리라.

사람들이 사회의 법을 공부하는 것도 그와 유사한 이유에서가 아닐까. 법의 기원이 어디에 있든 사회를 구성하는 개인의 입장에서 보면 사회질서로서의 법은 자연질서와 마찬가지로 각자에게 주어진 것이다. 개인은 법을 변화시킬 수 없고 오로지 그것에 따르는 수밖에 없기 때문이다. 그리고 개인이 법을 잘 모를 때에는 법이 두려운 어떤 것이 될 수 있지만 법을 잘 알게 되면 상황이 달라진다. 그렇게 되면 법은 두려움의 대상이기보다 개인의 힘을 증가시키는 도구가 된다. 인류가 자연법칙을 이용해 거대한 사업을 실행하듯이 법을 아는 개인은 법의 힘을 이용해 누구도 이룰 수 없는 큰 사업을 실행할 수 있다. 이런 점에서 법학은 개인이 변화시킬 수 없는 현실의 사회질서가 무엇이고 어떤 것인지를 알려주는 학문이다. 그것은 사회적인 힘을 갖게 해주는 지식을 제공하는 학문이다. 이 점에서 법학은 권력(power)의 학문이라고 할 만하다. 법을 잘 아는 사람을 함부로 대할 수 없는 것은 그가 남이 갖고 있지 않은 힘을 갖고 있기 때문이다. 세속적인 안정과 권력을 추구하는 많은 사람이 법학에 달려드는 것은 결코 우연이 아니다. 어떤 이는 법학을 '빵을 위한 학문(Brotwissenschaft)'이라고 부르기도 한다. 우리말로 옮긴다면 '밥학'이라고 할 만하다.

그런데 진정 법학은 '밥학'이고자 하는가? 수많은 사람들이 밥벌이를 위해 법학에 입문하고 또한 권력을 추구하는 온갖 속물들이 법학에 입문하는데, 법학은 진정 그들을 위한 학문인가?

요즘 많은 학생들이 교사가 되기를 선호한다고 한다. 어떤 학생에게 왜 그렇게 교사가 되고 싶어 하느냐고 물어보았다. 그 학생 왈, 교사가 되면 생활의 안정이 보장되기 때문이라고 했다. 하지만 학교의 선생님, 즉 교사라는 직책은 교사의 생활안정을 위해서 존재하는 것이 아니다. 교사는 학생을 가르치는 것을 본질로 하는 직책이다. 그 학생은 왜 학생을 가르치는 것이 의미가 있는지에 대한 자기 의견을 말했어야 했다. 다른 예를 들어보자. 어떤 학생에게 왜 목사가 되려고 하느냐고 물어보았다. 그 학생 왈, 목사가 되면 직장이 보장되고 부자가 될 수 있기 때문이라고 했다. 그러나 사실 목사라는 직업은 그런 것이 아니다. 목사는 지친 영혼을 위로하고 타락한 영혼을 구제하는 매우 신성한 직업이다. 다른 곳에 취직하지 못해서 또는 생활의 안정을 위해서 교사가 되고 목사가 된 사람들이 학교와 교회에 가득 찰 때 우리 사회에 무슨 희망이 있겠는가?

법학도 마찬가지다. 법학이 세속적 힘을 주는 것이기는 하지만 천박하게 권력을 추구하는 속물들이 법학계와 법조계를 가득 메우게 될 때 우리 사회에 무슨 희망이 있겠는가? 법학이 그러한 목적에만 기여한다면 법학교수는 속물들에게 칼자루를 쥐어주는 것 이상의 다른 무슨 보람을 찾을 수 있겠는가? 법학에 입문하고자 하는 당신은 왜 법학에 입문하고자 하는가? 개인적이고 세속적인 목적을 위해서인가, 아니면 고귀하고 신성한 다른 어떤 목적이 있는가? 그것이 없는 사람이라면 법학에 입문하지 않는 것이 우리 사회와 법학계를 위해 바람직하다. 그것은 마치 부자가 되기 위해 목사가 된 사람이라면 차라리 교회에 없는 것이 교회를 위해 더 나은 것과 같다.

2. 정의란 무엇인가?

법의 목적을 제대로 구현하려는 것이 법학에 입문하는 목적 중 하나라면 여러 선각자의 말을 들어볼 필요가 있다. 법의 목적에 대해 고민한 수많은 법철학자들은 법학을 '정의(justice)를 위한 학문'으로 규정해 왔다. 법에는 정의가 담겨 있다고 본 것이다. 실로 정의를 빼고 법학의 존재이유를 말하는 것은 거의 불가능해 보인다. 법학을 공부하는 일이 매력이 있고 재미가 있는 진정한 이유는 법학이 정의의 학문이라는 데 있을 것이다. 그리고 사회가 교수들로 하여금 대학에서 법학을 가르치게 하는 것은 사회에 정의가 강물처럼 넘치기를 바라기 때문이 아닐까? 법학이 정의를 위한 학문이라는 데 대해 정색을 하고 이론을 제기하는 사람은 별로 없다. 하지만 "정의란 무엇인가"라는 질문에 대해 답하는 것은 쉽지 않다.

정의에 관한 법철학자들의 논란이 많이 있었지만 그 큰 줄기는 고대 그리스의 철학자인 아리스토텔레스(Aristoteles, BC 384~322)의 정의론에서 크게 벗어나지 않았다. 지금으로부터 2300년 전의 사상이 지금에까지 그토록 큰 영향을 미친다는 것은 그 자체만으로도 놀라운 일이다.

물론 정의에 관한 논의의 기원을 따지자면 그 전부터 존재했다. 플라톤(Plato, BC 248~348)도 그중 한 사람이다. 플라톤은 이 세상이 세상 저편의 어느 곳에 존재하는 이상적인 세계를 모델로 해서 형성된 불완전한 곳이라고 보았다. 그 이상적인 세계에서는 모든 것이 완벽하다고 보았다. 그곳에는 완벽한 아름다움, 완벽한 자연, 완벽한 인간, 완벽한 사회가 존재한다고 보았다. 그곳에는 완벽한 통치자가 존재하고 완벽한 백성, 완벽한 아버지, 완벽한 아들이 존재한다고 보았다. 플라톤은 그 세계를 이데아(idea)라고 불렀다. 그에게 인간의 인식이란 실은 그러한 완벽한 세계에 대한 어렴풋한 상상 내지 회상일 뿐이었다. 이데아에 대한 인식은 탁월한 철학자들의 몫이고 그들이야말로 통치의 주체가 돼야 한다고 보았다. 플라톤이 철인정치를 옹호한 것은 바로 이러한 맥락에서였다. 그 연장선에서 플라톤은 각자가 자신의 직분에 따라 사는 것이 정의라고 보았다. 이데아의 세계에서 그곳의 군주가 했을 만한 것을 현세의 군주가 하는 것이 마땅하고, 이데아의 세계에서 그곳의 관리가 했을 만한 것을 현세의 관리가 하는 것이 마땅하다고 보았다. 결국 이데아와 일치하는 행동이 정의로운 행동이 된다는 것이다. 이는 마치 동양에서 군군신신부부자자(君君臣臣父父子子, 임금은 임금답게 처신하고, 신하는 신하답게 처신하고, 아버지는 아버지답게 처신하고, 아들은 아들답게 처신해야 한다)의 도리를 말하는 것과 같다. 정의를 이런 식으로 규정하는 것은 각자에게 타고난 역할이 있다고 전제하고 그것을 사변을 통해 인식하려고 하는 것이라는 점에서 관념주의적이다. 사회 속의 각 개인에게 지위에 맞는 각자의 직분이 있다는 것을 부인하기 어렵지만, 이러한 접근법은 지나치게 엘리트주의적이며 심지어 억압적이기까지 하다는 비판을 면하기 어렵다. 게다가 오늘날 이런 입론은 거의 지지받고 있지 않다.

아리스토텔레스는 플라톤의 제자였지만 플라톤과는 다른 접근법으로 정의에 대해 논구했다. 그는 본질적으로 경험주의자였다. 그는 관념주의적 방법론이 보편적 지식을 습득하는 방법이 된다고 보지 않았다. 대신 그는 세상의 모든 현상을 직접 연구함으로써 세상을 이해하고자 했다. 그는 경험주의자였던 것이다. 예컨대 플라톤이 인간의 본질이 무엇인지에 대해 '사색' 할 때 아리스토텔레스는 살아있는 다양한 인간을 연구했다. 정의에 대해 탐구할 때에도 마찬가지였다. 플라톤이 정의가 무엇인지에 대해 사색할 때 아리스토텔레스는 인간사에서 정의라는 말이 사용되는 온갖 어법을 연구하고 분류하는 과정을 통해서 정의의 본질에 도달하고자 했다.

아리스토텔레스는 수많은 경험적 연구를 통해 정의란 매우 복잡하고 다의적인 것이기는 하지만 궁극적으로 보면 '옳은 것' 혹은 '옳은 품덕'이라는 결론을 얻었다. 정의는 공정하고 좋은 어떤 것이다. 그것은 선한 것이고, 욕심이 없는 것이고, 나쁘지 않은 것이다. 그래서 아리스토텔레스는 정의란 '완전한 덕'이라고 했다. 나아가 정의는 특히 다른 사람과의 관계에서의 덕이라고 그는 생각했다. 정의는 고립적으로 존재하는 선이 아니고 다른 사람과의 관계에서 활용되는 선이다. 즉 인간의 좋은 품덕(선)이 다른 사람과의 관계에서 발현될 때 그것을 정의라고 한다는 것이다. 그에게 정의와 덕(선)은 존재양태만 다를 뿐 사실은 서로 같은 것이었다.

또 아리스토텔레스는 정의가 법과 밀접한 관련을 가진다고 보았다. 그는 사람들이 법을 따르는 사람에 대해서는 "옳다"고 말하고, 그렇게 하지 않는 사람에 대해서는 "옳지 않다"고 말한다는 것을 알게 되었다. 그는 그러한 관찰결과에 입각해 법이란 공동의 목표를 위해서 제정된 것이므로 법에 따르는 것이 올바른 것이라고 말했다. 정의와 법에 관한 이러한 어법은 오늘날 우리의 어법과 크게 다르지 않다. 오늘날의 사람들도 준법은 올바르고 정의로운 것으로 보는 반면에 불법은 정의롭지 못한 것으로 보기 때문이다.

이상의 논의를 간단히 요약하면, 정의는 그 가장 넓은 의미에서 덕과 같되 특히 다른 사람과의 관계에서 발현되는 덕이며, 법을 지키는 것은 정의라는 것이다. 그렇다면 법을 지키는 것이 왜 정의에 포함되는 것일까? 법의 어떤 속성이 준법을 정의로운 것으로 만드는 것일까? 아리스토텔레스는 인간 간의 수많은 관계 중에서 정의가 각별히 문제되는 두 가지 유형에 대해 설명하면서 그에 대한 답변을 제시한다. 인간관계의 두 가지 유형 가운데 한 가지는 사람들 사이의 거래나 교류에서 발생하는 관계이고, 다른 한 가지는 공공의 재화를 분배할 때 발생하는 관계다. 앞의 관계에서 문제되는 정의가 시정적 정의이고, 뒤의 관계에서 문제되는 정의가 분배적 정의다. 각각에 대해 좀 더 살펴보자.

시정적 정의의 대표적인 경우는 이득과 손실의 균형을 맞추는 경우다. 만약 한 사람이 다른 사람으로부터 부당하게 500만 원의 이득을 취했으면 그로 하여금 그 500만 원을 반환하게 하는 것이 정의다. 더 많이 반환하게 하거나 더 적게 반환하게 하는 것은 정의롭지 못한 것이다. 만약 한 사람이 다른 사람의 재산에 500만 원의 손상을 가했다면 그로 하여금 그 500만 원을 변상하게 하는 것이 정의다. 더 적게 변상하게 하거나 피해자가 더 많이 요구한다면 그것은 정의롭지 못한 것이다. 이처럼 시정적 정의에서 문제가 되는 것은 등가성이다.

공공의 재화가 문제가 되는 분배적 정의에서는 비례성을 유지하는 것이 정의다. 즉 많이 기여한 사람은 많이, 적게 기여한 사람은 적게 분배받는 것이 정의다. 적게 기여한 사람이 많이 분배받는다면 그것은 정의롭지 못한 것이다. 또한 각자에게 배분되는 몫의 양이 각자가 기여한 몫의 양에 비례해야 정의로운 것이다. 두 배 기여한 사람은 두 배로, 세 배 기여한 사람은 세 배로 분배받는 것이 정의다. 시정적 정의가 문제가 되는 관계에서 산술적 평등이 정의라면, 분배적 정의가 문제가 되는 관계에서는 비례적 평등이 정의다.

아리스토텔레스는 법이 담고 있는 정의도 이와 다르지 않다고 보았다. 시정적 정의가 법에 담겨 있다는 것은 명백하다. 분배적 정의도 마찬가지다. 또한 법에는 누가 공직자가 될 것인지를 정하는 절차가 규정돼 있는데 그 절차는 누가 해당 공직에 적임자인지를 정하는 절차와 다르지 않다. 그런 의미에서 법은 정의를 담고 있는 그릇이라고 할 만하다. 사람들이 준법을 정의롭다고 하고 불법을 정의롭지 않다고 하는 데는 근거가 없지 않은 것이다. 하지만 아리스토텔레스는 법을 엄격히 준수하는 것이 반드시 정의로운 것은 아니라는 점도 함께 지적하고 있다. 법이란 보편적인 규정의 형식으로 만들어질 수밖에 없는데, 세상일이란 복잡한 것이어서 그러한 보편적인 규정으로 담아낼 수 없는 경우가 종종 발생한다고 보았다. 따라서 입법자가 미처 생각하지 못한 그러한 경우에도 법을 엄격하게 적용하면 오히려 정의롭지 못한 결과를 빚을 수 있다고 그는 지적한다. 이는 법이 잘못 제정됐기 때문에 발생하는 문제가 아니고, 법의 보편성으로 인해 불가피하게 발생하는 문제다. 이러한 경우에는 법을 엄격하게 집행하기보다는 해당 사안을 법이 규정한 바와 다르게 취급하는 것이 정의를 실현하는 길이라는 것이 그의 주장이다. 그는 이것을 형평(equity)이라고 불렀다. 형평이 문제가 되는 상황은 법의 예외적 배제가 요구되는 상황이고, 그렇게 해서 형평을 실현하는 과정은 정의를 보충하고 정의를 완성하는 과정이다. 예외는 원칙(정의)을 깨지만 그럼으로써 원칙(정의)을 더욱 굳건하게 한다는 것이 그의 주장이다.

3. 아리스토텔레스의 정의론 이후

정의과 관련하여 아리스토텔레스가 전달하고자 한 메시지는 명료해 보인다.

첫째, 정의를 추구하라는 것이다. 정의를 추구하는 것은 인간 간의 관계에서 옳음을 추구하는 것이고, 그렇게 옳음을 추구하는 행위는 언제나 정당하다.

둘째, 사회에 적용되고 있는 현행법을 준수하라는 것이다. 준법은 정의이고 불법은 불의다.

셋째, 그렇지만 법을 엄격하게 지키는 것만이 능사는 아니라는 것이다. 법은 보편적인 형식으로 규정될 수밖에 없기 때문에 세상의 모든 구체적인 상황을 다 담을 수 없다는 본질적인 한계를 갖고 있다. 따라서 사안에 따라서는 법의 엄격한 집행이 오히려 불의를 낳을 수 있다.

넷째, 정의는 평등원칙으로 요약될 수 있다. 아리스토텔레스의 정의론에서 정의가 시정적 정의와 분배적 정의로 나뉘었지만, 이 두 가지 정의는 사실 분배적 정의 하나로 통합된다고 볼 수 있다. 왜냐하면 시정적 정의는 분배의 비율을 일대일로 하는 상황으로 볼 수 있기 때문이다. 결국 아리스토텔레스의 정의론을 한마디로 요약하면 "같은 것은 같게, 다른 것은 다른 만큼만 다르게 취급하라"는 것이다. 법률의 예외적 배제가 요구되는 상황이란 이 원칙에서 과도하게 벗어난 상황과 다르지 않다.

오늘날 법학에 입문하는 사람도 이와 같은 원칙에 입각해 입문한다면 더 할 나위 없이 좋을 것이다. 법학도라면 마땅히 넓은 의미의 정의를 향한 열정을 가지고 법학에 입문해야 하고, 현행 법규를 이해하고 준수하면서도 정의의 핵심이라고 할 수 있는 평등의 관점에서 현행 법규를 비판적으로 검토하고 필요한 경우에는 법의 경계를 넘어서까지 정의를 추구할 수 있어야 한다. 법학도에게 중요한 것은 어디까지나 정의다. 법학이 매력적인 이유는 바로 그러한 정의를 다루는 학문이기 때문이다. 나는 아직도 아리스토텔레스만큼 법과 정의의 관계를 멋지게 설정한 사람을 보지 못했다.

물론 아리스토텔레스의 정의관에 대한 비판적인 견해가 없지 않다. 가장 중요한 지적은 "같은 것은 같게, 다른 것은 다른 만큼만 다르게 취급하라"는 형식적인 정의의 원칙이 실상은 아무런 문제해결의 지침이 되지 못한다는 것이다. 왜냐하면 같음과 다름에 대한 판단의 기준이 무엇인가에 대한 지침을 그의 정의관이 제공하지 않기 때문이라는 것이다. 예컨대 남에게 손해를 끼친 경우에 손해액에 맞는 배상을 해야 한다고 하지만, 손해액의 규모를 측정하는 것 자체가 문제가 되는 경우가 많다. 예를 들어 정신적 손해를 어떻게 돈으로 계산해야 하는가? 마찬가지로 재화를 배분할 때 비례적으로 하는 것이 좋기는 하지만, 어떤 비례를 적용하는 것이 적절한지에 대해서는 그가 제시한 정의의 원칙이 아무런 기준도 제공하지 않는다. 예를 들어 어떤 것을 배분하는 방법에는 각자에게 동일하게 배분하는 방법, 각자의 기여분(merits)에 따라 배분하는 방법, 각자가 내놓은 결과(works)에 따라 배분하는 방법, 각자의 필요(needs)에 따라 배분하는 방법, 각자의 계급(rank)에 따라 배분하는 방법, 법으로 정해진 바(legal entitlement)에 따라 배분하는 방법 등이 있을 수 있는데,[1] 모두가 나름대로 정의로운 방법이긴 하지만 구체적인 상황에서 그중 어느 것이 정의가

---

[1] 카임 페를만(1912~1984)은 아리스토텔레스의 정의론을 발전시키면서 이와 같이 다양한 실질적 기준이 있을 수 있다는 점을 지적했다. 그의 책은 한글로 번역돼 있다. 카임 페를만, 《법과 정의의 철학》, 심헌섭·강경선·장영민 역, 종로서적출판사, 1986.

되는지는 알 수 없다. 이러한 모호함을 지적하는 데서 그치지 않고 정의론 자체가 총체적으로 무용하다고 주장하는 학자들도 있다. 대표적인 사람이 독일의 유명한 법학자인 한스 켈젠이다. 정의론은 서로 모순되는 가치를 동시에 추구하기 때문에 어떠한 사회질서도 무차별적으로 정당화하게 되는 공허한 정식에 불과하다고 그는 주장했다.[2]

그러나 정의론을 그렇게까지 폄하하는 것은 적절해 보이지 않는다. 정의를 추구하고 정의파를 자임하는 태도는 불의에 대항해 단호하게 투쟁한다는 의미를 담고 있다. 즉 공공연한 불법에 저항한다는 의미와 명백히 정의롭지 못한 법률에 저항한다는 의미를 담고 있다. 그리고 자의적인 법제정이나 자의적인 법집행에 대해 반대한다는 의미도 그러한 태도에 담겨 있다. 정의의 원칙은 정의를 추구하는 사람에게 준법의 의무를 부과하는 동시에 법에 대해 비판적인 자세를 견지할 것도 요구한다. 법에 대해 비판적인 자세를 견지하려면 법보다 높은 가치기준을 갖고 있지 않으면 안 된다. 법률가가 법에 매몰되면 안 되는 것이 바로 이런 이유 때문이다. 그러한 가치에 대한 민감성이 바로 정의감이다.

4. 법학도와 정의

다시 처음으로 돌아가서 법학도에게 정의란 무엇인지에 대해 생각해보자. 사람에 따라서는 법학은 언제나 기득권의 학문이고 따라서 법학을 공부하는 순간 정의는 자동적으로 포기하는 것이라고 보기도 한다. 이렇게 생각하는 사람은 제대로 된 법학 공부를 시작할 수도 없고, 공부를 시작하더라도 법학과 사회에 의미 있는 기여를 하기 어려울 것이다. 그렇다면 차라리 법학 공부를 시작하지 않는 편이 나을 것이다. 반대로 제대로 된 법학 공부를 시작하려는 사람은 확실한 대의명분을 가지고 시작할 필요가 있다. 로마의 유명한 법학자 울피아누스는 다음과 같이 말했다.

"법을 공부하려는 자는 먼저 법(ius)이라는 말이 어디에서 유래한 것인가를 알아야만 한다. 그것은 정의(justitia)로부터 유래하여 그렇게 불리게 된 것이다. 즉 켈수스(Celsus)가 정묘하게 규정했듯이 법이란 선과 형평(정의)의 기술인 것이다."[3]

그리스인이 예술의 천재였다면 로마인은 조직과 법률의 천재였다. 서양법의 역사를 보면 로마의 법률은 로마가 멸망한 뒤에도 유럽 전체를 지배했고 현대 유럽법에도 뚜렷한 족적을 남겼으며 심지어 독일법을 모방한 우리나라의 법에도 큰 영향을 미쳤다(이에 대한 설명은 제10강에 나온다). 그러한 로마법을 만드는 데서 주역의 역할을 한 로마의 법률가가 법에 대해 갖고 있었던 자부심의 근거가 무엇인지를 위의 인용문은 보여준다. 그의 말대로 법을 공부하려는 자는 법이 정의와 밀접

---

2 정의에 관한 그의 입장을 알려면 한스 켈젠, 《정의란 무엇인가?》, 김영수 역, 삼중당, 1982를 보라.
3 최병조, 《로마법연구(1)》, 서울대학교 출판부, 1995, 142쪽.

히 연관된 것임을 알아야 한다. 그는 또 다음과 같이 말했다.

"누구든 우리[법률가]를 정당하게 법의 사제(司祭)라고 부를 수 있을 것이다. 왜냐하면 우리는 정의를 돌보고, 선과 형평의 지식을 교시하며, 공평한 것을 불공평한 것으로부터 구별하고, 허용되는 것을 허용되지 않는 것으로부터 분간해내며, 사람들을 비단 징벌의 위협을 통해서뿐만 아니라 또한 포상의 격려를 통해서도 선하게 하고자 갈구함으로써, 내가 착각하는 것이 아니라면 거짓 철리(哲理)가 아닌 참된 철리를 추구하기 때문이다."[4]

그에 의하면 법은 정의를 담고 있으며, 법률가는 그러한 법의 사제다. 법률가는 정의를 돌보고, 선과 형평의 지식을 가르치고, 공평한 것과 불공평한 것을 구분하고, 허용되는 것과 허용되지 않는 것을 분간하는 일을 한다. 법률가는 허위를 추구하는 직업에 종사하는 사람이 아니라 참된 지식을 추구하는 직업에 종사하는 사람이다. 이와 같은 자부심이야말로 로마법의 지반을 형성한 힘이 아닐까? 대한민국의 법학이 수준 높은 것이 되게 하고, 로마법이 그랬듯이 우리의 법학이 인류사회에 기여하는 법학이 되게 하려면 법학을 시작하고자 하는 이들의 마음자세가 이와 같아야 마땅하지 않을까?

---

[4] 위의 책 142~143쪽.

생각거리

1

대부분의 경우에 준법이 정의이기 때문에 법대로 산다면 큰 잘못을 저지르지 않을 것이다. 하지만 그에 머문다면 결코 훌륭한 법률가가 될 수 없다. 다음과 같은 상황을 생각해보자.

간디는 영국의 식민지였던 인도의 독립을 이끈 민족지도자다. 당시 인도에는 영국인에 의해 제정된 소금법이라는 것이 있었다. 이 법에 의하면 누구도 허가 없이는 소금을 제조할 수도 판매할 수도 없었다. 그것은 세금을 확보하기 위한 수단이었다. 간디는 바닷물을 말리기만 하면 생기는 소금을 못 만들게 하는 것은 터무니없는 부정의라고 보았다. 그래서 그는 대중과 함께 경찰이 보는 곳에서 소금을 만들다가 현장에서 엄청난 폭행을 당하고 기소됐다.

이런 경우에 당신이 법관이라면 다음 두 가지 가운데 어떤 판결을 내리겠는가? ① 현행법을 위반했으므로 다른 파렴치범과 동일하게 처벌한다. ② 현행법을 위반했지만 다른 파렴치범과는 다르게 처벌한다. 그 이유는 무엇인가? 다르게 처벌한다면 어느 정도로 어떻게 다르게 처벌해야 하는가?

2

주위에서 흔히 보게 되는 현실의 법률가는 과연 정의의 사도인가? 그저 통상의 직장인에 불과한가? 아니면 불의의 앞잡이인가? 적절한 사례를 들어가면서 토론해보자.

3
앞의 두 가지 생각거리와 관련된 논란을 염두에 두고, 나로 하여금 법학에 입문하게 하는 명분이 있다면 그것은 무엇인가를 생각해보자. 정의 말고 다른 데서 명분을 찾는다면 어디에서 찾을 수 있을까?

읽을거리 / 볼거리

- 아리스토텔레스의 《니코마코스의 윤리학》(서광사, 1984) 제6장에 그의 정의론이 개진돼 있다. 철학을 전공한 학생이라면 원전을 읽어보라. 이 장의 본문에서 설명된 내용이 그대로 거기에 있을 것이다.

- 마이클 샌델의 《정의란 무엇인가》(김영사, 2010)라는 책이 서점가에서 선풍적 인기를 끌었다. 샌델에게 법률과 정의는 어떤 관계인지를 물어보면 어떤 대답을 할까? 아마도 대부분의 경우에는 법률을 지키는 것이 정의이지만 법률을 지키는 것이 늘 정의가 되는 것은 아니라고 말할 것이다. 법을 지키지 않는 것이 정의일 수 있다는 것을 이해하려면 법만 공부해서는 안 되고 이런 부류의 책도 읽어야 한다. 그래야 훌륭한 법률가가 된다.

- 정의라는 주제와 관련하여 박원순의 《역사가 이들을 무죄로 하리라》(두레, 2004)라는 책도 권할 만하다. 우리 역사에는 법을 넘어 정의를 추구한 훌륭한 법률가가 많이 있었다. 이 책은 그들에 관한 이야기다.

- 영화 〈필라델피아〉(1993, 조너선 드미 감독 / 덴젤 워싱턴, 톰 행크스 출연 / ★★★★). 정의의 핵심은 평등이다. 세상에 더러운 것이 차별이다. 정의는 부당한 차별에 대한 반대다. 심각한 차별은 언제나 주류 다수파가 비주류 소수자에게 가한 것이다. 소수자가 보호받지 못하는 사회에는 법과 정의가 살아있다고 할 수 없다. 다수의 이름으로 소수자를 억압하는 것은 법이 원하는 것이 아니다. 법학도라면 마땅히 소수자의 대변인이 돼야 한다. 〈필라델피아〉를 보면서 정의와 차별 그리고 법에 대해 생각해보자.

제2강 권리
권리 위에 잠자는 자는 보호되지 않는다

> 법이 보장하는 이익을 권리라고 한다. 권리를 주장한다는 것은 법이 보장하는 권리를 주장하는 것이면서 동시에 법의 존재 자체를 주장하는 것이다. 권리를 주장하지 않는 것은 법을 사문화(死文化)시키는 것과 같기 때문이다. 따라서 법을 공부하는 과정은 권리의 존재를 이론적으로 확인하는 과정에 그치는 것이 아니고 권리를 주장하고 현실적으로 구현하려는 노력을 포함할 수밖에 없다. 그것은 하나의 투쟁이다. 그러나 권리를 위한 투쟁은 힘으로 무장하고 이전투구에 뛰어드는 것이 아니고 이성의 논리로 미래사회를 건설하는 과정이다.

1. 권리는 곧 법이다

법이 정의의 발현이라는 것을 앞 장에서 말했다. 하지만 법에 의지한다고 해서 정의가 무엇인지를 명백히 알 수 있는 것도 아니고 더구나 정의가 저절로 구현되는 것도 아니다. 법은 시대와 장소에 따라 변화하는 것으로 보이며 심지어 같은 법체계 아래서도 정의의 내용은 그리 명료하지 않은 경우가 많다. 이러한 상황에서 우리는 어떻게 법을 공부하고 정의를 추구해야 하는가?

무엇보다 우리는 법이란 원래 그런 것이라고 시인할 필요가 있다. 즉 법률은 원래 변화하는 것이고 모호한 것임을 시인하자는 것이다. 그렇게 하면 법률을 개선해 가는 것과 각종 법규의 모호함을 극복해 가는 것을 법률가의 임무로서 받아들이고 적극적으로 그 임무를 수행해 갈 수 있다. 이와 관련해 예링(Rudolf von Jhering, 1818~1892)의 《권리를 위한 투쟁(Der Kampf ums Recht)》을 한번 읽어보자.[5]

독일어에서 권리를 가리키는 말은 Recht인데, 이 말은 '법'이라는 뜻도 갖고 있다. 즉 법은 곧 권리인 것이다. 권리의 객관적인 측면이 법이고, 법의 주관적인 측면이 권리다. 법과 권리는 동전의 양면처럼 상호의존하는 것이다. 따라서 《권리를 위한 투쟁》이라는 책 제목은 법의 개선을 위한 투쟁이라는 의미와 법에 담긴 권리를 확보하기 위한 투쟁이라는 의미를 동시에 갖는다. 참고로 이 책의 영역본은 책 제목을 'The Struggle for Rights'라고 번역하지 않고 'The Struggle for Law'라고 번역했다. 아무튼 법과 권리는 그렇게 밀접한 것이다. 권리는 법에

---

[5] 예링은 독일의 법학자로서 《권리를 위한 투쟁(Der Kanpf ums Recht)》(1872) 외에 《로마법의 정신(Der Geist des römischen Rechts)》(1852~1865), 《법에 있어서의 목적(Der Zweck im Recht)》(1877~1883) 등의 저술을 남겼다. 그의 저서 중 《권리를 위한 투쟁》은 루돌프 폰 예링, 윤철홍 역, 책세상, 2007 등 몇 가지 번역본이 국내에 출판돼 있다.

의해 보호되는 이익이다. 그것은 정당성이 있는 이익이고 마땅히 국가권력의 강제력에 의해 보호돼야 하는 이익이다. 문제는 그 권리의 내용이 무엇이냐다.

2. 권리를 위한 투쟁

《권리를 위한 투쟁》 제1장은 법에 대해서 말하고 있다. 여기서 예링은 "법의 목적은 평화이며 그것을 위한 수단은 투쟁이다"라는 도발적이고도 유명한 말로써 시작하고 있다. 그가 강조하고자 한 바는 법이란 고정적인 것도 아니고 자동적으로 성장하는 것도 아니라는 것이다. 한 시대의 법은 그 이전 시대의 법을 개선(또는 변경)한 것인데, 그 개선은 그 전의 법을 유지시키려는 세력과 단호하게 투쟁을 벌인 결과로 획득된 것이다. 이러한 변화의 배후에는 힘의 동원을 수반하는 투쟁과 희생이 있었다. 그는 그 사례로 노예제도와 농노제도 폐지, 토지소유권과 종교의 자유 보장 등이 격렬하고 때로는 수 세기 동안 계속된 투쟁을 통해 획득됐다는 점을 지적한다. 사실 역사를 돌이켜보면 그러한 사례를 무수히 발견할 수 있다. 특히 가난하고 힘없는 사람들을 위한 법은 거의 예외 없이 그러한 투쟁을 통해 만들어졌다. 법을 통해 여성이 선거권을 획득한 과정, 가정에서 남녀평등권이 구현된 과정, 노동3권이 보장된 과정 등은 그러한 점을 잘 보여준다. 그렇기 때문에 법의 개선을 위한 투쟁을 게을리 할 수 없는 것이다.

　제2장 이하에서 예링은 주관적 법, 다시 말해 권리에 대해 말한다.

제2장에는 '권리를 추구하는 사람이 권리를 주장하는 것은 그 자신의 인격을 주장하는 것이다' 라는 제목이 붙어 있다. 여기서 예링은 사람들이 권리를 주장하는 것은 단순히 경제적이고 물질적인 이익을 위한 것만은 아니라고 지적한다. 사람들이 소송을 하는 이유는 오히려 침해자로부터 받은 정신적 고통에 있는 경우가 적지 않다. 그렇기 때문에 사람들은 종종 경제적으로 납득할 수 없는 소송을 벌인다. 우리나라에서도 그러한 사건이 있었다. 공중전화에서 5원짜리 동전을 이용해 전화를 걸던 시절에 고장 난 전화기가 통화연결은 해주지도 않고 5원짜리 동전만 삼켜버리는 일이 흔히 있었다. 이런 일을 당하면 기분이 무척 나쁘지만 보통은 어쩔 수 없다고 생각하고 5원을 포기하고 말았다. 그런데 1970년에 어떤 시민이 소송을 통해 5원을 환불받은 적이 있다. 그가 그 5원을 환불받기 위해 쓴 돈은 수천 원에 이르렀고, 소송에 들어간 시간과 노력까지 포함하면 그가 입은 손해는 훨씬 더 컸다. 이해타산의 관점에서는 불합리한 이러한 행동을 하는 사람들이 있는 것은 권리를 위한 투쟁이 단순히 경제적인 문제와만 관련된 것이 아니기 때문이다.[6] 예링에 의하면 권리를 위한 투쟁은 인격의 문제와 직결된다. 권리

---

[6] 최근에 '1원 소송'이 잇달아 제기되어 화제가 된 적이 있다. 한 예로 어떤 보험회사 직원이 여자병실에 무단침입했는데 한 여자환자가 그러한 행동의 부당성을 지적하기 위해 위자료 1원을 받기 위한 소송을 제기하려고 했다. 그러자 법원은 1원을 받기 위해 소송을 제기하는 것은 소송할 권리의 남용이라고 지적하면서 각하하겠다고 했다. 말하자면 접수되더라도 본안심사를 하지 않겠다는 것이었다. '5원 소송'도 요즘에 제기됐다면 각하됐을지도 모르겠다.

를 포기하는 것은 인격적 모독을 감내하는 것이 되고, 권리를 주장하는 것은 자신의 인격을 주장하는 것이 된다. 결국 권리를 포기하는 것은 자신의 인격 내지 존재이유를 버리는 것이고, 좀 심하게 말하면 인간으로서의 자존심을 포기하는 것이다. 이것이 우리가 권리를 위한 투쟁을 해야 하는 첫째 이유다.

제3장에서 예링은 "권리를 위한 투쟁은 자기 자신에 대한 권리자의 의무"라고 말한다. 통상 권리는 주장하는 사람의 이익이기 때문에 본인이 포기하는 것은 언제나 가능하다고 한다. 하지만 예링은 권리를 주장하는 것이 법적인 의무는 아니지만 각 인격체는 자기 자신에 대한 의무로서 권리를 주장해야 한다고 말한다. 앞에서 보았듯이 권리를 주장하는 것은 곧 자신의 존재성(존재이유)을 주장하는 것이라고 한다면, 권리를 주장하지 않는 것은 자신의 존재성을 포기하는 것이나 마찬가지다. 이렇게 볼 때 권리를 주장하는 것은 자기보존을 위한 최소한의 의무다. 삶에 가치가 있다고 생각하는 모든 존재는 삶을 지탱하기 위해 제공되는 모든 권리를 주장하고 향유해야 할 의무가 있는 것이다. 우리 주변에서 유사한 사례를 찾아보자. 엄마는 아이가 밖에서 물건을 빼앗기거나 얻어맞고 들어오면 아주 속상해 한다. 빼앗긴 돈이나 맞았을 때의 육체적 고통 때문에 속상해 하는 것만은 아니다. 오히려 부당하게 당했다는 사실에 화가 나는 것이고, 그렇게 당하기만 해서야 이 험한 세상을 어떻게 살아갈 수 있을까 해서 화가 나는 것이다. 즉 자신의 권리를 정당하게 주장하거나 방어하지 못한 점에 대해 화가 나는 것이다. 개인이 사회 속에서 정당하게 살아가기 위해서는 적어도 자신의 권리를 부당하게 침해당하지는 말아야 하며, 그런 점에서 권리를 주장하는

것이 개인에게 의무가 되는 것이다. 예링은 자신에게 부여된 권리도 못 챙기는 태도를 비판하고 권리자는 자기 자신에 대한 의무로서 그러한 권리를 주장해야 한다고 말한다.

제4장에서 예링은 "권리를 주장하는 것은 사회공동체에 대한 의무"라고 말한다. 즉 개인이 자신의 권리를 주장하는 것은 그 자신만을 위해 필요한 데 그치는 것이 아니며 개인은 자신이 속한 공동체를 위해서도 자신의 권리를 주장해야 한다는 것이다. 이 장에는 법의 본질에 대한 보다 심각한 논의가 포함돼 있다. 그것은 '법'이란 독립적으로 존재하는 것이 아니며 수많은 대결과 투쟁 속에서 비로소 생명력과 의미를 갖게 된다는 점에 관한 논의다. 예컨대 법이 존재하더라도 모두가 그것을 무시해 버린다면 그 법은 존재하지 않는 것과 다를 바가 없다. 반대로 어떤 법이 의미 있게 유지되는 것은 그 법에 의해 권리를 부여받은 사람들이 그 권리를 확보하기 위해 투쟁하고 있기 때문이다. 만약 사람들이 법에 의해 부여된 권리를 주장하지 않는다면 그 권리를 침해하는 사람은 계속해서 그렇게 할 것이고 종국에는 다른 사람들도 그 권리를 누리지 못하게 될 것이다. 예를 들어 생각해보자. 학생은 강의실에서 교수로부터 인격적으로 대접받을 권리가 있다. 그런데 한 학생이 교수로부터 모욕적인 말을 들었다고 생각해보자. 만약 피해학생이 그냥 참는다면 그 교수의 행동은 변화되지 않을 것이고 다른 학생들도 동일한 피해를 입을 것이다. 만약 피해학생이 신고를 하고 법석을 떤다면 그 교수는 다시는 그러한 행동을 하지 못할 것이다. 이때 피해학생은 자신의 권리를 주장하는 것뿐이지만 그로 인해 모든 학생의 권리가 보호되어 그 혜택이 공동체 전체로 확산되는 것이다. 모든 학생

이 그러한 권리의식에 투철하다면 학교는 훨씬 더 좋아질 것이다. 공동체의 건전한 질서는 각자가 자신의 권리를 충실히 주장해야만 유지된다. 그런 점에서 개인이 권리를 주장하는 것은 공동체에 대한 의무라고 할 수 있다.

마지막으로 제5장에서 예링은 "권리를 위한 투쟁의 이익은 사법 또는 사적 생활뿐만 아니라 국법 또는 국민생활에까지 미친다"고 말한다. 앞에서 보았듯이 사적인 권리를 추구하는 것은 단순히 개인의 이익을 추구하는 것에 머무르지 않고 법질서와 건전한 공동체를 위한 토양도 되며, 이렇게 볼 때 개인들이 각자 자기의 권리를 주장하는 것 자체가 공적인 의미를 갖게 된다. 결국 국민 가운데 권리의식이 강한 사람이 많은 국가일수록 굳건하게 발전할 수 있는 것이다.

간단히 예링의 주장을 요약해보았는데, 어떤가? 나름대로 설득력이 있다고 생각하는가? 이상에서 보았듯이 예링은 법이 단순히 공정한 제3자적 입장에서 만들어진 것이라는 생각을 버리고 법을 끊임없이 개선하기 위한 투쟁을 감행해야 한다고 주장하고, 현행 법질서 하에서 법이 어떤 권리를 부여하고 있다면 그 권리를 실제로 향유하기 위해 노력해야 한다고 주장한다. 이러한 예링의 주장은 법학에 입문하려는 사람들에게 큰 힘이 돼준다. 법은 많은 부분에서 개인의 권리주장을 담고 있는데 그러한 권리주장을 단순히 이기주의적 이익추구로 비하하지 않고 반대로 공동체에 대한 의무로까지 승화시켜 정당화시켜주기 때문이다. 과연 예링이 말한대로 각 개인이 각자의 권리를 많이 주장할수록 그 사회가 건강해지고 강해질까? 너무 많은 권리주장은 사회의 분열과 비효율을 낳지 않을까? 이러한 의문을 제기하는 사람들은 예링이 살아

있던 시대에도 있었고, 그래서 예링은 이미 그에 대한 답을 해두었다. 그는 다음과 같이 말한다.

> 우선 그런 사람들이 내 생각을 왜곡하지 말고, 내가 쓸데없이 분쟁을 조장하거나 소송을 좋아하도록 만든다는 식으로 비난하지 말기를 바란다. 나는 다만 개인의 권리에 대한 공격이 그의 인격마저 경시하는 경우에 권리를 위한 투쟁을 하라고 주장할 뿐이다. … 내가 반대하는 것은 바로 비겁하거나 나태해서 불의를 무의미하게 감내하는 것이다.[7]

그렇다. 법을 공부하는 사람이 해서는 안 되는 것은 비겁하거나 나태해서 불의를 방치하는 것이다. 권리를 위한 투쟁을 한다는 것은 단순히 온갖 문제에서 분쟁을 일으키거나 소송을 제기하라는 것이 아니다.[8] 불의에 대항해 투쟁을 한다는 의미에서 권리를 위한 투쟁을 감행하라는 것이다. 이러한 의미의 권리를 위한 투쟁은 자신에 대한 의무이고, 공동체에 대한 의무이며, 국가에 대한 의무다. 법을 공부한다는 것

---

7 《권리를 위한 투쟁》의 서문에서.
8 어떤 학자는 우리가 모든 권리를 위해 투쟁하는 데 대해 약간의 의문을 표시하면서 권리를 위한 투쟁이 매우 의미 있는 경우가 따로 있다고 했다. 구분의 기준으로 그는 자신의 권리를 주장함으로써 그 혜택이 널리 퍼질 경우에는 그 권리를 위한 투쟁에 헌신해야 하지만, 그 혜택이 자기의 개인적인 이익에만 한정되는 경우에는 그럴 필요가 없다고 했다. 재미있는 기준이라는 생각이 들었다.

은 사람들의 권리가 무엇인지를 알아가는 과정이며, 자신의 법적 권리 뿐만 아니라 다른 사람의 법적 권리도 옹호해줌으로써 그 사람의 인격을 보호해주고 공동체와 국가에 봉사하는 것을 의미한다. 이만하면 법학은 공부할 만하다고 할 수 있지 않은가.

3. 입법을 통한 권리주장

권리주장은 입법을 통해서도 이루어지고 소송을 통해서도 이루어진다. 뿐만 아니라 우리의 생활 전체가 권리를 향유하는 과정이다. 이렇게 본다면 생활 자체가 투쟁의 연속인 것이다. 입법에 대해 간단히 살펴보자. 매년 수백 건의 법률이 제정되고 개정되지만 우리는 그 내용을 잘 알지도 못한다. 하지만 그러한 법들은 모두 현실의 권리관계에 변화를 낳는다. 그로 인해 득을 보는 사람들의 보이지 않는 노력이 법의 변화를 낳는다고 보아야 할 것이다. 그렇지 않다면 왜 법이 만들어지겠는가? 기득권자들과 새로운 권리를 주장하는 사람들 사이에 이해대립이 발생하는 경우에는 국회의 입법과정에서 치열한 대결이 벌어지기도 한다. 특히 1990년대 이후에 우리나라에서는 시민단체들이 입법과정에 조직적으로 개입하면서 법이 제정되는 과정에 영향을 미쳤다. 특히 〈국가인권위원회법〉, 〈진실 · 화해를 위한 과거사정리 기본법〉(세칭 과거사법), 〈5 · 18민주화운동 관련자 보상 등에 관한 법률〉, 〈민주화운동 관련자 명예회복 및 보상 등에 관한 법률〉, 〈국민기초생활 보장법〉, 〈공공기관의 정보공개에 관한 법률〉, 〈주택임대차보호법〉 등이 국회통과 과정에서 많은 진통을 겪었다. 그만큼 저항이 심했다는 의미다. 그렇다고 그 외의 법들이 아무런 마찰도 없이 국회를 통과했다는 말은 아니다. 법학교육에 혁명을 불러온 〈법학전문대학원 설치·운영에 관한 법률〉(세칭 로스쿨법)도 어느 법률 못지않게 통과과정에서 많은 진통을 겪었다. 필자는 이 법의 제정과정에 깊이 관여했고, 그 과정을 투쟁의 관점에서 정리해보기도 했다.[9] 그 과정에서 절실히 느낀 것은 권리란 권리자가 주장하지 않으면 아무도 돌보아주지 않는다는 것이었다.

4. 소송을 통한 권리주장

개인의 이익을 위한 법정투쟁이 개인과 사회에 영향을 미친 간단한 사례를 하나 살펴본다. 서울의 관악구에 살던 한 할아버지는 언론을 통해 65세 이상의 노인이면 매달 1만 5천 원의 노령수당을 받게 된다는 소식을 접했다. 그래서 1995년 12월 5일 구청에 노령수당 지급을 신청했는데, 관악구청장으로부터 노령수당은 만 70세 이상의 생활보호대상 노인에게만 지급된다는 회신을 받았다. 당시에 생활보호대상자였던 이 할아버지는 한편으로는 실망하면서 다른 한편으로는 분노했다.

---

9 이상수, 로스쿨법의 제정과정에 대한 법사회학적 해석: 시민참여입법의 동학, 〈서강법학〉, 2010.

이러한 문제가 생긴 것은 법의 해석을 둘러싸고 견해의 차이가 있었기 때문이다. 〈노인복지법〉은 "국가 또는 지방자치단체는 65세 이상의 자에 대하여 노령수당을 지급할 수 있다"고 규정하고 있는데, 그 하위법인 시행령은 "노령수당의 지급대상자는 65세 이상의 자 중 소득수준 등을 참작하여 보건사회부 장관이 정하는 일정소득 이하의 자로 한다"고 규정하고 있었다. 보건사회부 장관은 이 시행령에 따라 노인복지사업 지침을 제정했다. 그 지침에 의하면 노령수당은 만 70세 이상의 생활보호대상자에게만 지급하는 것으로 돼있었다.

할아버지는 시민단체에 이 문제를 가지고 갔고 시민단체는 법률적인 검토를 한 뒤에 할아버지에게 정당한 권리가 있다고 판단하고 관악구청장을 상대로 소송을 제기하고 그 권리를 주장했다. 할아버지와 시민단체의 주장은 법에 의해 노령수당을 지급하게 돼있는 것을 그 하위법이 제한함은 부당하다는 것이었고, 관악구청 측은 노령수당을 "지급할 수 있다"는 말은 지급하지 않을 수도 있다는 뜻이라고 주장했다. 법정공방 끝에 대법원은 다음과 같은 판결을 내렸다.

보건사회부 장관이 노령수당의 지급대상자에 관하여 정할 수 있는 것은 65세 이상의 노령자 중에서 그 선정기준이 될 소득수준 등을 참작한 일정소득 이하의 자인 지급대상자의 범위와 그 지급대상자에 대하여 매년 예산확보 상황 등을 고려한 구체적인 지급수준과 지급시기, 지급방법 등일 뿐이고, 나아가 지급대상자의 최저연령을 법령상의 규정보다 높게 정하는 등 노령수당 지급대상자의 범위를 법령의 규정보다 축소·조정하여 정할 수는 없다고 할 것임에도, 보건사회부 장관이 정한 1994년도 노인복지사업 지침은 노령수당의 지급대상자를 '70세 이상'의 생활보호대상자로 규정함으로써 당초 법령이 예정한 노령수당 지급대상자를 부당하게 축소·조정하였고, 따라서 위 지침 가운데 노령수당의 지급대상자를 '70세 이상'으로 규정한 부분은 법령의 위임한계를 벗어난 것이어서 그 효력이 없다.[10]

이 소송 이후 노령수당 지급연령이 재조정됐다. 할아버지가 특별히 공익적 마인드를 가지고 법정투쟁을 한 것은 아니었다. 그렇지만 권리를 주장함으로써 그 권리의 존재가 비로소 겉으로 드러나게 되었다. 만약 그러한 권리를 주장하지 않았다면 누구도 그 권리를 찾아주지 않았을 것이고 다른 사람들도 그 법에 의해 보호되는 권리를 향유하지 못했을 것이다. 여기서 보듯이 개인의 권리를 주장하는 것은 사적인 이익을 추구하는 과정에 그치지 않고 공적인 질서를 정립해가는 과정이 될 수 있다.

---

10 대법원 1996. 4. 12. 선고 95누7727 판결.

생각거리

4

투쟁은 한국사람에게 맞지 않는 삶의 양식일까? 일제시대에 일본 학자들은 조선인에게는 권리의식이 없다고 보았다. 그것은 조선인에게는 애당초 근대화에의 의지나 역량이 없다는 주장에 다름아니었다. 그런 일본 학자들의 관점으로부터 영향을 받았는지는 알 수 없으나, 한국 학자들조차 한국인은 투쟁을 멀리하고 평화를 사랑했다고 쓰곤 했다. 한국 법제사의 제1세대에 속하는 전봉덕은 다음과 같이 썼다.

> [한국사람은] 그 법률사상에 있어서도 투쟁적이기보다는 평화적이다. 투쟁과 분쟁을 피하고 그를 해결함에 있어서도 법에 의뢰하기를 원하지 않고 상호타협을 위주로 하고, 선현의 전례나 가르침을 인용하여 그것을 엄격히 고수하고, 풍습이나 어른의 명령은 법 이상의 심리적 강제력을 가졌다. 즉 법은 생활관계의 표면에 나타나지 못하고 풍속이 앞서 규율하고 법은 부득이 한때의 보충에 지나지 않았던 것이다.[11]

---

[11] 전봉덕, 한국 법의 구조와 성격, 《한국법제사연구》, 서울대학교 출판부, 1968, 97쪽. 이 글은 실제로는 1948년에 〈법정〉이라는 잡지에 발표됐던 것이다. 마찬가지로 제1세대 법사학자인 함병춘도 한국사람은 법적 절차를 이용하지 않고 인간관계에 의존한다는 견해를 가지고 있었다.

우리 민족은 과연 법적 투쟁을 피하고 손해를 보더라도 평화를 선택했을까? 지금도 우리 민족이 그렇다고 생각하는 사람이 많다. 그렇지만 최근의 실증적 연구는 조선시대에 우리 민족이 얼마나 이해득실을 잘 따졌는지를 보여준다. 1970년대 이후 이 분야에서 연구성과물을 낸 박병호(전 서울대학교 법과대학 교수)는 민중 차원에서 법이 어떻게 작동했는지를 연구했다. 그는 조선시대에도 소유권제도가 정립돼 있었으며 그 시대 사람들은 소유권이 침해되면 기꺼이 소송을 통해 문제를 해결했음을 많은 소송기록을 통해 증명했다. 지금은 한국 법제사 분야에서 한국민족의 권리의식이 박약했다는 주장은 거의 인정되지 않는 것으로 보인다. 최근에 통계학을 이용해 한국의 소송 건수를 조사한 결과는 적어도 현재 한국사람은 결코 소송을 꺼리는 국민이 아님을 보여준다.[12] 현재 우리나라에서 제기되는 소송은 매년 100만 건이 넘는다.

더 깊이 들어갈 수는 없으니 이쯤에서 정리하자. 법에서 보장되는 권리를 현실에서 확보하기 위해 투쟁하는 것은 좋은 일인가? 우리 민족이 좀 더 투쟁적이 돼야 하는가? 아니면 좀 덜 투쟁적이 돼야 하는가? 그 사이에 적절한 제3의 길이 있는가? 당신이 변호사가 된다면 투쟁을 조장할 것인가? 아니면 투쟁을 억제할 것인가?

---

12 김도현, 《한국의 소송과 법조》, 동국대학교 출판부, 2007, 32쪽 이하.

읽을거리

- 권리의 주장이 투쟁을 통해 이루어진다는 것을 잘 보여주는 책으로 브란트 골드스타인이 쓴 《치열한 법정》(홍승기 역, 청림출판, 2009)이 있다. 이 책은 1990년대에 아이티 난민을 구제하기 위해 예일대 교수와 학생들이 펼친 법정투쟁의 기록이다. 18개월 동안 80여 명이 치열하게 싸운 끝에 아이티 난민 310명이 미국에 합법적으로 입국할 수 있게 됐다. 이 투쟁을 지도한 예일대 교수는 한국인 2세 고홍주 교수다. 그는 권리란 쟁취하는 것이라는 말의 의미를 아는 사람이었다. 그는 나중에 예일대 로스쿨의 학장을 역임했다. 자랑스러운 한국인이라 아니 할 수 없다.

제3강 헌법
기본권 보장과 권력견제 장치가 없으면 헌법이 아니다

> 한 국가에 헌법이 있다는 것은 그 국가에 단순히 최고의 법규범이 있다는 말이 아니다. 헌법이 있다는 말은 국민의 기본권 보장을 국가의 최고목적으로 설정하고 이를 위해 국가권력에 대한 통제장치를 두고 있다는 의미다. 이것이 소위 입헌주의(立憲主義)가 의미하는 바다. 서양에서 등장한 입헌주의 원리는 중세사회와 절대주의 권력에 대항해 시민이 투쟁하는 과정에서 쟁취한 것이다. 이 점은 우리나라의 헌법도 마찬가지다. 대한민국의 현행 헌법도 입헌주의 원리에 입각해 있으며, 국민이 권위주의적 정권과 대결하는 과정에서 쟁취한 것이다.

1. 헌법과 입헌주의

헌법이라는 우리말에 해당하는 영어 Constitution이나 독일어 Verfassung은 조직이나 구조라는 의미의 단어다. 가장 단순한 의미에서 헌법은 국가의 기본적 조직과 운영에 관한 최고규범이라고 할 수 있다. 다시 말하면 국가 최고기관의 조직과 권한, 국가기관 상호간의 관계, 국가와 국민의 관계에 관한 기본원칙을 정한 기본법을 말한다. 적어도 국가라는 것이 존재하기 위해서는 그러한 의미의 규범질서가 필수적이다. 그런 점에서 헌법은 모든 정치사회에서 보편적으로 발견되는 규범이다. 조선시대의 《경국대전》도 국가의 조직이나 구조를 정리해 놓은 최고규범이라는 의미에서 헌법이라고 할 수 있다. 그러나 이러한 헌법 개념은 헌법이라는 말이 갖는 역사적 의미를 몰각한 것으로서 근대헌법을 이해하는 데 그다지 도움이 되지 않는다.

사실 헌법이라는 개념은 초역사적인 것이 아니다. 그것은 근대라고 하는 독특한 역사적 배경을 전제로 해서만 제대로 이해될 수 있다. 우리가 의미하는 헌법은 근대헌법이다. 그것은 중세의 봉건권력에 대항하는 투쟁의 결과로서 성립된 것이다.

근대헌법의 사상적 기초는 홉스(Hobbes)와 로크(Locke)에 의해 대변되는 사회계약론이다. 홉스는 중세의 종교적인 세계관에서 탈피해 정치세계의 세속적 기초를 정립했다. 그에 의하면 만인이 만인에 대해 투쟁하는 상태, 즉 자연상태의 혼란을 극복하기 위해 정치사회가 정립됐다. 홉스에 이어 로크는 결정적으로 근대적인 사회계약 사상을 완성했다. 로크는 인간은 태어나면서부터 생명, 자유, 재산이라는 자연권을 가지고 태어나며, 국가는 바로 그러한 자연권을 보호하기 위해 사회계약에 입각해 만들어진 것이라고 말했다. 이처럼 로크는 국가의 존립이유가 국민의 자연권을 보호하는 데 있다는 이론을 정립했다.

근대헌법과 관련해서는 몽테스키외도 매우 중요한 사상적 지위를 갖는다. 그는 로크적 세계관을 지지하면서도 국가권력이 국민의 자유를 보호하기 위해서는 그것이 분산되지 않으면 안 된다고 주장했다. 입법, 행정, 사법이라는 3개 국가권력이 서로 다른 주체에 의해 보유돼야 한다는 것이었다.

이와 같은 근대적 정신은 미국의 〈독립선언서〉에 그대로 반영됐고 미국 헌법을 통해 제도화됐다. 1789년의 프랑스혁명 때 발표된 〈인간과 시민의 권리 선언〉은 제16조에서 "권리의 보장이 확보되지 아니하고 권력의 분립이 규정되지 아니한 사회는 헌법을 가진 것이라고 할 수 없다"고 선언했다. 이 문장에서 우리는 로크와 몽테스키외의 사상이 남긴 흔적을 볼 수 있다.

이처럼 근대사회가 헌법에 의해 운영된다고 했을 때 그 의미는 단순히 근대국가에는 나라별로 최고의 법규범이 있다는 것이 아니다. 그 말은 근대적 의미의 헌법에 의해 국가가 운영된다는 의미다. 그것은 탈종교화된, 즉 세속화된 규범에 의해 국가가 운영된다는 것, 그 헌법은 각 개인의 자연권(내지 인권)의 존재를 전제로 해서 그것을 보호하는 것을 목적으로 한다는 것, 그리고 그러한 목적을 달성하기 위해 국가권력을 분립시킨다는 것이다. 한 학자는 입헌주의란 "기본적 인권의 보장과 그것을 위한 국가권력의 통제된 구상"이라고 간명히 정리하고 있다.[13]

---

13 김창록, 한국의 법체계는 어디로 나아가고 있는가, 〈법학연구〉, 제38권 제1호, 부산대학교 법학연구소, 1997, 2쪽. 근대 입헌주의라는 관점에서 우리나라 법의 전개과정을 개관하고자 한다면 이 논문을 일독할 것을 권한다.

지금 우리가 공부하려는 헌법은 바로 그러한 의미의 근대 입헌주의 정신을 담고 있는 헌법이다. 근대적인 국가라면 헌법전은 없을 수도 있지만 헌법이 없을 수는 없다. 그만큼 헌법의 존재는 근대국가의 징표다. 반대로 헌법전은 있지만 기본적 인권의 보장이 없거나 그 보장을 위한 '국가권력의 통제된 구상'이 없다면 우리는 그 나라에 헌법이 없다고 말해도 된다. 우리가 말하는 헌법은 근대적인 의미의 헌법이기 때문이다.

따라서 헌법을 공부한다는 것은 근대정신의 토양을 함께 배우는 것을 의미한다. 헌법을 일관되게 제대로 이해하기 위해서는 근대헌법의 목적이 무엇인지, 헌법이 어떤 수단을 통해서 그 목적을 이루려고 하는지를 이해하는 것이 중요하다.

물론 근대헌법이 대두된 이래 헌법의 내용에 전혀 변화가 없었던 것은 아니다. 특히 독일 바이마르 헌법은 근대정신을 넘어 현대적 의미의 헌법을 표방했다. 즉 바이마르 헌법은 사회적 기본권을 인정하면서 사회국가의 이념 및 복지국가의 원리를 바탕으로 한 헌법이다. 하지만 이러한 것은 기본권 개념의 확대로 보아야지 근대헌법의 정신을 부인하는 것으로 볼 것은 아니다. 무엇보다 헌법은 역사성을 갖는 현상이자 문서라는 것을 반드시 기억해두자.

2. 대한민국 헌법개정사와 근대 입헌주의

우리나라에서 근대적 의미의 헌법이 논의된 것은 상해 대한민국 임시정부 시절부터였다. 1919년에 대한민국 임시정부가 〈대한민국 임시헌법〉을 제정했다. 그러나 1945년에 우리나라가 일제의 식민지 지배에서 벗어나 독립했을 때 임시정부는 정통성을 인정받지 못했다. 해방 후 남북이 분열되고 남한지역만의 총선거로 국회가 구성됐다. 대한민국 제헌헌법은 제1대 국회에서 제정되고 1948년 7월 17일에 공포됐다. 이후 헌법은 모두 9차례에 걸쳐 개정됐다. 우리나라의 헌법이 제정되고 개정된 역사를 살펴보면서 현행 헌법의 역사적 의미에 대해 생각해 보자.

제헌헌법은 제1대 국회의 주도 아래 제정됐다. 제1대 국회의원 선출을 위한 총선거 당시에 가장 큰 정치적 쟁점은 남한만의 단독정부를 수립할지 여부였다. 결과적으로 이 문제는 제1대 총선을 반쪽짜리로 만들어버렸다. 이승만 세력을 위시한 우익들이 단독정부 수립을 전제로 총선에 가담했지만 김구나 김규식을 위시한 상당수의 중도파가 선거를 거부했기 때문이다. 이렇게 우익 중심으로 구성된 제1대 국회가 1948년 5월 31일에 개원해 헌법 제정에 착수했다. 1948년 6월경부터 국회의 헌법기초위원회는 '유진오·행정연구위원회 공동안'을 원안으로 하고 '권승렬안'을 참고안으로 하여 헌법 초안 작성을 시작했다. 이 두 안은 모두 의원내각제, 양원제의 국회, 대법원의 위헌법률심사권을 규정하고 있었다. 그러나 초안의 국회상정 단계에서 이승만과 그의 지지세력이 대통령제와 단원제, 그리고 헌법위원회에 의한 위헌법률심사를 주장하면서 파행이 빚어졌다. 그들의 주장은 권력을 행정부에 집중시키고 권력분립을 약화시키려는 것이었다. 그러나 결국 그들의 주장이 수용된 헌법이 제정되어 1948년 7월 17일에 공포됐다. 이처럼 제헌헌법은 파행적 총선에 의해 선출된 국회의원들에 의해 만들어졌고 국회에서 처리되는 과정도 순리적이지 않았다. 이러한 파행은 향후 헌법 개정사에 암운을 드리운 것이라고 해도 과언이 아니다.

제1차 개헌은 1952년에 이루어졌다. 1950년에 제2대 국회의원 선거가 있었는데, 1948년에 총선 참여를 거부했던 인사들이 이때에는 선거에 참여해 대거 당선됐기 때문에 국회 안에서 이승만 지지세력은 극소수에 불과하게 됐다. 이승만은 국회를 통해서는 재선될 가능성이 없었기 때문에 정·부통령 선거를 국회의원에 의한 간접선거에서 국민에 의한 직접선거로 바꾸는 개헌을 시도했다. 그러나 이 개헌안은 1952년 1월 국회에서 부결됐다. 정부·여당은 1952년 5월에 다시 대통령직선제를 도입하기 위한 개헌안을 국회에 제출했다. 이승만은 이 개헌안을 통과시키기 위해 계엄령을 선포하고 일부 국회의원들을 구속하는 무리를 감행했다. 그는 7월에 버스를 이용해 국회의원들을 강제로 국회에 등원시킨 다음 경찰과 군인으로 하여금 국회의사당을 포위하게 해 놓고 기립투표 방식으로 개헌안을 통과시켰다. 투표의 결과는 출석위원 166명 중 찬성 163표, 반대 0표, 기권 3표였다. 이처럼 제1차 개헌의 과정은 극단적인 파행의 연속이었다. 공고절차도 없었고, 초안의 독회나 토론도 없었고, 강압적인 분위기 속에서 투표가 진행됐기 때문에 무효라고 할 수밖에 없는 것이었다. 그럼에도 불구하고 전쟁과 계엄의 분위기 속에서 제1차 개정헌법 시대가 시작됐다. 그 내용을 보면 대통령직선제에 의원내각제적 요소인 국무원 불신임제를 가미한 것이었다. 그래서 제1차 개헌을 '발췌개헌'이라고 부른다. 이는 정부의 개헌안과 국회의 개헌안을 적당히 짜깁기하는 방식으로 헌법을 개정했다는 뜻이다.

제2차 개헌은 1954년에 있었다. 1952년에 직선으로 대통령에 당선된 이승만이 주도하는 자유당이 1954년의 3대 국회의원 선거에서 압도적으로 승리했다. 그것은 6·25 전쟁의 영향이었다. 자유당이 국회를 장악하자 이승만은 대통령직을 연임하기 위한 개헌을 시도했다. 초대 대통령에 한해 무제한적으로 재선을 허용하자는 것이 그 내용이었다. 이 개헌안에 대한 투표는 1954년 11월 27일 실시됐다. 이때 재적 203명 중 135명이 찬성해 1표 부족으로 개헌안이 부결됐다. 그러나 부결된 지 이틀 뒤에 국회는 이른바 '사사오입'이라는 계산법을 적용해 부결을 번복하고 가결을 선포했다.[14] 찬성표가 의결정족수에 미달했음에도 국회가 불법적으로 개헌안을 통과시킨 이때의 제2차 개헌을 세칭 '사사오입 개헌'이라고 한다.

1960년 6월에 이루어진 제3차 개헌은 4·19 의거의 세례를 받은 것이었다. 1956년 선거에서 야당 후보의 급사로 말미암아 승리한 이승만은 노골적인 독재정치를 했다. 1960년 선거에서도 이승만은 수많은 부정행위를 통해 승리했다. 하지만 이번에는 학생들의 강력한 저항에 직면하게 됐다. 이승만 정권은 계엄을 선포하고 시위대에 발포까지 하는

---

14 203 × 2/3 = 135.333인데 그 단위가 사람이므로 개헌안이 통과되려면 국회의원 136명이 찬성해야 했다. 그런데 실제로는 135명이 찬성했음에도 국회가 개헌안을 통과한 것으로 처리해 버렸다. 135.333명을 사사오입(四捨五入) 처리해 의결정족수가 135명이니 의결됐다고 우긴 것이다. 이러한 셈법이 규범적으로 일고의 가치도 없음은 말할 것도 없다.

등 강경한 진압에 나섰지만 저항은 오히려 전국민적으로 확산됐다. 결국 이승만은 4월 26일 사임을 발표하고 대통령직을 떠났다. 대통령 독재를 경험한 국민은 기본권 보장과 권력 제한을 강화한 헌법, 말하자면 근대적인 의미의 헌법정신에 충실한 헌법을 원했고, 국회는 기본권 보장 강화, 의원내각제 채택, 헌법재판소 설치, 대법원장과 대법관 선거제 도입 등을 주요 내용으로 하여 헌법을 개정했다. 이토록 근본적인 변화가 있었기 때문에 1960년의 헌법은 개정된 헌법이라기보다 새로 제정된 신헌법으로 보아야 한다는 견해를 내놓은 헌법학자도 있었다. 아무튼 1960년 헌법은 민의가 강하게 반영된 것으로서 근대 입헌주의 정신에 충실한 것이었다고 평가할 수 있다.

제4차 개헌은 제3차 개헌이 있은 지 불과 몇 달 만에 이루어진 것이었다. 당시 쟁점사항은 3·15 부정선거에 연루된 인사들을 처벌하기 위해 헌법에 그 근거를 마련하자는 것이었다. 다시 말해 그들을 처벌하기 위해서는 소급입법이 필요한데 그런 소급입법을 할 수 있는 근거를 헌법에 명기하자는 것이었다. 학생들은 이를 관철시키기 위해 국회를 점거했고, 1960년 헌법에 따라 구성된 국회는 11월 29일 소급입법의 근거를 담은 개헌안을 통과시켰다. 이 개헌에 의거해 〈부정선거 관련자 처벌법〉, 〈반민주행위자 공민권 제한법〉, 〈부정축재자 특별처리법〉, 〈특별재판소 및 특별검찰부 조직법〉 등이 통과됐다. 이러한 소급입법이 타당한지에 대해 후세 학자들의 논란이 없지 않았지만, 당시 대중의 분위기는 압도적으로 이전 정권의 구악을 단죄해야 한다는 것이었다.

제5차 개헌은 1962년에 이루어졌다. 제3차 개헌에 의해 정권을 잡은 장면 내각이 분열과 혼란을 거듭하는 상황에서 박정희를 중심으로 한 일부 군인이 1961년 5월 16일 군사쿠데타를 일으키고 전국에 비상계엄을 선포했다. 이들은 혁명내각을 조직하고 의회를 해산해버렸다. 군사정부는 1962년 7월부터 3개월 동안에 헌법안을 작성해 12월 국민투표에 회부해 확정했다. 이렇게 제정된 헌법은 12월 26일 공포됐다. 당시 군사정권의 개헌작업은 박정희의 민정불참을 전제로 한 것이었지만, 박정희는 약속을 깨고 1963년의 대통령선거에 출마해 당선됐다. 제5차 개헌은 군인들이 일방적으로 주도한 것이어서 애초부터 정당성의 문제가 내재돼 있었다. 군사정권은 이런 문제를 해결하기 위해 국민투표를 통해 헌법을 확정했다. 그 내용을 보면 대통령제의 회복, 대법원장과 대법관에 대한 선거제 폐지, 대법관의 대한 대통령의 임명권 도입, 헌법재판소의 폐지 등을 담고 있었다. 이때의 개정헌법은 정치안정에 대한 국민적 요구를 일정부분 반영한 것으로 볼 수도 있겠지만, 제3차 헌법에 비해 후퇴한 것으로서 독재정치를 위한 제도를 마련한 것이라는 측면도 강하다.

제6차 개헌은 1969년에 이루어졌다. 박정희는 국회와 사법부를 장악한 가운데 1967년의 대통령선거에서도 승리했다. 박정희는 집권연장을 위해 대통령의 3선을 허용하는 헌법개정을 단행했다. 국회 의석의 다수를 확보한 여당은 야당 의원들을 배제한 채 국회의사당이 아닌 곳에서 여당 의원들만의 표결로 헌법개정안을 통과시켰다. 이처럼 박정희는 국민적 합의나 절차를 무시하고 개헌을 추진했다. 그해 10월에 국민투표가 있었지만 이는 요식행위에 불과했다. 내용도 대통령의 3선 금지 규정을 4선금지 규정으로 바꾼 것이 그 중심이었다.

제7차 개헌은 이른바 '유신헌법'으로의 개헌으로 1972년에 이루어졌다. 박정희는 1971년의 대통령선거에서 김대중 후보와 경쟁을 벌여 간신히 승리했고 총선에서도 여당 의석이 크게 줄어들었다. 불안을 느낀 박정희는 1972년 10월 전국에 비상계엄을 선포하고 국회를 해산한 뒤 비상국무회의의 주도 아래 헌법개정안을 마련해 국민투표에 회부했다. 결과는 91%의 찬성이었고 개정헌법은 그해 12월 27일 공포됐다. 내용은 기본권의 보장을 대폭 후퇴시키고 대통령의 권한을 대폭 강화함과 동시에 대통령의 연임에 대한 제한을 없애는 것이었다. 이는 자유민주주의를 사실상 포기하고 권위주의적 통치를 정당화하는 헌법적 토대를 갖춘 것을 의미했다.

제8차 개헌은 1980년에 이루어졌다. 제7차 개정헌법이 규정한 간접선거로 대통령이 된 박정희는 영구집권의 제도적 기반도 확보했지만 국민은 박정희를 원하지 않았다. 국민의 저항은 더욱 커져만 갔고 1979년 총선에서는 야당이 승리했다. 결국 박정희는 1979년 10월 26일 자신의 최측근에 의해 사살됐고 유신정권은 막을 내렸다. 억압됐던 국민의 민주화 열망이 폭발하는 순간 전두환을 위시한 군인들이 12월 12일 쿠데타를 감행하고 정권을 장악했다. 이에 저항하고 나선 광주시민들은 무자비하게 학살됐다. 군사정권은 국회의 활동을 정지시킨 다음 자신들이 주도해 개정한 헌법을 1980년 10월 27일 공포했다. 그 핵심 내용은 7년 단임제의 대통령제를 도입한 것이었다. 미국의 대통령제가 4년 중임제인 점과 비교할 때 그것은 사실상 중간평가 없이 재선에 해당하는 임기를 보장하는 것이었다. 절차적 정당성이 없는 개헌과 그에 입각해 집권한 신군부 정권에게 온전한 정치를 기대할 수는 없었다.

제9차 개헌은 1987년에 이루어졌다. 국민을 학살한 대가로 취임한 전두환 정권은 그 출범부터 안정적일 수 없었다. 국민의 저항은 정권 말기로 갈수록 심해졌고, 1987년에는 '6월 대항쟁'이라고 불리는 전국민적 항쟁이 이어졌다. 시위대의 요구는 대통령 직선제로의 개헌으로 압축됐다. 결국 전두환 정권은 개헌저지 노력을 포기하고 국민이 원하는 방향의 개헌을 하기로 약속했다. 이에 따라 8월에 여야합의에 의한 개헌안이 마련됐고, 이 개헌안이 국회를 거쳐 국민투표를 통해 확정됐다. 이 개정헌법은 1987년 10월 29일에 공포됐다. 이때의 개헌은 그 절차에 하자가 없었을 뿐만 아니라 그 내용으로 봐도 방향을 제대로 잡은 것이었다. 권력기구의 구성과 관련해 국민의 요구에 맞게 대통령 직선제를 회복시켰을 뿐 아니라 종전의 헌법에 비해 국민의 기본권 보장을 강화했고, 권력남용을 방지하는 방향의 개선도 다수 이루어졌다. 국정감사의 부활, 대통령의 국회 해산권 폐지, 대통령의 5년 단임제 등이 도입됐다. 특히 헌법과 관련해 헌법재판소 제도를 도입함으로써 헌법규범의 실질화에 크게 기여했다. 국민적 지지에 힘입은 제9차 개정헌법은 20년 이상 생명을 지속하면서 오늘에 이르고 있다.

이상으로 우리나라 헌법사의 큰 흐름을 짚어보았다. 여러분의 느낌은 어떤가? 서양에서 근대헌법이 도입된 과정이 봉건적 구체제에 대한 저항과 투쟁의 과정이었는데 우리나라에서 헌법이 발달한 과정도 크게 다르지 않음을 알 수 있을 것이다. 우리나라 헌정사도 크게 보아 근대 입헌주의적 전통이 안착하는 과정으로 볼 수 있지만, 자세히 들여다보면 국민적 투쟁이 고조됐을 때에만 그랬을 뿐 그렇지 않았던 시기에는 헌법이 권력을 정당화하는 도구로서 주로 기능했다. 이러한 점들을 고려하면 앞에서 살펴본 예링의 주장이 그리 틀리지 않았다는 것을 알 수 있다. 법제도의 발달은 국민의 권리의식이 충만할 때 발전하며, 그 법제도가 실효적으로 작동하기 위해서도 국민의 권리의식이 충만하지 않으면 안 되는 것이다.

현행 헌법은 국민의 힘으로 쟁취된 것이라고 해도 과언이 아니다. 최근 정부와 국회는 개헌에 관한 논의를 많이 하고 있다. 이번의 개헌이 국민적 합의의 결과물인 1987년 헌법의 정신을 긍정적으로 계승한 것이 될지, 아니면 그것을 후퇴시키는 것이 될지에 대해 확답할 수는 없다. 다만 국민인 우리로서는 근대헌법 정신의 확산이라는 역사의 도도한 흐름을 놓치지 않는 강한 역사의식을 가지고 있지 않으면 안 된다. 국회는 국민의 기본권 보장을 강화하고 권력의 남용을 방지하는 장치를 도입하고자 하는가, 아니면 그 반대인가? 이것이 핵심적인 관전 포인트다. 국회가 국민의 기본권 보장을 약화시키고 권력을 남용하려고 한다면 국민에게 주어지는 과제는 명백하다. 그것은 저항하고 반대하는 것이다. 그러한 국민적 노력이 없어도 국회가 국민을 위해 헌법을 올바로 개선해줄 것이라고 막연히 믿는 것은 나이브한 태도다. 더구나 그 사람이 법학도, 법학자라면 더욱 그러하다.

3. 헌법의 최고규범성과 추상성

앞에서 보았듯이 현대사회에서 헌법은 기본권을 보장하는 장치와 그것을 위해 국가권력을 통제하는 장치를 반드시 가지고 있다. 다만 국가에 따라 보장하는 기본권의 내용이나 체계에 다소간의 차이가 있고 권력에 대한 견제방식이 다르다. 근대국가는 개인의 자연권 보장을 위해 존재하고 개인의 자연권은 헌법으로 표현되기 때문에 헌법은 국가의 존재목적을 나타낸다고 할 수 있다. 국가의 존재목적은 반복해 말하거니와 국민의 기본권 보장에 있다. 그 외의 다른 어떤 것도 국가의 목적이 될 수 없다.

정의론과의 관계에서 본다면 헌법은 추상적이고 형식적인 정의의 이념을 구체화하는 의미를 갖는다. 헌법이 정의의 구체적 내용을 확정하는 데 필요한 실체적인 가치기준을 제공하는 것이다. 한 국가의 모든 법률은 헌법이 추구하는 가치를 추구해야 하며 그렇지 않은 법률은 효력이 인정되지 않는다. 헌법의 최고규범성은 헌법재판에 의해 담보된다(헌법재판에 관한 깊은 논의는 제6강에서 다룬다). 우리나라의 경우 법률의 위헌성 여부는 헌법재판소에 의해 판가름 난다. 이렇게 하여 헌법이 살아 있는 규범으로 작동하게 되는 것이다.

헌법이 실효적인 법으로서 작동한 사례를 하나 들어 보겠다. 아래의 사례는 검열을 둘러싼 논란이다. 검열이란 법원이 아닌 행정기관이 사전에 언론·출판물의 내용을 통제하는 것을 말한다. 법에 처음 입문하는 사람으로서는 법조문을 직접 읽기가 어색하겠지만 어차피 앞으로 해야 할 일이라고 생각하고 한번 읽어보자. 현행 헌법 제21조는 다음과 같이 규정하고 있다.

제21조 ① 모든 국민은 언론·출판의 자유와 집회·결사의 자유를 가진다.

② 언론·출판에 대한 허가나 검열과 집회·결사에 대한 허가는 인정되지 아니한다.

이 조항은 국민에게 언론·출판의 자유가 있음을 선포하고, 언론·출판에 대한 검열이 위헌임을 밝히고 있다. 그런데 (구)〈영화법〉은 다음과 같이 규정하고 있었다.

제12조 ① 영화(그 예고편을 포함한다)는 그 상영 전에 공연법에 의하여 설치된 공연윤리위원회의 심의를 받아야 한다.
② 제1항의 규정에 의한 심의를 필하지 아니한 영화는 이를 상영하지 못한다.
제13조 ①공연윤리위원회 또는 방송심의위원회는 제12조 제1항 또는 제4항의 규정에 의한 심의에 있어서 다음 각 호의 1에 해당된다고 인정되는 영화에 대하여는 이를 심의필한 것으로 결정하지 못한다. 다만 그 해당 부분을 삭제하여도 상영에 지장이 없다고 인정될 때에는 그 부분을 삭제하고 심의필을 결정할 수 있다.
1. 헌법의 기본질서에 위배되거나 국가의 권위를 손상할 우려가 있을 때.
2. 공서양속을 해하거나 사회질서를 문란하게 할 우려가 있을 때.
3. 국제간의 우의를 훼손할 우려가 있을 때.
4. 국민정신을 해이하게 할 우려가 있을 때.

간추려 다시 말하면, 누구든 영화를 상영하기 위해서는 공연윤리위원회의 사전심의를 받아야 하며, 공연윤리위원회는 그 내용이 국가의 권위를 손상하거나 국민정신을 해이하게 하는 등의 우려가 있다고 판단되면 상영금지를 결정할 수 있다는 것이다. 이 조항은 검열이라는 말을 쓰고 있지는 않지만, 행정기관이 영화의 내용을 사전에 통제한다는 의미에서 검열의 실체를 담고 있음을 알 수 있다. 이러한 문제에 대해 헌법재판소는 다음과 같이 결정했다.

> 영화법(映畵法) 제12조 제1항, 제2항 및 제13조 제1항이 규정하고 있는 영화에 대한 심의제의 내용은 심의기관인 공연윤리위원회가 영화의 상영에 앞서 그 내용을 심사하여 심의기준에 적합하지 아니한 영화에 대하여는 상영을 금지할 수 있고, 심의를 받지 아니하고 영화를 상영할 경우에는 형사처벌까지 가능하도록 한 것이 그 핵심이므로 이는 명백히 헌법 제21조 제1항이 금지한 사전검열 제도를 채택한 것이다.[15]

헌법재판소는 〈영화법〉의 심의규정이 실질적으로 헌법이 금지하는 검열에 해당한다고 선언한 것이다. 이에 따라 〈영화법〉은 무효가 됐

---

[15] 헌재 1996.10.04, 93헌가13. 이때 문제된 영화는 장산곶매라는 영화사가 만든 〈닫힌 교문을 열며〉였다. 장산곶매는 입시교육의 문제를 다룬 이 영화를 제작해 대학가에서 상영했는데, 당시 이 영화사의 강헌 대표가 이로 인해 형사고발됐다. 그러나 영화법이 무효가 됨에 따라 그는 무죄선고를 받았다.

다. 그런데 〈영화법〉 대신 〈영화진흥법〉이라는 법에 다음과 같은 내용이 삽입됐다.

> 제21조(상영등급 분류) ④ 영상물등급위원회가 제3항의 규정에 의하여 상영등급을 분류함에 있어서 당해 영화가 다음 각 호의 1에 해당된다고 인정되는 경우에는 내용검토 등을 위하여 대통령령이 정하는 바에 따라 3월 이내의 기간을 정하여 그 상영등급의 분류를 보류할 수 있다.
> 1. 헌법의 민주적 기본질서에 위배되거나 국가의 권위를 손상할 우려가 있을 때.
> 2. 폭력·음란 등의 과도한 묘사로 미풍양속을 해치거나 사회질서를 문란하게 할 우려가 있을 때.
> 3. 국제적 외교관계, 민족의 문화적 주체성 등을 훼손하여 국익을 해할 우려가 있을 때.

이 조항을 자세히 들여다보면, 영상물등급위원회는 상영등급을 정한다는 미명 하에 상영등급의 판정을 보류함으로써 실질적으로 내용에 대한 검열을 할 수 있게 돼있다. 그래서 이 조항 또한 헌법재판소의 위헌심사 대상이 됐다. 이에 대해서 헌법재판소는 다음과 같은 결정을 내렸다.

영화진흥법 제21조 제4항이 규정하고 있는 영상물등급위원회에 의한 등급분류 보류제도는, 영상물등급위원회가 영화의 상영에 앞서 영화를 제출받아 그 심의 및 상영등급 분류를 하되 등급분류를 받지 아니한 영화는 상영이 금지되고 만약 등급분류를 받지 않은 채 영화를 상영한 경우 과태료, 상영금지 명령에 이어 형벌까지 부과할 수 있도록 하며 등급분류 보류의 횟수 제한이 없어 실질적으로 영상물등급위원회의 허가를 받지 않는 한 영화를 통한 의사표현이 무한정 금지될 수 있으므로 검열에 해당한다.[16]

헌법재판소의 입장은 모든 영화에 대해 반드시 등급분류를 받게 한 다음에 영상물등급위원회로 하여금 등급분류를 보류할 수 있게 하고 그것도 반복적으로 보류할 수 있게 한다면 그것이 검열이 아니고 무엇이냐는 것이었다. 결국 영화진흥법 제21조도 위헌무효로 선언되어 폐지됐다. 이상에서 어렴풋하게나마 헌법이 실제 현실에서 어떻게 작용하는지를 알 수 있을 것이다.

하지만 헌법은 여전히 많은 한계를 가지고 있는 것이 사실이다. 헌법 속의 현란한 명문장이 단지 장식에 불과한 경우가 적지 않다. 국가 예산이 뒷받침되지 않아서 그럴 수도 있고, 국가권력이 의도적으로 그것을 무시하기 때문에 그럴 수도 있다. 또 헌법에서 표방된 여러 기본권은 서로 충돌하기도 한다. 어떤 기본권은 그 내용을 확정하기 힘들

---

16 헌재 2001.08.30, 2000헌가9. 이때 문제된 영화는 이지상 감독의 〈둘 하나 섹스〉였다. 이 영화가 1999년 9월 등급분류 보류 결정을 받아 개봉이 불투명해졌다. 그러나 헌법재판소는 영상물등급위원회의 등급분류 보류 조치에 대해 위헌이라고 판정했다.

정도로 추상적이기도 하다. 헌법이 갖는 이러한 고도의 추상성은 헌법에 대한 개방적이고 분방한 해석을 가능하게 하는 반면에 자칫 헌법적 논의를 비현실적인 공론에 그치게 하기도 한다. 무릇 헌법을 공부하는 사람은 그런 추상성에 매몰되지 않으면서 현실적 규범력을 갖도록 헌법을 해석하지 않으면 안 된다. 이때 방향을 잃지 않게 해주는 나침반은 앞서 말한 근대 입헌주의 정신이다. 다시 말해 국민의 기본권을 최대한 보장하는 것이 헌법의 목적이라는 점을 명심한다면 혼란 속에서도 크게 잘못된 방향으로 나아가지는 않을 것이다.

생각거리

5

우리나라 헌정사에 대한 소회를 서로 나누어보자. 우리의 헌정사는 누더기 역사인가? 승리의 기록인가?

6

유진오는 우리나라 제헌헌법의 기초자로 알려져 있다. 그는 원안 단계에서는 의원내각제안을 제출했지만 헌법기초위원회의 검토 과정에서 정국의 안정을 도모한다는 이유로 대통령제로 입장을 변경했다. 유진오는 헌법기초위원회의 헌법안을 국회에 제안하면서 제안이유를 설명했는데, 다음은 그 첫 대목이다. 제헌헌법의 기초자가 어떤 관점에서 헌법을 만들었는지를 음미해보자.

> 지금 소개해주신 유진오올시다. 이 헌법의 원안을 기초한 관계로서 이 헌법의 근본정신에 대해서 간단하게 말씀드리려고 생각합니다. 지금 서상일 위원장께서 말씀하신 바와 같이 이 헌법의 기본정신은 정치적 민주주의와 경제적·사회적 민주주의의 조화를 꾀하려고 하는 데 있다고 말씀할 수 있겠습니다. 다시 말씀하면 불란서 혁명이라든가 미국이 독립시대로부터 민주주의의 근원이 되어온 모든 사람의 자유와 평등과 권리를 위하고 존중하는 동시에 경제균등을 실현해보려고 하는 것이 이 헌법의 기본정신이라고 말할 수 있습니다. 그러므로 우리는 모든 사람의 자유와 평등을 기본원

리로 하면서 이 자유와 평등이 국가 전체의 이해와 모순되는 단계에 이르면 국가권력으로써 이것을 조화하는 그런 국가체제를 생각해본 것이올시다.[17]

읽을거리

- 김욱,《그 순간 대한민국이 변했다》, 개마고원, 2005. 이 책의 제목에서 '그 순간'이란 헌법재판의 판결이 내려지는 순간을 말한다. 이 책은 우리나라의 주요 헌법재판 판례를 역사적 맥락과 함께 알기 쉽게 소개하고 있다. 검열에 관한 판례도 소개돼 있다.

---

17 헌법제정회의록 제1집(1948년 6월 23일). 한인섭 엮음,《정의의 법 양심의 법 인권의 법》(박영사, 2004)에서 재인용. 이 책에는 우리나라의 유명한 법률 관련 논설들이 실려 있다. 법률가라면 한 권 구입해서 틈틈이 읽어볼 만하다.

제4강 기본권
국가의 목적은 기본권 보장에 있다

> 기본권은 헌법으로 제도화된 인권이다. 제도화된 인권의 목록, 즉 기본권의 목록을 유심히 살펴보면 우리 사회가 해야 할 일이 무엇인지를 알 수 있다. 법학도에게는 기본권의 목록이 무한한 영감의 원천이 돼야 한다. 헌법학도라면 헌법상 보장되는 기본권의 목록을 보면서 현실에서 문제되는 구체적인 인권상황들을 실감나게 떠올릴 수 있어야 하고, 그것을 극복하고 타개해 나갈 방안에 대해 고민해야 한다. 국민의 기본권을 보장하는 것이야말로 국가의 존재이유이며 헌법학의 존재이유다.

1. 인권과 기본권

인권 또는 기본권을 둘러싼 논리구조를 이해하기 위해서는 로크의 《통치론》을 살펴보는 것이 필수적이다. 이 책은 그 부제대로 '시민정부의 참된 기원, 범위 및 그 목적'에 관해 서술하고 있다. 말하자면 근대적 의미의 정부의 기원, 권력행사의 범위와 권력의 존재이유에 대해서 설명하고 있는 것이다.

　로크에 의하면 자연상태에서 인간은 생명과 자유와 소유에 대한 권리를 갖는다. 여기서 중요한 것은 인간이 생명권, 자유권, 소유권을 '자연권'으로서 갖는다는 주장이다. 다시 말해 국가의 존재여부와 상관없이 인간이라면 누구나 '인간이라는 바로 그 이유만으로' 태생적으로 그러한 권리를 갖는다는 것이다. 말하자면 그것은 사회가 제공한 것이 아니다.

　로크는 애초의 자연상태에서는 평화와 질서가 유지됐다고 보았다. 그러나 화폐의 등장으로 부를 집적하는 것이 가능하게 되면서 인간들 사이에 불평등이 생겨났고, 그러한 불평등은 소유를 둘러싼 분쟁과 갈등을 낳게 되어 부득불 정부의 설립을 도모하지 않을 수 없게 됐다는 것이다. 여기서 알 수 있듯이 로크는 정부의 기원이 자연상태에서 각인이 보유하는 자연권을 보호하기 위해 사회구성원들이 맺은 자발적인 계약에 있다고 보았다. 로크는 홉스와 달리 자연상태를 평화로운 상태로 보았기 때문에 국가의 역할은 그러한 평화를 교란하는 요소를 제압하는 데 한정돼야 한다고 보았다. 또 국가가 존재하는 이유가 자연권의 보호에 있기 때문에 만약 국가가 그러한 본래적인 존재이유를 몰각하거나 그 임무를 충실히 수행하지 못하면 국민은 정부에 대해 저항하고 그것을 교체할 권한을 정당하게 갖는다고 보았다. 이것이 로크의 저항권 이론이다.

　로크 스스로는 인권이라는 용어를 쓰지 않았지만, 그의 이론에는 현대 인권이론이 의미하는 바가 그대로 들어 있다. 반대로 현대 인권이론은 로크의 자연권 이론에 인권이라는 용어를 입혔다고 할 만하다. 아무튼 로크의 이론은 그 전 시대의 이론에 비추어 한 단계 진전된 모습을 보이고 있다. 이를 몇 가지로 정리해보자.

첫째, 정부의 존립근거를 세속화했다. 로크의 이론에서는 정부나 국가의 성립과 관련해 종교적인 근거를 찾아볼 수 없다. 중세적 세계관은 신의 영광을 구현하기 위한 도구로서 국가를 이해했다. 그러나 로크는 국가의 존립근거를 세속적 목적에 두었다.

둘째, 실정법의 존재와 무관한 인간의 자연적 권리를 인정했다. 이것이 로크가 제시한 '인권' 이론의 핵심이다. 즉 그는 '시민'이나 '국민'이 아닌 단지 인간이라는 이유만으로 당연히 향유할 수 있는 권리의 존재를 인정한 것이다(이런 로크의 견해를 받아들여 필자도 이하에서 자연권이라는 용어와 인권이라는 용어를 같은 의미로 쓴다).

셋째, 정부는 국가를 구성하는 국민(개인)을 위해 존재한다는 점을 명백히 했다. 국가의 목적은 개인의 인권을 보장하는 데 있다. 국가는 국민으로부터 독립된 자기 목적을 갖고 있지 않으며 오직 인권보장을 위한 것이라는 의미에서 수단적인 존재다.

로크가 이러한 이론을 주장했다고 해서 그 전에는 자연적 권리를 주장한 사람이 없었다는 말도 아니고, 로크의 이론이 발표된 뒤에 그의 이론이 곧 현실화되었다는 말도 아니다. 다만 자연적 권리의 이론이 로크에 의해 가장 정교한 형태를 갖추게 됐고, 로크의 이론을 매개로 자연적 권리의 보장이 현실화되어 갔음은 틀림없다.

그런데 인간은 자연상태에서 자연권을 가진다고 로크가 주장했지만, 자연권의 존재 자체를 경험적으로 실증할 수는 없다. 더구나 자연권의 내용이 무엇이냐는 문제에 이르면 사람들 사이의 견해차가 더욱 커질 수밖에 없다. 바로 이 지점에서 '자연권 내지 인권의 실정법화'라는 문제가 대두된다. 인권의 실정법화란 인권을 이론의 영역에 머물게 하지 않고 실정법에 규정하여 법적 권리로 인정함으로써 인권이 실제 현실에서 구현되도록 강제하는 것을 말한다. 특히 인권이 헌법상의 권리로 인정됐을 때 이를 기본권이라고 부른다.

인권이 실정법화한다는 것은 중대한 의미를 가진다. 우선 실정법화를 통해 특정 인권의 존재가 사회적으로 공인되는 효과가 발생한다. 특정 인권의 존재에 대한 사회적인 공인이 이루어지는 것이고, 이를 통해 인권이 실효적으로 작동하게 되는 것이다. 그리고 인권이 실정법화한다는 것은 사회 내에 다수결 민주주의와 다른 어떤 메커니즘이 존재하게 된다는 것을 의미한다. 인권은 모든 인간에게 공평하게 보장되는 것이기 때문에 소수자나 약자에게도 보장돼야 한다.

근대 정치사상이 자연권 개념을 창안했다면 근대헌법은 그것을 실정법화함으로써 인권의 존재여부나 인권 목록에 대한 불필요한 논쟁을 종식시켰다. 국가는 실정법에 열거된 기본권 목록의 구현을 위한 수단이다. 그런 점에서 국가의 목적은 국민의 인권 보호에 있다고 할 수 있다.

2. 기본권의 역사

우리가 말하는 인권의 역사 가운데 많은 부분은 인권이 공식 법문서로 인정돼온 과정 또는 그 과정에 대한 서술이다. 다시 말해 인권의 역사는 공인되고 실제로 구현된 인권의 목록을 증가시켜온 과정이다. 인권의 실정법화에 유의하면서 인권의 역사 또는 기본권의 역사를 간단히 살펴보자. 법학도의 관점에서는 이러한 인권 관련 법규정의 변화에 관심을 두지 않을 수 없다.

오늘날 기본권 목록에 포함되는 내용을 가장 먼저 명기한 역사적 문헌으로는 흔히 영국의 〈자유대헌장(Magna Carta Liberatatum)〉(1215)을 든다. 소위 자연권이론이 대두되기 훨씬 전에 작성된 이 문서는 귀족의 권리를 보장하기 위한 것이긴 했지만, 오늘날까지 효력을 갖는 중요한 권리선언을 담고 있다. 이 문서는 특히 제39조에서 형사사건에 대한 합법적 재판의 보장과 법에 의하지 아니한 체포, 감금, 처벌 등을 받지 않을 권리를 선언하고 있다. 그 외에도 〈권리청원(Petition of Rights)〉(1628), 〈인신보호령(Habeas Corpus Act)〉(1679), 〈권리장전(Bill of Rights)〉(1689) 등도 중요한 기본권 목록을 제공한다. 이들 문서는 자유권을 법적으로 확인하는 한편 의회의 동의 없는 조세의 금지, 자유선거 등을 규정했다. 하지만 이들 문서는 보편적 인간의 권리를 선언한 것은 아니었다.

로크적 의미의 자연권이론에 입각해 보편적 인간의 권리를 실정법화하는 움직임은 미국에서 가장 먼저 나타났다. 1776년에 제퍼슨이 기초한 〈미국독립선언〉에 나오는 다음 구절을 보라. 마치 로크의 《통치론》을 그대로 요약한 듯하다.

우리는 다음의 사실을 자명한 진리로 확신한다. 즉 모든 사람은 태어나면서부터 평등하고 그들은 조물주에 의해 일정한 불가양의 천부적인 권리를 부여받았으며 그 중에는 생명, 자유와 행복을 추구할 권리가 포함돼 있다는 것, 또 이러한 여러 권리를 확보하기 위해 사람들 사이에서 정부가 조직됐다는 것, 그리고 그 정당한 권력은 피치자의 동의에서 유래한다는 것을 우리는 믿는다. 그리고 어떠한 형태의 정부라도 이러한 목적을 파괴하게 될 때에는 그 정부를 변경하거나 폐지하고, 그들의 안전과 행복을 추구하기 위해 가장 적당하다고 생각되는 원리에 기초하여 가장 적당하다고 생각되는 권력조직을 가진 새로운 정부를 조직하는 것이 인민의 권리라고 믿는다.

미국은 이러한 철학에 입각해 독립했다. 그 정신은 1776년의 〈버지니아 주 권리장전〉에서도 그대로 표현되고 있다. 특히 이 장전은 권리의 목록을 구체적으로 제시하고 있다. 이 장전은 생명권, 평등권, 자유권, 소유권, 행복추구권 등의 천부적 권리를 선언하고 있고 인민주권, 권력분립, 자유선거, 형사절차의 보장, 잔혹한 형벌 금지, 영장주의, 배심재판, 출판의 자유, 신앙의 자유 등에 관한 내용을 담고 있다.

인권의 역사에서 빠뜨릴 수 없는 것으로 '프랑스 인권선언'도 있다. 1789년의 프랑스혁명을 이끈 국민회의는 〈인간과 시민의 권리선언〉이라는 중요한 문서를 발표했다. 이 인권선언은 제정목적을 담은 전문에 이어 17개의 조문으로 구성돼 있다. 그 내용의 일부는 1791년의 프랑스 헌법을 통해 실정법상의 권리가 됐다. 이 인권선언은 인권목록과 아울러 국민주권과 권력분립에 관한 내용을 담고 있다. 이 인권선언은 평등권, 재산권, 신체의 자유, 무죄추정의 원칙, 표현의 자유,

언론출판의 자유 등을 주요 내용으로 하고 있다.

미국 독립선언, 미국 헌법, 프랑스 인권선언 등은 그 뒤로 세계 각국에 영향을 끼치면서 근대헌법을 확산시켰다. 거기에 규정된 기본권 목록을 오늘날 헌법의 기본권 목록과 비교해보면 당시에는 자유권이 기본권 목록의 중심이었다는 것을 알 수 있다. 근대헌법에는 소위 '사회권'에 해당하는 것이 거의 없다. 오늘날의 사회권에 해당하는 권리가 권리문서에 등장하게 되는 데 결정적인 기여를 한 것은 1919년 독일의 바이마르 헌법이다. 이 헌법은 전통적인 자유권을 인정함과 더불어 인간다운 생활의 보장, 노동력의 보호, 근로자의 단결권 보장, 사회보장, 근로조건의 유지와 개선 등 새로운 인권의 영역을 명시적으로 인정했다. 이러한 권리는 국가의 적극적인 역할을 요청한다는 의미에서도 근대헌법의 정신과 차이가 있다. 바로 이러한 점들로 인해 바이마르 헌법은 '근대'와 구분되는 의미에서 '현대'적 의미의 헌법이라고 불리기도 한다. 그러나 앞에서도 말했듯이 현대적 의미의 헌법은 기본권 목록의 질적 심화에 해당한다고 볼 것이지 근대적 의미의 헌법으로부터의 일탈이라고 볼 것은 아니다.

위에서 보았듯이 인권이나 기본권은 국가권력에 대한 저항의 산물이다. 영국에서는 인권이 국왕의 권력에 대한 저항의 과정에서 정립됐다. 미국에서는 인권이 영국의 식민지 지배로부터의 독립을 의미하는 것이었다. 프랑스에서는 인권이 구체제로부터 해방되는 과정에서 얻어졌다. 사회적 기본권은 국가가 기본권을 소극적으로 방치함으로써 결과적으로 침해하는 것에 대한 저항의 산물이다. 국민이 기본권을 향유한다는 것은 국민이 알아서 기본권을 누린다는 의미가 아니다. 그것은 국가가 기본권 보장의 의무를 진다는 의미다. 기본권은 국민이 누리는 권리이지만 그것을 보장할 의무자는 바로 국가다. 국가는 국민의 기본권(자유권적 기본권)을 침해하지 말아야 할 의무를 가질 뿐만 아니라 적극적으로 국민의 기본권(사회적 기본권)을 충족시켜야 할 의무도 갖는다. 기본권의 의무자는 국가라는 점을 늘 명심하자.

3. 기본권의 내용

기본권이 실정헌법을 통해 공인된 인권이라고 한다면, 우리 헌법은 어떤 인권들에 기본권의 지위를 부여하고 있을까? 우리 헌법 제2장(제10조에서 제37조까지)은 헌법상 보장되는 인권의 목록을 제시하고 있다. 기본권의 내용은 통상 자유권적 기본권, 참정권적 기본권, 청구권적 기본권, 사회적 기본권으로 나눈다. 우리 헌법은 이와 더불어 기본권의 대원칙으로 인간으로서의 존엄과 가치 및 행복추구권에 관한 조항(제10조)과 평등권에 관한 조항(제11조)을 두고 있다. 전체적으로 보면, 다른 선진국이나 국제사회가 규정하고 있는 인권 목록의 대다수를 포함하고 있다고 할 수 있다. 또한 제37조는 "국민의 자유와 권리는 헌법에 열거되지 아니한 이유로 경시되지 않는다"라고 하여 비록 헌법에 열거돼 있지 않은 권리라도 기본권으로 인정될 여지를 남기고 있다. 이처럼 우리 헌법상 보장되는 기본권은 일반적으로 인권으로 인정되는 것을 사실상 거의 다 포괄하고 있으며 아울러 헌법에서 보장되지 아니한 인권의 존재도 인정하고 있다. 따라서 우리 헌법상의 기본권 개념과 인권 개념을 구분하는 것은 큰 의미를 갖지 못한다. 중요한 것은 적어도 헌법에 규정된 것은 논란의 여지 없이 보호돼야 하는 인권이라는 점이다.

그렇다면 헌법적 지위를 확보한 인권의 목록에는 어떤 것들이 들어있을까? 하나씩 읽으면서 음미해보자. 자세히 읽어보면 온갖 좋은 말로 가득 차 있음을 알 수 있다. 하지만 이들 조문은 단순한 장식이 아니다. 법학도라면 헌법의 기본권 목록을 반복해서 읽어야 하고, 이를 통해 자유분방하게 사고하면서 많은 영감을 얻을 수 있어야 한다. 자세히 읽으면서 우리 사회에서 의미 있게 작동하는 조항과 그렇지 않은 조항을 찾아보자. 기본권이 최대한 보장되기 위해서는 무엇이 필요한지도 함께 생각해보자.

제2장 국민의 권리와 의무

제10조 모든 국민은 인간으로서의 존엄과 가치를 가지며, 행복을 추구할 권리를 가진다. 국가는 개인이 가지는 불가침의 기본적 인권을 확인하고 이를 보장할 의무를 진다.

제11조 ① 모든 국민은 법 앞에 평등하다. 누구든지 성별·종교 또는 사회적 신분에 의하여 정치적·경제적·사회적·문화적 생활의 모든 영역에 있어서 차별을 받지 아니한다.

② 사회적 특수계급의 제도는 인정되지 아니하며, 어떠한 형태로도 이를 창설할 수 없다.

③ 훈장 등의 영전은 이를 받은 자에게만 효력이 있고, 어떠한 특

권도 이에 따르지 아니한다.

제12조 ① 모든 국민은 신체의 자유를 가진다. 누구든지 법률에 의하지 아니하고는 체포·구속·압수·수색 또는 심문을 받지 아니하며, 법률과 적법한 절차에 의하지 아니하고는 처벌·보안처분 또는 강제노역을 받지 아니한다.

② 모든 국민은 고문을 받지 아니하며, 형사상 자기에게 불리한 진술을 강요당하지 아니한다.

③ 체포·구속·압수 또는 수색을 할 때에는 적법한 절차에 따라 검사의 신청에 의하여 법관이 발부한 영장을 제시하여야 한다. 다만, 현행범인인 경우와 장기 3년 이상의 형에 해당하는 죄를 범하고 도피 또는 증거인멸의 염려가 있을 때에는 사후에 영장을 청구할 수 있다.

④ 누구든지 체포 또는 구속을 당한 때에는 즉시 변호인의 조력을 받을 권리를 가진다. 다만, 형사피고인이 스스로 변호인을 구할 수 없을 때에는 법률이 정하는 바에 의하여 국가가 변호인을 붙인다.

⑤ 누구든지 체포 또는 구속의 이유와 변호인의 조력을 받을 권리가 있음을 고지받지 아니하고는 체포 또는 구속을 당하지 아니한다. 체포 또는 구속을 당한 자의 가족 등 법률이 정하는 자에게는 그 이유와 일시·장소가 지체 없이 통지되어야 한다.

⑥ 누구든지 체포 또는 구속을 당한 때에는 적부의 심사를 법원에 청구할 권리를 가진다.

⑦ 피고인의 자백이 고문·폭행·협박·구속의 부당한 장기화

또는 기망 기타의 방법에 의하여 자의로 진술된 것이 아니라고 인정될 때 또는 정식재판에 있어서 피고인의 자백이 그에게 불리한 유일한 증거일 때에는 이를 유죄의 증거로 삼거나 이를 이유로 처벌할 수 없다.

제13조 ① 모든 국민은 행위 시의 법률에 의하여 범죄를 구성하지 아니하는 행위로 소추되지 아니하며, 동일한 범죄에 대하여 거듭 처벌받지 아니한다.

② 모든 국민은 소급입법에 의하여 참정권의 제한을 받거나 재산권을 박탈당하지 아니한다.

③ 모든 국민은 자기의 행위가 아닌 친족의 행위로 인하여 불이익한 처우를 받지 아니한다.

제14조 모든 국민은 거주·이전의 자유를 가진다.

제15조 모든 국민은 직업선택의 자유를 가진다.

제16조 모든 국민은 주거의 자유를 침해받지 아니한다. 주거에 대한 압수나 수색을 할 때에는 검사의 신청에 의하여 법관이 발부한 영장을 제시하여야 한다.

제17조 모든 국민은 사생활의 비밀과 자유를 침해받지 아니한다.

제18조 모든 국민은 통신의 비밀을 침해받지 아니한다.

제19조 모든 국민은 양심의 자유를 가진다.

제20조 ① 모든 국민은 종교의 자유를 가진다.

② 국교는 인정되지 아니하며, 종교와 정치는 분리된다.

제21조 ① 모든 국민은 언론·출판의 자유와 집회·결사의 자유를 가진다.

② 언론·출판에 대한 허가나 검열과 집회·결사에 대한 허가는 인정되지 아니한다.

③ 통신·방송의 시설기준과 신문의 기능을 보장하기 위하여 필요한 사항은 법률로 정한다.

④ 언론·출판은 타인의 명예나 권리 또는 공중도덕이나 사회윤리를 침해하여서는 아니 된다. 언론·출판이 타인의 명예나 권리를 침해한 때에는 피해자는 이에 대한 피해의 배상을 청구할 수 있다.

제22조 ① 모든 국민은 학문과 예술의 자유를 가진다.

② 저작자·발명가·과학기술자와 예술가의 권리는 법률로써 보호한다.

제23조 ① 모든 국민의 재산권은 보장된다. 그 내용과 한계는 법률로 정한다.

② 재산권의 행사는 공공복리에 적합하도록 하여야 한다.

③ 공공필요에 의한 재산권의 수용·사용 또는 제한 및 그에 대한 보상은 법률로써 하되 정당한 보상을 지급하여야 한다.

제24조 모든 국민은 법률이 정하는 바에 의하여 선거권을 가진다.

제25조 모든 국민은 법률이 정하는 바에 의하여 공무담임권을 가진다.

제26조 ① 모든 국민은 법률이 정하는 바에 의하여 국가기관에 문서로 청원할 권리를 가진다.

② 국가는 청원에 대하여 심사할 의무를 진다.

제27조 ① 모든 국민은 헌법과 법률이 정한 법관에 의하여 법률에

의한 재판을 받을 권리를 가진다.

② 군인 또는 군무원이 아닌 국민은 대한민국의 영역 안에서는 중대한 군사상 기밀·초병·초소·유독음식물공급·포로·군용물에 관한 죄 중 법률이 정한 경우와 비상계엄이 선포된 경우를 제외하고는 군사법원의 재판을 받지 아니한다.

③ 모든 국민은 신속한 재판을 받을 권리를 가진다. 형사피고인은 상당한 이유가 없는 한 지체 없이 공개재판을 받을 권리를 가진다.

④ 형사피고인은 유죄의 판결이 확정될 때까지는 무죄로 추정된다.

⑤ 형사피해자는 법률이 정하는 바에 의하여 당해 사건의 재판절차에서 진술할 수 있다.

제28조 형사피의자 또는 형사피고인으로서 구금되었던 자가 법률이 정하는 불기소처분을 받거나 무죄판결을 받은 때에는 법률이 정하는 바에 의하여 국가에 정당한 보상을 청구할 수 있다.

제29조 ① 공무원의 직무상 불법행위로 손해를 받은 국민은 법률이 정하는 바에 의하여 국가 또는 공공단체에 정당한 배상을 청구할 수 있다. 이 경우 공무원 자신의 책임은 면제되지 아니한다.

② 군인·군무원·경찰공무원 기타 법률이 정하는 자가 전투·훈련 등 직무집행과 관련하여 받은 손해에 대하여는 법률이 정하는 보상 외에 국가 또는 공공단체에 공무원의 직무상 불법행위로 인한 배상은 청구할 수 없다.

제30조 타인의 범죄행위로 인하여 생명・신체에 대한 피해를 받은 국민은 법률이 정하는 바에 의하여 국가로부터 구조를 받을 수 있다.

제31조 ① 모든 국민은 능력에 따라 균등하게 교육을 받을 권리를 가진다.

② 모든 국민은 그 보호하는 자녀에게 적어도 초등교육과 법률이 정하는 교육을 받게 할 의무를 진다.

③ 의무교육은 무상으로 한다.

④ 교육의 자주성・전문성・정치적 중립성 및 대학의 자율성은 법률이 정하는 바에 의하여 보장된다.

⑤ 국가는 평생교육을 진흥하여야 한다.

⑥ 학교교육 및 평생교육을 포함한 교육제도와 그 운영, 교육재정 및 교원의 지위에 관한 기본적인 사항은 법률로 정한다.

제32조 ① 모든 국민은 근로의 권리를 가진다. 국가는 사회적・경제적 방법으로 근로자의 고용의 증진과 적정임금의 보장에 노력하여야 하며, 법률이 정하는 바에 의하여 최저임금제를 시행하여야 한다.

② 모든 국민은 근로의 의무를 진다. 국가는 근로의 의무의 내용과 조건을 민주주의 원칙에 따라 법률로 정한다.

③ 근로조건의 기준은 인간의 존엄성을 보장하도록 법률로 정한다.

④ 여자의 근로는 특별한 보호를 받으며, 고용・임금 및 근로조건에 있어서 부당한 차별을 받지 아니한다.

⑤ 연소자의 근로는 특별한 보호를 받는다.

⑥ 국가유공자·상이군경 및 전몰군경의 유가족은 법률이 정하는 바에 의하여 우선적으로 근로의 기회를 부여받는다.

제33조 ① 근로자는 근로조건의 향상을 위하여 자주적인 단결권·단체교섭권 및 단체행동권을 가진다.

② 공무원인 근로자는 법률이 정하는 자에 한하여 단결권·단체교섭권 및 단체행동권을 가진다.

③ 법률이 정하는 주요 방위산업체에 종사하는 근로자의 단체행동권은 법률이 정하는 바에 의하여 이를 제한하거나 인정하지 아니할 수 있다.

제34조 ① 모든 국민은 인간다운 생활을 할 권리를 가진다.

② 국가는 사회보장·사회복지의 증진에 노력할 의무를 진다.

③ 국가는 여자의 복지와 권익의 향상을 위하여 노력하여야 한다.

④ 국가는 노인과 청소년의 복지향상을 위한 정책을 실시할 의무를 진다.

⑤ 신체장애자 및 질병·노령 기타의 사유로 생활능력이 없는 국민은 법률이 정하는 바에 의하여 국가의 보호를 받는다.

⑥ 국가는 재해를 예방하고 그 위험으로부터 국민을 보호하기 위하여 노력하여야 한다.

제35조 ① 모든 국민은 건강하고 쾌적한 환경에서 생활할 권리를 가지며, 국가와 국민은 환경보전을 위하여 노력하여야 한다.

② 환경권의 내용과 행사에 관하여는 법률로 정한다.

> ③ 국가는 주택개발정책 등을 통하여 모든 국민이 쾌적한 주거생활을 할 수 있도록 노력하여야 한다.
>
> 제36조 ① 혼인과 가족생활은 개인의 존엄과 양성의 평등을 기초로 성립되고 유지되어야 하며, 국가는 이를 보장한다.
>
> ② 국가는 모성의 보호를 위하여 노력하여야 한다.
>
> ③ 모든 국민은 보건에 관하여 국가의 보호를 받는다.
>
> 제37조 ① 국민의 자유와 권리는 헌법에 열거되지 아니한 이유로 경시되지 아니한다.
>
> ② 국민의 모든 자유와 권리는 국가안전보장·질서유지 또는 공공복리를 위하여 필요한 경우에 한하여 법률로써 제한할 수 있으며, 제한하는 경우에도 자유와 권리의 본질적인 내용을 침해할 수 없다.

4. 기본권의 제한

헌법에 명기된 기본권이라고 해서 무한정 보장되는 것은 아니다. 헌법은 일정한 경우 기본권이 제한될 수 있음을 명시적으로 규정하고 있다. 예컨대 헌법 제21조는 언론·출판의 자유를 보장한다고 하면서도, 타인의 명예나 권리 또는 공중도덕이나 사회윤리를 침해해서는 안 된다고 규정한다. 이처럼 헌법이 직접 기본권의 제한에 관해 규정한 것을 헌법유보라고 한다. 아울러 헌법 제37조 제2항은 보다 포괄적으로 기본권 제한의 원칙을 규정하고 있다. 이 조항에 의하면 "국민의 모든 자유와 권리는 국가안전보장·질서유지 또는 공공복리를 위하여 필요한 경우에 한하여 법률로써 제한할 수 있으며, 제한하는 경우에도 자유와 권리의 본질적인 내용을 침해할 수 없다." 즉 헌법상의 기본권은 보호하는 것이 원칙이지만, 일정한 조건이 충족되면 제한할 수 있다는 것이다. 여기에서 강조점은 기본권은 언제든지 제한할 수 있다는 데 있는 것이 아니고, 제한할 수 없는 것이 원칙이며 오직 '예외적으로만' 제한할 수 있으며 제한하는 경우에도 일정한 형식과 한계를 지켜야 한다는 것이다. 즉 기본권의 제한이 필요한 경우라고 하더라도 반드시 법률의 형식을 통해야 하고, 그러한 경우에도 기본권의 본질적 내용에 대해서는 제한할 수 없다. 조금 더 자세히 들여다보자.

첫째, 기본권의 제한은 '국가안전보장·질서유지 또는 공공복리'를 위해 필요한 경우에 한한다. 그 외의 이유로 제한하면 안 된다.

둘째, 기본권을 제한할 때에는 필요한 최소한에 그쳐야 한다. 이를 과잉금지의 원칙이라고 한다. 헌법재판소에 의하면 "과잉금지의 원칙은 국가작용의 한계를 명시하는 것인데 목적의 정당성, 방법의 적정성, 피해의 최소성, 법익의 균형성(이것은 보호하려는 공익이 침해되는 사익보다 더 커야 한다는 것으로, 그래야만 수인(受忍)의 기대가능성이 있다)을 의미하는 것으로서 그중 어느 하나에라도 저촉되면 위헌이 된다는 헌법상의 원칙이다."[18] 여기서 말하는 '목적의 정당성, 방법의 적

---

[18] 헌재 1989.12.22, 88헌가13.

정성, 피해의 최소성, 법익의 균형성'이라는 기준은 실무적으로 유용한 판단지침이 되고 있다.

셋째, 기본권을 제한하더라도 그 기본권의 '본질적 내용'을 침해해서는 안 된다. 기본권을 제한하는 경우에도 그 기본권의 존재 자체를 부인하는 정도의 제한은 허용되지 않는다. 예를 들면 토지재산권에 대한 규제가 가능하지만, 사유재산으로서의 토지재산의 성격을 완전히 무력화시킬 정도로 규제해서는 안 된다.[19] 이처럼 기본권 자체를 유명무실하게 만들고 형해화시킬 정도에 이르면 그 기본권의 본질적 내용을 침해하는 것으로 볼 수 있을 것이다.

넷째, 기본권을 제한할 때에는 반드시 '법률'에 의해서 제한해야 한다. 법률에 의해서만 기본권을 제한할 수 있다는 것은 국회 차원의 결의가 있어야만 기본권을 제한할 수 있다는 의미이며, 기본권을 제한할 때에는 명료하게 그래야 한다는 의미다. 따라서 기본권을 법률보다 하위의 법규인 명령, 조례, 규칙 등으로 제한할 수는 없으며, 법률로 제한할 경우에도 그 법률의 내용이 명료하지 않으면 안 된다.

이상에서 보았듯이 헌법은 공공적 목적을 위해서 기본권이 제한되는 경우가 있을 수 있다고 보지만, 기본권의 제한은 내용과 형식에서 엄격한 통제를 받지 않으면 안 되는 것으로 규정하고 있다. 이러한 헌법의 정신이 실제 현실에서 어느 정도 관철되고 있는지에 대해서는 논

---

[19] 헌재 1989.12.22, 88헌가13.

란이 있을 수 있지만, 적어도 헌법은 기본권의 보호를 원칙으로 하고 기본권의 제한은 예외적으로만 허용하고 있다는 것을 알 수 있다. 국가가 기본권을 제한하고자 할 때에는 지극히 신중하지 않으면 안 된다는 점을 명심하자.

생각거리

7
기본권 목록을 잘 읽어보고, 주변에서 기본권이 침해되고 있는 것으로 보이는 사례를 발굴해서 발표해보자.

8
구 공무원법 시행령은 32세를 넘은 사람은 5급 공무원 시험에 응시하지 못한다고 규정했다. 32세를 넘으면 직무수행에 필요한 최소한도의 자격요건을 상실한다고 보았기 때문에 5급 공무원이 될 수 없도록 기본권을 제한한 것이다. 이 조항에 대해 32세를 넘긴 한 시민이 헌법재판소에 위헌심사를 요구했다. 이에 대해 헌법재판관들은 엇갈린 의견을 냈다.

A 견해

32세를 넘는다고 5급 공무원의 직무수행에 필요한 자격요건을 상실한다고 볼 수 없다. 따라서 이 사건 시행령 조항은 32세가 넘은 사람의 공직 취임권을 직접적으로 제한한다. 5급 공무원 공채시험의 응시연령 상한을 제한하지 않으면 직업공무원의 양성이나 직업공무원제도의 구현에 지장이 초래된다고 보기 어렵다. 이 사건 시행령 조항은 그 목적이 정당하다 하더라도 5급 공무원 취임권을 불합리하게 제한하는 수단까지 정당화하는 것이라고 볼 수 없다. 이 사건 시행령 조항은 헌법 제37조 제2항에 위반하여 32세를 넘은 국민의 공직 취임권을 직접적으로 침해한다.

B 견해

이 사건 시행령 조항이 32세까지로 응시연령을 제한했다고 하더라도 그것이 현저히 불합리하거나 불공정한 것이라고 볼 수 없고, 또 그것이 입법자가 갖는 재량권을 벗어났다고 볼 수 없기 때문에 합헌결정을 선언해야 한다.

여러분은 어느 의견에 찬동하는가? 기본권 제한의 법리 중 과잉금지의 원칙을 이용하여 각자 자기주장을 펼쳐보자.

읽을거리

- 존 로크, 《통치론―시민정부의 참된 기원, 범위 및 그 목적에 관한 시론》, 강정인·문지영 역, 까치, 1996. 근대 인권이론 내지 기본권 이론을 이해하고 나아가 근대헌법의 원리를 이해하기 위해서는 로크의 《통치론》을 읽는 것이 필수적이다. 이 책을 읽지 않는다고 하더라도 우리가 로크의 영향 아래 살아가고 있다는 사실에는 변함이 없다. 하지만 원전을 읽고 우리가 갖고 있는 생각의 역사성과 상대성을 이해해보는 것은 중요하다.

- 윤재왕·차병직·윤지영, 《안녕 헌법: 대한시민 으뜸교양 헌법 톺아보기》, 지안출판사, 2009. 헌법의 개별 조문들에 간략한 주석을 단 책으로, 헌법 전체를 개괄적으로 이해하는 데 도움이 된다.

제5강 통치구조
권력은 권력으로 견제한다

> 우리 헌법은 국민주권주의를 선포하고 있다. 이는 군주제에 반대한다는 의미인 동시에 인민주권주의를 채택하지 않는다는 의미다. 국민주권주의에서는 그것이 자유위임을 내용으로 하기 때문에 국가권력의 남용이라는 문제에 어떻게 대처할 것인지가 중요한 문제가 된다. 헌법은 국가권력에 의한 국가권력 통제, 즉 권력분립의 원칙을 대안으로 제시하고 있다. 그리고 부분적으로 직접민주주의적 요소를 가미하고 있다.

1. 국민주권론

사회계약론에 의하면 사람들은 자신들의 자연권을 보호하기 위해 자연상태를 종식시키고 정부(국가)를 구성했다. 그 정부는 무력에 입각한 강제력을 갖는다. 홉스는 절대왕정을 옹호한 사람이다. 그는 자연상태에서는 자연권을 향유하기 힘들기 때문에 사람들이 계약을 통해 사회상태로 이행한다고 주장했다. 사회계약에 의해 사람들은 사회를 통치할 권한을 갖는 주권자(sovereign)와 그러한 권한을 갖지 않는 신민(subjects)으로 나누어진다. 그리고 신민은 주권자의 절대적인 권위에 복종해야 한다. 이것이 홉스의 군주주권론이다. 로크도 자연상태에서는 자연권을 향유하기 힘들기 때문에 사회상태로 이행한다고 보았다. 그러나 로크에게 정부는 주권자라기보다 주권자인 국민으로부터 위임받은 권한을 행사하는 도구적 존재에 불과하다. 따라서 주권자인 국민은 정부가 자연권 보호라는 본연의 임무를 잘 수행하지 못하는 경우에는 정부에 저항하거나 정부를 교체할 수 있는 권한을 갖는다고 보았다. 이것이 이른바 국민주권론이다.

우리나라 헌법도 국민주권론에 입각하고 있다. 헌법 제1조는 "대한민국은 민주공화국이다"라고 하고, 이어 "대한민국의 주권은 국민에게 있고, 모든 권력은 국민으로부터 나온다"고 선언하고 있다. 이 조문은 국가의 최고권력인 주권이 국민에게 있음을 천명하고 있다. 이는 우리나라의 각 통치기구[20]가 국민주권을 실현하도록 조직되고 운영되어야 한다는 의미이기도 하다.

---

20 헌법에 관한 강의는 통상 두 학기에 걸쳐 진행된다. 전반부의 강의는 기본권을 중심으로 하고, 후반부의 강의는 입법부, 행정부, 사법부를 위시한 각종 국가기구를 중심으로 한다. 흔히 전반부의 강의를 '기본권론'이라고 하고, 후반부의 강의를 '통치기구론' 또는 '통치구조론'이라고 한다. 그런데 '통치'라는 말은 권위주의의 냄새를 풍기기 때문에 일부 학자들은 후반부의 강의를 '정치기구론'이라고 한다. 여기서는 그냥 관례에 따라 '통치구조론'이라고 한다.

"대한민국은 민주공화국"이라는 말은 대한민국이 군주국가나 신분제적 귀족국가가 아니라는 의미다. 또 독재정치에 반대하며, 소수의 엘리트 정치도 배격한다는 의미다. 대한민국은 어디까지나 민(民)이 주인인 국가, 즉 민주주의 국가다. "대한민국의 주권은 국민에게 있고, 모든 권력은 국민으로부터 나온다"라는 표현도 그러한 의미를 담고 있다. 즉 국민만이 유일한 주권자이며 모든 국가권력은 대한민국을 구성하는 국민으로부터 나온다는 것이다. 그런데 국민이 주권자이고 국가권력이 국민으로부터 나온다는 것은 무슨 의미인가? 이 말의 의미를 좀 더 정확히 이해하기 위해서는 국민주권론과 인민주권론의 개념적 차이를 살펴볼 필요가 있다.

국민주권론에서 주권의 주체는 국민(nation), 즉 추상적인 통일체로서의 전체 국민이다. 이러한 의미의 국민은 직접 통치를 할 수 있는 실체가 아니다. 그렇기 때문에 국민주권론에서는 언제나 대의제 원리에 의해 선출된 사람들에 의한 통치가 이루어진다. 이들이 국민의 대표다. 국민의 대표는 자신을 선출한 지역구민이 아닌 전체 국민을 대표하는 것으로 간주되기 때문에 지역구민의 뜻에 기속되지 않는다. 설사 국민의 대표가 지역구민의 의사에 반하는 결정을 하더라도 지역구민이 그를 제재할 수 없다. 이를 자유위임의 원리라고 한다. 이 원리는 개별적인 국민의 뜻과 정부의 뜻이 다를 수 있다는 것을 전제로 한다. 정부가 심각하게 국민의 기본권을 침해하는 경우에 국민이 저항을 하고 정부를 총체적으로 교체할 수 있겠지만, 개별적으로 국민이 정부의 작용에 개입하는 것은 인정되지 않는다. 이러한 체제는 늘 국가권력이 남용될 위험에 노출된다. 로크는 이에 대한 대안으로 권력분립을 제시했다.[21] 요컨대 국민주권론에서는 주권자인 국민은 오직 투표를 통해서만 권한을 행사해야 하고, 정부는 투표권자의 의사에 기속됨이 없이 (즉 권한을 행사할 때 투표권자의 의사를 확인할 필요 없이) 국민 전체의 이익이라는 관점에서 통치해야 한다. 그런데 이러한 구도에서 제기되는 권력남용의 문제를 권력분립으로 해결하자는 것이 로크의 제안이다.

이에 비해 인민주권론에서는 주권의 주체가 인민(people), 즉 구체적인 개인들의 총합이다. 인민주권론은 대의제 대신 직접민주주의를 이상적인 것으로 본다. 인민주권론도 인민의 대표를 통한 정치를 말하지만, 이 경우의 대표는 인민의 통제 아래 권한을 행사해야 한다. 다시 말해 통치자는 살아 숨 쉬는 구체적인 인민의 뜻에 따라 통치해야 한다는 것이다. 통치자는 사람들(인민)의 구체적인 의사를 집행하는 심부름꾼(minister)에 불과하고, 스스로의 판단에 따라 국정을 도모하는 존재가 아니다. 만약 통치자가 인민의 뜻에 따르지 않으면 인민은 언제든지 그를 소환하거나 파면할 수 있다. 이처럼 인민주권론은 자유위임의 원칙을 부인하고 기속위임의 원칙을 주장한다. 인민주권론에서는 권력의 분립이 필연적으로 요청되지는 않는다. 오히려 인민의 뜻이 통일적으로 집행되는 것을 더 선호한다. 그래서 권력은 분산되기보다 통합돼야

---

21 권력분립 이론을 가장 먼저 제시한 사람은 몽테스키외라고 흔히들 알고 있지만, 그 전에 로크가 이미 《통치론》에 입법권과 행정권의 분리에 대해 썼다. 이것이 소위 2권분립 이론이다. 몽테스키외는 그것을 발전시켜 3권분립 이론으로 완성한 사람이라고 생각하면 되겠다.

한다는 것이다. 이와 같은 인민주권론을 펼친 사람은 바로 루소(Jean-Jacques Rousseau, 1712~1778)다.[22] 루소는 선거 때에만 국민이 주권을 행사해야 한다는 것은 넌센스라고 비판한다.

그렇다면 우리나라 헌법은 어떤 입장을 취하고 있는가? 크게 보면 국민주권론에 입각하고 있다. 국민은 선거권을 가지고 있지만 구체적인 정치적 결정에서는 배제되고 있다. 지역구민에 의해 선출된 국민의 대표는 지역구민의 의사를 확인하지 않고 독자적인 판단에 따라 통치한다. 설사 그 대표가 지역구민의 의사와 반대되는 권한행사를 한다고 하더라도 지역구민이 그를 소환하거나 해임하는 것은 허용되지 않는다. 선거구민에게는 다음 선거에서 그를 낙선시키는 것 외에는 달리 제재수단이 없다. 이렇게 보면 국민주권의 실체는 선거권을 갖는다는 것 이상의 의미를 갖지 않는다. 국민은 이론적으로는 주권자이지만 현실에서는 통치의 대상이다. 이렇게 볼 때 국민주권이라는 개념에는 군주주권을 부인한다는 의미도 있지만 인민주권을 부인한다는 의미도 있다. 권력을 권력으로 통제하려는 것이 국민주권론의 발상이고, 권력을 민주주의로 통제하려는 것이 인민주권론의 발상이다.

이제 질문해보자. 그렇다면 인민주권을 부인하고 국민주권을 지지하는 것은 정당한가? 그것은 올바른 헌법적 선택인가? 국민은 주기적으로 반복되는 선거에서 선거권을 행사하는 데 만족하고, 나머지 모든

---

22 루소의 인민주권론은 그의 저서 《사회계약론》에 개진돼 있다. 이 책의 우리말 번역본은 범우사(2002)와 서울대학교 출판부(1999) 등에서 출판했다.

결정권은 국민의 대표에게 맡기고 그 국민의 대표에 대한 통제를 포기하는 체제는 정당한가? 그것은 대한민국이 '민주' 공화국이라고 했을 때의 '민주' 라는 이념에 합당한 정치체제인가? 이와 관련된 논쟁은 아직 끝나지 않았다. 우리 헌법은 국민주권론에 입각하고 있지만 인민주권론에 입각한 조항도 헌법에 없지 않다. 예를 들어 헌법을 개정할 때에는 국민투표를 실시하도록 하고 있고(제130조 2항), 국가안위에 관계되는 사항은 국민투표에 회부할 수 있도록 하고 있다(제72조). 그러나 그뿐이다.[23] 우리가 국민주권으로 만족해야 하는지, 아니면 인민주권적 요소를 더 많이 도입해야 하는지에 대해 생각해보자. 현재로서는 인민주권론에 비해 국민주권론이 주류적 견해로 인정되고 있지만, 국민주권론은 국민의 정치참여를 조장하지 못한다는 점에서 문제성(한계)이 있는 관점이다. 이 문제에 대한 논의는 이 정도로 문제제기하는 선에서 마감한다.

2. 대의제와 권력분립

근대국가는 대개 국민주권론에 입각해 왔는데, 이는 곧 근대국가에서

---

[23] 지방자치법에 의하면 "주민은 그 지방자치단체의 장 및 지방의회 의원을 소환할 권리를 가진다."(제20조) 그러나 국회의원에 대한 지역구민의 소환권은 없다. 우리나라 헌법의 경우 매우 제한적이기는 하지만 직접민주주의적 요소가 없지는 않다. 본문에서 말한 바와 같이 헌법을 개정할 때 국민투표를 거치게 하고 있는 것을 예로 들 수 있다.

는 대의제에 의한 국정운용이 이루어져 왔다는 의미다. 국민주권론에서 말하는 대의제는 국민이 직접 국가대사를 결정하거나 집행하지 않는다는 의미를 갖고 있다. 즉 국정은 국민의 몫이 아니고 국민의 대표자의 몫이다. 이것이 인민주권론과의 차이점이라는 것은 위에서 말했다. 사실 전문화되고 거대해진 국가체제를 생각한다면 대의제가 불가피한 측면이 있다. 하지만 동시에 대의제는 많은 문제점을 가지고 있다는 것을 인식해야 한다. 무엇보다도 통치자의 통치행위와 국민의 의사가 괴리될 위험성이 크다는 것이 가장 심각한 문제지점이다. 우선 불공정한 선거가 실시될 가능성이 상존한다. 또 통치자가 국민의 이익이 아닌 자신의 사적이익을 추구할 가능성도 상존한다. 이러한 문제들이 발생하기 때문에 국민주권 하에서는 통치권력을 통제하는 장치가 반드시 필요하다. 가장 유력한 권력통제 장치는 권력의 분립이다.

권력의 남용을 막기 위해 권력을 분립시켜야 한다는 논의는 로크의 저작에도 등장하지만, 그러한 논의를 가장 전형적으로 이론화한 사람은 몽테스키외(Montesquieu, 1689~1755)다. 그는 《법의 정신》[24]이라는 저서에서 "권력을 가진 자는 모두 그것을 남용하기 마련"이라고 하고 "사람이 권력을 남용하지 못하게 하기 위해서는 권력이 권력을 저지하도록 해야 한다"고 지적했다. 그는 아무리 성인군자라도 권력자는 자발적으로 자제하지 않으며 역사가 이를 증명한다고 말한다. 그는 사

---

[24] 이 책은 한글로 번역돼 있다. 몽테스키외, 《법의 정신》, 하재홍 역, 동서문화사, 2007.

법권, 입법권, 집행권이 서로 분리돼 있지 않으면 사람들이 어떠한 정치적 자유도 누리기 어려울 것이라고 했다. 입법권은 법을 제정할 뿐 그것을 집행하는 권력을 가져서는 안 되고, 행정권은 법을 집행할 권한을 갖지만 그 법을 직접 만들 수는 없어야 한다. 사법권은 입법권자가 행사해서도 안 되고 행정권자가 행사해서도 안 된다. 오직 공정성을 담보한 제3자에 의해서만 행사돼야 한다. 국가권력을 3분하고 그 각각을 서로 다른 사람에게 귀속시켜 권력으로써 권력을 견제해야 한다는 몽테스키외의 사고방식은 국민주권론을 옹호하는 근대헌법 이론에서 매우 중요한 위치를 차지한다. 국가의 통치구조를 바라볼 때 핵심적으로 관찰해야 할 지점은 권력기관의 기능이 명확히 분리돼 있는지, 그리고 국가기관 상호간에 견제와 균형이 잘 이루어지는지다. 정부형태론도 결국 이에 관한 고민이다.

3. 정부형태

근대국가에서 정부형태는 행정부와 입법부의 관계에 따라 의원내각제와 대통령제로 나뉜다. 의원내각제는 내각의 존속여부가 의회의 신임 여부에 의존하는 정부형태이고, 대통령제는 의회로부터 독립해 있고 의회에 대해 정치적 책임을 지지 않는 대통령이 행정을 주도하는 정부형태다.

　　대통령제와 의원내각제 중에서 어느 것이 우월한지는 말할 수 없다. 각각 장단점을 가지고 있기 때문이다. 대통령제는 정국의 안정을 도모하고 강력한 리더십이 발휘되게 할 수 있는 반면에 권한의 남용을 낳을 수 있다는 문제점이 있다. 독재정권이 대통령제에서 흔하게 나타나는 것은 이런 점에서 충분히 이해할 수 있다. 의원내각제는 행정부의 책임정치를 도모할 수 있다는 장점이 있는 반면에 정국이 불안정해질 가능성이 크다는 것이 문제점으로 지적된다.

우리나라 헌법이 대통령제를 채택하고 있다는 것은 두말할 필요가 없을 것이다. 그러나 우리나라도 의원내각제를 도입해본 경험이 있고, 지금도 의원내각제로의 개헌을 주장하는 이들이 없지 않다. 다만 현행 헌법이 대통령 직선제를 국민이 강력하게 요구한 결과로 쟁취된 것이라는 사실을 가볍게 취급하는 태도는 적절하지 못할 것이다. 대통령제에서도 권력분립과 상호견제의 원리가 제대로 작동하는지, 그리하여 국가권력이 국민의 기본권을 침해하지 않고 더 나아가 제대로 보호하고 있는지가 중요하다. 이런 점을 고려하면서 우리나라의 정부형태를 살펴보자.

4. 국회와 행정부

우리나라는 대통령제를 채택하고 있다. 대통령은 행정부의 수반으로서 국가행정을 주도한다. 국회는 탄핵소추의결권(제65조), 재정에 관한 권한(제54~59조), 긴급명령승인권과 긴급재정·경제명령 승인권(제76조), 계엄해제요구권(제77조), 국정감사·조사권(제61조)을 행사하지만, 무엇보다도 입법권 행사가 국회의 가장 중요한 역할임에 틀림없다.

대통령제에서는 국회와 행정부의 기능과 권한을 분리하는 것이 매우 중요하다. 즉 의회는 법률을 제정하는 역할을 담당하고 대통령을 비롯한 행정부는 법률을 집행하는 역할을 담당해야 한다는 것이다. 행정부는 법을 만들 수 없고, 의회가 제정한 법을 집행하기만 할 수 있다. 심지어 행정부 내의 각 기관은 법률 없이는 존재할 수도 없고 업무수행을 할 수도 없다. 모든 행정작용이 법률에 근거를 두어야 한다는 원리를 법치행정의 원리라고 한다. 이렇게 볼 때 삼권분립의 실제적 의미는 의회 우위의 권력구조라고 할 수 있다.

그러나 실제 현실을 보면 행정권의 우위가 현저한 것이 사실이다. 대통령의 권한이 의회의 권한을 압도하는 것이다. 대통령은 행정부의 수반이기도 하지만 소속정당의 실력자이기도 하기 때문에 정당을 통해 의회에 영향력을 행사한다. 그리고 정부는 법안을 제출할 수 있다. 실제로 대부분의 법안이 국회가 아닌 행정부의 주도 아래 만들어진다. 복지국가적 경향도 행정부의 권력을 확대시키는 요인이 된다. 이러한 변화는 대의제의 위기를 낳고, 삼권분립 원칙의 무력화를 가져온다. 이와 같은 문제를 극복하기 위해 선거제도의 개선, 정당의 민주화, 참여민주주의의 확대(소환권, 언론자유, 청원권, 국민의 알권리 등에 대한 보장) 등이 모색되기도 한다. 선진국가라고 한다면 개인적 리더십의 영향을 과도하게 받기보다는 시스템 자체의 논리에 의해 운영되는 것이 바람직할 것이다. 이런 점에서 보면 우리나라는 행정부의 권력이 과도해 보인다.

5. 법원과 사법권의 독립

의원내각제에서든 대통령제에서든 법원에 대해 관철돼야 할 원리는 동일하다. 그것은 사법권의 독립성을 보장하는 것이다. 여기서 사법권이란 간단히 말하면 재판권이다.[25] 헌법은 "사법권은 법관으로 구성된 법원에 속한다"(제101조)라고 한 다음 "법관은 헌법과 법률에 의하여 그 양심에 따라 독립하여 심판한다"(제103조)라고 규정하고 있다.

사법작용은 모든 문명사회의 보편적인 현상이다. 사법작용이 있음으로 해서 사회의 분쟁이 종국적으로 해결된다. 더구나 근대의 사법제도는 개인간의 분쟁을 해결하는 데서만이 아니라 국가권력과 국민간의 분쟁을 해결하는 데서도 결정적으로 중요한 기능을 한다. 좀 더 정확하게 말하면 헌법에 "모든 국민은 헌법과 법률이 정한 법관에 의하여 법률에 의한 재판을 받을 권리를 가진다"(제27조)라는 조항이 있는데, 이것은 국민은 개인간의 분쟁에서 재판을 받을 권리를 갖는다는 의미에 그치는 것이 결코 아니다. 오히려 근대헌법에서 국민의 재판 받을 권리가 대두된 맥락을 고려하면 이 조항은 국민은 재판을 받지 않고는 국가권력에 의해 처벌되지 않는다는 의미를 더 강하게 갖는다고 할 수 있

---

[25] 사법(司法)을 복잡하게 정의하면 "공정성을 가진 제3자로서의 법관이 헌법 및 법률의 해석·적용에 관한 다툼이 있을 때 당사자의 제소를 기다려 특별한 절차에서 행하는, 최종적 구속력을 갖는 법적 판단"을 말한다. 이헌환, 〈정치과정에 있어서의 사법권에 관한 연구〉, 서울대학교 법학박사 학위논문, 1996, 51쪽. 우리나라 법원의 역사를 알고 싶으면 이 논문을 보라. 이 논문은 다소 오래된 것이지만, 그 뒤로 이만한 논문이나 책이 나온 적이 없다.

다. 다시 말해 재판을 받을 권리는 국가권력의 남용으로부터 국민의 신체의 자유를 보호하는 수단인 것이다. 재판을 받을 권리는 의회가 제정한 법률에 따라 재판을 받을 권리를 의미한다. 이렇게 볼 때 사법제도는 실로 삼권분립의 한 축인 행정권의 권한남용을 견제하는 또 하나의 축이라고 할 수 있다. 심지어 현대사회에서는 헌법재판 제도가 존재하므로 입법권에 대한 사법적 통제도 사법제도의 중요한 역할로 대두되고 있다(이에 대해서는 헌법재판소에 관한 장에서 살펴본다). 이처럼 사법권은 행정권과 입법권의 권력남용을 방지하는 데서 결정적인 역할을 한다. 사법부가 이토록 중요한 기능을 잘 수행하기 위해서는 공정성을 유지하는 것이 필수적이다.

사법부에 이토록 중요한 지위를 부여하는 것은 법관의 판단이 진리이기 때문이 아니다. 실제로는 법관이 오판을 많이 한다. 선진사법을 구현하고 있다는 미국에서도 오판으로 사형이 집행되는 경우가 적지 않다는 사실이 사형제 폐지론의 중요한 논거가 되고 있다. 우리나라에서 얼마나 많은 판결이 항소심에서 뒤집히는지를 보면 도대체 법관의 판단이라는 것이 무엇을 의미하는지 혼란스러울 지경이다. 심지어 대법원에서도 하급심의 판결 가운데 10% 정도가 파기된다. 놀랍지 않은가? 그럼에도 불구하고 재판제도가 존속하는 것은 적어도 법관은 공정한 제3자의 입장에서 판단한다고 보기 때문이다. 비유하자면 축구경기장에서 심판이 종종 오심을 하지만 그래도 심판의 판정이 존중되는 것과 마찬가지다. 법관이 오판할 가능성이 있지만 그럼에도 불구하고 법관의 판결은 최종적인 것이고 그대로 강제집행된다. 축구선수들이 심판의 판정을 따르지 않으면 축구경기가 성립하지 않는다. 마찬가지로 사람들이 법관의 판결을 따르지 않기로 한다면 사회가 성립하지 않는다. 법관은 우리 사회에서 분쟁을 최종적으로 해결하는 역할을 하도록 지명된 사람이다. 우리는 법관의 판단을 존중한다는 전제 위에서 재판을 통해 분쟁을 해결한다. 이 모든 것이 정당화되기 위한 전제는 심판이나 법관이 설사 오판을 하는 한이 있더라도 적어도 그러한 오판이 고의적인 것은 아니고 최선의 노력에도 불구하고 발생한 것이라는 점을 인정하는 것이다. 이렇게 볼 때 공정성이야말로 심판이나 법관이 존재하는 근거다. 즉 판결이 반드시 진리가 아님을 누구나 알고 있는데도 법관이 권위를 가지는 것은 적어도 법관은 공정한 제3자로서 '법과 양심'에 따라 판단을 한다고 인정되기 때문이다. 이 전제가 깨지면 사법부나 법관은 존재할 근거가 없게 된다.

법관의 공정성을 보장하기 위한 헌법의 원리가 사법권 독립의 원리다. 사법권 독립은 재판과정에 대한 외부적 간섭이 배제됨을 의미하는 것이며, 그중 가장 핵심적인 것은 행정권력의 간섭이 배제되는 것이다. 헌법은 사법권 독립을 보장하기 위해 법관의 신분 보장에 관한 규정을 두고 있다. 즉 헌법은 법관의 임기를 규정하고 있는(제105조) 외에 법관은 탄핵이나 형사처벌에 의하지 아니하고는 파면되지 아니하며 징계처분에 의하지 아니하고는 정직·감봉 등 불이익한 처분을 받지 않는다(제106조)고 규정하고 있다.

과연 이 정도의 신분보장만으로 행정부로부터 사법권의 독립이 이루어질 수 있을까? 긍정적인 답을 하기가 쉽지 않아 보인다. 현행 헌법에 따르면 대법원장과 대법관은 대통령에 의해 임명된다. 물론 이들은 추천위원회의 추천과 국회의 동의를 전제로 임명되긴 하지만 이러한 절차가 실효적으로 작동하는지에 대해 의문을 제기하는 이들이 적지 않다. 실제로 법관의 신분은 불안정하고, 법관으로 정년을 맞는 판사는 거의 없다. 우리나라에서 일단 법관이 된 사람들 중에서 법관으로 정년을 맞는 경우는 1%도 되지 않는다. 법관의 신분으로 재직하는 동안에도 법관은 위계적 서열구조에 따라 승진하기 때문에 구조적으로 상부의 눈치를 볼 수밖에 없다. 법관은 지방법원 좌배석→지방법원 우배석→지방법원 단독판사→고등법원 좌배석→고등법원 우배석→재판연구관→지방법원 부장판사→고등법원 부장판사→지방법원장→고등법원장→대법관→대법원장이라는 승진과정을 밟는다. 이러한 승진과정에서 이탈하면 주류 법관이 될 수 없다고 봐야 한다.[26] 고등법원 부장판사 이상을 고위법관이라고 한다. 법관은 고등부장이 되기 위해 보이지 않는 경쟁을 하게 된다. 상부의 눈치를 보면서 살얼음판을 밟는 심정으로 조심스럽게 열심히 살면 위와 같은 경로로 승진하고 출세한다. 소신이 있는 판사는 일찍이 서열구조에서 이탈하게 되고, 고등부장으로 가는 길을 포기할 수밖에 없다. 이런 제도가 존재하는 한 사법권 독립은 요원하다. 결과적으로 대부분의 법관이 중도에 변호사로 개업하기 때문에 법관직은 사실상 변호사가 되기 위해 경력을 쌓는 과정에 불과하다고 해도 과언이 아니다. 중도에 법관직을 사임한 수많은 법관이 소위 전관예우 논란의 진원이 되고 있다. 이러한 구도에서는 법관의

---

26 이에 대한 논의는 김도현, 《한국의 소송과 법조》, 동국대학교 출판부, 2007에서 볼 수 있다.

독립성과 공정한 판결을 기대하기가 어렵다.

　이렇게 볼 때 사법권의 독립이 중요함에도 불구하고 현실의 사법권은 독립된 상태에 훨씬 미달하고 있는 것이 아닌가 싶다. 법관이 우리 사회에서 최고의 도덕적 권위를 상징하고 행정부와 사법부를 실질적으로 통제할 수 있을 때 비로소 우리나라가 선진국에 진입하게 된다고 말할 수도 있을 것이다.

생각거리

9

법관의 신분은 제헌헌법에서부터 보호돼왔지만, 그럼에도 불구하고 우리나라에서 법관이 파리목숨인 시절이 있었다. 행정부에 조금만 비판적이면 그대로 좌천되거나 재임용에서 탈락되곤 했다. 임기 중에 압력을 받아 사임하기도 했다.

서슬이 퍼렇던 5공화국 시절의 이야기다. 공안사건의 피의자에 대한 구속영장을 번번이 기각한 윤석명 광주지방법원 판사는 장흥으로 강등 발령되자 사임했다. 유언비어 유포 혐의로 즉심에 넘겨진 대학생 11명에게 무죄판결을 내린 박시환 판사는 인천지방법원으로 발령받은 지 석달 만에 이례적으로 강원도 영월지원으로 다시 발령났다. 집회에서 반정부 유인물을 배포한 농민단체 간부에 대해 즉심에서 무죄를 선고한 서울형사지법의 조수현 판사는 충남 강경지원으로 발령났다. 이러한 일련의 부당한 법관인사를 바라보던 서울지방법원의 서태영 판사가 다음과 같은 글을 〈동아일보〉(1985년 9월 3일자)에 기고했다.

때로 군 인사를 흉내 낸 듯 장군을 이등병으로 강등하는 것과 비슷한 꼴의 인사나 아직 움직일 때도 안 된 사람을 이른바 유배지로 몰아세우는, 사람에 맞추어 원칙을 세우는 인사가 없다 할 수 없다. 이를테면 인사를 헌법상 보장된 바 없는 법관에 대한 처벌도구로 쓰는 셈인데, 문책인사가 없을 수 없음을 시인치 아니할 수 없으나 만일 그 문책의 원인이 된 사실이 비난 가능성이 없는 예컨대 법관의 소신에 기한 재판이라고 할 때 그런 인사는 사법부의 자살행위요 비인사에 다름 아닌 것이다.

이 글을 쓴 서태영 판사는 1985년 9월 1일자로 서울 지방법원 동부지원으로 전보돼 있었는데 이 글을 쓴 직후인 9월 4일에 다시 부산지방법원 울산지원으로 전보됐다. 이러한 체제에서는 법관이 권위를 가질 수도 없고 그 기능을 다할 수도 없다. 법관의 신분을 보장하고 사법권 독립을 이루기 위한 방안으로 어떤 것이 있을지에 대해 같이 토론해보자.

읽을거리

- 국순옥 엮음,《자본주의와 헌법》, 까치, 1987. 국민주권과 인민주권의 이론적 차이와 의미에 관심이 있다면 이 책을 구해서 읽어보라. 출판된 지 오래 된 책이지만 도서관에서 찾을 수 있을 것이다.

- 몽테스키외,《법의 정신》, 하재홍 역, 동서문화사, 2007. 제목이 주는 무게감으로 인해 이 책을 읽고자 하는 법학도가 많지만, 책의 두께나 내용으로 인해 이내 포기한다. 그러나 이 책의 제11편에 있는 권력분립에 관한 서술은 법학도라면 반드시 읽어볼 만하다. 제11편만을 놓고 보면 분량이 매우 적기 때문에 누구나 쉽게 읽어볼 수 있다. 반드시 일독하기를 권한다.

- 김도현,《한국의 소송과 법조》, 동국대학교 출판부, 2007. 우리나라의 법원에 대한 법사회학적 연구서다. 우리나라 사법제도의 현황과 문제점에 관심이 있다면 반드시 읽어야 할 책이다. 특히 4장에 나오는 법관의 경력에 대한 분석은 짧지만 압권이다.

제6강 헌법재판
헌법에 위반되는 법률은 무효다

> 헌법에 규정된 기본권 보장의 수범자는 국가다. 만약 국가가 그러한 의무를 다하지 않고 헌법에 위반해 국민의 기본권을 침해하게 되면 국민은 헌법재판소를 통해 구제받을 수 있다. 그러나 이런 경우에 까다로운 절차규정에 합치하게 권리구제를 청구하지 않으면 구제받지 못한다.

1. 재판규범으로서의 헌법

헌법도 하나의 법인 이상 국가 내에서 실효적으로 작동하도록 의도된 것이다. 거듭 말하지만 헌법의 존재이유는 국민의 기본권을 보장하는 데 있다. 기본권의 향유주체는 국민이고 그것을 보장해야 하는 수범자(垂範者)는 국가다. 헌법은 국민에게 권리를 부여하는 권리문서이고, 국가에 기본권 보장에 관한 의무를 부과하는 의무문서다. 그런데 만약 국가가 국민의 기본권을 보호해야 하는 의무를 다하지 않을 때에는 어떻게 해야 하는가? 예컨대 행정부가 헌법을 무시하고 행정을 하는 경우에 피해를 입은 국민은 어떻게 억울함을 호소할 수 있을까? 입법부가 헌법의 규정에도 불구하고 국민의 기본권을 침해하는 법률을 제정하는 경우에는 어떻게 해야 하는가? 사법부가 헌법정신에 반하는 판결을 내리면 어떻게 할 것인가?

헌법이 존재함에도 불구하고 국정을 운영하는 국가기관이 그것을 무시한다면 헌법은 없는 것과 마찬가지다. 그렇기 때문에 국가권력에 의한 기본권 침해와 권력 남용을 방지하기 위해 제정된 헌법이 살아 있는 규범으로 작동하기 위해서는 헌법을 근거로 하여 국가권력 작용을 통제하는 장치가 반드시 있어야 한다. 이런 기능을 담당하는 것이 헌법재판이다. 헌법재판은 입법, 행정, 사법을 포함한 모든 국가권력 작용이 헌법에 규정된 대로 행해졌는지를 재판을 통해 판단하는 절차다.

헌법재판을 수행하는 기관이 어떤 형태로 존재하는지는 국가에 따라 다르다. 미국처럼 대법원에서 국가권력 작용의 위헌여부를 판단하는 경우도 있다. 우리나라의 유신헌법에서처럼 헌법위원회와 같은 형태를 두는 수도 있다. 독일처럼 헌법재판을 전문적으로 수행하는 헌법재판소를 별도로 설치해 헌법재판을 전담하게 하는 경우도 있다.

우리나라의 현행 헌법은 헌법재판소를 별도로 두는 방식을 채택하고 있다. 헌법재판소는 대통령이 임명하는 9명의 재판관으로 구성되며, 재판관의 임기는 6년이다. 헌법재판은 원칙적으로 재판관 전원으로 구성되는 재판부에서 관장한다. 전원재판부는 7인 이상의 재판관이 출석한 가운데 사건을 심리하고, 재판관 과반수의 찬성으로 의결한다. 다만 법률의 위헌 결정, 탄핵 결정, 정당해산 결정, 헌법소원의 인용 결정, 판례 변경의 경우에는 6인 이상의 찬성이 있어야 한다. 헌법재판소는 헌법에 의해 설치된 기관이지만 그 자세한 운영에 대해서는 〈헌법재판소법〉이 규정하고 있다.

2. 헌법재판의 종류

헌법재판소는 위헌법률심판, 탄핵심판, 정당해산심판, 권한쟁의심판, 헌법소원심판 등의 일을 한다(헌법 제111조).

위헌법률심판이란 입법부가 만든 법률이 헌법에 위반되는지의 여부를 심사하고, 헌법에 위반된다고 판단하는 경우에는 그 법률이 효력을 잃게 하거나 적용되지 못하게 하는 것을 말한다. 앞에서 보았듯이 영화법이 '심의'라는 표현을 썼지만 실질적으로는 공연윤리위원회로 하여금 '검열'을 하게 한 것이 헌법에 위반된다는 판정을 받았다. 이렇게 되면 그 법률은 효력을 상실하게 된다. 이처럼 헌법재판소는 현행법의 위헌성 여부를 판단한다.

탄핵심판은 형벌 또는 보통의 징계절차로는 처벌하기 곤란한 고위 공무원이나 특수직위에 있는 공무원이 직무와 관련해 헌법이나 법률에 어긋나는 행위를 했을 경우에 그 공무원을 파면하거나 공직에서 물러나게 하는 것이다. 우리나라에서는 노무현 대통령에 대해 탄핵심판을

한 사례가 있다.[27]

정당해산심판은 어떤 정당의 목적이나 활동이 헌법이 정한 민주적 기본질서에 위배되는 경우에 그 정당을 해산할 것인지의 여부를 판단하는 것이다. 정치적 활동의 자유는 널리 보장돼야 하기 때문에 정당의 해산을 결정하는 것은 지극히 신중하지 않으면 안 될 것이다. 아무튼 우리나라에서 헌법재판소가 정당해산 심판을 실제로 한 사례는 아직 없다.

권한쟁의심판이란 국가기관 상호간, 국가기관과 지방자치단체 간 및 지방자치단체 상호간의 권한쟁의에 관한 심판이다. 예를 들면 아산만 방조제가 평택과 당진 사이에 만들어졌는데 방조제에 대한 관할권이 평택시에 속하는지 당진군에 속하는지에 대한 논란이 일어났을 때 헌법재판소가 이에 대해 판단을 했다.[28]

헌법소원심판은 국가권력 작용에 의해 헌법상 보장된 국민의 기본권을 침해당했다고 주장하는 국민의 청구에 따라 헌법재판소가 국가권력 작용의 위헌성 여부를 판단하는 절차다. 만약 그러한 청구가 인용되면(즉 타당하다고 인정되면) 국가기관은 헌법재판의 결과에 따른 조치

---

[27] 2004년 3월에 국회가 당시의 현직 대통령 노무현에 대한 탄핵소추안을 가결함으로써 그에 대한 탄핵심판이 헌법재판소에서 실행됐다. 당시에 헌법재판소가 취한 입장을 찾아서 한번 읽어보자. 헌재 2004.05.14, 2004헌나1.
[28] 헌법재판소는 해역에 대한 관할권이 당진군에 속하므로 그 해역에 있는 제방도 당진군에 속한다고 보았다. 헌재 2004.09.23, 2000헌라2.
[29] 헌재 2001.07.19, 2000헌마546.

를 취해야 한다. 예를 들어보자. 어떤 사람이 체포되어 유치장에 갇혔는데, 화장실 칸막이의 높이가 50cm 정도밖에 안 되는데다가 유치장 안으로 냄새와 소리가 통하게 돼있어 용변을 보려니 심한 수치심이 느껴졌다. 그는 국가가 헌법상 국민에게 보장한 인간으로서의 존엄과 가치를 향유할 권리(헌법 제10조)를 침해당했다고 보고 헌법재판소에 헌법소원심판을 청구했다. 이에 대해 헌법재판소는 청구인이 유치장에 있는 동안 그러한 구조의 화장실을 사용하도록 그에게 강제한 국가의 행위는 비인도적이며 굴욕을 주는 것이었으며 헌법 제10조에 규정된 '인간의 존엄과 가치로부터 유래하는 인격권'을 침해한 것으로 보고 청구인의 주장을 인용하는 판결을 내렸다.[29] 이에 따라 전국 유치장의 화장실 구조가 변경됐다. 이처럼 국가작용이 직접 국민의 기본권을 침해했다고 판단되는 경우에 그 시정을 위해 헌법소원이 이용된다.

헌법재판의 종류는 이상과 같거니와, 그 각각이 어느 정도 이용되는지는 아래 표에서 확인해보라. 헌법재판소가 출범한 1988년부터 2010년 5월까지 접수된 사건들을 집계한 결과다.

심판사건 접수 누계 (1988년 9월 1일~2017년 6월 30일)

헌법재판의 구분	접수건수(건)
위헌법률심판	925
탄핵심판	2
정당해산심판	2
권한쟁의심판	102
헌법소원심판	3만 910
합계	**3만 1941**

* 헌법소원심판 3만 910건은 헌법재판소법 제68조 1항에 해당하는 사건 2만 4761건과 제68조 2항에 해당하는 사건 6149건을 더한 것이다. 자료출처: 헌법재판소

이 표에서 알 수 있듯이 접수건수를 기준으로 보면 헌법소원심판 사건(95.9%)이 대부분이고, 위헌법률심판 사건(3.6%)과 권한쟁의심판 사건(0.3%)이 일부 있다. 숫자가 그 중요성을 반드시 반영하는 것은 아니겠지만, 헌법소원심판 사건과 위헌법률심판 사건이 헌법재판소의 가장 핵심적인 임무라는 것은 쉽게 알 수 있다. 특히 헌법소원은 실로 국민생활에 밀접한 권리구제 수단이 됐다고 할 수 있다. 이제 헌법소원은 일부 전문가들의 전유물이 아니며, 일반 국민들이 적극적으로 이용하고 있다고 하겠다.

하지만 이러한 권리구제 수단을 이용하기 위해서는 관련 절차를 정확히 알아야 한다. 요구되는 절차를 정확하게 충족시키지 않으면 심판신청서의 접수가 이루어지지 않을 수 있고, 접수되더라도 각하결정이 내려진다. 즉 본안심판이 이루어지지 않는 것이다. 아래에서는 헌법재판에서 주로 이용되는 위헌법률심판과 헌법소원에 대해서만 좀 더 자세히 살펴본다.

3. 위헌법률심판

위헌법률심판은 말 그대로 헌법재판소가 법률의 위헌여부를 심사하는 절차다. 여기서 법률이라 함은 국회가 제정한 법률 외에 법률과 동등한 효력을 갖는 긴급명령과 국제조약도 포함된다.[30] 그리고 위헌법률심판 시 현행법으로서 효력이 있는 법률이어야 한다. 따라서 심판절차가 진행되는 도중에 법률이 효력을 상실하게 되면 심판은 더 이상 진행되지 않고 심판청구는 각하된다.

위헌법률심판을 청구하기 위해서는 일정한 요건이 충족돼야 한다. 어떤 법률이 위헌의 소지가 있다고 해서 누구나 아무 때나 위헌심판 청구를 할 수 있는 것은 아니다. 아래의 예를 보자.

갑이 외국 음반을 국내에서 제작해 판매했다는 혐의로 경찰에 체포됐다. 당시의 〈음반·비디오물 및 게임물에 관한 법률(음반법)〉에 의하면 외국 음반을 국내에서 제작하고자 하면 영상물등급위원회의 추천을 받아야 하고 추천 없이 제작한 경우에는 해당자가 처벌받게 돼있었는데, 갑이 그러한 절차를 거치지 않고 제작·판매했기 때문이다. 갑은 음반을 제작·판매할 당시에 그러한 법이 있는지도 몰랐다. 뿐만 아니라 헌법상 검열이 금지되어 있는데 어떻게 그런 법이 제정됐는지 납득이 되지 않았다. 이런 경우에 갑은 위헌법률심판 청구를 할 수 있는가?

정답을 말하면, 당장은 갑이 위헌법률심판 청구를 할 수 없다. 왜냐하면 위헌법률심판 청구를 하기 위해서는 '재판의 전제성'이라는 요

---

30 통상 국민의 기본권을 침해하는 것은 법률에 의해서만 할 수 있다. 그 예외로 대통령이 명령으로 기본권을 제한할 수 있는 경우가 헌법에 규정돼 있는데, 그러한 경우에 대통령이 내리는 명령이 긴급명령이다. 이는 국가비상사태에 처하여 국가원수가 긴급한 조치를 취하기 위해 발하는 명령으로 법률과 같은 효력을 갖는다(제76조). 국제조약은 "헌법에 의하여 체결·공포된 조약과 일반적으로 승인된 국제법규는 국내법과 동일한 효력을 갖는다"(제6조)는 헌법 조항에 의거해 법률과 같은 효력을 갖는 것으로 본다.

건이 충족돼야 하기 때문이다. 재판의 전제성이란 실제 재판에서 문제된 법률조항에 대해서만 위헌심판을 청구할 수 있다는 의미다. 말하자면 위헌법률심판은 구체적인 재판이 진행 중인데 어떤 법률의 위헌성 여부에 대한 판단이 해당 재판의 결과에 영향을 미치는 경우에만 청구할 수 있다. 따라서 위의 사례에 대해 말한다면 갑은 자신이 수사를 받고 있는 상태에서는 위헌법률심판을 청구할 수 없고, 자신이 기소되어 형사소송 절차가 시작되면 그때 비로소 위헌법률심판을 청구해 공식적으로 문제제기를 할 수 있다. 만약 음반법이 위헌이라면 갑은 무죄판결을 받을 것이고, 그렇지 않으면 갑은 유죄판결을 받을 것이다. 이러한 조건이 갖추어졌을 때 재판의 전제성이 갖추어졌다고 한다.

또 하나 주의할 것은 위헌법률심판은 법원만이 제청할 수 있다는 점이다. 소송당사자(위 사례에서는 갑)는 법원에 대해 위헌법률심판 제청을 신청할 수 있을 뿐이다. 법원은 그러한 신청에 따라서, 또는 당사자의 신청 없이도 직권으로 위헌법률심판을 제청할 수 있다. 이 경우 대법원을 제외한 각급 법원은 문제가 된 법률이 위헌으로 해석되는 이유 등을 기재한 제청서를 작성해 대법원에 보내고, 대법원이 이 제청서를 헌법재판소에 송부한다. 이때 대법원은 제청서를 헌법재판소에 반드시 송부해야 한다. 일단 위헌법률심판 제청이 이루어지면 해당 재판은 헌법재판소가 위헌여부 결정을 내릴 때까지 정지된다.

당사자(위 사례에서는 갑)가 법원에 위헌법률심판을 제청해달라고 신청했는데 법원이 받아들이지 않는 경우에는 그 당사자가 상급심에서 다시 신청할 수 있다. 또는 갑이 직접 헌법재판소에 법률의 위헌여부 심판을 원하는 취지의 '헌법소원'을 청구할 수 있다(헌법소원에 대해서는 후술함). 헌법소원을 청구할 때에는 법관이 위헌법률심판 제청을 해달라는 신청을 거부했음을 증명하는 문서(즉 법원의 기각결정서)를 첨부해야 한다. 이렇게 본다면 일단 재판의 전제성이 갖추어지면 법원의 수용여부와 상관없이 헌법재판소를 통해 문제가 된 법률의 위헌성에 대해 다툴 수 있는 길은 열린다고 할 수 있다. 다만 법원의 제청을 통하는 경우에만 '위헌법률심판'라는 법적 명칭이 이용된다는 점에 유의하자.

어떤 법률이나 법률조항이 위헌 판정을 받게 되면 그러한 결정이 내려진 날부터 효력을 상실한다(〈헌법재판소법〉 제47조 제2항). 즉 위헌판정을 받은 법률은 장래를 향해서만 무효가 된다. 예컨대 실질적으로 검열을 인정한 음반법이 헌법재판소의 판결에 의해 어느 시점에 무효가 된다고 하더라도 그 전의 검열이 모두 불법이 되거나 그 효력이 소급해서 없어지는 것은 아니다. 판결 이후에만 검열할 수 있는 권한이 없어질 뿐이다.

이러한 장래무효의 원칙에는 예외가 있다. 대표적인 것이 형벌법규의 경우다. 예를 들어 음반법상 사전심의 규정을 위반해 형사처벌을 받고 있는 사람은 그 법이 무효가 되면 더 이상 형사처벌을 받지 않게 되고, 종전에 그로 인해 유죄판결을 받은 사람의 경우에는 재심을 통해 무죄판결을 받을 수 있다. 또한 판례는 위헌법률심판을 청구한 당해 사건 및 유사한 사건 등에 대해 소급효를 인정하고 있다. 법이 장래효를 인정하는 까닭은 법적 안정성을 위해서인데, 그보다 정의의 실현이 더 큰 의미를 가진다고 판단하는 경우에 법원 또는 헌법재판소가 소급효를 인정하는 판결 또는 결정을 내릴 수 있는 것이다.

다소 복잡하니 다시 앞의 사례를 가지고 설명해보자. 갑의 경우 일단 재판이 진행된 다음에(즉 재판의 전제성을 갖춘 다음에) 해당 법관에게 위헌법률심판 제청을 신청할 수 있다. 또 법관이 직권으로 위헌법률심판 제청을 할 수도 있다. 이렇게 해서 위헌법률심판이 제청되면 관련 서류가 대법원을 통해 헌법재판소에 전달된다. 그 동안에 재판은 중지된다. 만약 위헌법률심판 제청을 해달라는 갑의 신청을 법관이 받아들이지 않으면(즉 기각하면) 갑은 직접 헌법재판소에 헌법소원심판을 청구할 수 있다. 이 경우에 명칭은 '헌법소원' 심판이지만 실제 내용을 보면 법률의 위헌성 여부를 다투는 심판이다. 헌법소원의 형식으로 법률의 위헌성을 다투는 경우에는 재판이 중지되지 않고 계속 진행된다.

그렇게 되면 헌법재판소가 해당 법률의 위헌여부를 검토하여 판단하게 된다. 위의 사례는 실제로 있었던 위헌법률심판 사건을 간추려 재구성한 것이다. 실제 사건에 대해 헌법재판소는 외국 음반이 출시되기 전에 행정기관이 그 출시를 허용할 것인지 여부를 판단하게 하는 제도는 헌법이 금지하는 사전검열에 해당하므로 위헌이라고 판단했다.[31] 이처럼 심판의 결과 음반법의 해당 조항이 위헌으로 판단되면 그 조항은 무효가 된다. 갑의 경우는 재판이 즉시 중지되고 무죄판결을 받게 된다.

요컨대 위헌법률심판은 어떤 법률의 위헌여부가 실제 재판의 전제가 된 경우에 그 법률의 위헌여부에 대해 심판하는 것이며, 법관의 제

---

31 헌재 2006.10.26, 2005헌가14.

청에 의해 그 절차가 시작된다.

4. 헌법소원심판

헌법소원은 국가 공권력의 작용이 헌법상 보장되는 기본권을 침해한 경우에 침해당한 사람이 구제를 받는 절차다. 여기서 공권력이라 함은 입법작용과 행정작용을 말한다. 그런데 헌법은 헌법소원심판에 대해 법률로 정하도록 했고 〈헌법재판소법〉은 헌법소원심판의 대상에서 '법원의 재판'을 제외했다(〈헌법재판소법〉 제68조).[32] 결국 국회가 위헌적인 법을 제정하거나 행정부가 위헌적인 행정을 한 경우에 그로 인해 헌법상의 기본권을 침해당한 국민이 헌법재판소에 그러한 공권력 작용의 위헌성 여부에 대한 심판을 청구하는 것이다. 헌법소원심판 절차도 위헌심판 절차와 마찬가지로 엄격한 절차적 제약이 있기 때문에 그에 합당하게 청구했을 때에만 헌법소원심판이 이루어진다. 헌법소원심판 청구의 요건과 관련하여 보충성의 원칙과 청구인 적격이 자주 문제가 된다.

보충성의 원칙이란 헌법소원심판은 다른 구제절차를 모두 거친 후

---

[32] 다만 헌법재판소 판례는 예외적으로 "헌법재판소가 위헌으로 결정하여 그 효력을 상실한 법률을 적용함으로써 국민의 기본권을 침해하는 재판"은 헌법소원의 대상으로 인정하고 있다.

에만 청구할 수 있다는 의미다. 보충성의 원칙은 특히 행정작용에 대한 헌법소원심판 청구에서 문제가 된다. 행정기관이 법률을 위반해 국민의 기본권을 침해한 경우에 피해자는 거의 행정소송을 통해 구제를 받게 된다. 그런데 행정소송은 '법원의 재판'이므로 헌법소원의 대상에서 제외된다. 요컨대 행정소송의 대상이 되는 권리침해는 모두 헌법소원의 대상이 될 수 없는 것이다. 따라서 행정기관의 행정작용 중 행정소송의 대상이 아니면서 헌법상 보장된 기본권을 침해한 것만 헌법소원의 대상이 된다. 이에 따라 행정작용 중 헌법소원의 대상은 매우 협소하게 됐다. 헌법소원의 대상이 되는 것은 시행령이나 시행규칙 등이 별도의 집행행위를 기다리지 않고 직접 기본권을 침해하는 경우로 한정된다.

청구인 적격이란 헌법소원심판 청구자가 자격이 있는지의 여부를 따질 때 사용되는 용어다. 청구인 적격이 있다는 것은 심판을 청구할 자격이 있다는 의미다. 헌법소원은 현재의 헌법상 보장된 기본권을 직접 침해당한 사람만이 청구할 수 있다. 이를 기본권 침해의 직접성, 자기관련성, 현재성이라고 한다. 예컨대 영화법이 위헌적이라고 하더라도 자신이 그로 인해 직접 그리고 지금 당장 피해를 보고 있지 않다면 헌법소원을 청구할 수 없는 것이다. 또 하나의 예를 들어보자. 국가유공자가 국가기관이 실시하는 채용시험에 응시하는 경우에 10%의 가산점을 주도록 한 법률이 있다. 이 제도는 헌법상 보장된 평등권을 침해하는 것으로 보일 수 있다. 이에 대해 '누가' 헌법소원을 할 수 있을까? 그 규정으로 인해 '직접, 자신이, 현재' 기본권을 침해받고 있는 사람만이 헌법소원을 청구할 수 있다. 그 시험에 응시한 사람이 바로 그런 사람이다. 실제로 응시자에 의한 청구가 있었고 그 응시자가 청구인 적격을 갖추었으므로 방금 예로 든 법률이 헌법재판소의 심판 대상이 됐다. 그러나 심판 결과 헌법재판소는 헌법이 "국가유공자·상이군경 및 전몰군경의 유가족은 법률이 정하는 바에 의하여 우선적으로 근로의 기회를 부여받는다"(제32조 6항)고 규정하고 있다는 점에서 국가유공자의 자녀에 대한 가산점 제도가 과도한 차별을 하는 것이라고 볼 수 없으므로 청구인의 평등권을 침해하지 않는다고 보았다.[33] 아무튼 청구인의 청구인 적격이 충족되지 않으면 그러한 청구는 심판 없이 각하 처분된다. 즉 헌법재판소가 본안심판을 하지 않는 것이다.

그 외에도 몇 가지 조건이 있지만[34] 헌법소원과 관련해 위의 두 가지 정도는 기억해두는 것이 좋겠다.

5. 헌법재판소의 이용가능성

헌법재판소는 지난 20여 년간 매년 1000건 전후의 사건을 다루었다. 그동안 헌법재판소가 과연 기본권 보장기구로서 제대로 역할을 해왔는지를 둘러싸고 여러 논란이 있다. 헌법재판소가 인용판결을 한 비율은 지극히 낮다. 지난 20여 년간 접수된 헌법소원 사건 중 불과 1.7%(321건)만이 인용판결을 받았다. 100건 중에서 98건 이상이 각하 또는 기각된

---

[33] 헌재 2001.02.22, 2000헌마25.
[34] 헌법소원심판은 사유가 있음을 안 날부터 90일, 사유가 있은 날부터 1년 이내에 청구해야 하고, 반드시 변호사를 선임해서 청구해야 한다.

것이다. 그나마 인용된 사건 중에서 많은 부분이 재산권 보장과 관련된 것이다. 헌법이 사회적 약자의 보호에 충실하기보다는 재산을 가진 자들의 보루가 되고 있는 것이다.

그럼에도 불구하고 1987년 이전에 비하면 현격한 발전이 이루어진

위헌법률심판과 헌법소원심판

법률이 헌법에 위반되는 경우 그 법률에 대해 위헌판정을 내리는 것이 헌법재판소의 작용에서 중요한 부분을 차지한다. 법률에 대해 위헌이라는 판정을 받는 방법에 대해 위에서 설명했지만, 그 내용이 복잡하니 여기서 한 번 더 정리해본다.

위헌심판청구는 법률의 위헌여부가 재판의 전제가 됐을 때 법원의 제청으로 진행되는 절차다. 헌법소원으로도 법률의 위헌여부를 다툴 수 있는데, 이에는 〈헌법재판소법〉 제68조 1항 사건과 제68조 2항 사건이 있다. 제68조 1항 사건이란 특정 법률의 내용이 기본권을 직접 침해하는 경우에 그 침해를 현재 당하고 있는 사람이 헌법재판소에 직접 위헌여부에 대한 심판을 청구하는 경우다. 위의 가산점 사례가 이에 속한다. 제68조 2항 사건은 재판의 전제성이 갖추어져서 법관에게 위헌법률심판 제청을 신청했는데 법관이 이를 기각했기 때문에 부득불 당사자가 직접 헌법재판소에 그 법률의 위헌여부에 대한 심판을 청구하는 경우다. 예컨대 위의 음반법 사례에서 법관이 신청을 기각하면 그 당사자가 헌법재판소에 직접 심판을 청구할 수 있다. 이 경우는 '위헌법률심판' 청구라고 하지 않고 '헌법소원심판' 청구라고 한다. 이것이 제68조 2항에 의거한 헌법소원이다. 1988년 9월부터 2010년 5월까지의 전체 헌법소원 사건(1만 8334건) 가운데 13%인 1542건이 제68조 2항 사건이었다. 이에 비해 위헌법률심판 사건은 698건이었다(앞에 제시된 표를 참고하라). 말하자면 제68조 2항의 헌법소원 절차를 이용해 법률의 위헌성을 다툰 사건이 위헌법률심판 사건의 두 배에 이른다. 그리고 위의 가산점 사례에서 보듯이 제68조 1항을 통해서도 법률의 위헌성을 다툴 수 있다. 이렇게 볼 때 법률의 위헌성을 다투는 절차는 위헌법률심판만 있는 것도 아니고 그것이 대종을 이루는 것도 아님을 알 수 있다. 결국 법률의 위헌여부를 문제 삼는 경우에는 위헌법률심판 절차가 적절한지, 아니면 헌법소원심판절차가 적절한지를 판단하여 선택해야 한다.

것이 사실이다. 헌법에 관한 논의가 법정에서 공개적으로 토론되고 논의된다는 것 자체가 큰 진전이며, 적지 않은 사건에서 헌법재판소가 실제로 중요한 판결을 내리고 있다. 사죄광고를 하게 하는 것을 위헌으로 본 것,[35] 동성동본의 혼인 금지를 위헌으로 판단한 것,[36] 호주제에 대해 위헌 판정을 내린 것[37] 등이 그런 사례들이다. 향후 헌법재판소가 국민의 기본권 보호를 위한 실질적인 기구가 될지, 아니면 부자들을 위한 재산권 보호의 방패막이에 그칠지는 두고 보아야 한다. 확실한 것은 권리자가 적극적으로 노력하지 않으면 헌법재판소가 알아서 권리를 찾아주지는 않는다는 것이다.

---

35 헌재 1991.4.1. 89헌마160.
36 헌재 1997.07.16, 95헌가6.
37 헌법재판소 2005.02.03, 2004헌가5.

생각거리

10

갑은 서울의 한 사립대학교 사범대학을 졸업해 교사의 길을 가고자 한다. 그런데 〈교육공무원법〉은 국립 또는 공립 교육대학의 졸업자 또는 수료자를 우선적으로 교사로 채용하도록 하고 있다. 갑은 이러한 규정으로 인해 사립대학교 사범대학 출신의 교직 진출이 사실상 봉쇄되고 있다고 보며, 이는 헌법상 보장되는 평등권을 침해하는 것이라고 생각한다. 이 경우에 헌법상 보장된 절차 가운데 어떤 것을 이용할 수 있을까? 이것은 위헌법률심판에 해당하는 사건인가, 헌법소원심판에 해당하는 사건인가? 헌법소원심판에 해당하는 사건이라면 갑에게 청구인 적격이 있는지를 검토해보자. 이것은 실제로 있었던 사건이다. 이 사건에서 헌법재판소는 어떤 입장이었는지 찾아보자. 헌법재판소 판례검색 사이트에 접속해서 이렇게 저렇게 검색어를 넣어보자.

11

갑은 K공단에서 공장을 경영하고 있다. 그런데 이웃에 있는 L화학공장에서 누전으로 인해 화재가 났다. 그 불로 이웃의 공장 여러 동이 함께 소실됐는데, 거기에는 갑의 공장도 포함돼 있다. 갑은 L화학공장을 상대로 손해배상 소송을 하려고 준비하던 중에 〈실화책임에 관한 법〉에 의하면 만약 그 화재가 경과실로 인한 것인 경우에는 손해배상을 청구할 수 없다는 사실을 알게 됐다. 결국 그 법에 의하면 갑은 자신의 과실이 없는 상태에서 자신의 공장이 소실됐는데도 하소연할 곳이 없게 된 것이다. 갑은 세상에 그런 법은 있을 수 없고, 있다면 위헌임이 틀림없다고 생각했다. 갑이 구제받을 방법이 있겠는가?

읽을거리

- 로버트 달, 《미국 헌법과 민주주의》, 후마니타스, 2001. 흔히 미국을 민주주의의 표준 교과서인양 말하는 사람이 많다. 하지만 이 책은 미국 헌법이 어떤 식으로 민주주의를 억제하는지를 보여준다. 특히 미국 헌법재판제도에 담겨져 있는 비민주주의적 음모를 보여준다. 우리나라 헌법재판소도 그런 요소를 갖고 있지 않을까? 이 책을 읽고 헌법재판제도의 한계에 대해서도 인식하게 되면 좋겠다. 물론 이러한 주장이 헌법재판소 폐지론으로 연결될 수 있는지에 대해서는 재론의 여지가 있다.

제7강 행정법
법치주의는 국가를 통제하는 원리다

> 행정법의 이념에서 가장 주목해야 할 것은 법치행정이다. 이는 모든 행정작용은 법규에 근거를 두어야 하며, 특히 국민의 권리를 침해하는 침해행정의 경우에는 반드시 국회에서 제정된 법률에 의거해야 한다는 원칙이다.
>
> 뿐만 아니라 실질적 법치주의의 원칙에 따라 그 법규 자체가 내용적으로도 정당하지 않으면 안 된다. 모든 행정작용이 정당성을 가진 법규에 근거하게 함으로써 행정작용의 남용을 막고 국민의 권리를 보호하는 것이 행정법의 존재이유다.

1. 행정법의 범위

행정법이란 무엇인가? 쉽게 말하면 행정기관과 관련된 모든 규범이라고 할 수 있다. 행정기관마다 수많은 소관법률이 있고 그러한 것이 모두 행정법에 속한다. 〈정부조직법〉, 〈행정규제기본법〉, 〈행정절차법〉, 〈주민등록법〉, 〈공공기관의 정보공개에 관한 법〉, 〈국가공무원법〉 등이 모두 행정법이다. 그리고 경찰작용과 관련된 법, 지방자치와 관련된 법, 교육·과학·문화에 관한 수많은 법, 국방에 관한 법, 환경에 관한 법이 모두 행정법의 범주에 들어온다.

그렇다면 행정법에 관한 강의는 이 많은 법들을 다 다룬다는 말인가? 그렇지는 않다. 사실 행정법학은 그러한 개별 법률들의 세부적인 내용까지 자세하게 설명하지는 않고 그 법률들에 공통되는 법원리를 다룬다. 하지만 법의 영역이 워낙 넓고 그 내용이 복잡하기 때문에 행정법은 골치 아픈 과목이 될 수밖에 없다. 행정법에는 일상생활에서 거의 사용되지 않는 개념어가 난무하고, 설사 들어본 듯한 단어가 나오더라도 뭔가 다른 의미로 쓰이기 일쑤다. 행정법학의 복잡함 속에서 방향을 잃지 않고 중심을 잡기 위해서는 정신을 바짝 차리지 않으면 안 된다. 하지만 주요 개념 위주로 차근차근 공부하며 전진하다 보면 어느 날 전체적인 상이 잡힐 것이다.

2. 행정과 행정법의 개념

행정법은 행정에 관한 법이다. 이때 행정은 국가작용 중 입법이나 사법이 아닌 어떤 것이다. 그래서 행정을 형식적으로 정의하면 행정기관의 권한에 속하는 국가작용이라고 할 수 있다. 그런데 입법기관의 주요 작용이 법을 제정하는 것이고 사법기관의 주요 작용이 재판기능이라고 했을 때 행정기관의 주요 작용은 무엇인가?

적어도 행정은 정치활동과는 구분되는 개념이다. 행정은 정치활동이 아닌 어떤 것이다. 행정에서는 정치적 중립을 유지하는 것이 중요하다. 정치영역에서는 여론의 동향에 따라 역동적으로 변화하는 것이 중요하다고 한다면, 행정영역에서는 정치적 바람에 흔들리지 않는 안정성과 지속성, 통일성이 중요하다.

또 행정작용은 통치행위라는 개념과 구분된다. 통치행위란 고도의 정치적 색채를 지니는 국가기관의 행위로서 사법심사의 대상으로 하기에 부적합할 뿐만 아니라 그에 대한 판결이 있는 경우에도 집행이 곤란한 국가작용을 말한다.

예컨대 대통령이 장관을 북한에 특사로 보내는 일은 행정부의 주도로 이루어지지만 고도의 정치적 성격을 띤다. 이러한 종류의 국가작용을 행정의 개념에서 배제하는 것이 옳은지에 대해서는 논란이 있을 수 있다. 행정의 개념에서 배제한다는 것은 행정법의 규제대상에서 배제한다는 것을 의미하고, 사법적 심판의 대상이 되지 않는다는 것을 의미한다. 말하자면 통치행위는 초법률적인 행동이라고 보아 그에 대한 법적인 통제를 포기하는 것이다.

이렇게 법의 통제 밖에 있는 영역으로서의 통치행위를 인정할 것인가에 대해 헌법재판소는 "통치행위를 포함하여 모든 국가작용은 국민의 기본권적 가치를 실현하기 위한 수단이라는 한계를 반드시 지켜야 하는 것이고 헌법재판소는 헌법의 수호와 국민의 기본권 보장을 사명으로 하는 국가기관이므로 비록 고도의 정치적 결단에 의하여 행해지는 국가작용이라고 할지라도 그것이 국민의 기본권 침해와 직접 관련되는 경우에는 당연히 헌법재판소의 심판대상이 된다"고 했다.[38] 이를 반대해석하면, 국민의 기본권 침해와 직접적 관련이 없는 경우라면 행정작용과 구분되는 통치행위가 인정될 수 있다는 것이 헌법재판소의 입장이라고 할 수 있다.

    행정은 입법작용도 아니고, 사법작용도 아니고, 정치활동도 아니고, 통치행위도 아닌 어떤 것이다. 그렇다면 행정, 그것의 실체는 무엇인가? 행정의 특성을 위주로 해서 행정의 개념을 정의할 수는 없을까? 이처럼 행정기관이 실제로 하는 일의 내용으로 정의한 행정을 실질적 의미의 행정이라고 한다. 예컨대 행정을 "법 아래에서 법의 규제를 받으면서 현실적, 구체적으로 국가목적의 적극적 실현을 위해 행하는, 전체로서의 통일성을 지닌 계속적, 형성적 국가활동"이라고 정의했다면 이는 실질적 의미의 행정이 무엇인지에 대해 나름의 견해를 밝힌 것이다. 실질적 의미의 행정이 무엇인지에 대해 학자들 사이에 논란이 있을 수 있다. 아무튼 이런 식으로 행정의 실제 내용과 특성에 기반해 정의한 행정을 실질적 의미의 행정이라고 한다. 동어반복 같지만, 행정법은 실질적 의미의 행정에 관한 법이다.

    이상의 논의에서 행정이 무엇인지를 대충 알게 됐을 것이다. 행정법은 그러한 의미의 행정을 규율하는 법을 통칭하는 말이다. 행정법의 영역에 속하는 법들을 내용적으로 분류하면 크게 행정조직법, 행정작용법, 행정구제법으로 나누어진다. ① 행정조직법은 국가, 지방자치단

---

38 헌재 1996.2.29. 93헌마186.

체, 공공단체 등 행정주체인 기관의 설치, 권한 및 기관 상호간의 관계에 관한 법을 의미한다. ② 행정작용법은 행정주체와 사인 간의 공법상 법률관계에 관한 법, 그리고 무수한 행정활동 중에서 법원의 심사대상으로 삼기에 적합한 행정활동에 관한 법을 의미한다. 여기에는 행정행위, 행정입법(법규명령, 행정명령), 비권력적 행정작용(공법상 계약, 공법상 합동행위, 사실행위로서의 행정지도), 행정상 의무이행 확보수단(행정강제)에 관한 것이 포함된다. ③ 행정구제법은 행정작용으로 인해 침해된 개인의 권리를 구제하는 것에 관한 법이다. 여기에는 행정쟁송(행정심판, 행정소송)과 국가보상(행정상 손실보상, 행정상 손해배상)이 포함된다.

3. 행정법의 지도이념으로서의 법치행정

행정법은 헌법과 마찬가지로 근대적 사고의 산물이고 근대적 현상이다. 다시 말해 행정법은 국가의 목적이 기본권의 보장이며 이를 위해 국가권력이 적절히 분산돼야 한다는 근대적 정치사상(권력분립 사상)에 기반을 두고 있다. 권력분립은 국가권력을 입법권, 행정권, 사법권으로 분리하고 그 각각을 서로 다른 국가기관에 귀속시킴으로서 국민의 기본권 보장을 극대화하려는 시도다. 행정권은 3권의 영역 가운데 행정의 영역에서 헌법이념을 실현하려는 국가작용이다. 이처럼 행정법은 사실상 헌법을 구체화한 법이고, 헌법의 원리가 그대로 통용되는 법이다. 행정법의 존재이유는 헌법의 존재이유와 마찬가지로 국민 또는 시민의 기본권 보호다. 행정법이 기본권 보호에 기여하는 방식은 두 가지다. 한 가지는 기본권에 대한 자의적인 침해를 규제하는 것이다. 다른 한 가지는 기본권 보장을 위한 적극적 행정에 필요한 수단을 제공하는 것이다.

행정법의 중요한 관심사는 그러한 목적에 합당하게 행정작용이 일어나도록 행정기관을 통제하는 것이다. 그런데 행정기관이 하는 일을 어떻게 통제할 것인가? 이에 대한 답변의 실마리를 주는 것이 '법치행정'의 원리다. 이 원리에 의하면 행정기관은 오로지 법에 의해서만 존속가능하고, 법에 근거해서만 행정업무를 수행해야 한다. 특히 행정기관은 국민의 기본권을 침해해서는 안 되겠지만, 부득불 침해할 수밖에 없는 경우에는 오로지 법률의 근거가 있을 때에만 국민의 권리를 침해할 수 있다. 이것이 행정법의 핵심 원칙이다. 나아가 법치행정은 모든 행정작용에 대해 사법적 통제를 보장한다는 의미다.

요컨대 법치행정은 국민으로 하여금 법을 따르게 하는 행정을 펼친다는 의미가 아니고, 행정기관이 법에 근거해서만 행정활동을 해야 한다는 의미다. 법치행정은 법을 이용하여 국민을 통제하는 원리가 아니라 행정권력을 통제하는 원리인 것이다.

4. 법치행정의 3요소

법치행정은 행정법을 관통하는 최고의 원리다. 그 법치행정의 원리는 다음 세 가지 측면을 모두 포괄하는 개념이다.

첫째는 법률우위의 원칙이다. 이는 행정부에 대한 국회의 우위성을 인정한다는 의미다. 이 원칙에 따르면 행정작용은 국회가 제정한 법률의 실체적, 절차적 규정에 위반되면 안 된다. 행정부와 국회는 동등한 지위에서 서로 견제하는 관계가 아니다. 행정부는 국회의 결정에 일방적으로 따라야만 하며, 그 역은 아니다.

둘째는 법률의 법규창조력이다. 국민의 기본권 침해는 국회가 제정한 법률에 의거해야 한다. 즉 의회만이 국민의 권리를 침해하는 법률을 만들 수 있으며, 행정권은 그러한 규범을 형성할 권능을 갖지 않는다는 것이다. 예를 들어 집회의 장소나 방식을 규제하기 위해서는 행정기관이 그 기준을 만들 수는 없고 반드시 법률에 그 근거가 있어야 한다. 요컨대 국민의 대표로 구성된 의회가 만든 법률만이 국민의 자유나 권리를 제한, 침해할 수 있는 힘을 가진다는 것이다.

셋째는 법률유보의 원칙이다. 모든 행정작용은 법률의 근거가 있어야 한다. 그러나 현실적으로 모든 행정작용에 대해 법률의 근거를 두는 것은 불가능하다. 또 세세한 '모든' 행정작용에 국회가 제정한 법률의 근거가 있어야만 한다면 오히려 국민의 권익을 침해하는 결과가 초래될 수 있다. 간단히 생각해도 국회가 행정작용의 모든 세세한 것을 법률로써 규율하는 것은 비효율적이며 불가능하다고 할 수 있다. 그렇기 때문에 어느 정도는 행정기관이 독자적 결정권을 가지고 움직이게 하는 것이 불가피하다. 이와 관련해 여러 논란이 있지만, 침해행정에 대해서는 반드시 법률의 유보가 있어야 한다는 데는 이론이 없다. 즉 국민에게 새로운 의무를 부과하거나 기존의 권리를 박탈하는 행정작용은 반드시 법률의 근거가 있어야 한다는 것이다. 논란이 되는 지점은 그 외의 행정작용이다. 이와 관련해 중요사항유보설이 널리 인정되고 있다. 이 이론은 국가와 그 구성원인 국민에게 중요하고 본질적인 사항들에 대해서는 반드시 국회가 정한 법규범이 있어야 한다는 입장이다. 달리 말하면 중요하지 않은 사항은 행정에 맡겨질 수 있다는 것이다. 이 입장은 획일적인 기준을 제시하지 못하는 한계를 가지는 것이 사실

법률유보 원칙의 사례

한국전력공사가 〈한국방송공사법〉에 따라 텔레비전방송 수신료를 부과했는데, 이것이 헌법상의 조세법률주의에 위반되지 않느냐는 논란이 있었다. 왜냐하면 조세적 성격을 가진 수신료를 한국방송공사 이사회가 심의·결정하고, 공사가 공보처 장관의 승인을 얻어 이를 부과·징수했기 때문이다. 이에 대해 헌법재판소는 다음과 같이 판시했다.

"오늘날 법률유보 원칙은 단순히 행정작용이 법률에 근거를 두기만 하면 충분한 것이 아니라 국가공동체와 그 구성원에게 기본적이고도 중요한 의미를 갖는 영역, 특히 국민의 기본권 실현과 관련된 영역에 있어서는 국민의 대표자인 입법자가 그 본질적 사항에 대해 스스로 결정해야 한다는 요구까지 내포하고 있다(의회유보 원칙). 그런데 텔레비전방송 수신료는 대다수 국민의 재산권 보장의 측면이나 한국방송공사에게 보장된 방송자유의 측면에서 국민의 기본권 실현에 관련된 영역에 속하고, 수신료 금액의 결정은 납부의무자의 범위 등과 함께 수신료에 관한 본질적인 중요한 사항이므로 국회가 스스로 행하여야 하는 사항에 속하는 것임에도 불구하고 한국방송공사법 제36조 제1항에서 국회의 결정이나 관여를 배제한 채 한국방송공사로 하여금 수신료 금액을 결정해서 문화관광부 장관의 승인을 얻도록 한 것은 법률유보 원칙에 위반된다."[39]

이 사례는 행정작용이 단순히 법률에 근거했다는 사실만으로는 정당화될 수 없다는 것을 보여준다. 즉 국민의 기본권 실현과 관련된 본질적인 부분은 행정부에 맡길 수 없고 의회가 직접 결정해야 한다고 헌법재판소는 보고 있다. 이것이 법률유보의 원칙이다.

....
39 헌재 1999.05.27, 98헌바70.

이지만, 구체적으로 판례가 집적되면서 기준의 윤곽이 사후적으로 드러나게 하는 유연성을 장점으로 가지고 있다.

법치행정과 관련해 형식적 법치주의와 실질적 법치주의라는 것의 의미도 음미해둘 만하다. 형식적 법치주의란 의회가 제정한 법률의 우위를 전제로 한 형식적 법률의 지배를 의미한다. 즉 법률의 내용을 문

형식적 법치주의와 실질적 법치주의

상속세법에 의하면 "상속개시일 전 1년 이내에 피상속인이 상속재산을 처분한 경우 그 금액이 재산종류별로 계산하여 5천만 원 이상이거나 채무를 부담한 경우 그 금액의 합계액이 5천만 원 이상으로서 용도가 객관적으로 명백하지 아니한"것은 과세가액에 산입하는 것으로 되어 있었다. 이 조항의 결과 어떤 사람은 자신이 상속받지 않은 금액에 대해서도 세금을 부과받는 불합리가 생겼다. 그러한 세금부과에 대해 이의가 제기됐을 때 국세청은 상속세법이 그렇게 규정하고 있는 한 어쩔 수 없다고 답변했다. 행정부는 법이 잘못된 경우에도 법대로 해야 하는가? 이것이 소위 실질적 법치주의에 관한 문제다.

이에 대해 헌법재판소는 "오늘날의 법치주의는 국민의 권리·의무에 관한 사항을 법률로써 정해야 한다는 형식적 법치주의에 그치는 것이 아니라 그 법률의 목적과 내용 또한 기본권 보장의 헌법이념에 부합돼야 한다는 실질적 적법절차를 요구하는 법치주의를 의미"한다면서, 피상속인이 처분한 재산에서 "용도가 객관적으로 명백하지 아니한 것"을 무조건 과세가액에 포함시키는 것은 위헌이라고 했다.[40] 용도가 객관적으로 명백하지 않더라도 법원의 판단으로 상속인이 상속하지 아니하였다고 인정되는 경우에는 이를 과세가액에서 배제할 수 있어야 한다는 것이다.

여기서 법치주의와 관련하여 중요한 점은 국세청이 세금을 부과할 때 법에 따라 한다고 했지만 법 자체가 헌법원리에 합치하지 않는다면 국세청의 세금부과가 정당한 것이 될 수 없다는 것이다.

[40] 헌재 1994.06.30, 93헌바9.

제 삼지 않고 법률이라는 형식을 중시하는 입장이다. 이에 비해 실질적 법치주의란 개인의 인권 보장을 중시하며 행정작용은 법률에 근거해야 할 뿐만 아니라 그 법률의 실질적 내용도 인권침해가 없도록 보장해야 한다고 보는 민주주의 정치이념의 표현이다. 즉 실질적 법치주의는 형식적 법치주의를 당연한 전제로 하고, 한 걸음 더 나아가 법의 실질적 내용 면에서도 인권침해가 없어야 한다는 입장이다.

생각거리

12

지금은 없어졌지만 2003년에 〈주택건설촉진법〉이라는 것이 있었다. 이 법에 따라 주택건설사업의 승인을 받으면 토지의 형질변경 등에서 많은 혜택이 있었기 때문에 건축업자들이 앞 다투어 이 법에 따른 승인을 받고자 했다. 당시 도봉구청장은 서울특별시가 제작한 도시생태 현황도 등을 참고하여 특정 건설업자의 승인신청에 대해 불허 결정을 했다. 이에 대해 해당 건설업자는 법률에 근거하지 않은 행정처분이라는 이유로 행정소송을 제기했다. 이러한 행정처분은 타당한가? 법치행정의 관점에서 생각해보자.

13

행정기관을 통제하고 나아가 행정작용에 국민이 참여하는 데 필수전제가 되는 것이 행정정보에 대한 접근이다. 이를 위해 국민의 알권리가 보장돼야 한다. 헌법재판소는 헌법상 표현의 자유의 연장에서 국민에게 알권리가 있다는 것을 인정해왔다.[41] 이러한 국민의 알권리를 제대로 보장하기 위해 〈공공기관의 정보공개에 관한 법률〉이 1996년에 제정됐다. 이 법에 의하면 모든 국민은 공공기관에 대해 그 기관이 보

---

41 헌재 1991.05.13, 90헌마133. 정보공개법이 제정되기 전에 나온 이 판례에서 헌법재판소는 "확정된 형사소송 기록의 복사 신청에 대한 서울지방검찰청 의정부지청장의 거부행위는 청구인의 헌법상 기본권인 '알권리'를 침해한 것"이라고 판시했다.

유·관리하는 정보의 공개를 청구할 수 있고, 공공기관은 그것을 공개해야 할 의무가 있다. 여기서 공공기관에는 모든 행정기관과 정부투자기관뿐만 아니라 사립교육기관도 포함된다. 정보공개가 청구되면 공공기관은 국가중대사에 관한 정보, 공개되면 생명이나 신체의 손상을 초래할 수 있는 정보, 사생활 침해의 가능성이 있는 정보 등이 아닌 한 공개해야 하며, 만약 공개하지 않으면 국민이 소송을 통해 강제로 공개하게 할 수 있다. 그동안 국민은 이 법을 이용해 시장이나 구청장의 판공비를 공개하게 했고, 아파트 분양원가를 공개하게 했다. 그 외에도 이 법을 이용해 공공기관에 행사비, 공사비, 답안지, 교수채용 관련 서류 등에 관한 정보의 공개를 요구할 수 있다.

    여러분에게는 공공기관이 갖고 있는 정보 중에서 알고 싶은 정보가 없는가? 정보공개를 신청하는 것은 매우 간단하다. 양식을 한 장만 쓰면 된다. 공공기관은 정보공개에 따르는 비용을 실비로 요구할 수 있도록 돼있지만 대개 비용을 실제로 청구하지는 않는다. 다음의 양식을 한번 채워보자. 정보공개를 신청하는 것은 참 쉽지 않은가! 정보공개청구서를 써본 후에 이 제도의 유용성에 대해 토론해보자. 유용성이 있다면 어떤 유용성인가? 그것은 썩 유용한가, 아니면 조금 도움을 주는 정도인가?

정보공개청구서

* 접수일자와 접수번호는 청구인이 기재하지 않습니다.

* 접수일자			* 접수번호	
청구인	이름		주민등록번호	
			사업자등록번호	
	주소		전화번호	
			전자우편주소	
정보내용				
공개형태		□ 열람·시청 □ 사본·출력물 □ 전자파일 □ 복제·인화물 □ 기타		
수령방법		□ 직접방문 □ 우편 □ 모사전송 □ 전자우편 □ 기타		
수수료 감면	해당여부	□ 해당 □ 해당없음		
	감면사유	정보공개법 17조 3항에 따라 감면사유를 증명할 수 있는 서류를 첨부하기 바람		

공공기관의 정보공개에 관한 법률 제 10조 1항 및 동법 시행령 제 6조 1항의 규정에 의하여 위와 같이 정보의 공개를 청구합니다.

년   월   일

청구인   (서명 또는 인)

(접수기관의 장) 귀하

접수증

접수번호			청구인 이름	
접수자	직급		이름	(서명 또는 인)

귀하의 청구는 위와 같이 접수되었습니다.

년   월   일

(접수기관)

제8강 행정쟁송
위법한 행정작용은 취소시켜야 한다

행정기관의 공권력 작용에 의해 권리를 침해받은 국민은 법적 절차를 통해 권리를 구제받을 수 있다. 그 방법으로는 위법한 행정행위 자체를 시정하는 방법과 행정행위로 인한 손해를 금전으로 보상받는 방법이 있다. 앞의 방법을 행정쟁송이라고 하고, 뒤의 방법을 국가보상 또는 행정상 손해전보라고 한다. 이처럼 행정행위로 인해 발생한 국민의 권리 침해에 대한 사후적 권리구제의 법제를 통칭해 행정구제법이라고 한다. 행정구제법은 침해된 국민의 권리를 회복시켜주는 동시에 공권력 행사를 통제하는 기능을 한다.

1. 행정구제법

앞에서 헌법재판에 대해 살펴보았는데, 그중 헌법소원은 공권력의 행사나 불행사로 인해 헌법상 보장된 기본권을 침해받은 국민이 헌법재판소에 직접 호소하는 절차다. 그런데 헌법소원은 보충성의 원칙으로 인해 다른 구제절차가 없는 경우에만 이용할 수 있다. 그 결과로 행정청에 의한 행정작용의 상당한 부분이 헌법소원의 대상이 아니게 된다. 왜냐하면 행정에 의한 권리침해에 대해서는 행정법상의 구제절차가 거의 있고, 그 구제절차는 궁극적으로 소송을 통해 종결되는데 '법원의 판결'은 헌법소원의 대상에서 제외되기 때문이다. 이리하여 행정작용과 관련된 문제 가운데 극소수만 헌법소원의 대상이 된다. 실제로 행정청의 공권력 작용에 의해 권리침해를 받은 국민은 대개 행정구제법을 통한 권리구제 절차를 이용한다. 그렇다면 행정구제법의 내용은 무엇인가? 제8강과 제9강은 이에 대해 살펴본다.

 행정구제법은 행정청의 행위로 권리 또는 이익을 침해당한 자가 사후적으로 구제를 구하는 절차다. 이런 점에서 사전적 구제절차와는 다르다. 사전적 구제절차란 행정행위를 하기 전에 국민의 권리침해 여부를 검토하는 것이다. 예컨대 행정부는 법안을 만들거나 시행령을 발포하기 전에 입법예고를 한다. 이는 법규의 제정으로 인해 권리를 침해받을 수 있는 사람으로 하여금 그 법규가 제정되기 전에 권리침해의 가능성을 주장하게 하여 사전적으로 권리침해를 막겠다는 것이다. 그 외에 행정청으로 하여금 특정 행정작용을 하기 전에 공청회를 열거나 공시지가를 확정하기 전에 사전공지하게 하는 것도 사전적 권리구제 제도라고 할 수 있다.

 행정구제에는 위법·부당한 행정행위 자체의 시정을 구하는 방법도 있고, 국민의 권리를 침해한 공권력 행사에 대해 사후에 금전으로 보상을 받는 방법도 있다. 앞의 방법이 적용되는 예로는 행정청이 부당하게 영업정지 처분을 내린 것에 대해 그 처분의 취소를 구하는 절차를 들 수 있고, 뒤의 방법이 적용되는 예로는 부당한 영업정지 처분으로 인해 손해가 발생한 경우에 그에 대한 손해배상을 청구하는 절차를 들 수 있다. 앞의 경우에 시정요구가 받아들여지면 영업을 재개할 수 있고, 뒤의 경우에 배상청구가 받아들여지면 금전으로 손해액를 충당받을 수 있다. 물론 두 가지가 다 받아들여져 영업도 재개하고 손해배상도 받게 될 수 있다.

행정행위 자체의 시정을 1차적 권리구제라고 하며, 그러한 시정을 구하는 절차를 밟는 것을 행정쟁송이라고 한다. 여기에는 행정심판과 행정소송이 있다. 행정심판은 행정기관에 의한 행정구제를 말하는 것이고, 행정소송은 법원에 의한 권리구제를 구하는 절차다. 행정기관은 법률에 따른 행정을 해야 하며(법률유보), 따라서 행정기관이 위법행위를 한 경우 국민은 그 위법행위 자체의 교정을 구할 수 있고 그것이 행정소송의 핵심이다. 나아가 행정심판은 행정기관의 행위가 위법한 경우뿐만 아니라 위법에는 이르지 않았지만 '부당한' 경우에도 이용할 수 있다. 예를 들어 자기가 운영하는 음식점의 위생상태가 청결하지 않아 6개월의 영업정지 처분을 받은 사람의 경우에 그것이 과도하다고 생각하면 행정심판을 통해 행정처분의 '부당성'을 문제 삼을 수 있다. 이러한 행정심판에서 이유 있다고 인용(認容)이 되면 6개월의 영업정지 기간이 예컨대 3개월로 줄어들 수 있다.

이에 비해 행정청의 행정행위로 인해 권리를 침해받은 국민에게 금전보상을 하는 것을 2차적 권리구제라고도 하고, 국가보상 또는 행정상 손해전보라고도 한다. 여기에는 위법한 국가작용으로 인한 손해를 배상하는 행정상 손해배상과 적법한 국가작용으로 인한 손해를 보상하는 행정상 손실보상이 있다. 예컨대 행정기관이 부당하게 영업취소 처분을 내려 국민에게 손해를 끼친 경우에는 행정상 손해배상이 문제가 되고, 국책사업으로 도로를 개설하기 위해 국가가 국민의 부동산을 수용하게 되는 경우라면 행정상 손실보상이 문제가 된다.

이상에서 행정구제법의 전체 구도를 설명했다. 초심자에게는 내용과 용어가 혼란스럽고 복잡하게 느껴질 것이다. 행정법을 공부하노라면 그런 복잡함 때문에 종종 짜증이 나지만, 전문가가 되려면 그와 같은 전문적인 용어를 익히지 않으면 안 된다. 입문하는 입장에서는 아래에 나오는 복잡한 절차를 다 암기할 필요는 없어 보이지만, 그 대체적인 구도와 개념은 익혀 두어야 한다. 이상에서 설명한 행정구제법의 전체 구도를 정리해보면 다음과 같다.

행정구제법

1차적 권리구제(=행정쟁송)
　— 행정심판: 행정기관을 통한 쟁송
　— 행정소송: 법원을 통한 쟁송
2차적 권리구제(=국가보상, 행정상 손해전보)
　— 행정상 손해배상: 위법한 행정작용에 대한 배상
　— 행정상 손실보상: 적법한 행정작용에 대한 보상

이중에서 행정쟁송은 제8강에서 다루고, 국가보상은 제9강에서 다

른다.

위에 열거한 행정구제 제도 외에도 행정작용으로 인해 침해된 권리를 구제하는 절차가 몇 가지 더 있다. 그중 하나는 국민고충민원처리제도다. 이는 〈부패방지 및 국민권익위원회의 설치와 운영에 관한 법률〉에 의해 국민에게 제공되는 간편한 권리구제 절차다. 이 법에 의해 국민권익위원회가 설치됐는데, 이 위원회의 가장 중요한 기능은 국민의 고충민원을 처리하는 것이다. 이 법은 고충민원을 "행정기관 등의 위법·부당하거나 소극적인 처분(사실행위 및 부작위를 포함한다) 및 불합리한 행정제도로 인하여 국민의 권리를 침해하거나 국민에게 불편 또는 부담을 주는 사항에 관한 민원(현역장병 및 군 관련 의무복무자의 고충민원을 포함한다)"으로 정의하고 있다. 이는 이 위원회가 광범하게 행정행위에 의한 권리침해에 대처하는 기관임을 보여준다. 국내에 기주하는 외국인을 포함해 누구든지 권익위원회에 고충민원을 신청할 수 있다. 그렇게 하면 위원회가 조사, 권고, 조정 등의 조치를 취하고 그 결과를 신청인에게 통보해준다.

청원제도도 일종의 행정구제 기능을 한다. 〈청원법〉에 의하면 국민이면 누구든지 국가기관이나 지방자치단체를 상대로 피해의 구제를 구하거나 공무원의 위법·부당한 행위에 대한 시정이나 징계를 요구할 수 있다. 청원인의 이름 및 주소 등과 청원의 이유와 취지를 밝힌 문서를 청원하고자 하는 기관에 제출하면 된다. 청원서를 수리한 기관은 청원서를 심사하고 처리하여 그 결과를 청원인에게 통보해야 한다. 고충민원과 청원은 둘 다 행정기관이 자발적으로 행정기관에 의한 권리침해를 다루는 것이어서 법적 구속력이 약하긴 하지만, 행정기관 스스로 적극적으로 대처하는 경우에는 다른 어떤 행정구제 제도보다 신속하고 실효적으로 국민의 권리를 구제할 수 있다.

그 외에 우리나라에서는 이용되고 있지 않지만 널리 알려진 권리구제 제도로 옴부즈만 제도가 있다. 이 제도는 북유럽에서 많이 활용되고 있다. 북유럽식 옴부즈만 제도에서는 대체로 의회가 옴부즈만을 임명한다. 또한 임명은 의회가 하지만 지위와 권한에서는 옴부즈만이 어느 누구로부터도 독립돼 있는 경우가 많다. 옴부즈만은 신청에 의거하거나 직권으로 국가 행정작용 중에서 국민의 권익을 침해하는 것을 발굴해 시정하는 역할을 한다.

2. 행정심판

행정쟁송은 행정청의 행정작용에 의해 권리를 침해받았다고 생각하는 사람이 행정청의 결정 자체를 문제 삼는 것인데, 이를 위해 행정기관을 이용하는 방법도 있고 법원을 이용하는 방법도 있다. 행정심판은 행정기관을 이용하는 방법이다. 좀 더 정밀하게 정의하면, 행정심판은 "행정청의 위법·부당한 처분, 그밖에 공권력의 행사·불행사 등으로 인해 권리 또는 이익을 침해받은 국민이 행정기관을 상대로 제기하는 심판절차"다. 행정심판은 다양한 이름을 가지고 있으며, 주관하는 기관도 분산돼 있다. 예컨대 행정심판은 법에 따라 재결신청, 이의신청, 심사청구, 소청심사 등으로 불리고, 행정심판을 하는 기관의 예로는 소청심사위원회, 조세심판원, 국무총리행정심판위원회 등이 있다. 공무원이 파면된 경우에 부당하다고 생각하면 소청심사위원회에 행정심판을 청구할 수 있다. 세금이 과도하게 부과됐다고 생각하는 사람은 조세심판원에 행정심판을 청구할 수 있다. 이러한 행정심판에 관한 일반법으로 〈행정심판법〉이 있다.

행정심판은 행정기관에 의해서 이루어지는 일종의 재판이라고 보면 된다. 원고에 해당하는 사람이 청구인이고, 피고에 해당하는 기관이 피청구인이다. 청구인은 늘 국민이고, 피청구인은 늘 행정청이 된다. 청구인은 피청구인의 직근 상급행정기관에 행정심판을 청구하게 된다. 예컨대 서울특별시의 직근 상급기관은 국무총리다. 그리고 직근 상급행정기관이 재결청[42]이 된다. 재결청이 스스로 행정심판을 하는 것은 아니고, 실제로는 재결청에 소속된 행정심판위원회가 사건을 심리하고 의결한다. 재결청은 행정심판위원회가 의결한 것을 변경할 수 없고, 그 내용대로 재결해야 한다. 이처럼 행정심판위원회가 상당한 독립성을 가지고 심판절차를 진행한다.

행정심판은 취소심판, 무효확인심판, 의무이행심판으로 나뉜다. 행정심판을 청구할 수 있는 사람은 그러한 심판을 구할 법률상의 이익이 있는 자다. 청구인은 처분이 있음을 안 날로부터 90일 이내, 처분이 있은 날로부터 180일 이내에 서면으로 심판청구를 재결청 또는 피청구인인 행정청에 제출해야 한다.

---

[42] 행정기관이 내리는 결정은 판결이라고 하지 않고 재결(裁決)이라고 한다. 그리고 재결을 하는 행정기관을 재결청이라고 한다.

행정심판위원도 법관과 유사한 기능을 하기 때문에 재직기간 동안 신분이 보장되며, 공정성을 유지할 것을 요구받는다. 행정심판위원회는 사건이 회부돼 오면 구술 또는 서면으로 심리를 진행하며, 증거조사를 실시하기도 한다. 심리의 결과 심판청구가 이유가 있다고 판단하면 인용(認容)하는 재결을 내리고, 그렇지 않으면 기각하는 재결을 내린다. 특이한 점은 행정심판위원회는 심판청구가 이유가 있다고 인정하는 경우에도 인용하는 것이 공공복리에 크게 위배된다고 판단되면 그 심판청구를 기각하는 재결을 할 수 있다는 것이다. 이를 사정재결(事情裁決)이라고 한다. 말하자면 청구인의 주장이 타당함에도 여러 사정을 고려하여 청구인의 주장을 받아들이지 않는 재결을 하는 것이다. 이는 공공목적 상의 이유로 인한 것이다. 예컨대 재개발 결정이 위법한 것임이 심판의 결과로 드러났다고 하더라도 이미 재개발을 돌이킬 수 없는 상황이라면 사정재결을 내릴 수 있다. 이 경우에는 위법한 행정처분을 취소하는 문제는 발생하지 않고, 그로 인한 손해배상의 문제만 남게 된다.

행정심판위원회의 재결에 대해 청구인이 불복하는 경우에는 행정소송을 통해 다시 다툴 수 있다(행정소송에 대해서는 아래에 이어지는 행정소송 부분을 참고할 것).

행정심판은 이처럼 직근 상급행정기관을 통해 행정처분의 위법성 여부를 다투는 것인데, 뒤에서 보게 될 행정소송에 비해 신속하고 편리하게 판정을 받을 수 있다는 장점이 있다. 그리고 행정소송은 위법한 행정처분에 대해서만 제기할 수 있는 반면에 행정심판은 위법에까지 이르지는 않았지만 부당하다고 생각되는 행정처분에 대해서도 청구할 수 있다. 예를 들어 앞에서 살펴본 것처럼 6개월의 영업정지 처분을 받은 식당주인이 영업정지 처분 자체는 수용하면서도 6개월의 영업정지는 과도하다고 생각하는 경우에 행정소송을 제기할 수는 없지만 행정심판을 청구할 수는 있다.

3. 행정소송

행정소송은 법원의 재판을 통해 행정작용의 위법성 여부를 다투는 절차다. 행정소송에 관한 내용은 〈행정소송법〉에 규정돼 있다. 〈행정소송법〉은 "행정소송 절차를 통하여 행정청의 위법한 처분, 그 밖에 공권력의 행사·불행사 등으로 인한 국민의 권리 또는 이익의 침해를 구제"(제1조)하는 법이다. 행정소송은 항고소송, 당사자소송, 기관소송, 민중소송의 네 가지로 나뉜다.[43] 이중에서 실제로 많이 활용되는 것은 항고소송이다. 항고소송은 "행정청의 처분 등이나 부작위에 대해서 제기하는 소송"(3조1호)을 말한다. 이것을 항고소송이라고 부르는 것은 행

---

[43] 네 가지 행정소송 가운데 본문에서 설명되는 항고소송을 제외한 나머지 세 가지 소송이 무엇인지를 여기서 알아보자. 당사자소송이란 국가와 국민이 대등한 입장에서 권리·의무의 유무를 둘러싸고 다투는 소송을 말한다. 이는 국가를 상대로 한 민사소송과 유사하며, 실제 현실에서 이러한 문제에 대해서는 행정소송보다 민사소송이 많이 이용된다. 기관소송이란 국가 또는 공공단체 상호간에 권한의 존부 또는 그 행사에 관한 다툼이 있을 때 그에 대해 제기하는 소송이다. 헌법재판소의 권한쟁의 심판이 가능한 경우에는 그것에 의한다. 민중소송이란 국가 또는 공공단체의 기관이 법률에 위반되는 행위를 한 경우에 국민이 직접 자기의 법률상 이익과 관계없이 그 시정을 구하기 위해 제기하는 소송으로서 선거무효 소송이 그 대표적인 예다.

정청의 '결정'에 대해 불복하는 소송이기 때문이다.[44] 항고소송 중에서 특히 취소소송이 행정소송의 대종을 이룬다. 예컨대 정기간행물의 등록에 관한 사무를 처리하는 행정청이 납득할 수 없는 이유로 정기간행물의 등록을 취소한 경우에 그러한 처분을 받은 사람이 등록취소의 취소를 청구하는 소송을 제기하게 된다. 아래에서는 항고소송 중 취소소송에 대해서만 좀 더 자세히 살펴본다.

취소소송을 이해하기 위해서는 먼저 행정행위의 공정력(公定力)이라는 개념을 이해할 필요가 있다. 행정행위는 공정력을 갖고 있기 때문에 비록 그 성립에 하자가 있더라도 그것이 중대한 하자가 아닌 한 공식적으로 취소될 때까지는 일단 효력이 있는 것으로 본다. 말하자면, 어떤 행정행위가 위법하다는 혐의가 있더라도 그것만으로는 무효가 되는 것이 아니고 일단 유효한 것으로 본다는 것이다. 이렇게 하는 이유는 공권력 작용의 안정성을 보장하려는 데 있다. 이러한 공정력을 배제하기 위해서는 소송이 필요한데, 그것이 바로 취소소송이다. 행정소송이 제기되더라도 공정력으로 인해 행정처분은 여전히 유효하다.[45]

취소소송을 제기하기 위해서는 다음과 같은 몇 가지 제소요건을

---

44 일반적으로 행정청이나 법원의 '결정'에 대해 불복하는 것을 항고(抗告)라고 하고, 법원의 '판결'에 대해 불복하는 것을 항소(抗訴)라고 한다. 〈행정소송법〉상의 항고소송은 행정청의 '처분이나 재결'에 대한 불복절차이기 때문에 그렇게 부르는 것이다.
45 다만 "회복하기 어려운 손해를 예방하기 위하여 긴급한 필요가 있는 때"에는 예외적으로 공정력을 중지시키는 결정을 내릴 수 있다(〈행정소송법〉 제23조).

잘 갖추어야 한다. 그렇지 않으면 소송이 각하된다.

첫째, 취소시키고자 하는 행정행위가 행정청의 처분(處分)이어야 한다. 행정청의 행위가 특정 국민의 권리·의무에 직접 영향을 미칠 때 그 행정행위에 처분성(處分性)이 있다고 한다.[46] 예컨대 검찰이 법원의 명령에도 불구하고 수사기록을 공개하지 않는 행위는 특정 국민의 권리·의무에 영향을 미치는 것이 아니기 때문에 처분성이 없다고 본다. 강제성이 없는 '행정지도'의 경우도 처분성이 없는 것으로 본다. 예컨대 행정청이 주민들에게 자기 집 앞의 눈을 치우도록 행정지도를 한 경우에 어떤 주민이 그렇게 하지 않는다고 하더라도 불이익 처분을 받지 않는다. 이처럼 구체적인 권리·의무를 발생시키지 않으면 처분성이 없다고 본다. 그러나 실제로 특정 행정행위가 처분성이 있는지 없는지에 대해 논란이 있을 수 있다. 판례는 개별공시지가를 결정하는 행위는 처분성이 있는 것으로 본 반면에 행정계획, 내신성적 산정기준 등은 처분성이 없는 것으로 보았다. 아무튼 처분성이 없으면 행정소송의 대상이 되지 못한다는 점을 기억해두자.

둘째, 원고적격이 있어야 한다. 원고적격이란 소송의 원고가 될 자격을 의미한다. 행정소송의 원고적격이 있는 자는 취소처분을 구할 법률상 이익이 있는 자에 한한다. 이때 이익은 개별적이고 직접적이고 구

---

[46] 판례는 처분성을 "권리의 설정 또는 의무의 부담을 명하거나 기타 법률상의 효과를 발생하게 하는 등으로 국민의 구체적인 권리·의무에 직접적인 변동을 일으키는 행위"로 정의했다. 이에 따라 처분성이 있는 것만 행정소송의 대상이 되고, 처분성이 없는 행정행위의 위법성을 따지는 것은 헌법재판소의 관할이 된다.

체적어야 한다.[47] 예컨대 구청이 초등학교 앞에 성인물 매장의 영업허가를 내준 경우에 그 지역의 주민에게 원고적격이 있을까? 즉 그로 인해 특정 주민이 개별적이고 직접적이고 구체적으로 피해를 입었다고 할 수 있을까? 이 경우에는 원고적격이 있다고 인정되기 어려울 것이다.

셋째, 소(訴)의 이익이 있어야 한다. 소의 이익이 있어야 한다는 것은 당해 소송에 직접적인 이해관계가 있어야 한다는 뜻이다.[48] 예컨대 1개월의 영업정지 처분을 받은 뒤에 영업정지 처분 취소소송을 제기하고 1개월이 지난 경우에는 취소의 판결을 받지 못한다고 하더라도 판결의 확정시점에 영업을 재개할 수 있다. 이러한 경우에는 소의 이익이 없다고 할 수 있다.[49]

넷째, 출소기간 중에 제소해야 한다. 즉 행정소송은 행정처분이 있음을 안 후 90일 이내, 처분일로부터 1년 이내에 제소해야 한다(〈행정소송법〉 제20조).

소송이 제기되면 법원은 위의 각 제소요건을 검토한다. 만약 한 가

---

47 대법원 2001.07.27 선고 99두2970 판결 등이 개별성, 구체성, 직접성을 원고적격의 기준으로 제시했다.
48 법에는 "처분 등의 효과가 기간의 경과, 처분 등의 집행, 그 밖의 사유로 인하여 소멸된 뒤에도 그 처분 등의 취소로 인하여 회복되는 법률상 이익"도 소의 이익에 포함된다고 규정돼 있다(〈행정소송법〉 제12조 제2문).
49 이 경우에도 상황에 따라서는 소의 이익이 있을 수 있다. 예를 들어 현재 문제가 된 영업정지 처분이 취소된다면 향후 추가적으로 영업정지 처분을 받게 될 때 가중되는 불이익을 받지 않을 수 있다.

지라도 미비하면 소송은 진행되지 않고 각하된다. 그렇지 않은 경우에는 본안심리가 시작된다. 본안심리는 논란이 되는 법률적 쟁점에 대해 검토하는 절차다. 각 당사자는 자신의 주장을 법관 앞에서 입증해야 한다. 입증은 입증책임의 원리가 적용되는 민사소송의 경우와 마찬가지로 권리를 주장하는 측이 주장사실을 입증하고 그 권리를 부인하는 측은 그 반증을 제시하는 식으로 진행된다. 민사소송과 다소 다른 점을 든다면, 행정소송에서는 직권주의가 좀 더 강하게 작동한다. 이는 심리 과정에서 법관이 보다 적극적으로 소송에 개입한다는 의미다. 왜냐하면 행정소송은 단순히 대등한 당사자 간의 분쟁이라기보다는 공권력에 대한 통제라는 의미를 지니기 때문이다.

법원은 심리 후 원고의 청구가 이유가 없다면 기각판결을 하고 이유가 있으면 인용판결, 즉 원고승소 판결을 한다. 인용하는 판결이 내려져 행정행위가 취소되면 그 판결은 소급해서 효력을 가지며, 당사자뿐만 아니라 다른 행정청을 포함한 제3자에게도 그 효력이 미친다. 즉 판결로 인해 권리관계가 변경되는 것이다.

행정소송에서도 행정심판에서와 마찬가지로 사정판결을 하는 경우가 있다. 즉 행정청의 처분이 위법함에도 불구하고 원고패소 판결을 내리는 것이다. 이는 원고의 청구가 이유 있는 경우에도 "처분 등을 취소하는 것이 현저히 공공복리에 적합하지 아니하다고 인정하는 때"에 법원이 원고의 청구를 기각하는 것이다(〈행정소송법〉 제28조). 예를 들어 댐을 건설하기로 한 결정이 위법한 것이라고 하더라도 이미 댐 건설이 상당히 진전된 뒤라면 이를 취소하기 어려울 것이다. 이런 경우에 법원은 위법성을 인정하면서도 취소판결을 내리지 않을 수 있다. 하지만 위법성이 인정되면 원고로서는 손해배상 소송을 진행하기에 유리하게 된다. 이 경우에 해당 행정행위의 위법성을 다시 입증할 필요가 없기 때문이다.

사정판결

법학전문대학원(로스쿨) 인가과정에서 많은 논란이 있었다. 인가를 받지 못한 일부 대학은 로스쿨 인가과정에서 로스쿨법 제13조(법학교육위원의 제척사유) 위반이 있었다고 주장했다. 이들에 의하면 로스쿨 인가에 직접적 이해관계가 있는 법학교육위원이 인가심의 과정에 개입했으므로 인가처분이 전체적으로 위법하다는 것이었다. 이에 대해 대법원은 그러한 위법이 있었던 것이 사실이고 이는 인가취소의 원인이 된다고 하면서도 원고의 주장을 받아들이지 않는다는 판결을 내렸다. 이것이 소위 사정판결이다. 즉 '공공복리'라는 다른 사정을 고려하여 원고패소 판결을 내린 것이다. 아래는 대법원 판결의 해당 부분이다.

> 행정처분이 위법한 때에는 이를 취소함이 원칙이고 그 위법한 처분을 취소·변경함이 도리어 현저히 공공의 복리에 적합하지 않은 경우에 극히 예외적으로 위법한 행정처분의 취소를 허용하지 않는다는 사정판결을 할 수 있으므로 사정판결의 적용은 극히 엄격한 요건 아래 제한적으로 하여야 하고, 그 요건인 현저히 공공복리에 적합하지 아니한가의 여부를 판단함에 있어서는 위법·부당한 행정처분을 취소·변경하여야 할 필요와 그 취소·변경으로 인하여 발생할 수 있는 공공복리에 반하는 사태 등을 비교·교량하여 그 적용 여부를 판단하여야 한다(대법원 2009. 1. 30. 선고 2008두19550, 2008두19567(병합) 판결 등 참조). 아울러 사정판결을 할 경우 미리 원고가 입게 될 손해의 정도와 구제방법, 그 밖의 사정을 조사하여야 하고, 원고는 피고인 행정청이 속하는 국가 또는 공공단체를 상대로 손해배상 등 적당한 구제방법의 청구를 당해 취소소송 등이 계속된 법원에 청구할 수 있는 점(〈행정소송법〉 제28조 제2항, 제3항) 등에 비추어 보면 사정판결 제도가 위법한 처분으로 법률상 이익을 침해당한 자의 기본권을 침해하고 법치행정에 반하는 위헌적인 제도라고 할 것은 아니니다.

원심은 그 판시와 같은 사실을 인정한 후 법학전문대학원이 장기간의 논의 끝에 사법개혁의 일환으로 출범하여 2009년 3월 초 일제히 개원한 점, 전남대 법학전문대학원도 120명의 입학생을 받아들여 교육을 하고 있는데 인가처분이 취소되면 그 입학생들이 피해를 입을 수 있는 점, 법학전문대학원의 인가 취소가 이어지면 우수한 법조인의 양성을 목적으로 하는 법학전문대학원 제도 자체의 운영에 큰 차질을 빚을 수 있는 점, 법학전문대학원의 설치인가 심사기준의 설정과 각 평가에 있어 법 제13조에 저촉되지 않는 점, 교수위원이 제15차 회의에 관여하지 않았다고 하더라도 그 소속대학의 평가점수에 비추어 동일한 결론에 이르렀을 것으로 보여 전남대에 대한 이 사건 인가처분을 취소하고 다시 심의하는 것은 무익한 절차의 반복에 그칠 것으로 보이는 점 등을 종합하여 전남대에 대한 이 사건 인가처분이 법 제13조에 위배되었음을 이유로 취소하는 것은 현저히 공공복리에 적합하지 아니하다고 인정하였다 (대법원 2009.12.10. 선고 2009두8359 판결).

생각거리

14

갑은 남대문시장에서 식당을 운영하고 있다. 하루는 시청의 단속반이 급습하여 위생상태를 점검했다. 그들은 냉장고의 구석구석까지 다 뒤지며 오래된 음식이 있는지를 살폈다. 그 결과 냉동실에서 작년에 넣어둔 고기가 발견되어 갑은 1개월의 영업정지 처분을 받았다. 갑의 입장에서는 거의 매일 신선한 고기를 사서 이용했을 뿐만 아니라 1주일이 넘은 고기는 일일이 폐기했기 때문에 냉동실 구석에서 오래된 고기가 발견됐다고 하더라도 그 때문에 영업정지 처분을 내린 것은 부당하다고 생각한다. 갑이 구제받을 방법은 없겠는가? 세세한 법률적인 쟁점을 따지기보다는 크게 어떤 절차가 이용가능한가 하는 정도만 생각해보자.

읽을거리

■ 행정법에 관한 참고할 만한 교과서로 강경선·이계수,《행정법I》, 방송통신대학교 출판부, 2010을 권한다. 다른 행정법 교과서와 달리 그리 두껍지 않지만 내용이 충실하다. 본서도 이 책에 많이 의존했음을 밝힌다.

제9강 국가보상
국가를 상대로 손해배상을 청구하자

> 행정작용이 합법적이든 위법적이든 그로 인해 국민이 손해를 입게 되면 국가는 그에 대해 변상해주어야 한다. 개인의 토지가 공공적 목적을 위해 필요한 경우 국가가 이를 강제수용하기도 하는데, 이는 개인의 재산권에 대한 심각한 위협이 된다. 강제수용의 경우 국가는 정당한 보상을 해주어야 한다. 또 국가가 위법하게 개인의 권리를 침해한 경우라면 개인이 입은 피해액의 전부를 배상해주어야 한다. 배상액에는 직접적인 손해에 대한 배상액, 간접적인 손해(일실이익)에 대한 배상액, 위자료가 포함된다.

1. 행정상 손실보상

국가의 공권력 작용으로 인해 손해를 입은 경우 그 보상을 받는 절차가 국가보상 제도다. 여기에는 합법적인 공권력 작용으로부터 발생한 손실을 보상받는 절차와 위법한 공권력 작용으로부터 발생한 손해를 배상받는 절차가 있다. 전자가 행정상 손실보상 절차이고, 후자가 행정상 손해배상 절차다. 먼저 행정상 손실보상부터 살펴보자.

토지의 공공수용은 주변에서 자주 볼 수 있다. 고속전철 건설, 수도 이전, 댐 건설을 위해 대규모 토목공사를 하게 되면 그에 필요한 토지를 확보하기 위해 토지를 매입해야 하지만, 강제수용을 하는 경우가 적지 않다. 심지어 아파트 단지를 조성하기 위한 강제수용도 있다. 최근에는 4대 강 개발과 관련해 주변토지가 수용되기도 했다. 국가는 이러한 공공사업에 필요한 토지를 확보하기 위해 토지소유자와 개별적으로 협의하기도 하고, 합의가 이루어지지 않는 경우 강제수용을 한다. 생활의 근거지이기도 한 토지를 강제수용당하는 것은 개인으로서는 치명적이기 때문에 적정한 법률적 절차가 마련되지 않으면 안 된다. 토지를 수용하는 사업시행자가 반드시 공공기관은 아니지만, 이러한 수용절차는 모두 행정기관을 끼고 진행되기 때문에 행정법의 영역이 된다.

헌법은 "모든 국민의 재산권은 보장된다"면서도 재산권에 대한 제한이 가능함을 밝히고 있다. 아울러 "공공필요에 의한 재산권의 수용·사용 또는 제한 및 그에 대한 보상은 법률로써 하되, 정당한 보상을 지급하여야 한다"고 규정하고 있다(제23조). 행정상 손실보상은 바로 이 헌법조항의 구체화다. 즉 행정상 손실보상은 공공필요에 의한 적법한 공권력 행사로 인해 개인에게 요구된 특별한 희생에 대해 사유재산권의 보장과 전체적인 공평부담의 견지에서 행정주체가 행하는 조절적인 재산적 전보를 말한다. 행정상 손실보상이 반드시 토지의 공공수용에 한정되는 것은 아니지만, 이것이 대종을 이룬다고 할 수 있다. 토지의 수용에 대해서는 〈공익사업을 위한 토지 등의 취득 및 보상에 관한 법률〉(이하에서는 토지보상법이라 함)에서 규율하고 있다. 이를 중심으로 행정상 손실보상에 대해 살펴보자.

토지보상법은 그 명칭에서 알 수 있듯이 "공익사업에 필요한 토지 등을 협의 또는 수용에 의하여 취득하거나 사용함에 따른 손실의 보상에 관한 사항"을 규정하고 있다. 즉 이 법은 '공익사업'의 경우에 토지를 확보하는 절차에 관한 법이다. 공익사업을 하는 자를 공익사업자라고 한다. 공익사업자가 반드시 공적 기관이나 공기업인 것은 아니다. 사기업일지라도 사업의 내용이 공적인 것으로 인정되면 공익사업자가 된다. 사업의 공익적 성격이 인정되면 타인의 토지를 강제수용할 수 있는 특권이 생기는 것이다. 이것을 공익사업의 특권이라고 한다. 어떤 사업이 공익사업인지 여부를 결정하는 일은 국토교통부 장관의 몫이다. 공익사업 인정을 남발하면 국민의 재산권이 심각하게 침해될 수 있기 때문에 이러한 결정을 관료에게 맡기는 것에 대해 비판적인 견해가 없지 않다. 말하자면 공익사업에 해당하는지 여부에 대한 판단은 좀 더 객관적이고 공정한 기관에 맡기는 것이 필요하다는 취지의 견해가 있다. 아무튼 현행법은 그렇게 돼있지 않다.

특정 사업이 공익사업으로 인정되면 사업자는 보상대상 물건을 조사해 보상액을 산정하는 절차를 밟게 된다. 토지의 보상액은 2개의 감정평가기관에 감정평가를 의뢰하고 그 평균으로 정한다. 보상은 토지 등 현물로 하는 것이 금지되는 것은 아니지만 금전보상이 원칙이다. 보상금은 사업이 시작되기 전에 그 전액을 지급해야 한다. 이를 사전보상의 원칙이라고 한다. 보상금은 적정하지 않으면 안 된다. 보상금에는 토지값뿐만 아니라 이전비용, 무형의 권리에 대한 비용, 일실손상도 포함되는 것으로 본다. 하지만 일반적으로 정신적인 보상은 포함되지 않으며, 개발이익도 포함되지 않는다.[50]

보상액이 정해지면 사업자는 그 산정된 가액을 기초로 소유자와 보상금에 대해 협의를 하게 된다. 협의가 성립되면 공증을 통해 협의내용을 확정하게 된다. 만약 협의가 이루어지지 않으면 토지수용위원회의 재결로써 보상액을 확정한다. 재결이 이루어지면 사업자가 그에 따른 보상금을 지급하면 되고, 만약 토지소유자가 보상금을 거부하면 사업자는 그 보상금을 공탁하게 되는데 그로써 토지소유권이 사업자에게 귀속된다.

만약 토지소유자가 재결에 대해 이의가 있으면 재결서 송달일로부터 1개월 이내에 토지수용위원회에 이의신청을 할 수 있으며, 이의신청 없이 곧장 행정소송을 제기할 수도 있다. 물론 이의신청의 결과를 본 후에 행정소송을 제기할 수도 있다.

예전에는 토지수용이라고 하면 땅을 무단히 빼앗기는 것을 의미했지만, 요즘에는 실제 시가에 상응하는 보상이 대체로 이루어지고 있다. 그 결과 토지소유자의 입장에서 토지가 수용되기를 은근히 기대하기도 한다. 심지어 토지의 보상에서는 가격이 결정되는 시점에서 토지의 현

---

50 개발이익은 사업의 시행으로 인해 인상되는 지가를 말한다. 헌법재판소는 〈지가공시 및 토지 등의 평가에 관한 법률〉에 따른 보상이면 정당한 보상이라고 보았다. 정당한 보상에 개발이익은 포함되지 않는다. 이 법의 규정은 표준 공시지가를 보상의 기준으로 해서 보상하면 된다는 취지다.

실적인 이용상황이 고려된다는 점을 남용하여 실제 시가보다 부풀려서 보상을 받기 위한 불법행위가 기승을 부리기도 한다. 다른 한편으로 2009년 1월의 용산참사에서 보듯이 토지보상이 주로 토지소유자를 위주로 해서 진행되기 때문에 토지소유자가 아니면서 그 토지에 생활의 근거를 두고 있던 사람들이 토지수용으로 인해 치명적인 손상을 입기도 한다. 더욱 공정한 토지수용 절차나 방법에 대해 많은 연구가 필요하다고 하겠다.

2. 행정상 손해배상

행정상 손실보상이 적법한 행정행위로 인한 손실에 대한 보상이라고 한다면, 행정상 손해배상은 위법한 행정행위로 인해 발생한 손해에 대한 배상이다. 사실 근대 초기에는 국가가 손해배상 책임을 진다는 것이 인정되지 않았다. 국가는 추상적인 존재이므로 위법행위를 할 수 없다고 보았기 때문이다. 설사 공무원의 위법행위로 인해 국민이 손해를 입더라도 그것은 공무원의 과실일 뿐 국가가 책임질 일은 아니라고 보았던 것이다. 그러나 공무의 집행과정에서 발생한 손해에 대해 공무원에게만 책임을 묻는 것은 부당할 뿐만 아니라 공무원 개인의 자력으로는 충분한 손해배상이 이루어질 수 없기 때문에 점차 국가가 직접 책임을 져야 한다는 이론이 발달한 것이다. 이처럼 공무원의 위법행위로 인해 국가가 손해배상 책임을 지는 것에 대해서는 〈국가배상법〉이 규율하고 있다. 〈국가배상법〉상 손해배상을 받는 방식은 소송을 통하는 방식과 배상심의회를 통하는 방식이 있다.

(1) 국가의 손해배상책임

〈국가배상법〉 제2조에 의하면 "공무원 또는 공무를 위탁받은 사인(이하 '공무원'이라 한다)이 직무를 집행하면서 고의 또는 과실로 법령을 위반하여 타인에게 손해를" 입히면 국가나 지방자치단체가 〈국가배상법〉에 따라 그 손해를 배상해야 한다. 행정작용으로 인해 손해를 입은 국민이 이 법에 의해 손해배상을 받게 된다.

국가는 물리적 실체가 아니지만 공무원이 직무과정에서 위법행위를 해서 국민에게 손해를 끼친 경우에는 국가가 손해배상책임을 진다는 것이 〈국가배상법〉의 취지다. 〈국가배상법〉상 공무원이란 반드시 공무원 신분이 있는 사람을 말하는 것은 아니고, 공적인 과업을 부과받아 일하는 사람은 모두 공무원에 포함된다. 예컨대 모범택시 운전사가 경찰과 함께 교통정리를 한 경우 그 과정에서 타인에게 손해를 입혔다면 모범택시 운전사의 위법행위에 대해서도 국가가 배상책임을 진다. 심지어 '교통할아버지'의 과실도 국가배상책임의 대상이 된다.[51] 국가

---

[51] 지방자치단체가 '교통할아버지 봉사활동 계획'을 수립한 후 관할 동장으로 하여금 교통할아버지를 선정하게 하고 어린이 보호, 교통 안내, 거리질서 확립 등의 공무를 위탁해 집행하게 하던 중에 교통할아버지로 선정된 노인이 위탁받은 업무범위를 넘어 교차로 중앙에서 교통정리를 하다가 교통사고를 발생시킨 경우에 지방자치단체가 〈국가배상법〉상의 배상책임을 부담하게 됨을 법원이 인정한 사례가 있다(대법원 2001. 1. 5. 선고 98다39060 판결).

배상책임이 인정되기 위해서는 반드시 직무수행 중의 위법행위로 인한 손해여야 한다. 따라서 공무원이 휴가기간 동안에 위법행위를 한 경우에는 국가가 책임을 지지 않는다. 공무원의 위법행위는 공무원의 고의나 과실에 의한 것이어야 한다. 고의란 결과의 발생을 예상하고 행동했다는 의미이고, 과실이란 충분히 주의를 기울여야 할 의무가 있음에도 불구하고 그러한 주의를 기울이지 않음으로써 타인에게 손해를 발생시켰다는 의미다. 경찰관이 난동을 부리는 범인을 검거하면서 가스총을 근접발사했는데 가스와 함께 발사된 고무마개가 범인의 눈에 맞아 범인이 실명한 사건에 대해 국가배상책임을 인정한 사례가 있다.[52] 또 공무원이 적극적으로 위법행위를 한 경우만 문제가 되는 것이 아니다. 공무원이 소극적으로 해야 할 일을 하지 않은 경우에는 부작위에 의한 위법행위를 저지른 것이 될 수 있다. 예를 들어 형사재판의 공판검사가 증인으로부터 신변보호 요청을 받았음에도 아무런 조치를 취하지 않아 그 증인이 공판기일에 법정에서 피고인이 휘두른 칼에 찔려 상해를 입은 사안에 대해 검사의 부작위로 인한 국가배상책임이 인정됐다.[53] 반대로 공무원의 고의나 과실이 없는 경우에는 국가의 배상의무가 발생하지 않는다.

위법행위와 손해 사이에는 상당한 인과관계가 있어야 한다. 즉 손해배상은 해당 위법행위로 인해 통상 발생할 것으로 예상되는 부분에

---

[52] 대법원 2003.3.14. 선고 2002다57218 판결.
[53] 대법원 2009.9.24. 선고 2006다82649 판결.

대해서만 이루어진다. 손해배상액은 공무원의 가해행위로 인해 발생한 손해액 전부다. 여기에는 직접적인 물질적 손해액뿐만 아니라 일실이익(기회비용)과 정신적 손해액(위자료)도 포함된다.

국가배상이 인정되는 몇 가지 사례를 보자. 수사과정에서 여성 피의자에 대한 신체검사가 그 방식 등에 비추어 피의자에게 큰 수치심을 느끼게 했다고 여겨진 경우,[54] 검사가 피의자의 무죄에 대한 증거를 가지고 있으면서도 기소해 유죄판결을 받게 한 경우,[55] 경찰이 농민시위를 진압한 후 현장에 트랙터를 그냥 방치했는데 나중에 그로 인해 교통사고가 난 경우[56] 등에서 국가의 손해배상책임이 인정됐다. 그러나 시험의 출제오류로 불합격한 경우에 대해서는 국가배상이 인정되지 않았다.[57]

공무원이 직무활동 중에 한 불법행위로 인해 국가에 손해배상책임이 발생한 경우에 공무원 개인은 어떤 책임을 질까? 통상 공무원은 그런 손해에 대해 책임을 지지 않는다. 다만 공무원에게 고의 또는 중대한 과실이 있을 때에는 국가나 지방자치단체가 그 공무원에게 구상할 수 있다(〈국가배상법〉 제2조 제2항). 말하자면 일단 국가가 직접 손해배상책임을 지지만, 공무원에게 고의나 중대한 과실이 있는 경우에는 국가가 그 금액을 공무원에게 청구할 수 있는 것이다.

그렇다면 피해를 입은 국민은 해당 공무원을 상대로 손해배상을

---

[54] 대법원 2009.12.24. 선고 2009다70180 판결.
[55] 대법원 2003.12.11 선고 2001다65236 판결.
[56] 대법원 1998. 8. 25. 선고 98다16890 판결.
[57] 대법원 2003.12.11 선고 2001다65236 판결.

청구할 수 있는가? 판례는 다음과 같이 답하고 있다.

> 공무원이 직무수행 중 불법행위로 타인에게 손해를 입힌 경우에 국가 등이 국가배상책임을 부담하는 외에 공무원 개인도 고의 또는 중과실이 있는 경우에는 불법행위로 인한 손해배상책임을 진다고 할 것이지만, 공무원에게 경과실이 있을 뿐인 경우에는 공무원 개인은 손해배상책임을 지지 아니한다고 해석하는 것이 헌법 제29조 제1항 본문과 단서 및 국가배상법 제2조의 입법취지에 조화되는 올바른 해석이다.[58]

즉 고의나 중과실이 있다면 공무원 개인에게도 손해배상책임을 물을 수 있다는 것이다.

(2) 영조물책임

〈국가배상법〉 제5조는 "도로·하천, 그 밖의 공공의 영조물의 설치나 관리에 하자가 있기 때문에 타인에게 손해를 발생하게 하였을 때에는 국가나 지방자치단체는 그 손해를 배상하여야 한다"고 규정하고 있다. 이를 영조물책임이라고 한다. 영조물(營造物)이란 국가 및 공공단체가 공공목적을 위해 제공하는 인적·물적 시설을 말한다. 예컨대 도로, 하

---

[58] 대법 1996.2.15 선고 95다38677 전원합의체 판결.

수도, 제방, 하천, 호수 등을 말한다. 이러한 공공시설물의 하자로 인해 타인에게 손해를 입혔을 때 영조물책임이 문제가 된다. 하자(瑕疵)란 시설물에 결함이 있음을 의미한다. 시설물에 있는 하자가 반드시 공무원의 과실에 의한 것일 필요는 없다.

예를 들어 고속국도에서 어떤 사람이 떨어뜨린 수하물을 신속히 제거하지 않음으로써 다른 사람이 그로 인해 사고를 당한 경우 국가는 영조물책임에 입각해 손해를 배상하게 된다. 또 고속국도 주변의 산이 깎이고 그 흙이 흘러내려 고속국도를 주행하던 차량을 덮친 경우에도 국가가 책임을 진다. 그렇기 때문에 영조물책임을 위험책임주의에 입각한 무과실책임이라고 한다.

하지만 영조물책임이 절대적인 무과실 원칙에 입각한 것은 아니다. 적어도 국가는 공공시설을 제공함에 있어서 통상적으로 갖추어야 할 안전성을 갖추지 않으면 안 된다. 그리고 국민은 그 목적에 맞게 영조물을 이용한 결과 손해를 입은 경우에 손해를 배상받을 수 있다. 공공건물의 바닥이 미끄러워서 넘어진 경우에는 국가가 영조물책임을 지겠지만, 공공건물에서 불법적으로 스포츠를 즐기다가 다친 경우라면 국가가 영조물책임을 지지 않는다. 공립학교의 수업에서 실험실습 중 실험도구가 폭발했다면 영조물책임이 발생하지 않는다. 반면에 공립학교의 수업 중에 천장이 무너져 내렸다면 이때는 영조물책임이 발생한다.

이처럼 영조물책임은 공공시설의 하자로 인한 손해에 대한 배상을 의미한다. 어떤 손해가 영조물로 인해 발생했지만 그것이 불가항력적 상황에서 발생했다고 판단되면 국가는 영조물책임을 지지 않는다. 예컨대 가벼운 홍수에도 둑이 무너져서 주민이 피해를 입었다면 영조물책임이 발생하지만, 정상적으로 설치·관리된 둑으로는 도저히 막을 수 없는 대홍수로 인해 둑이 무너졌고 그로 인해 주민이 피해를 입었다면 영조물책임이 발생하지 않는다. 피해가 영조물의 하자로 인한 것인지 불가항력적인 재난에 의한 것인지를 판단하는 것이 반드시 쉬운 것은 아니다.

영조물책임과 망원동 수재사건

1984년 8월 31일 오후부터 연 3일 동안 서울을 비롯한 중부지방에 집중호우가 내렸고, 그로 인해 126명이나 사망했다. 서울에서는 한강수위가 점차 높아져서 9월 2일 마포구 소재 수문상자가 무너져 한강물이 역류하는 사건이 일어났다. 이로 인해 서울 망원동 일대가 9월 4일 오전까지 지상 1미터 이상 물에 잠기는 수해가 발생했다. 당시 피해자들은 국가(당시로서는 서울특별시)를 상대로 영조물책임을 묻는 소송을 제기했다. 이것이 불가항력적인 재난인지, 아니면 관리부실로 인한 인재인지가 논란이 됐다. 이에 대해서 서울민사지방법원은 다음과 같이 판시했다.

> "국가배상법 제5조에 규정된 '영조물의 설치상의 하자'라고 하는 것은 객관적인 견지에서 그 영조물이 통상 갖추어야 할 안전성을 갖추지 못한 상태를 말하는 것으로서, 전혀 예상할 수 없었던 불가항력적인 사고에도 대비할 수 있을 정도의 고도의 안전성을 갖추지 못한 경우까지 의미하는 것은 아니나, 이 사건의 사고 당시 홍수위는 계획홍수위나 기왕 최고실적 홍수위는 물론 불과 12년 전의 홍수위에도 미달하는 것으로서 이를 결코 예상할 수 없을 정도의 것이라고 할 수 없다. … 이 사건 망원동 집단수해 사고는 자연공물로서의 미개수된 하천이 범람하여 발생한 것이 아니라 이미 설치된 인공공물인 망원유수지의 수문상자에 내재된 하자, 즉 통상 갖추어야 할 안전성을 갖추지 못한 하자로 인하여 발생한 것이다."[59]

---

[59] 서울민사지법 1987.8.26. 선고 84가합5010.

이 사건에서는 법원이 영조물에 하자가 있었다고 판단해 국가배상책임을 인정했지만, 일반적으로는 실제 사건에서 영조물에 하자가 있었는지의 여부를 판단하기가 쉽지 않다. 이 사건은 유명한 조영래 변호사가 한정자 등 주민을 설득해 1984년 10월 15일 국가를 상대로 소송한 사건이다. 조영래는 토목공학이나 토질역학 등에 관한 세밀하고 전문적인 지식을 총동원해 영조물에 하자가 있었다는 점을 입증했다. 결국 1990년 7월에 장장 5년 10개월간의 법정공방이 마감되고 원고승소로 사건이 종결됐다.

"1987년 8월 26일, 한정자 씨가 1심에서 승소한 소식이 언론에 보도되자 망원동 피해주민들의 소송신청이 일거에 쇄도했다. 1987년 9월 1일, 5천여 가구 2만여 주민이 일시에 서울지구 국가배상심의회에 배상신청서를 제출했고, 정식으로 민사소송을 제기한 가구만도 무려 2300여 가구에 달했다. 1988년 2월 29일, 이들 2300여 가구의 주장은 총 47건으로 나뉘어 서울민사지방법원에 접수됐다. 이들 소송은 1989년 1월부터 1990년 1월 사이에 1심 판결이, 1990년 4월부터 1991년 1월 사이에 2심 판결이, 1990년 8월부터 대법원 판결이 차례차례 선고됐다."[60]

이 사건은 우리나라 최초의 대규모 집단소송이자 시민이 국가공권력과 싸워 이긴 쾌거로서 지속적으로 인용되고 있다. 관심이 있으면 조영래 변호사를 추모하는 모임 편, 《조영래 변호사 변론선집》, 까치, 1996을 참고하라.

(3) 배상위원회

위에서 설명한 국가배상책임이나 영조물책임은 대체로 소송을 통해서 묻는다. 이때 소송이라 함은 〈민사소송법〉에 의한 소송을 말한다. 즉

---

[60] 안경환, 《조영래 평전》, 도서출판 강, 2006. 조영래는 사법연수생들이 가장 존경하는 법조인으로 선정된 바 있다. 그는 1947년생으로 파란만장한 삶을 살다가 1990년에 43세라는 젊은 나이로 죽었다. 그는 《전태일 평전》을 쓴 사람으로도 유명하다. 법학을 전공하고자 하는 학생이라면 조영래의 삶에 대해 관심을 가져볼 만하다.

〈국가배상법〉은 실체적 권리관계를 규정하는 것이고, 그것을 실행하는 절차는 〈민사소송법〉에 의한다. 〈국가배상법〉은 민사소송을 통한 국가보상제도 외에 배상심의회를 통한 구제절차도 마련해두고 있다. 배상심의회는 본부배상심의회와 지구배상심의회로 이원화돼 있다.

국가작용이나 영조물로 인해 손해를 입은 국민이 배상을 받고자 한다면 〈국가배상법〉에 따라 설치돼 있는 지구배상심의회에 배상신청을 하면 된다. 배상신청을 받은 배상심의회는 지체 없이 증인신문·감정·검증 등 증거조사를 한 후 심의를 거쳐 4주 이내에 배상금지급결정, 기각결정 또는 각하결정(이하 '배상결정'으로 통칭)을 해야 한다. 신청인이 배상결정에 의해 정해진 배상금에 동의하면 그 배상금의 지급을 청구하면 되고, 동의하지 않으면 본부배상심의회에 이의신청을 할 수 있다. 그 결과에 대해서도 불복하는 경우에는 민사소송을 제기할 수 있다. 배상심의회에 이의신청을 하지 않고 곧장 민사소송을 제기할 수도 있다. 하지만 배상심의회에 이의신청을 하는 것이 소송을 하는 것보다 신속하고 간편하게 보상을 받는 방법일 수 있다.

생각거리

15

갑은 대학생 학생운동 활동가다. 하루는 〈국가보안법〉 위반으로 강제 연행된 학생의 석방과 광주(5,18)문제의 완전한 해결을 요구하기 위해 다른 학생들과 함께 쇠파이프를 휘두르고 돌을 던지며 기습시위를 벌였다. 전투경찰은 시위대를 향해 KP-2 최루탄을 발사하는 등의 방법으로 시위를 진압하려고 했다. 이 최루탄은 피격자가 타박상을 입을 우려가 있으므로 부득이 사용하려면 군중과 75미터 이상 떨어진 거리에서 발사각도를 45도 이상으로 유지하고 발사하도록 돼 있었다. 그런데 시위진압 과정에서 전투경찰 가운데 누군가가 시위학생들로부터 불과 5미터 정도 떨어진 가까운 거리에서 이 최루탄을 발사했다. 갑은 그 파편에 오른쪽 눈을 맞아 실명하는 상해를 입었다. 갑은 어떤 조치를 취할 수 있는가?

16

갑은 퇴근하던 중 교통사고를 당해 심각한 부상을 입었다. 그런데 가해자인 을은 자동차종합보험에 가입하지 않았을 뿐만 아니라 치료비를 낼 돈조차 없었다. 사고 당일에는 술에 심하게 취한 상태였다. 알고 보니 그날 을은 이미 음주운전 단속에 걸렸는데 경찰에게 자동차를 길가로 옮기겠다고 하고는 자동차에 올라 탄 다음 그냥 달아나던 도중에 사고를 낸 것이었다. 갑은 사고를 낸 을도 미웠지만, 음주운전을 하던 을을 적발하고도 그가 자동차를 운전하도록 방치한 경찰도 문제라는 생각이 들었다. 갑은 국가를 상대로 손해배상 청구소송을 할 수 있을까?

볼거리

■ 영화 〈체인질링〉(2008, 클린트 이스트우드 감독 / 안젤리나 졸리, 존 말코비치 출연 / ★★★★★). 물론 늘 그런 것은 아니다. 하지만 때때로 국가(공무원)가 얼마나 잔인하게 국민을 조직적으로 망가뜨리는지는 상상할 수 없을 정도다. 이 영화는 실화다. 이보다 더한 일이 우리나라에서도 적지 않았을 것이다. 국가의 불법행위를 통제하지 못한다면 그곳이 곧 지옥이다.

제10강 민법
로마법에서 기원한 민법의 역사

우리 민법은 일본 민법과 거의 같다. 일본 민법을 모델로 했기 때문이다. 일본 민법은 독일 민법을 모델로 했고, 독일 사람들은 스스로의 노력으로 민법체계를 만들었다. 하지만 그 체계를 채운 내용은 로마법이다. 여기서 말하는 로마법은 1~3세기경 로마를 풍미했던 법적 사고들이다. 그것이 유스티니아누스 법전을 통해 중세시대의 유럽대륙에서 공통법으로 부활했던 것이다. 천년의 간극을 두고 로마법이 부활해 중세를 지배하게 된 현상을 서양법사에서는 로마법의 계수(Rezeption)라고 한다.

1. 민법의 개념

민법은 어떤 의미에서 법학의 꽃이라고 할 만한다. 민법은 모든 법의 기초개념과 핵심적인 원리를 제공하고 풍부한 법적 사고를 가능하게 하기 때문이다. 대학에서 법학을 본격적으로 공부한다고 하면 늘 민법총칙을 공부하는 데서 시작한다. 실제로도 민법을 알지 않고는 다른 법을 알기가 매우 어렵다. 어떤 이는 민법총칙만 알면 재판하는 데 문제가 없다고 말하기도 한다. 물론 과장일 것이다. 하지만 그만큼 민법이 중요하다는 것을 짐작할 수 있다. 민법은 개인에게 가장 중요한 재산문제와 가족관계를 규율하고 있는데, 개인에게 그보다 중요한 것이 많지 않다는 것을 생각한다면 민법의 중요성이 부각되는 것은 당연하다고 하겠다.

간단히 정의하면, 민법은 개인간의 생활관계를 규율하는 일반 실체법이다. 앞에서 살펴본 헌법과 행정법은 공법(公法)인 반면에 민법은 사법(私法)이다. 사법에 속하는 수많은 법이 있는데, 민법은 그러한 사법들에 공통되는 일반적인 법원칙을 담고 있다. 즉 민법은 민사특별법에 대비되는 의미에서 민사일반법이다. 이에 비해 상법이나 주택임대차법은 민사특별법이라고 한다. 그리고 민법은 권리실현을 위한 절차보다는 권리관계 자체를 다룬다는 의미에서 절차법이 아니고 실체법에 속한다. 예컨대 민사소송법은 절차법이고 민법은 실체법이다. 이와 같이 정의된 민법을 실질적 의미의 민법이라고 한다. 이러한 의미의 민법은 대개 〈민법〉(법률 제8720호)이라는 법전에 담겨 있다. 통상 민법을 공부한다고 했을 때 그 의미는 이 민법전의 내용을 숙지하는 과정을 밟는다는 것이다.

2. 민법의 역사

재산관계와 가족관계를 규율하는 규범은 아마도 인류가 생겨났을 때부터 존재했을 것이다. 하지만 그러한 사적인 권리관계를 어떤 내용과 용어로 표현하고 규율하는지는 시대와 장소에 따라 매우 상이하다.

한번 생각해보자. 1118개 조항으로 구성된 우리나라 민법전은 온갖 복잡한 법률용어들로 가득 차 있다. 지금 우리가 당연하다고 생각하는 민법전이 우리나라에서 이용된 것은 그리 오래된 일이 아니다. 불과 150년 전만 해도 한반도에는 민법과 관련된 용어를 알거나 이용하는 사람이 전무했다.

당시 우리나라에 민법전은 당연히 없었다. 물론 재산이나 혼인관계를 둘러싼 규범은 있었다. 토지소유권과 관련된 규범은 《경국대전》의 호전, 형전 등에 흩어져 있었다. 공식 등기부는 없었고, 세금을 받기 위해 토지현황을 기록해둔 양안(量案)이라는 공문서가 있었다. 그러나 양안이 있었어도 토지소유권을 주장하기 위해서는 소유자가 토지소유권을 증명하는 문서를 실제로 소지하고 있어야 했다. 예를 들어 매매를 통해 토지를 구입했다면 매매증서를 가지고 있어야 했다. 그러한 증서는 공문서가 아니기 때문에 관공서에 돈을 주고 확인을 받기도 했다. 이것을 입안(立案)이라고 했다. 토지매매 문서를 매매문기(賣買文記)라고 했고, 매매문기에는 서명을 했다. 그 서명은 수결(手決)이라고 했다. 아마 대학생 중에는 이러한 단어를 들어본 적도 없는 사람이 많을 것이다. 하지만 조선 말기까지 조선사람들은 모두 그러한 단어를 이용하며 부동산을 거래했다.

그렇다면 그러한 우리나라 고유의 토지거래 방식은 다 어디로 갔는가? 그리고 지금 우리가 알고 있는 토지소유와 관련된 전혀 새로운 단어들은 어디에서 왔는가? 복잡한 현대 법률체계는 어디에서 와서 그토록 신속하게 우리 사회에 정착하고 지금 우리의 삶을 지배하고 있는가?

현행 민법은 1960년에 제정된 법이 수차례에 걸쳐 개정된 끝에 현재에 이른 것이다. 1945년 해방 이후 1960년까지는 우리나라에 공식적인 민법전이 없었다. 그렇다면 그 시기에는 무엇에 근거하여 민사관계를 규율하고 수많은 재판을 했는가?

그때 이용된 민법전을 구민법(舊民法)이라고 부른다. 구민법은 일제시대에 한반도에 적용된 민법을 의미한다. 엄밀하게 말하면, 식민지 조선에는 민법이 없었다. 식민지 총독에 의해 발표된 명령(이를 제령(制令)이라고 했다)이 있었을 뿐이다. 당시 조선총독부는 〈조선민사령〉을 발포했는데, 이에 의하면 조선에서는 일본의 민법을 의용(依用)해야 했다. 말하자면 일본 민법에 의거해 조선의 민사문제를 해결했던 것이다. 아무튼 식민지 조선에 적용된 민법은 일본 본토에 적용되는, 일본 의회에서 제정된 민법이었다. 결국 해방 이후 1960년까지는 우리나라가 독립국이었음에도 불구하고 일본 민법에 따라 재판을 했던 것이다. 그러는 사이에 민법을 제정하는 작업이 이루어졌고, 그 결과로 1960년 1월 1일부터 시행된 민법이 만들어졌다.

그렇다면 1960년 민법은 우리 민족의 자주적인 노력에 의해 만들어진 것일까? 전혀 그렇지 않다. 형식적으로는 독립한 대한민국 정부의 주도로 만들어진 것이지만, 그 실상을 보면 일본 민법과 크게 다르지 않다. 우리 민법을 만든 사람들은 일제시대에 일본말로 일본 학자들 밑에서 일본 민법을 공부한 이들이었다. 그들의 주도 아래 우리 민법을 만든 과정은 일본 민법을 번역하는 과정이었다고 해도 과언이 아니다. 일본 민법에 있는 법률용어가 그대로 우리 민법의 법률용어가 됐다. 우리말과 일본말의 어순이 똑같고 두 나라가 똑같이 한자를 사용하기 때문에 일본 민법과 한국 민법을 구분하는 것조차 쉽지 않다. 따로 말할 것도 없이 두 나라의 민법 체계를 비교해보자.

일본 민법의 체계	한국 민법의 체계
第一編 總則	第1編 總則
第二編 物權	第2編 物權
第三編 債權	第3編 債權
第四編 親族	第4編 親族
第五編 相續	第5編 相續

보다시피 체계가 완전히 동일하고 용어도 완전히 똑같다. 한자를 쓰는 방식에 약간의 차이가 있을 뿐이다. 하지만 우리나라 법학자들은 지금도 법률용어를 쓸 때 일본식 한자를 많이 쓰고 있다. 민법 제1편의 구조도 간단히 비교해보자.

일본 민법 제1편	한국 민법 제1편
第一編 總則	第1編 總則
第一章 通則	第1章 通則
第二章 人	第2章 人
第三章 法人	第3章 法人
第四章 物	第4章 物件
第五章 法律行爲	第5章 法律行爲
第六章 期間の計算	第6章 期間
第七章 時效	第7章 消滅時效

제10강 민법 : 로마법에서 기원한 민법의 역사　179

분류를 표시한 맨 윗줄을 없애버리면 어느 것이 일본 민법이고 어느 것이 한국 민법인지 알 수 없을 정도로 동일하다. 법학에서는 개념이 매우 중요한데 개념 자체가 완전히 동일한 것이다. 이렇게 볼 때 1960년부터 우리나라에 한국 민법이 적용됐다고 하지만, 사실 그 한국 민법이 일본 민법과 무엇이 다른지는 크게 의문이라고 하지 않을 수 없다. 법률용어를 포함해 체계와 내용을 일본 민법에 의존했다는 것은 법학 자체의 대일의존을 의미한다. 한국 민법이 제정된 후에도 일본 판례를 알지 못하고는 한국 민법을 운영하는 것이 쉽지 않았기 때문에 법관이나 민법학자에게는 일본어를 할 줄 아는 것이 기본 중의 기본이었다. 일본 민법 교과서를 한국어로 번역한 것이 수십 년간 한국 민법 교과서의 표준이었다.[61]

그렇다면 일본은 어떻게 해서 한국이 모델로 삼을 만한 그러한 민법을 만들었는가? 일본의 민법 제정사도 그리 오래된 것은 아니다. 일본의 근대 민법 제정사는 명치유신에서부터 시작한다. 명치유신은 일본이 서구를 향해 본격적으로 개항을 하게 된 계기였다. 당시 일본의 위정자들은 선진적 서구문물을 접하게 되면서 적극적으로 일본의 근대화를 도모하기 시작했다. 그들은 그 한 수단으로 서구법을 신속하게 수입하고자 했다. 서구적 법제도를 도입하는 것이 근대화의 필수요소로

---

[61] 사실 법률의 대일의존은 단지 민법에 한정되는 것도 아니고 1960년대에 한정되는 것도 아니다. 지금도 우리의 수많은 법이 일본의 법을 거의 모방한 것이다. 혹시 의문이 들면 우리나라 법전에 들어 있는 아무 법이나 무작위로 선택해서 그에 상응하는 일본 법이 있는지를 알아보라. 아마도 너무나 유사해서 놀랄 것이다.

간주됐다. 그래서 일본의 위정자들은 많은 학자들을 서구에 보냈고, 그 학자들이 서구법 도입의 첨병이 됐다.

일본이 처음에 관심을 가진 것은 프랑스 민법전이었다. 프랑스는 일찍이 시민혁명을 겪었고, 그 정신을 반영한 선진적인 민법전을 가지고 있었다. 일본의 학자들은 프랑스 민법전을 공부해 번역하는 한편 프랑스 민법학자를 초빙해 민법 초안을 만드는 작업을 시작했다. 하지만 프랑스 민법전은 일본의 현실에 맞지 않는다는 지적이 많았다. 그도 그럴 것이, 프랑스 민법전은 프랑스혁명 이후에 나폴레옹 정권 아래에서 만들어진 것으로서 거기에는 시민혁명의 유산이 강하게 남아있었기 때문이다. 프랑스 민법전은 기본적으로 자유주의적이고 개인주의적인 색채가 강했다. 이에 비해 일본은 중앙집권적 권력이 주도권을 갖는 권위주의적 체제에 터 잡고 있었기 때문에 그러한 자유분방한 민법체계를 수용하기 힘들었다. 결국 프랑스 민법전을 수입하려는 시도는 좌절됐고, 대안으로 모색된 것이 독일 민법전을 수입하는 것이었다.

19세기 말의 독일은 비스마르크 체제였다. 이 체제는 역사상 처음으로 독일의 통일을 이루었으며 강권적이고 권위주의적이었다. 이 정권은 자신의 주도 아래 독일의 근대화를 이루고자 했다. 비스마르크 체제는 근대화 내지 자본주의화의 일환으로 민법제정 작업을 했다. 19세기 말 당시에 독일은 아직 민법전을 완성하지 못했고, 다만 민법제정을 위한 민법 초안을 만들어놓고 검토하는 단계에 있었다. 일본은 바로 그 독일 민법 제1초안을 모델로 하여 민법제정 작업을 했다. 독일 민법 초안은 총칙, 채권, 물권, 친족, 상속의 5개 편으로 구성돼 있었다. 독일 민법과 일본 민법이 어느 정도 유사한지를 보기 위해 총칙편의 내용을 대비시켜보면 다음과 같다.

일본 민법 제1편	독일 민법 제1편
第一編 總則	第1編 總則
第一章 通則	第1章 通則
第二章 人	第1節 自然人
第三章 法人	第2節 法人
第四章 物	第2章 物件·動物
第五章 法律行爲	第3章 法律行爲
第六章 期間の計算	第4章 期間
第七章 時效	第5章 消滅時效
	第6章 權利行使·自衛·自力救濟
	第7章 擔保提供

　　두 체계를 비교해보면 독일 민법이 얼마나 강하게 일본 민법에 영향을 미쳤는지를 알 수 있다. 뿐만 아니라 개념의 유사성에 놀라게 된다. 위의 표에서 보듯이 일본 민법에 등장하는 주요 법개념들은 모두 독일 민법에 등장하는 법률용어의 번역에 불과하다. 독일어 Personen이 인(人)이라는 말로 표현돼 있을 뿐 그 개념이 내포한 의미는 독일법에서 표현된 바로 그것이다. 이렇게 볼 때 우리가 '우리 민법'이라는 말을 하고 한국어로 대한민국 민법을 배우고 있지만, 실은 한국어로 표현된 독일 민법을 배우고 있는 셈이다. 그 매개체 역할을 한 것은 물론 일본 민법이다. 우리나라 법률용어가 유난히 일상생활 용어로부터 크게 괴리돼 있는 것도 일본인의 감각으로 번역된 독일어 용어가 그대로 우리 법전에 사용됐기 때문이다. 아무튼 우리는 독일 민법에 따라 우리의 사적 법률관계를 규율하고 있는 것이다. 따라서 한국에서 민법을 연

구하는 사람은 독일어를 공부하지 않으면 안 된다. 한국에서 독일 문헌을 읽지 않고 민법 논문을 쓰거나 학자연하는 것은 불가능하다고 봐야 한다. 1945년의 해방 이후 지금까지 민법학을 전공하고자 한 수많은 젊은이가 독일유학을 선택한 것은 바로 이러한 배경 때문이다. 물론 여기서 필자가 한국의 민법과 독일의 민법이 철두철미하게 동일하다고 말하려는 것은 아니다. 체제와 내용, 그리고 용어가 독일의 그것들과 각각 동일하다고 말하는 것이다.

그렇다면 독일은 어떻게 하여 동양의 대한민국에까지 영향을 미치게 된 민법을 구축했는가? 19세기까지만 해도 독일은 유럽에서 자본주의의 발달이 가장 늦은 후진국이 아니었던가? 독일이 민법전을 갖게 된 과정을 설명하자면 말이 길어진다. 하지만 우리나라 민법의 기원을 찾고 우리나라 민법의 체계를 이해하기 위해서는 그것을 설명하지 않을 수가 없다.

독일 민법전 제정에 토대가 된 정신적 자원은 독일민족(게르만민족)에 있지 않다. 일본이 자신의 민법을 만들 때 독일법에 담겨져 있는 지적 에너지에 의존했듯이, 독일도 자신의 민법을 만들 때 자기 민족의 지적 에너지에 의존하지 않았다. 독일 민법전에 지적 에너지가 돼준 것은 로마법이다. 로마는 기원전 7세기부터 기원후 5세기까지 지속된 대제국이었다(동로마까지 합치면 로마는 15세기까지 지속됐다). 바로 그 로마시대에 발전된 법적 사고가 독일 민법전의 제정에 결정적인 영향을 미친 것이다. 어찌하여 그토록 오랜 시간적 간격을 두고 로마법이 독일 민법전에 영향을 미쳤는지는 불가사의하다. 그리고 로마는 그러한 로마법을 정립하기 위한 지적 에너지를 어디에서 가져왔는가? 일본이나 독일처럼 다른 어떤 곳에서 빌려왔는가? 그렇지 않다. 로마법을 정립하고 그것으로 독일 민법전을 채우는 과정을 뒷받침한 거대한 지적 에너지를 로마는 스스로의 노력으로 창출했다. 그 로마의 법학 문화가 대한민국 민법에 영향을 미치고 있는 것이다. 지금부터 그 과정에 대한 얘기를 하고자 한다.

로마가 대제국이었기 때문에 법학이 발달했는지, 법학이 발달했기 때문에 로마가 대제국이 됐는지는 확실히 말할 수 없다. 아무튼 로마에서 법학이 크게 발달한 것은 사실이다. 사회질서를 유지하기 위한 모색은 여러 가지로 할 수 있지만 유태인들은 종교에, 그리스인들은 철학에 의존했다면 로마인들은 법에 의존했다.

로마는 제국을 경영하면서 서로 다른 법질서간의 관계를 잘 정립할 필요가 있었다. 로마는 서로 다른 문화를 용인했으며, 서로 다른 법질서를 공존시켰다. 로마법은 로마시민을 위한 법을 의미했고, 로마인이 아닌 사람은 로마법의 규율대상이 아니었다. 로마시대에는 속인주의 원칙이 지배했던 것이다. 당시에 로마인들에게 적용되는 법을 '시민법(ius civile)'이라고 했다. 그런데 로마가 점차 제국으로 성장하고 그에 따라 로마인과 비로마인 간의 교류가 빈번해짐에 따라 보다 보편적인 법이 필요하게 됐다. 그즈음 로마인들의 사고방식에서 자연법 사상이 강하게 대두됐다. 즉 로마시민에게만 적용되는 법질서가 아닌 보편적인 법질서가 존재한다는 생각을 그들이 하게 된 것이다. 이러한 생각은 로마인들로 하여금 보편적인 법을 추구하도록 자극했다. 로마시민에게 적용되는 시민법의 특수성을 넘어 보편성을 띤 법을 그들은 '만민법(ius gentium)'이라는 개념으로 이해했다. 로마법의 발달과정은 만민법이 창조되는 과정이었으며, 만민법과 시민법이 통합되는 과정이었다. 이러한 과정은 주로 로마의 전성기였던 1~3세기의 원수정기(元首政期) 또는 고전시대에 이루어졌다. 당시는 로마의 역사에서 '로마의 평화(Pax Romana)'라고 불리는 대평화의 시대였다. 내부적 분란이 없지는 않았지만 대외적인 전쟁이 없었던, 유럽 역사에서 보기 드물게 오랫동안 평화가 유지된 시기였다.

그 시대에 로마의 법학자들은 로마의 최고지성을 대표했다. 그들 중 일부는 로마의 공권력으로부터 법적 지성으로 공인받았는데, 이들이야말로 로마법 발달의 핵심적 주도자였다. 법적인 분쟁이 벌어지면 로마인들은 이들에게 법적인 문제에 대해 질문했고, 이들의 법학적 답변(해답)은 즉시 현실의 힘으로 인정됐다. 이들은 국가의 공식적 지원을 받으면서 법적 답변을 제공하는 한편 자료를 집적해 저술도 하고 교육기능도 수행했다. 로마에는 많은 법학자가 있었고 학파도 나누어져 있으며 이들의 저술은 근본적으로 학자적 견해를 담은 것이었지만, 사실상 해답권 제도를 매개로 법적 문제에 대해 강력한 권위를 가졌다. 로마에서 법학의 발달은 입법부에 의해 제정된 법이 발달하는 것을 의미하는 것이 아니라 법학자들의 견해가 풍부하고 정교하게 발달하는 것을 의미했다.

오늘날 우리는 그들을 법학자라고 부르지만 그들은 지금의 법학자에 비해 훨씬 더 실무적이었다. 그들은 공리공론이나 이론적 기초를 다지거나 법체계를 구상하는 데는 많은 시간을 쓰지 않았다. 오히려 그들은 구체적으로 문제가 된 법적 쟁점을 해결하는 데 관심을 두었다. 그렇기 때문에 그들은 어떤 의미에서는 실무가였다. 그들은 어디까지나 구체적 분쟁의 타당한 해결을 중시했고, 그러한 해법을 찾는 가운데 법원리의 집적을 이루어냈다. 그러한 작업은 수백 년간 계속됐고, 그러한 과정에서 방대하고 추상적인 법적 지식의 집적이 이루어졌다. 로마법은 이렇게 형성되고 집적돼갔다. 특정한 입법자나 정확한 구심도 없이 법학자들의 학설이 중심이 되어 법이 발전한 것이다. 그 와중에 시민법과 만민법 간의 경계가 없어지고 오늘날 우리가 말하는 로마법이 성립하게 된 것이다. 로마의 법학자는 실로 법의 창조자였다.

로마법의 발달은 소위 원수정기(principatus)에 주로 이루어졌다. 그 전의 시기에는 시민법과 만민법이 분리돼 있었다. 원수정기 이후의 시대를 전주정기(專主政期, dominatus)라고 하는데, 이 시기에 로마법의 발전이 전혀 없었다고 할 수는 없겠지만 이 시기의 로마법은 창조적 생명력이 없어진 채 이전 시대의 지적 에너지를 훼손하고 천박화한 것에 불과했다. 이때에는 전주정이라는 말이 어느 정도 암시하듯이 법학이 학자들의 분방한 창조력에 의해 지탱되고 발전한 것이 아니라 관료주의적 권력에 의해 유지됐다. 결국 우리가 높이 보아 마지않는 로마법이란 원수정기의 로마법을 말하는 것이다.

그렇다면 로마법은 어떻게 해서 후세에까지 전달됐을까? 이 지점도 신비에 가깝다. 사실 로마시대의 문헌 중 오늘날까지 전달된 것은 극히 드물다. 왜냐하면 당시에 라틴어라는 문자가 있었지만 대체로 파피루스를 이용해 기록을 했는데 파피루스는 시간이 지나면 말라 바스러져서 없어지기 때문이었다. 그것은 끊임없이 필사되지 않으면 없어져 버리는 매체였다. 이 부분을 설명하기 위해서는 동로마의 역사를 잠시 살펴봐야 한다.

로마는 5세기경에 동로마와 서로마로 분열됐다. 서로마는 476년에 게르만족의 대이동을 맞아 몰락했다. 이후 동로마에 유스티니아누스라는 야심찬 황제가 등장했다. 527년에 즉위한 그는 로마제국이 위축된 데 대해 매우 아쉬워했으며, 서로마의 영광을 회복하기 위해 노력했다. 그는 영토확장을 도모하는 한편 로마의 전성기에 로마를 지배했던 로마법을 복원해 동로마에 실현하고자 했다. 그는 황제에 등극하자마자 로마법을 집대성하는 작업을 시작했다. 단일한 법으로 정리돼 있지 않았던 로마법을 집대성한다는 것은 로마의 법학 관련 저술을 취합한다는 것을 의미했다. 그것은 6세기경에 1~3세기의 자료를 모으는 일이었는데 많은 자료가 이미 유실되고 없어졌을 것이다. 황제의 명령을 받고 법전편찬 사업을 주도한 트리보니아누스는 2000권 분량에 해당하는 서로마 자료를 모았다. 그리고 그중 법학자 40명의 학설을 취합해 법전을 편찬했다. 법전은 학설을 발췌하는 식으로 만들었고, 발췌한 부분에는 원저자의 이름과 출처를 밝혔다. 모아진 발췌문은 전체 체계에 맞게 재배치했다. 이렇게 하여 50권에 이르는 〈학설집(Digesta)〉이 만들어졌다.[62] 유스티니아누스는 이것이 너무 방대하다고 여겨 요약된 법학서를 만들었다. 이것이 4권으로 된 〈법학제요(Institutiones)〉다. 그리고 이 학설집과 별도로 고전기 이후에 이루어진 법의 발달을 반영하기 위해 3세기 이후의 황제칙령을 모아 〈칙령집(Codex)〉을 만들었다. 이로써 유스티니아누스는 자신의 입법사업을 완성했다. 그는 이렇게 완성된 법

---

[62] 이것을 오늘날의 촘촘한 책으로 만들면 5권 전후의 분량이 된다.

이 동로마에 잘 적용된다면 동로마의 번성을 가져올 것이라고 믿었다. 그래서 그는 이 법의 엄격한 준수를 명령하고 어떠한 개변도 허락하지 않는다고 선언했다. 하지만 이러한 그의 노력이 효과를 발휘했는지는 의문이다. 그렇게 모아진 법은 이미 수백 년 전의 법에 불과했고, 법의 고착화를 선언한 이상 법에 생명력이 있을 수 없었다. 유스티니아누스는 그 뒤로도 오랫동안 황제의 자리에 앉아 있었는데, 새로운 법에 대한 요청이 있으면 칙령으로 대처했다. 그의 칙령은 나중에 모두 취합되어 새로운 책으로 만들어졌다. 그것이 〈신칙법(Novellae)〉이다.

오늘날까지 전해지는 로마법은 바로 이 4권의 법령집에 실린 것이 거의 전부다. 이 네 권의 법전에 후세 사람들이 '로마법대전(Corpus Iuris Civilis)'이라는 이름을 붙였다. 그 외에는 로마법에 관해 알려진 것이 거의 없다. 로마법대전이 편찬된 시기와 그 내용물이 실제로 이용된 시기를 비교하면 수백 년의 시차가 있기 때문에 로마법대전의 내용물이 실제로 그것이 이용된 시기의 법과 어느 정도나 같은 것인지에 대한 논란이 없을 수 없다. 하지만 로마법 연구자들은 대체로 로마법대전이 1~3세기에 로마에서 실제로 이용된 법들을 잘 복원한 것이라고 인정하고 있다.

로마는 대제국으로서 나름대로 완성된 공법체계가 있었을 것이고 형법체계도 있었을 것으로 생각되지만 그에 관한 내용은 거의 전해지지 않고 있다. 유스티니아누스의 법전에 실린 내용은 거의 민사법 일색이다. 그 결과로 우리가 아는 로마법은 거의 모두가 민사법이다. 유스티니아누스는 황제로서 로마의 번성을 이루지도 못했고 역사에 별다른 기여를 하지도 못했지만, 로마법이라는 방대한 지적 재산을 취합해 후세에 전수하는 데서 결정적인 역할을 했다. 만약 그가 아니었으면 로마법은 거의 유실됐을 것이며, 오늘날의 민법은 실제로 오늘날 우리가 가지고 있는 민법과 크게 달랐을 것이다.

유스티니아누스의 법전이 동로마를 실제로 변화시켰다는 증거는 별로 없다. 그것은 법전으로만 존재했을 뿐이다. 일반 민중의 차원이나 실제 실무가들의 차원에서는 유스티니아누스 법전이 그다지 활용되지 못했다. 그 뒤로 그것의 존재조차도 오랫동안 망각됐다. 그러던 것이 어느 날 우연히 누군가에 의해 발견(!)됐다. 그때는 대체로 11세기경이었다. 유스티니아누스의 법전이 이탈리아로 옮겨졌고, 여러 연구자들에 의해 연구되기 시작했다. 중세적, 종교적 세계관에 찌들어 있었던 당시의 이탈리아에서 로마법의 발견은 대단한 충격이었다.

당시에 지식인들 사이에서 유스티니아누스의 법전은 '씌어진 이성(ratio scripta)'으로 추앙됐다. 볼로냐를 위시한 이탈리아의 주요 도시들에서 이 법전을 이해하기 위한 집단적인 노력이 경주됐다. 유럽 각지에서 로마법을 배우기 위해 이탈리아로 유학을 왔다. 문자를 아는 이가 드물었던 당시에 로마법을 공부한다는 것은 문자에 접근하는 방법이기도 했지만, 무엇보다 로마법에 대한 새로운 지식을 습득하는 것 자체가 커다란 도전이자 매력적인 일이었다.

당시의 학자들은 유스티니아누스 법전의 문장을 하나하나 읽어나갔다. 그러면서 책의 가장자리에 각 문장에 대한 주석을 붙여나갔다. 그들은 이런 식으로 로마법전을 한 줄 한 줄 이해해나갔다. 이러한 노력이 반드시 실용적인 목적을 갖고 있는 것도 아니었다. 그것은 일종의 인문학이었다. 로마법전은 그 텍스트 자체로서 숭앙받았다. 지식인들 사이에서는 그것을 읽는 것 자체가 열병과 같은 유행이었다. 이렇게 한 줄씩 한 줄씩 문장을 읽으면서 로마법을 이해해가는 과정이 200년간 계속됐다. 당시에 이런 방법으로 로마법을 연구하고 가르친 일군의 학자들을 통칭해 '주석학파(Glossatorian)'라고 한다. 주석을 다는 방법으로 로마법을 연구했기 때문이다.

13세기 이후에는 '주해학파(Kommentatorian)'의 시대가 열렸다. 주해학파는 로마법대전을 이해하는 데 만족하지 않고 이탈리아 등지에서 배운 그것을 현실에 적용하고자 했다. 그들은 고향에 돌아가서 유력한 식자 행세를 했고, 실무에 뿌리를 두고 로마법을 적용해갔다. 이러한 과정을 거치면서 로마법은 실로 유럽 전체를 관통하는 보통법의 지위를 갖게 된다. 유럽의 모든 법은 라틴어로 기술되게 됐고, 로마법이 그 근간을 이루게 됐다.

1000년 이상의 간극을 건너 로마법이 부활해 유럽의 법현실을 지배하게 되는 이러한 대 역사드라마를 가리켜 '로마법의 계수(繼受, Rezeption)'라고 한다. 이런 일이 일어난 것은 로마법에 담긴 내용을 유럽이 요구했기 때문이기도 했겠지만, 그만큼 로마법의 발달이 대단했음을 의미하는 것이기도 하다. 독일의 유명한 법학자인 예링은 《로마법의 정신》이라는 방대한 저술에서 로마법의 유럽지배에 대해 다음과 같이 논평했다.[63]

---

63 Rudolf von Jhering, Geist des römischen Rechts: Auf den verschiedenen Stufen seiner Entwicklung, Leipzig, 1923~1926, 1쪽.

로마는 세계를 세 번 지배했고 여러 민족들을 세 번 통일했다. 첫 번째는 그들의 힘이 강성했을 때 국가를 통일한 것이고, 두 번째는 그 뒤에 교회의 통일을 이룬 것이고, 세 번째는 로마법의 계수 이후 중세시대에 법의 통일을 이룬 것이다. 첫 번째는 무력을 통한 외부적 강제로 이룬 것이고, 그 다음의 두 번은 정신의 힘을 통한 것이다.

아무튼 이런 과정을 거치면서 로마법은 중세 유럽의 현행법으로 부활했다. 프랑스혁명 이후에 유럽에서 법전을 편찬하는 흐름이 크게 일어났는데, 그 내용을 채운 것은 로마법이었다. 로마법 자체가 대체로 로마시대의 학설이 집대성된 것이고 그다지 정교한 체계를 갖고 있지 않았기 때문에 당시에 편찬된 법전들은 서로 체계상의 차이점이 있긴 했지만, 그 용어나 내용에서는 공통적으로 로마법에 크게 의존했다. 프랑스는 나폴레옹이 집권한 후 법전편찬 작업을 가속화했다. 당시에 편찬된 프랑스 민법전은 현대 프랑스 민법이 됐다. 당시 프랑스 민법전의 체계는 〈법학제요〉의 체계를 따랐고, 그래서 프랑스 민법전의 체계를 '인스티투치오네스 체계'라고 한다.

한편 19세기 초에 독일에서는 프랑스의 번성을 바라보면서 독일 민족의 자성을 촉구하고 독일의 번성을 추구하는 움직임이 강하게 일어났다. 당시 독일은 봉건제의 그늘 아래 분열돼 있었고 중앙정부가 없었다. 독일 민족을 하나로 묶어주는 것은 언어적 통일성밖에 없었다. 당시에 출간된 피히테의 《독일 국민에게 고함》이라는 저술은 독일인의 단결과 각성을 촉구하고 있다. 이러한 흐름은 법학계에도 있었는데, 티보(Thibaut)를 중심으로 한 법학자들이 독일도 프랑스처럼 근대적인 법을 제정해야 한다고 주장했다.

이러한 흐름의 반대쪽 선봉에 선 학자가 유명한 사비니(Friedrich Karl von Savigny, 1779~1861)다. 사비니는 독일 민법의 기초를 놓은 사람이다. 그는 독일 민법의 제정에 반대했는데 그 명분은 법이란 민족정신(Volksgeist)의 반영으로서 점진적으로 발전해가는 것이지 어느 시점에 입법자가 억지로 만들 수 있는 게 아니라는 것이었다. 소위 '법전논쟁'으로 알려진 티보—사비니 논쟁의 승리자는 사비니였다. 이리하여 19세기 초에 독일에서는 법전편찬이 좌절됐다.

하지만 사비니는 독특한 방법론으로 독일 민법학의 체계를 세우고 기초를 다졌다. 그는 독일 민족의 민족정신이 놀랍게도 로마법에 반영돼 있다고 보았다. 과거에 독일 민족이 의거했던 게르만법에는 관심을 두지 않았다. 오히려 로마법에 대한 이해를 깊게 하고 체계화하는 것이 필요하다고 보았다. 그는 로마법대전을 깊이 연구했으며, 그 속에서 진리를 발굴해내고 그것을 기초로 하여 로마법 전체를 체계화하고자 했다. 그것은 마치 자연과학자가 수많은 개별적 연구대상들을 깊이 연구해서 그러한 다양성 속에 숨겨져 있는 보편적 속성을 찾아내는 과정과 비슷했다. 말하자면 근대 합리주의 내지 과학주의의 방법론을 법학에 도입하여 적용하는 것이었다. 그 소재로 그는 로마법을 선택했다. 로마법 속에서 법학의 기초적 요소들을 찾아내고 그것들을 토대로 법학의 체계 전체를 세우는 거대한 프로젝트를 수행한 것이었다.

독일이 법전제정에 착수한 것은 1870년에 비스마르크가 독일을 통일한 후였다. 독일의 정치적 통일은 통일된 민법전의 제정을 더 이상

미룰 수 없게 했다. 이때 독일의 법학계는 사비니의 제자들이 장악하고 있었고, 그들은 이제 민법전을 제정할 준비가 어느 정도 된 상태였다. 그들에게 법으로서 연구가치가 있는 것은 로마법이었다. 그들에게 필생의 과업은 로마법을 해체해서 과학적 방법론에 입각한 새로운 체계로 재배치하는 것이었다. 그들은 수십 년간의 연구 끝에 로마법을 재배치하기 위한 체계를 고안해냈다. 그것은 가장 원칙적이고 보편적인 내용을 앞에 쓰고 그것의 적용 내지 응용에 해당하는 각론을 뒤에 서술하는 방식이었다. 그리고 각 각론도 다시 그 각론의 내용 중에서 원칙적이고 보편적인 내용을 먼저 서술하고 이어 더 세분화된 각론을 그 다음에 서술하는 방식으로 정리됐다.

이러한 방법론에 따라 민법 전체에 통용되는 내용은 총칙편에 들어가게 됐다. 이어 물권, 채권, 친족, 상속의 순으로 돼있다. 총칙편을 보면 그 안에 다시 총칙이 있고 각론이 있다. 그 각론 속에 다시 총칙적 규정이 있고 각론적 규정이 있다. 마찬가지로 물권편을 보면 그 안에 총론이 서술되고 이어 각론이 서술된다. 그 각론 속에 다시 총칙적 서술이 있고 더 하부의 각론적 서술이 이어진다.

마치 자연과학의 서술을 보는 듯한 이러한 서술체계를 '판덱텐 체계'라고 한다. 이런 이름이 붙여진 것은 이 체계를 만든 사람들이 주로 판덱텐을 공부한 이들이었기 때문이다. 판덱텐이란 〈학설집(Digesta)〉의 다른 이름이다. 말하자면 판덱텐 체계란 로마법을 연구한 학자들이 만든 체계라는 뜻이다. 일본 민법이나 우리 민법도 판덱텐 체계를 따르고 있다. 이에 대비되는 개념은 프랑스의 민법전 체계로 대표되는 인스티투치오네스 체계다. 그러나 어느 체계든 로마법에 크게 의존하고 있다는 점은 동일하다. 우리 민법상의 많은 개념이 라틴어로 표현되는 것도 바로 이런 배경 때문이다.

독일의 민법전은 판덱텐 체계를 반영하고 있다. 1874년에 독일 민법 편찬작업이 시작되어 1887년에 제1초안이 나왔고, 이것이 1896년에 공포됐다. 그리고 이것이 1900년 1월 1일부터 시행된 독일 민법전(BGB)이 됐다. 독일 민법전 제1초안을 모델로 한 일본 민법은 독일의 민법전이 발효되기도 전에 시행됐다. 식민지 시대에 우리나라에 의용된 일본 민법은 그렇게 해서 제정된 민법전이다. 로마법, 독일 민법전, 일본 민법전, 그리고 우리 민법전이 서로 완전히 동일한 것은 아니고 각각의 법이 제정된 후에 개정도 거듭됐지만 그 근간이 동일하다는 것을 부인하기 어렵다.

다소 긴 이야기였지만, 이를 통해 우리 민법이 어떻게 해서 로마법의 영향을 받았고 지금과 같은 체계를 갖게 됐는지를 이해하게 됐을 것이다.

여러분은 이러한 이야기에서 무엇을 느끼는가? 한반도에서 5천 년간 발전했을 민사 관련 규범은 다 잊은 채 외국에서 수입한 개념과 체계가 마치 우리의 것인 양 착각하고 있었던 것은 아닌가? 생각해보면 법학만 그런 것이 아니다. 대학에서 교육하는 거의 모든 학문이 서양의 학문이다. 대학에서 배우는 것 중에서 한국 국적의 학자가 만든 이론이 몇 퍼센트인가? 생각해보면, 비록 대학에서 학문을 우리말로 가르치고 배우지만 그 개념과 방법은 거의 서양의 것이다.

하지만 이런 점을 반드시 비관적으로만 볼 것은 아니다. 보기에 따라서는 우리 민법이 로마에서 발전한 법전과 근대 유럽이 이룩한 법문화를 두루 계승하고 있다고 할 수도 있다. 우리 민법은 다른 민족이 만든 것을 차용하고 있다고 해도 틀린 말은 아니지만, 인류가 수천 년간의 노력을 통해 만든 인류 공유의 지적재산을 우리 민법이 이용하고 있다고 해도 틀린 말이 아니다. 우리가 해야 할 일은 다른 나라에서 발전한 법학을 우리가 이용하는 현실을 걱정하는 것이 아니라 우리가 창안할 법학이 후세 인류의 법학 발전에 어떤 기여를 할 수 있을지를 생각해보는 것이다. 어떻게 하면 우리도 인류의 정신문화 발전에 기여할 수 있을 것인가? 우리가 창안한 법적 논리로 인해 다른 많은 민족이 도움을 받게 될 때 비로소 우리가 인류문화 발달에 기여했다고 할 수 있을 것이다. 단지 남들이 만들어놓은 것의 혜택을 받는 단계를 넘어 우리도 남들에게 기여하는 시대를 준비해야 한다는 것이다. 우리가 해야 할 일은 다른 민족으로부터 배운 것을 폐기하는 것이 아니라 우리도 우리의 힘으로 다른 민족에게 어떤 기여를 하는 것이다.

3. 민법의 기본원리

로마법이 근대에 부활할 수 있었던 것은 로마법이 당시의 상업주의적 거래문화에 부합했기 때문이다. 하지만 프랑스 민법이나 독일 민법을 위시한 근대 유럽의 민법이 로마법을 그대로 복제한 것은 아니었다. 예컨대 로마법에는 노예에 관한 규정이 있었지만 그러한 것은 계수되지 않았다. 로마법은 그것이 근대법의 정신을 투영할 수 있는 한에서 부활했다. 그런 의미에서 근대 민법전을 지배하는 기본원리는 사적 자치의 원칙이다.

　사적 자치의 원칙은 소유권절대의 원칙, 계약자유의 원칙, 그리고 과실책임의 원칙으로 이루어진다고 얘기된다. 민법의 기초는 소유권에 대한 보장에서 시작한다. 민법에서는 소유자의 자유로운 사용·수익·처분권이 인정되며, 소유권의 침해에 대해서는 침해배제청구권과 소유권반환청구권이 인정된다. 그리고 타인의 소유권에 대한 침해는 고의나 과실의 여부와 상관없이 원칙적으로 위법한 것으로 추정된다. 민법은 계약자유의 원칙에 따라 권리의무관계를 형성할 수 있다. 민법전에 들어있는 많은 계약관련 조항들이 사실은 임의규정에 불과하다. 다시 말해 각 개인은 상호합의에 의해 민법의 규정과 다른 계약을 할 수 있는 것이다. 과실책임의 원리란 타인에게 손해를 가한 자는 원칙적으로 고의 또는 과실로 인해 위법하게 타인에게 가한 손해에 대해서만 책임을 진다는 원리다. 이는 채무불이행이나 불법행위와 관련하여 중요하다. 왜냐하면 과실 없는 채무불이행이나 불법행위는 책임지지 않는 것을 원칙으로 하기 때문이다.

　이상에서 설명한 소위 민법의 3대 기본원칙은 많은 수정을 겪었다. 소유권절대의 원칙은 권리남용 금지의 원칙이나 공공복리에 따른 이용의 원칙 등에 의해 제약된다. 계약자유의 원칙은 신의성실이나 공서양속의 법리에 의해 제약된다. 과실책임의 원칙은 경우에 따라서는 과실 없이도 책임을 진다는 무과실책임주의에 의해 수정된다. 예를 들어 다른 사람을 고용한 사람이 그 피고용인의 과실에 대해서도 책임을 지는 경우가 있다. 이러한 수정된 원칙을 현대적인 민법원리라고 한다.

이처럼 근대민법의 기본원리는 여러 측면에서 도전받고 있다. 하지만 여전히 주류적 견해는 민법의 기본원리를 원칙으로 인정하고, 그에 대비되는 의미의 현대적 원리에 대해서는 단지 예외로서의 지위만을 인정하고 있다.

생각거리

17

서구법의 대종은 대륙법계와 영미법계로 나누어진다. 대륙법계란 유럽 대륙의 법들을 통칭하는 말이다. 앞에서 보았듯이 대륙법계의 법이 발달하는데 정신적 에너지가 된 것은 로마법이다. 그렇다면 영미법계의 법은 어떤 과정을 통해서 발달했을까? 이에 대해 설명하자면 위에서 설명한 것만큼 긴 설명이 필요하다. 지금 여기서 그것을 다 설명할 수는 없다. 다만 특징적인 것 하나만 지적하고자 한다.

영미법이라고들 하지만 그 기원은 영국법이다. 영국법은 전 세계에 흩어진 영국의 식민지에 영향을 미치면서 거대한 법계(legal family)를 형성했다. 그렇다면 영국법 자체는 어떻게 형성됐을까? 영국법은 대개 12세기 이후에 발달했다. 당시까지만 해도 영국에는 보통법(Common Law)이 없었다. 보통법이란 영국 전역에서 공통으로 적용되는 법이라는 뜻이다. 그 보통법을 형성시킨 것은 판례법이다. 왕권에 의해 뒷받침되는 법원이 없었던 영국의 각 지방에 순회재판소가 만들어지면서 전국에 공통의 관할이 생기기 시작했다. 또 중앙은 중앙대로 정치권력에 의해 뒷받침되는 법원이 형성됐다. 이들 법원은 사건이 터질 때마다 재판을 열어 분쟁을 해결했다. 순회재판소를 통해 중앙과 지방이 서로 교류하면서 서서히 법의 통일이 이루어지기 시작했다. 이때 분쟁해결의 기준이 되는 법률은 없었다. 개별 사건별로 구체적으로 타당한 판결을 하려고 했을 뿐이다. 그리고 그 전에 내려진 유사한 판결이 있으면 그것을 참조했다. 이렇게 판결이 쌓이고 정리되면서 법의 덩

어리가 만들어졌다. 그렇게 수백 년이 흘렀다. 이것이 바로 전국적으로 통용되는 법, 즉 보통법의 기원이다. 영국의 보통법은 판례에 의해 형성된 통일적 관습법이라고 할 만하다.

　이렇게 본다면 법의 발달이 얼마나 오랜 시간이 걸리는 것인지를 알 만하다. 로마에서 이루어진 법의 발달과 영국에서 이루어진 법의 발달을 비교하여 공통점을 추출해보자. 그리고 그에 비추어 오늘날 우리의 경우 법학의 발달시키기 위해 어떤 노력이 필요한지에 대해 토론해보자.

읽을거리

- 최병조, 《로마법연구(I)》, 서울대학교 출판부, 1995. 최병조 교수는 실로 로마법에 관한 대가 중의 대가다. 이 책에 실린 내용은 읽기에 버겁겠지만, 관심이 가는 부분에서 한 두 문장만 건져도 책값이 아깝지 않을 것이다.

제11강 능력
미성년자는 행위능력이 없다

> 사람이라면 누구나 권리능력이 있다. 그러나 미성년자는 권리능력이 있지만 행위능력이 없기 때문에 단독으로는 법률행위를 할 수 없고, 부모 등 법정대리인의 동의를 받아서만 유효한 법률행위를 할 수 있다. 미성년자의 행위능력을 제한하는 이유는 미성년자를 보호하기 위해서다. 자연인 외에 법인도 권리능력이 있다. 그리고 법인은 행위능력과 불법행위능력이 있다.

1. 권리능력

법학은 권리를 둘러싼 학문이다. 권리란 법에 의해 보장된 이익이다. 법에 의해 보장된다는 것은 궁극적으로 국가권력을 동원한 강제집행이 가능하다는 의미다. 강제력을 이용해 이익을 실현한다는 것은 권리의 중요한 측면이다. 이는 강도가 남의 물건을 강탈하는 것과는 다른 것이다. 둘 다 똑같이 힘을 이용해 이득을 누리는 것이지만, 법이 보호하는 이익은 '정당한' 이익이라는 점에서 다르다. 법학은 어떤 이익이 정당한 것인지를 따지는 학문이다.

어떤 한 사람이 권리를 갖는다는 것은 다른 누군가가 의무를 갖는다는 것을 의미한다. 예컨대 내가 소유권을 갖는다는 것은 다른 누군가가 그것을 침해하지 말아야 할 의무를 갖는다는 것을 의미한다. 내가 손해배상을 청구할 권리를 갖는다는 것은 누군가가 손해를 배상할 의무를 진다는 것을 의미한다. 이처럼 권리와 의무는 동전의 양면과 같아 서로 분리될 수 없다. 어떤 사람들 간의 관계가 권리와 의무의 관계로 얽혀져 있는 경우 이를 법률관계라고 한다. 법학은 그러한 법률관계에 대한 학문이다. 즉 법학은 누구에게 어떤 권리가 귀속되고 누구에게 어떤 의무가 귀속되는지를 따진다.

법상 권리의무의 주체가 될 수 있는 지위를 권리능력(權利能力)이라고 한다. 민법에 의하면 "사람은 생존하는 동안 권리와 의무의 주체가 된다."(제3조) 이 말이 의미하는 바는 여러 가지로 해석된다. 우선 사람 외에 동물이나 나무는 권리능력이 없다는 의미를 담고 있다. 예컨대 사람이 자기가 사랑하는 애완동물에게 재산을 주거나 상속할 수 없다. 동물은 무엇을 소유할 수 있는 존재가 아니기 때문이다. '사람'이라는 말을 우리는 사용하는데, 아직 출생하지 않은 태아는 사람에 포함되는가? 요즘에는 인공수정을 하기도 하는데, 수정란은 사람이라고 할 수 있는가? 산모의 몸에서 분리된 경우에만 사람이라고 할 수 있는가? 독립적으로 호흡을 했을 때 사람이라고 할 수 있는가? 태동이 시작되면 사람인가? 아니면 산통이 시작되면 사람인가? 사람을 어떻게 정의하느냐에 따라 법률관계가 달라질 수 있기 때문에 언제부터 사람으로 볼 것인지는 중요하다. 민법학자들은 전부노출설을 지지하고 있다. 즉 태아가 산모의 몸에서 완전히 나온 시점에 사람이 된다고 본다. 태아가 출산 중에 죽었어도 산모의 몸 밖으로 완전히 나온 상태에서 잠시라도 생명을 유지했으면 사람이 됐다가 죽은 것으로 본다. 만약 사산이면 사람이 된 적이 없었던 것으로 본다. 잠시라도 생명이 있었다가 죽었는지 그렇지 않은지는 상속법상 중대한 차이를 낳는다.

사람은 '생존하는 동안'에 권리능력이 있기 때문에 죽으면 권리능력이 없어진다. 사람이 죽으면 그 육신은 시체가 된다. 시체는 사람이 아니고 물건이다. 일단 사람이 죽으면 그가 소유했던 재산에 대해서는 상속이 개시된다. 그래서 어느 시점을 죽은 시점으로 볼 것인지도 법학자들 사이에 논란거리가 된다. 통상 호흡과 심장박동이 영구적으로 멈춘 시점을 사망시점으로 본다. 그렇다면 뇌사상태에 있는 경우라면 살아있다고 봐야 하는가? 〈장기 등 이식에 관한 법률〉은 '뇌사자'를 '살아있는 자'의 범주에서 제외하고 있다. 하지만 민법은 여전히 뇌사시점을 사망시점으로 보지 않고 있다. 장기이식을 위해 뇌사자의 심장을 적출한 경우에는 그 시점에 뇌사자가 사망한 것으로 본다. 따라서 그 순간에 상속이 개시되는 것이다.

사망과 관련해 인정사망이나 실종선고라는 개념도 중요하다. 인정사망(認定死亡)은 시체의 발견과 같은 사망의 확증은 없으나 수해, 화재나 그 밖의 재난으로 인해 사망이 확실시되는 경우에 죽은 것으로 추정하는 제도다(가족관계의 등록 등에 관한 법률 제87조). 예컨대 항공기가 추락해 폭발하면 시체가 전부 소실된다. 이런 경우 비행기에 탑승

한 사실이 확인된 사람은 시체의 확인이 없더라도 사망한 것으로 추정한다. 따라서 유족은 사망신고를 하게 되고, 그 사람은 사고시점에 사망한 것이 된다. 실종선고(失踪宣告)는 사망의 개연성이 높거나 생사조차 알 수 없는 경우에 법원의 선고에 의해 사망한 것으로 간주하는 제도다.[64] 실종선고가 내려지면 실종기간의 만료시점에 사망한 것으로 간주한다. 예컨대 선박의 침몰과 함께 실종된 선원은 선박이 침몰한 날로부터 1년이 되는 시점에 사망한 것으로 간주된다. 인정사망이든 실종선고이든 사람이 죽은 것으로 인정되면 그 시점을 기준으로 상속이 개시되고 가족관계도 변화한다. 사람이 죽은 것으로 인정되면 남은 배우자는 합법적으로 재혼할 수도 있다.

사람이어야 권리능력이 있지만, 사람으로 인정되는지의 여부는 전부노출설에 따르기 때문에 뱃속에 있는 태아는 사람이 아니다. 말하자면 태아는 권리능력이 없는 것이다. 그렇기 때문에 뱃속에 있는 태아는 재산을 소유할 수 없다. 하지만 우리 민법은 몇몇의 경우에는 태아에게 권리능력을 인정하고 있다. 첫째로, 태아에게 불법행위에 기한 손해배상청구권이 인정된다(제762조). 예컨대 임신 중인 여성의 남편이 교통사고로 사망했다면 태아는 출생 후에 가해자에게 손해배상을 청구할 권리를 갖는다. 물론 출생한 아기가 성인이 된 후에 권리를 주장해야 하는 것은 아니다. 이때는 아기의 법정대리인(이 경우에는 아기의 어머니)이 아기를 대신하여 권리를 주장할 것이다. 하지만 그 권리의 주체는 아기가 되는 것이다. 태아가 권리능력을 갖는다는 것은 이러한 의미다. 둘째로, 상속의 경우에 태아에게 권리능력이 인정된다. 민법은 "태아는 상속순위에 있어서 이미 출생한 것으로 본다"고 규정하고 있다

(제1000조 제3항). 이 규정에 의해 태아는 상속권을 가지며, 아울러 대습상속이나 유류분에 대한 권리도 인정된다.[65] 셋째로, 유증의 경우에도 태아는 출생한 것으로 본다(제1064조). 예컨대 어떤 사람이 죽으면서 태아에게 재산을 증여한 경우에 태아가 아직 출생 전인데도 증여한 재산을 받을 수 있다. 다만 불법행위에 기한 손해배상청구권이든 상속이든 유증이든 태아가 출생하지 않으면 권리를 주장할 수 없다. 다시 말해 태아가 출생하기 전에 죽는다면 결과적으로 어떤 권리도 발생하지 않은 것으로 된다. 판례는 태아에게 권리가 인정된다는 것은 출생 후에 그 권리를 행사할 수 있다는 의미이지 태아인 상태에서 법정대리인을 통해 권리를 행사할 수 있다는 의미는 아니라고 해석했다.[66] 태아의 법정대리인이란 있을 수 없다고 본 것이다.

2. 행위능력과 미성년

민법에서 종종 행위능력이라는 말을 쓴다. 여기서 말하는 행위능력이란 수족을 움직일 수 있는 능력이 아니다. 법에서 말하는 행위능력이란

---

64 '보통실종'의 경우에는 5년의 기간이 지나면 실종선고를 하고, 사망의 개연성이 높은 '특별실종'의 경우에는 1년의 기간이 지나면 실종선고를 한다. 특별실종의 이유로는 전쟁, 침몰, 추락, 기타 위난이 있다.
65 대습상속과 유류분이라는 개념에 대해서는 제17강을 참조하라.
66 대법원 1982.2.9. 선고 81다534 판결.

단독으로 법률행위를 할 수 있는 능력을 말한다. 성년인 인간은 원칙적으로 행위능력이 있으며 성년은 만19세 이상인 자를 말한다(제4조). 성년인지 여부는 실제로 성년으로서의 사리분별력이 있는지 여부를 묻지 않고 획일적으로 나이를 기준으로 판정한다. 성년에 이르지 못한 사람을 미성년자라고 한다. 미성년자는 권리능력이 있지만 성년과 같은 행위능력을 갖지 않는다. 즉 미성년자는 성년과 달리 많은 부분에서 단독으로 법률행위를 할 수 없다. 그런 의미에서 미성년자를 '제한능력자'라고 부른다. 예컨대 미성년자는 자기 소유의 자전거라고 하더라도 자기 마음대로 팔 수 없다.

행위능력이 제한된 소위 '제한능력자'에는 미성년자 이외에 피성년후견인과 피한정후견인 등이 있다. 피성년후견인은 정신적 제약이 심각하여 사무를 처리할 능력이 '지속적으로 결여된' 사람의 경우 법원의 판결에 따라서 행위능력이 제한된 사람이다(제9조). 예컨대 심각한 치매가 있다든지 사리판단을 전혀 할 수 없는 수준의 백치인 경우에 법원은 그에 대한 성년후견의 개시 심판을 내릴 수 있다. 그렇게 되면 피성년후견인의 법률행위는 최소할 수 있게 된다. 예컨대 피성년후견인이 휴대전화를 개설했다면 추후에 그 거래를 취소할 수 있다.

피한정후견인은 정신적 제약으로 사무를 처리할 능력이 '부족한' 사람의 경우 법원의 판결에 의해서 행위능력이 제한된 사람이다(제12조). 말하자면 피한정후견 제도는 정신적 제약의 정도가 피성년후견인보다 덜한 경우에 이용된다. 피한정후견인의 경우 법원은 피한정후견인이 한정후견인의 동의를 받아야 하는 행위의 범위를 정하게 되고, 피한정후견인은 그 한도 내에서 독자적인 법률행위를 할 수 없다. 예컨대 어떤 피한정후견인이 50만 원 이상의 경제적 거래를 할 수 없다는 심판을 받았다면, 그 피한정후견인은 100만 원짜리 컴퓨터를 살 수 없고 설사 샀다고 하더라도 추후에 피한정후견인 본인이나 한정후견인이 그 거래를 취소할 수 있다. 하지만 피한정후견인은 한정후견인의 사전 동의를 얻어서 유효한 법률행위를 할 수 있다. 이 점이 피성년후견인과의 큰 차이점이다. 예컨대 한정후견인은 피한정후견인에게 50만 원을 넘는 컴퓨터를 사는 것을 허락(동의)할 수 있고, 이 경우 피한정후견인은 자신이 원하는 방식으로 컴퓨터를 살 수 있다. 하지만 피성년후견인은 성년후견인의 동의를 불문하고 일용품 구입 이외 법적으로 유효한 거래를 할 수 없다.

이처럼 제한능력자의 행위능력을 제한한 것은 자칫 그 사실을 알지 못하고 이들과 거래한 상대방에게 예측하지 못한 손실을 초래할 수 있다. 또 제한능력자 본인의 명시적인 뜻에 반할 수도 있다. 그럼에도 불구하고 이런 제도를 이용하는 취지는 제한능력자 본인을 보호하려는 데에 있다. 이들에게는 스스로를 보호할 능력이 부족하다고 본 것이다.

'제한능력자'라는 표현에서 나타나듯이 민법은 제한능력자에게 행위능력을 완전히 배제하지는 않고 행위능력을 일정하게 제한하는 방식을 취하고 있다. 미성년자의 경우 일단 법률행위를 할 수 있게 하면서 그 법률행위는 추후에 취소할 수 있도록 하고 있다. 여기에서 취소한다는 말은 일단 유효하게 된 법률행위를 소급해서 무효로 만든다는 의미이다. 따라서 행위제한능력자의 법률행위도 취소하지 않으면 유효한 것이다. 결국 행위제한능력자라는 말의 의미는 그들이 전혀 법률행위를 할 수 없다는 것이 아니라 그들의 법률행위는 최소할 수 있다는 것이다. 예컨대 미성년자가 자기 자전거를 다른 사람에게 판 경우 미성년자는 그 사람에게 가서 그 거래를 취소하고 자전거를 돌려받을 수 있다. 또 미성년자의 법정대리인이 그 거래를 취소시킬 수 있다. 미성년자가 자기 자전거를 팔았더라도 부모가 그 거래를 취소시키고 자전거를 돌려받을 수 있는 것이다. 등록금 납부를 위해 부모로부터 돈을 받은 미성년자가 그 돈으로 자전거를 사버렸다면 부모는 자전거를 돌려주고 돈을 돌려받을 수 있다. 미성년자가 자전거를 사서 그것을 타고 집으로 왔기 때문에 자전거가 오염되었더라도 그 거래를 취소할 수 있다. 미성년자가 비싼 화장품을 사서 그것을 개봉했더라도 그 부모는 그 거래를 취소시키고 돈을 환불받을 수 있다. 이처럼 미성년과 거래를 하게 되면 그 거래가 취소될 수 있기 때문에 미성년자와 거래한 상대방은 불안정한 입장이 된다. 그런데 그렇게 되게 하자는 것이 바로 민법의 취지다. 미성년자와 거래하는 상인 등 상대방은 그 거래가 취소될 수 있다는 점을 염두에 두어야 한다. 그러한 위험성이 있기 때문에 미성년자와 거래하는 상인은 주의하지 않으면 안 된다. 미성년자와 거래할 때에는 미성년자가 부모의 허락을 받았는지를 확인한 후에 거래해야 문제가 발생하지 않는다. 아무튼 상인이 미성년자의 무경험과 경솔을 이용해 거래를 하거나 미성년자임을 알지 못하고 거래하게 되면 상인은 일방적으로 불리한 입장에 놓이게 된다.

민법은 미성년자가 법정대리인의 동의 없이는 법률행위를 하지 못하게 하면서도 일정한 경우에는 미성년자가 그러한 동의 없이 단독으로 유효한 법률행위를 할 수 있도록 하고 있다. 여기서 일정한 경우란 다음과 같은 경우를 말한다. ① 권리만을 얻거나 의무만을 면하는 행위에 대해서는 미성년자가 단독으로 법률행위를 할 수 있다(제5조 제1항). 위에서 보았듯이 누군가에게서 증여를 받았다면 그 증여를 받는 행위는 유효한 법률행위가 된다. ② 법정대리인이 일정한 범위를 정해서 처분을 허락한 재산에 대해서는 미성년자가 임의로 처분할 수 있다(제6조). 예컨대 용돈을 이용한 법률행위는 유효하다. ③ 미성년자가 법정대리인의 동의를 얻어 영업행위를 하는 경우 영업행위와 관련한 제반 행위는 유효한 법률행위다(제8조). 예컨대 부모의 동의를 얻어 포장마차를 운영한다면 그와 관련해 재료를 구입하거나 거래를 하는 등의 행위는 미성년자가 단독으로 하더라도 유효한 법률행위가 된다. ④ 임금을 청구하는 행위도 미성년자가 단독으로 할 수 있다.[67] 예를 들어 미성년자가 편의점에서 아르바이트를 한 경우에 고용주는 돈을 줄 테니 부모를 데리고 오라고 요구하면 안 된다. 미성년자도 자신의 임금에 대해서는 단독으로 청구할 수 있기 때문이다. ⑤ 미성년자라도 만 17세가 되면 부모의 동의 없이 단독으로 유효한 유언을 할 수 있다. ⑥ 미성년자가 혼인을 하게 되면 나이와 상관없이 단독으로 법률행위를 할 수 있다. 이를 성년의제(成年擬制)라고 한다. 즉 혼인하면 성년으로 간주되는 것이다. 다만 혼인을 하기 위해서는 만 18세 이상이어야 하고, 법정대리인의 동의를 받아야 한다. 일단 혼인을 하면 성년이 되기 전에

---

[67] 대판 1981.8.25. 80다3149.

이혼하더라도 다시 미성년의 지위가 회복되지 않는다.

한편 민법은 미성년자와 거래한 상대방을 보호하는 조항도 두고 있다. 앞서 보았듯이 미성년자와 거래하게 되면 미성년자 측에서 일방적으로 그 거래를 취소할 수 있기 때문에 그 거래의 상대방은 불안정한 위치에 놓이게 된다. 이런 문제를 해소하기 위해 미성년자와 거래한 상대방에게 최고권(확답을 촉구할 권리)과 철회권을 주고 있으며, 일정한 경우에는 미성년자의 취소권을 제한하고 있다. 최고권(催告權)이란 미성년자와 거래한 상대방이 그 거래를 추인(追認)할[68] 것인지 여부의 확답을 촉구하고, 이에 대한 확답이 없으면 추인 또는 취소의 효과를 발생하게 하는 권리를 말한다. 이때 최고를 하기 위해서는 1개월 이상의 유예기간을 두어야 하는데, 이 기간 동안에 확답이 오지 않으면 추인한 것으로 본다(제15조). 예를 들어 미성년자가 자전거를 산 경우 그 부모에게 1개월의 시간을 두고 확답을 촉구했는데 확답이 없으면 추인한 것으로 본다는 것이다. 즉 이제는 취소할 수 없게 되는 것이다. 그리고 특별한 절차가 필요한 경우에 확답이 없으면 취소한 것으로 본다. 예컨대 학원에 등록하기로 한 계약에 대해 1개월의 기간을 두고 최고했는데 확답이 없으면 계약이 취소된 것으로 본다. 철회권(撤回權)이란 미성년자 측에서 거래의 추인을 하기 전에 그 상대방 측에서 계약을 취소하는 것이다. 철회권은 이렇게 함으로써 미성년자와 거래한 상대방이 스스로 불안정

---

[68] 여기서 추인한다는 것은 법률행위가 있고 난 후에 법정대리인이 사후적으로 동의의 뜻을 밝히거나 미성년자가 성년이 된 후에 사후적으로 동의의 뜻을 밝히는 것을 말한다.

한 상태를 벗어날 수 있게 하는 제도다. 미성년자가 속임수를 써서 성년인 체해서 상대방으로 하여금 그렇게 믿게 하거나 법정대리인의 동의를 얻은 체해서 상대방으로 하여금 그렇게 믿게 해서 법률행위를 한 경우에는 미성년자에게 취소권 자체가 부인된다. 예컨대 미성년자가 부모의 동의가 있다는 문서를 위조한 다음 그것을 보여주고 거래를 한 경우라면 그 거래는 미성년자가 취소할 수 없을 뿐만 아니라 그 법정대리인도 취소할 수 없다. 이러한 미성년자의 행위는 법이 보호할 가치가 없다고 보기 때문이다.

3. 법인

자연인 외에 권리능력을 갖는 것으로서 법인이 있다. 자연인은 육신을 가진 생물학적 인간을 의미하는 반면에 법인은 추상적 존재다. 법인으로서 인정받기 위해서는 법인으로서의 실체를 갖춘 다음 설립등기를 해야 한다. 설립등기가 이루어진 때에 법인이 설립된 것으로 본다. 예를 들어보자. 학교는 법인이다. 동물은 재산을 소유할 수 없지만 학교는 학교의 명의로 재산을 소유할 수 있다. 학교의 재산은 학교를 구성하는 사람들의 재산이 아니다. 학교 자체가 소유권의 주체가 된다. 학교가 소재한 토지의 주인은 학교다. 학교의 명의로 돈을 빌릴 수도 있고 빌려줄 수도 있다. 이처럼 법인은 추상적 존재이지만 권리·의무의 주체가 될 수 있는 지위, 즉 권리능력을 가진 자라는 지위를 법에 의해 부여받았다.

법인은 권리능력이 있을 뿐만 아니라 행위능력도 있다. 그런데 법인 자신은 수족이 없기 때문에 실제로 법인을 위해 움직이는 행위자는 자연인이 될 수밖에 없다. 법인의 수족으로서 움직이는 자연인을 기관(機關) 또는 대표기관이라고 한다. 기관이란 자연인의 수족과 같은 것이다. 즉 기관이 법률행위를 하면 그 법률효과가 법인에 귀속되는 것이다. 대표적으로 이사나 감사가 법인의 기관이다. 이들이 법률행위를 하

대리와 대표

갑은 서울에 살고 있는 사람으로서 제주도에 땅을 가지고 있는데 그 땅을 제주도에 있는 을에게 매각하고자 한다. 그런데 갑은 자기가 직접 제주도로 가지 않고 자신의 동생인 병을 시켜서 그 땅을 매각하고자 한다. 이 경우에 필요한 제도가 대리제도다. 이런 경우에 갑은 병에게 토지매각에 관한 권한을 위임한다는 내용의 위임장을 써준다. 그러면 병이 대신 제주도에 가서 갑의 재산을 매각하게 된다. 실제 협의를 하고 계약서를 작성하는 사람은 을과 병이다. 계약서에 서명할 때 대리인은 자기가 대리하는 본인의 이름을 쓰고 자기는 그 본인의 대리인임을 표시한 후 대리인인 자기의 이름을 쓰고 대리인의 서명을 한다. 예컨대 '매도인 갑OO, 그 대리인 병OO'이라고 표시한 후에 병이 스스로 서명을 하면 된다. 이렇게 하면 그 계약의 결과로 갑의 재산이 을에게 이전된다. 이때 갑을 본인(本人)이라고 하고, 병을 대리인(代理人)이라고 한다. 이처럼 타인(대리인)이 본인의 이름으로 법률행위를 함으로써 그 법률효과가 본인에게 귀속되게 하는 제도를 대리라고 한다. 대리는 실제로 법률행위를 한 사람과 그 법적 효과의 귀속주체가 다른 것이 특징이다.

법인에서 기관과 법인 사이의 관계도 대리와 유사하다. 기관이 법률행위를 하지만 그 법률효과는 법인에 귀속되기 때문이다. 기관이 법인을 위해 계약 등 법률행위를 할 때에는 법인의 명칭을 쓰고 자기가 그 기관임을 표시한 다음 기관의 개인이름을 쓰고 서명한다. 예컨대 '한솔장학재단 이사장 홍길동'이라고 쓴 후 홍길동 개인의 서명을 하면 그 법률적인 효과가 한솔장학재단에 귀속된다. 기관의 행위는 그 자체가 법인의 행위로 인정받는다는 점에서 대리와 다르다. 대리인과 본인의 관계를 대리(代理)라고 한다면, 기관과 법인의 관계를 대표(代表)라고 한다.

면 그 법률적인 효과가 법인에 귀속된다. 나아가 법인은 불법행위책임을 지기도 한다. 법인이 불법행위책임을 지는 경우는 대표기관이 직무활동과 관련해 타인에게 손해를 가했을 때다. 법인이 불법행위책임을 지는 경우에 이사에게도 그 불법행위책임을 물을 수 있다.

민법은 법인 가운데 비영리 법인에 대해서만 규정하고 있다. 예컨대 장학재단, 태권도협회, 검도협회 등이 모두 비영리 법인이다. 영리를 목적으로 만든 법인의 대표적인 것이 회사다. 회사는 여러 사람이 모여 공동으로 기업을 운영하기 위해 만든 법인이다. 주위에서 흔히 보는 주식회사가 대표적인 예다(이러한 주식회사를 비롯한 영리법인에 대해서는 상법이 규율하며, 이는 제20강에서 살펴보기로 한다).

생각거리

18

고등학교 2학년 학생(만17세)인 갑은 대학진학에는 통 관심이 없고 오로지 음악에 빠져 살고 있다. 갑이 다니는 학교는 3박4일간 해외 수학여행을 실시했는데, 수학여행 경비가 학생당 100만 원이었다. 갑은 부모로부터 수학여행 경비를 받은 후 이것으로 고급 기타를 구입하고 수학여행 기간 동안에는 다른 친구의 집에서 그 기타를 이용해 음악연습을 했다. 나중에 이 사실을 알게 된 갑의 부모는 크게 화를 내면서 당장 환불해 오라고 한다. 갑은 기타점에 가서 사정을 말하고 환불을 요구했지만, 영업사원은 기타를 이미 사용했고 기타에 흠도 발생했기 때문에 환불해줄 수 없다고 한다. 갑은 어떻게 해야 하는가? 법률용어와 현행 민법상의 논리를 동원해 해법을 찾아보자.

제12강 물권
부동산을 사고 팔 때는 신중하게

> 물권은 물건에 대한 독점적이고 배타적인 권리를 의미한다. 물권 중에서는 소유권이 가장 중요하다. 특히 부동산은 개인의 재산 중 중요한 부분을 차지하기 때문에 관련 규정을 잘 숙지할 필요가 있다. 부동산의 매매에서는 등기부의 의미를 잘 아는 것이 필요하며, 부동산 관련 특별법도 매매에 직접 영향을 미친다는 점을 인식해야 한다.

1. 물권과 채권

민법 제2장은 물권(物權)을 다루고 있고 제3장은 채권(債權)을 다루고 있다. 흔히 물권은 물건에 대한 권리이고 채권은 다른 사람에 대한 권리라고 한다. 물건에 대한 권리란 특정 물건을 독점적으로 직접 지배하여 이익을 얻을 수 있는 권리를 말한다. 채권은 특정인(채권자)이 다른 특정인(채무자)에게 일정한 행위를 청구할 수 있는 권리다. 예컨대 특정 물건에 대한 소유권은 물권에 속하고, 돈을 빌려준 사람이 그 돈을 빌린 사람에게 돈을 돌려달라고 청구할 수 있는 권리는 채권이다. 그런데 사실 권리라는 것은 의무를 전제로 하는 개념이다. 채권관계에서는 권리자와 의무자가 명백한데, 물권의 경우에는 의무자가 누구인가? 예컨대 소유권을 가진다는 것은 소유물을 마음대로 사용·수익·처분할 수 있다는 의미인데, 그러한 소유권의 의무자는 누구인가? 바로 이 지점에 물권과 채권의 결정적인 차이가 있다. 물권의 경우는 의무자가 채권자처럼 특정되지 않는다는 특징이 있다. 내가 소유권을 갖는다는 것은 나 이외의 모든 사람이 의무자가 된다는 의미다. 예컨대 내가 소유권을 가지면 다른 모든 사람은 내가 소유권을 행사하는 것, 즉 내 소유물을 내가 마음대로 사용·수익·처분하는 것을 방해하지 말아야 할 의무를 지게 되는 것이다. 또 누군가가 내 소유물을 부당하게 점유하고 있다면 그 사람이 누구든 그것을 반환해야 할 의무를 지는 것이다.

이처럼 물권은 일반적으로 다른 모든 사람에 대해 주장할 수 있는 권리이기 때문에 절대권이라고 부른다. 이에 비해 채권은 특정인에 대해서만 권리를 주장할 수 있기 때문에 상대권이라고 부른다.

2. 물권의 종류

물권은 물건에 대한 독점적, 배타적 권리로서 누구에 대해서나 그 권리를 주장할 수 있어야 하기 때문에 그 권리의 내용을 누구나 알 수 있어야 한다. 이런 이유로 물권의 종류와 내용은 사적인 계약으로써 창설할 수 없도록 하고, 법규정에 의해서만 물권의 종류와 내용을 정하도록 하고 있다(제185조). 이를 물권법정주의(物權法定主義)라고 한다. 우리 민법은 8가지 물권을 인정하고 있다.

가장 대표적인 물권은 소유권이다. 소유권은 물건에 대한 전면적인 지배권이다. 여기에는 물건을 사용·수익·처분하는 권한이 포함된다. 물권에는 소유권 외에 제한물권도 있다. 제한물권은 소유권이 가지는 권능 중 일부를 목적으로 하는 물권이다. 그리고 제한물권은 타인이 소유한 재산에 대한 권리이기도 하다. 제한물권은 용익물권과 담보물권으로 나뉜다. 점유권도 물권의 일종이다. 우리 민법에서 인정되는 물권의 구조를 도표로 만들면 다음과 같다.

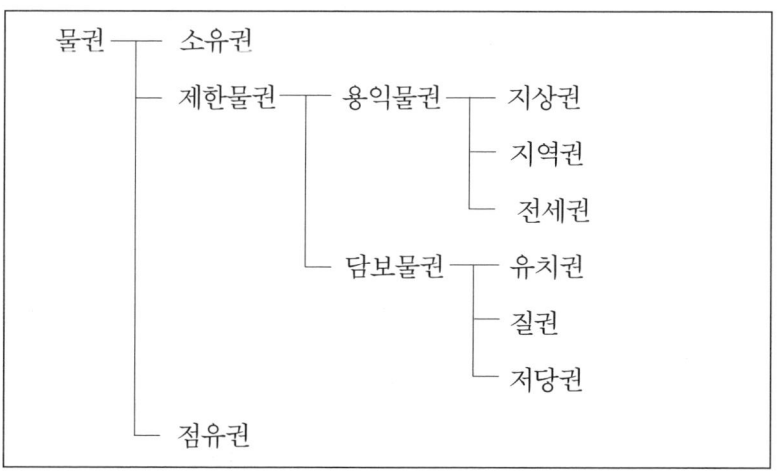

용익물권(用益物權)이란 타인의 재산을 사용·수익할 권리로서 지상권, 지역권, 전세권으로 나뉜다. 용익이란 그것을 사용하여 이득

을 누린다는 뜻이다. 용익물권 중 지상권(地上權)은 타인의 토지에 있는 건물이나 수목을 소유하기 위해 그 토지를 사용할 권한이다(지상권이라는 말 그대로 토지의 윗부분을 이용할 권리다). 예컨대 타인의 토지에 집을 지으면서 그 토지의 주인과 지상권설정계약을 하고 그에 기하여 지상권설정등기를 하면 정해진 기간 동안 그 토지에 대한 사용권이 생긴다. 이것이 지상권이다. 타인의 토지를 임차해서 이용할 수도 있겠지만 오랫동안 안정적으로 타인의 토지를 이용하려면 지상권을 설정해야 한다. 때로는 법률의 규정에 의해 지상권이 생기기도 한다. 예를 들어 어떤 이유로 주택의 소유자와 토지의 소유자가 분리되는 경우가 있다. 이 경우 건물주가 건물을 당장 해체해야 하는 것은 아니고, 오히려 건물주에게 일정한 기간 그 토지를 이용할 수 있는 권리, 즉 지상권이 생긴다. 이런 식으로 계약 없이 법률의 규정에 의해 생기는 지상권을 법정지상권이라고 한다. 지역권(地役權)은 어떤 토지를 이용하기 위해 다른 소유자의 토지를 이용할 권리다(지역권이라는 말에서 지역(地役)이란 땅을 이용한다는 뜻이다). 대표적인 것이 통행지역권이다. 다른 사람의 토지를 통하지 않고는 공용도로로 갈 수 없는 토지에서 그 다른 사람의 토지를 이용할 수 있는 권한이 통행지역권이다. 전세권(傳貰權)은 다른 사람의 부동산을 이용하기 위해 일정액의 전세금을 지급하고 그 부동산에 대해 전세권설정등기를 하면 생기는 권한이다(전세는 빌려준다는 뜻이다). 전세권자는 정해진 기간 동안 그 부동산을 이용할 수 있다. 우리의 생활 주변에서 전세라는 말을 많이 듣지만 그것은 거의 대부분 임대차다. 임대차란 당사자의 일방(임대인)이 상대방(임차인)에게 목적물을 사용·수익할 수 있게 하고, 상대방이 그 대가로 차임을 지급할 것을 약속하는 계약이다. 부동산의 경우 임차인이 되면 그 부동산을 사용할 권한이 생긴다. 임차권과 전세권의 차이점은 임차권은 임대인에 대한 채권이지만 전세권은 모든 사람에 대해 주장할 수 있는 물권이라는 데 있다. 임차권을 주장하는 데는 임대차계약만으로 충분하지만, 전세권을 주장하기 위해서는 전세권설정등기를 해야 한다. 임대차와 전세의 차이는 등기여부에 따른 효과의 차이다. 따라서 전세계약을 했더라도 등기하지 않으면 임대차의 경우와 마찬가지로 제3자에 대해 권리를 주장할 수 없고, 임대차계약을 했더라도 등기하면 제3자에 대해 권리를 주장할 수 있다.[69] 즉 전세계약도 등기하지 않으면 채권과 같은 효력만 있고, 임대차도 등기하면 물권처럼 계약당사자가 아닌 제3자에 대해서도 임차권의 존재를 주장할 수 있는 것이다.

　담보물권(擔保物權)은 채권을 담보할 목적으로 다른 사람의 소유물에 대해 갖는 권리다(담보는 맡아서 보관한다는 뜻이다). 여기에는 유치권, 질권, 저당권이 있다. 유치권(留置權)이란 타인의 물건이나 유가증권을 점유한 자가 그 물건이나 유가증권에 관하여 생긴 채권이 변제기에 있는 경우에 그 채권을 변제받을 때까지 그 물건이나 유가증권을 유치할 수 있는 권리를 말한다(유치(留置)는 머물러 있게 한다는 뜻이다). 예컨대 다른 사람의 옷을 세탁한 세탁소 주인은 만약 고객이 세탁비를 주지 않으면 그 옷을 유치할 수 있다. 즉 돌려주지 않을 수 있는

---

[69] 〈주택임대차보호법〉에 의하면 등기하지 않은 전세계약은 임대차와 같이 취급된다(제12조). 또 임대차의 경우도 등기하면 제3자에게 효력이 있다(민법 제621조 2항).

것이다. 이런 권리를 유치권이라고 한다. 유치권은 따로 계약에 의해 성립하는 것이 아니라 자동적으로 생기는 것이기 때문에 법정담보물권이라고 한다. 질권(質權)이란 채권의 담보로 물건을 보관하고 있다가 변제가 없으면 그 물건을 매각해 우선적으로 변제받을 수 있는 권리다(질권이라는 말에서 질(質)은 인질(人質)이라는 말에서 알 수 있듯이 다른 목적을 위해 무언가를 장악한다는 뜻이다). 예컨대 전당포가 고객에게 돈을 빌려주고 담보물로 보관하고 있는 물건에 대한 권리가 질권이다. 만약 돈을 빌린 사람이 정해진 기간에 돈을 갚지 않으면 전당포는 그 물건을 매각해 변제에 충당할 수 있다. 저당권(抵當權)도 질권과 마찬가지로 빌려준 돈의 담보로 특정 물건을 확보하고 있다가 변제가 없는 경우에 그것을 매각해 변제에 충당할 수 있는 권리다. 저당권은 질권과 달리 채권자가 물건을 장악할 권리가 아니고 채무자가 그 물건을 사용·수익하는 중에 채권자가 가지는 권리다. 저당권은 부동산에 대해서만 설정되며, 등기부에 저당권설정이 돼있어야만 주장할 수 있는 권리다. 이에 비해 질권은 담보로 제공된 물건을 직접 보관하는 것으로 행사된다. 그렇기 때문에 질권은 동산에 대해서만 인정된다.

마지막으로 점유권(占有權)도 물권의 일종이다. 점유권은 물건을 사실상 지배하는 상태에서 생기는 권리다. 예를 들어 어떤 사람이 물건을 자기 손에 쥐고 있다면 누구도 함부로 그 물건을 빼앗아서는 안 된다. 그가 실제로 그 물건에 대한 권리가 있는지를 묻지 않고 일단 점유하고 있다는 사실을 인정해 점유상태를 보호해주는 것이다. 이렇게 점유권을 인정하는 것은 사회적 평화를 유지한다는 취지를 갖고 있다.

3. 부동산의 매매

물권은 생기기도 하고 소멸하기도 하고 변경되기도 한다. 이를 물권의 변동이라고 한다. 물권은 채권과 달리 배타성이 있기 때문에 물권의 존재여부나 변동여부가 외부적으로 드러나야 한다. 이를 공시(公示)의 원칙이라고 한다. 예컨대 부동산의 경우는 등기가 돼있어야, 동산의 경우는 점유가 돼있어야(즉 실제로 그 물건에 대한 지배력을 가지고 있어야) 실제 소유자로서 행세할 수 있다. 이는 물권의 변동에서도 마찬가지다. 예컨대 부동산의 소유권이 이전되려면 등기가 변경돼야 하고, 동산의 소유권이 이전되려면 점유의 이전이 있어야 한다(다시 말해 동산의 경우 물건을 건네줄 때 소유권이 이전된다). 소유권을 이전하기로 서로 합의하는 것만으로는 소유권이 이전되지 않고, 등기의 변경이나 점유의 이전이 있어야만 소유권이 이전한 것이 된다. 예를 들어보자. 갑이 자기 집에 있는 자전거를 을에게 매각하고 을로부터 돈을 받았는데, 그 후 을이 갑으로부터 자전거를 건네받기 전에 누군가가 그 자전거를 훔쳐갔다면 을이 도둑맞은 것이 아니라 갑이 도둑맞은 것이다. 동산의 소유권은 자전거를 넘겨줄 때 이전하기 때문이다. 따라서 이 경우 갑은 을에게 돈을 돌려주어야 한다. 이러한 이론적인 지점을 염두에 두고 매매를 통한 부동산 소유권의 이전과정에 대해서 살펴보자.

사람은 살면서 부동산을 매각하거나 매입하는 일을 하게 된다. 그런데 부동산은 그 거래가액이 크기 때문에 신중하게 거래하지 않으면 안 된다. 특히 부동산을 매입하는 사람이 경솔하게 매입했다가 문제가 발생하면 평생 모은 자산을 잃게 될 수 있고, 노후생활에 큰 차질이 생길 수도 있다. 부동산 매입자의 관점에서 부동산을 매입할 때 주의할 사항들을 짚어본다.

부동산을 매입하기 위한 매매계약을 하기 전에 매수인으로서는 부동산의 현장을 확인하는 것이 필요하다. 당연하다고 하겠지만, 부동산의 현장 모습을 제대로 확인하지 않은 탓에 낭패를 겪는 경우도 적지 않다. 이때 하자가 없는지를 잘 살펴야 한다. 부동산이 마음에 들더라도 곧장 매매계약을 하는 것은 바람직하지 않다. 우선 등기부등본을 떼어보는 것이 필요하다. 부동산 등기부등본은 부동산의 주소만 알면 누구나 쉽게 발급받을 수 있고, 요즘에는 인터넷을 통해 전국의 어느 곳에 부동산이 있든 그 등기부등본을 발급받을 수 있다. 등기부는 표제부와 갑구와 을구로 돼 있다. 표제부에는 해당 토지와 건물의 내용이 기재돼 있으며, 갑구에는 소유권에 관한 사항이 기재돼 있다. 여기에는 건물의 경우 보존등기, 소유권이전등기, 가압류, 가처분, 강제경매 등에 관한 내용이 있다.[70] 을구에는 소유권 이외의 권리에 관한 사항이 기재돼 있다. 예컨대 지상권, 저당권 등의 제한물권이 설정돼 있는지가 표시돼 있다.[71]

등기부를 볼 때 또 하나 유의할 점은 등기부상에 소유자로 기재돼 있더라도 그가 실제 소유자가 아닌 경우가 있다는 것이다. 예를 들어 갑 소유의 부동산이 상속으로 인해 을에게 이전됐는데, 사실은 갑의 진정한 상속인이 병임이 드러나는 경우가 있다. 이런 경우에 등기부상의 주인은 을이지만 진정한 소유자는 병이 된다. 만약 정이라는 사람이 을로부터 부동산을 구입했는데, 나중에 병이 소유권을 주장하면서 부동산의 반환을 요구하면 이를 반환해야 한다. 말하자면 등기부만 믿고 부동산을 구입하는 경우에는 나중에 낭패를 당할 수도 있는 것이다. 이런 경우에 을에게 대금의 반환을 청구할 권리가 정에게 생기기는 하지만, 을이 이미 돈을 낭비해 무자력 상태가 돼버렸다면 정은 호소할 곳이 없어져버린다. 이런 점을 생각한다면 단순히 등기부만 맹신해서는 안 되고, 매도인의 신분이 확실한지도 따져보는 것이 필요하다고 하겠다.

70 보존등기는 건물이 신축된 경우에 처음으로 개설하는 등기다. 등기부에는 그 부동산의 소유권이 누구에게서 누구에게로 이전됐는지가 표시돼 있다. 이전 소유자의 이름에는 말소됐다는 표시가 돼 있다. 마지막으로 표시된 사람이 현재의 소유자다. 가압류등기가 돼 있으면 그것은 부동산이 다른 권리자에 의해 경매 등의 방법으로 매각될 수 있다는 뜻이다. 가압류된 부동산을 구입했는데 후에 가압류가 본압류로 이행하고 경매에 붙여지게 되면 그 경매를 통해 구입한 사람이 진정한 소유자가 되고, 가압류된 부동산을 구입한 사람은 소유권을 잃게 된다. 가처분은 부동산에 대한 처분권이 나중에 제한될 수 있음을 표시한다. 예컨대 소유권이전금지가처분이 등기부에 표시돼 있는데 이런 부동산을 구입하면 나중에 그 부동산을 구입한 행위가 무효로 선언될 수도 있다. 강제경매의 표시가 돼 있으면 그것은 이미 경매가 진행 중이라는 뜻이다. 이처럼 소유권과 직접 관련되는 사항들이 등기부의 갑구에 기재돼 있으므로 부동산을 구입하려는 사람은 이러한 점을 고려해 계약여부를 판단해야 한다. 가압류와 가처분에 대해서는 제19강에서 살펴본다. 지금은 대충 큰 개념만 익히자.

71 지상권이 설정된 토지라면 그 지상권이 소멸하기 전에는 그 토지를 구입한 사람도 그 토지를 이용할 수 없다. 부동산에 대한 저당권 설정은 흔히 볼 수 있다. 은행이 주택이나 토지를 담보로 대출할 때 대개 근저당권을 설정하며 그것이 등기부에 표시된다. 근저당권이란 저당권의 일종으로서 일정 기간 동안 증감 변동할 불특정의 채권을 결산기에 최고액을 한도로 담보하기 위한 저당권을 말한다. 예컨대 은행에서 5000만 원의 담보대출을 받으려면 그보다 훨씬 많은 6000만 원 정도의 근저당권 설정을 은행으로부터 요구받게 된다. 은행은 대출채무자가 이자도 내지 않을 상황에 대비해 처음부터 실제 채권액보다 많은 금액을 담보로 확보하기를 원하기 때문이다. 저당권이 설정된 부동산을 구입한다고 해서 그 구입이 무효가 되는 것은 아니지만, 그렇게 하는 경우에는 자칫하면 추후에 소유권을 잃게 되는 수도 있다는 점에 주의해야 한다.

또 이런 경우도 있다. 다른 사람(갑)의 부동산을 매입한 사람(을)이 자신의 이름으로 부동산을 등기하지 않고 잠시 가지고 있다가 이를 다시 다른 사람(병)에게 매각하면서 종전 매도인으로부터 새로운 매수인에게로 직접 등기를 이전시킬 수 있다. 이를 중간생략등기라고 한다. 이것은 부동산중개업을 하는 사람이 급매물을 구입해 두었다가 다른 사람에게 매각하고 그 차익을 누리고자 하는 경우에 이용하는 방법이다. 이런 경우에는 실제 소유권의 변동과정이 등기부에 나타나지 않고, 갑에게서 곧장 병에게로 등기가 이전한 것으로 나타나게 된다. 이렇게 되면 병은 소유권을 얻게 된다. 하지만 현행법상 이러한 거래는 불법이다. 이러한 거래가 적발되면 〈부동산등기특별조치법〉에 의해 과태료를 부과받을 수 있고, 심한 경우에는 형사처벌도 받을 수 있다. 따라서 이런 중간생략등기의 방식으로 부동산을 구입하는 것은 자제해야 한다.

등기부와 실제 토지에 하자가 없으면 매매계약을 하게 된다. 매매계약은 당사자 중 일방이 상대방에게 재산권을 이전할 것을 약정하고 상대방이 그 대금을 지급하기로 약정함으로써 이루어지는 계약이다. 부동산의 매매계약이 이루어지면 매도인에게는 소유권을 이전할 의무가 생기고, 매입자에게는 대금을 지급할 의무가 생긴다.

매매계약은 부동산의 실제 주인과 해야 한다. 미성년자가 소유자인 경우에는 그 법정대리인과 매매계약을 하거나 법정대리인의 동의가 있음을 확인한 후에 매매계약을 하면 된다. 소유자가 직접 매매계약의 현장에 나타날 수 없어 대리인을 통해 거래를 할 때에는 위임장을 반드시 확인해야 한다. 즉 위임장에 매매계약을 위한 위임의 취지를 밝히는 문구가 있어야 하고, 본인의 표시와 인감날인이 있어야 하며, 인감증명서가 첨부돼 있어야 한다.[72] 이런 조건이 다 갖추어졌다고 하더라도 위임장은 위조될 수도 있기 때문에 여러 가지 방식으로 본인에게 직접 연락해 위임장의 진위여부를 확인해야 한다.

매매계약서에는 매매와 관련해 중요한 사항들이 반드시 기재돼야 한다. 특히 매도자의 이름, 주소, 주민등록번호와 양도시기, 매매금액 및 지급방법, 미이행시 책임, 증인 등이 명백하게 표시돼야 한다. 매매계약서에는 실제의 매매대금과 실제의 매매당사자가 표시돼야 한다. 이를 허위로 기재하면 형사처벌을 받을 수 있다. 매매계약서는 2부를 만들어 매도인, 매수인이 각각 한 부씩을 가지고, 필요하면 1부를 추가로 만들어 증인이 보관한다. 이로써 매매계약은 성립한다.

관행적으로 매각대금은 3회로 분할해 지급한다(물론 이와 달리 할 수도 있다). 보통 계약 당시에 계약금으로 매각대금의 10%를 지급한다. 그로부터 한 달 정도 경과한 후 중도금을 지급하는데, 중도금은 매각대금의 50% 정도가 된다. 그리고 다시 한 달 정도 경과한 후에 그 부동산의 등기에 필요한 제반서류를 넘겨받고 아울러 부동산을 명도 받으면서 동시에 잔금을 지급하게 된다. 여기서 계약금의 성격이 문제가 된다. 계약금은 통상 위약금(違約金)의 성격을 띠는 것으로 본다. 즉 정상적인 매매계약이 이루어지고 계약금이 지급됐는데 매수인이 매입을 하지 않기로 결심하는 경우에는 계약금만 포기하면 더 이상의 추가적

---

[72] 인감증명은 현재 사용하는 도장이 인감도장으로 신고된 도장임을 확인하는 서류다.

인 의무는 부담하지 않으며, 반대로 매도인이 매각을 하지 않기로 결심하는 경우에는 계약금의 2배를 반환하면 더 이상의 추가적인 의무는 부담하지 않는다. 즉 계약금을 계약을 위반하는 데 따르는 정액의 손해배상 금액으로 보는 것이다. 하지만 중도금을 지급한 뒤라면 사정이 다르다. 중도금을 지급했다는 것은 계약의 이행이 시작된 것을 의미하며, 만약 중도금이 지급된 뒤에 매도인이 매각을 하지 않으려고 하면 매수인은 소유권이전등기 청구소송을 통해 소유권의 이전을 강제할 수 있다. 또 매도인에게 책임이 있는 다른 사정으로 인해 소유권의 이전이 이루어지지 않는 경우라면 매수인은 이미 지급한 금액을 반환받는 것은 물론이고 추가적으로 발생한 손해에 대한 배상도 요구할 수 있다. 만약 소유권의 이전이 있기 전에 매도인에게 책임이 없는 사유로 소유권이 이전될 수 없게 되면 매도인은 받은 돈을 반환해야 한다. 예컨대 매도인이 중도금을 받은 뒤에 지진이나 화재로 인해 주택이 붕괴한 경우라면 매도인은 돈을 반환해야 한다. 아직까지는 그 주택이 매도인의 소유물이기 때문이다.

    매매계약이 유효하게 성립하면 계약의 당사자가 각자 그 내용에 상응하는 법률상의 의무를 지게 된다. 그에 따라 중도금을 지급할 시점이 되면 매수인은 다시 한 번 등기부를 확인해 변동이 없는지를 보고 중도금을 지급한다. 잔금을 지급할 때에도 다시 한 번 등기부를 확인한 후에 지급한다. 이렇게 등기부를 매번 확인하는 것은 그 사이에 어떤 변동이 없었는지를 확인하기 위해서다. 경우에 따라서는 매도인이 동일한 부동산을 거듭 매각하는 경우가 있다. 이를 이중매매라고 한다. 부동산이 이중매매된 경우에는 먼저 등기한 사람이 진정한 소유자가 된다. 예를 들어 갑이 을에게 부동산을 매각했는데 나중에 을이 소유권이전등기를 하지 않았다는 것을 알게 된 갑이 스스로 소유자 행세를 하면서 그 부동산을 병에게 매각하고 병이 그 부동산에 대한 소유권이전등기를 하게 되면 을은 소유권을 상실한다. 따라서 부동산을 매수한 사람은 잔금을 지급하기 전에 부동산등기부를 확인하고, 잔금을 지급함과 동시에 부동산소유권이전등기에 필요한 서류를 모두 받은 후 즉시 자기 명의로 소유권이전등기를 하는 것이 안전하다. 또 정당한 이유 없이 등기를 게을리 하면 과태료를 부과받을 수도 있다. 이래저래 등기는 잔금을 지급한 즉시 하는 것이 옳다.

부동산소유권이전등기에 필요한 서류는 매도인도 갖추어야 하고 매수인도 갖추어야 한다. 매도인은 등기권리증, 매도용 인감증명, 주민등록등본을 매수인에게 인계해야 한다.[73] 매수인은 검인계약서, 주민등록등본, 등록세영수필증, 토지대장, 건축물관리대장을 준비해야 한다.[74] 법무사가 등기업무를 대행해주긴 하지만, 개인이 서류를 준비해

---

[73] 등기권리증은 세칭 땅문서라고 하는 것이다. 이것을 분실하면 재발급을 해주지 않지만, 이것이 없더라도 추가적인 절차를 통해 등기를 할 수 있다. 매도용 인감증명과 주민등록등본은 동사무소 등에서 발급받으면 된다.

[74] 검인계약서란 구청 등에서 검인을 받은 계약서를 말한다. 모든 부동산매매계약은 검인을 받아야 하고, 검인을 받은 계약서가 있어야만 그에 기초해 등기를 할 수 있다. 인터넷으로 계약사실을 신고하고 접수증을 받으면 검인을 받은 것으로 보기 때문에 굳이 구청에 가지 않아도 된다. 공인중개사를 통해 부동산을 매입하면 공인중개사가 신고를 대신 해준다. 주민등록등본은 쉽게 발급받을 수 있고 등록세 영수필증, 토지대장, 건축물관리대장은 구청에서 발급받을 수 있다.

서 직접 등기소에 가면 등기소 직원이 잘 안내해주기 때문에 매수인이 직접 등기를 해도 된다.

중도금을 지급하고 잔금을 지급했는데도 매도인이 등기이전에 협조해주지 않으면 결국은 소송을 통해 등기이전을 강제하는 수밖에 없다. 간혹 계약의 시점과 잔금지급의 시점 사이의 간극이 큰 경우도 있다. 이런 경우라면 가등기를 하는 방법이 있다. 즉 매도인과 협의해서 등기부에 매매계약서를 근거로 가등기를 해놓았다가 잔금을 지급하는 시점에 본등기로 이행하는 것이다. 이렇게 가등기를 해놓으면 매도인이 다른 사람에게 소유권을 넘길 수 없고, 설사 그렇게 넘기더라도 소유권을 되찾아올 수 있기 때문이다. 잔금을 지급하고 부동산을 명도받는 과정도 중요하다. 매도인이 부동산에 대한 지배권을 넘겨주지 않으면 소송을 통해 강제집행하는 수밖에 없다. 이를 부동산 명도소송이라고 한다. 특히 세입자가 이사를 거부하는 경우가 있을 수 있으므로 주택을 구입하는 경우에는 세입자에 대해서도 살펴봐야 한다.

부동산투기 방지 관련 특별법

부동산은 개인의 생활근거가 되는 중요한 재산이다. 이런 부동산이 투기의 대상이 됨으로써 많은 사회문제가 빚어지고 있다. 이에 따라 투기적 부동산거래를 막기 위한 여러 가지 법이 제정됐다. 그중 대표적인 것으로 〈부동산 실권리자명의 등기에 관한 법률〉(세칭 부동산실명법)과 〈부동산등기 특별조치법〉이 있다.

부동산실명법은 실제 소유자와 부동산등기부상의 소유자가 일치하도록 강제하는 법률이다. 다른 사람의 명의로 부동산을 소유하게 되면 과징금을 부과받게 되며, 심지어 형사처벌을 받을 수도 있다. 그리고 이 법 제4조에 다음과 같이 규정돼 있다.

제4조(명의신탁약정의 효력) ① 명의신탁약정은 무효로 한다.
② 명의신탁약정에 따른 등기로 이루어진 부동산에 관한 물권변동은 무효로 한다. 다만 부동산에 관한 물권을 취득하기 위한 계약에서 명의수탁자가 어느 한쪽 당사자가 되고 상대방 당사자는 명의신탁약정이 있다는 사실을 알지 못한 경우에는 그러하지 아니하다.
③ 제1항 및 제2항의 무효는 제3자에게 대항하지 못한다.

예컨대 갑이 진정한 소유자인데 갑과 을이 합의해 을의 명의로 등기하기로 한 계약(이를 명의신탁약정이라 한다)은 무효라는 것이다. 따라서 을은 명의신탁약정을 근거로 소유권이전등기 청구소송을 할 수 없다. 또 갑과 을 사이의 명의신탁약정에 따라 등기부상의 소유자 명의가 을로 돼 있는 경우에도 부동산의 진정한 소유자는 갑이라는 것이다. 따라서 이 경우에 등기부상의 권리자가 을이더라도 갑은 소송을 통해 소유권을 회복할 수 있다. 다만 을이 그 부동산을 제3자인 병에게 매각한 경우에는 갑이 병을 상대로 한 소유권반환 청구소송을 통해 소유권을 회복할 수 없다. 즉 이 경우에는 병이 진정한 소유자가 되는 것이다. 이는 병의 입장에서 을이 진정한 소유자가 아니라는 것을 알고 있었다고 해도 마찬가지다. 법이 이렇게 돼 있는 것은 부동산을 다른 사람 명의로 소유한 사람은 보호하지 않겠다는 의미다.

〈부동산등기 특별조치법〉에도 부동산투기를 억제하는 내용이 있다. 이 법에 의하면 부동산의 소유권 이전을 내용을 하는 계약을 체결하는 경우에는 계약서를 작성해 관할 시장 등으로부터 검인을 받아야 한다. 계약서에는 실제 매매가액과 실제 거래당사자의 명의가 정확히 기재돼야 한다. 허위의 기재가 있거나 소유권 이전등기가 없는 미등기 전매행위를 하면 형사처벌을 받을 수 있다. 등기의 원인을 허위로 기재하는 경우에도 형사처벌된다. 예를 들어 증여를 매매로 표시하거나 그 반대로 하면 안 되는 것이다. 요컨대 등기는 반드시 정해진 기간 내에 해야 하고, 부동산 매매와 관련된 실제의 거래내용이 모두 공적 장부상에 나타나도록 해야 한다.

생각거리

19

실제로 자기가 살고 있는 집의 등기부등본을 발급받아 살펴보자. 경매에 관심이 있다면 일간신문에 공지된 경매물건의 등기부등본을 발급받아 보자. 여러 명이 각각 등기부등본을 발급받아 차이점을 살펴보자.

20

교재를 덮어놓고 부동산을 매입할 때 주의할 사항을 생각해보자. 매입 이전의 단계에서 주의할 사항, 계약서를 작성할 때 주의할 사항, 대금 지급을 할 때 주의할 사항, 등기와 관련해 주의할 사항에 대해 차례로 말해보자. 주위에 부동산을 매입하는 과정에서 큰 곤란을 겪은 사람이 있다면 그 사람의 경험에 대해 발표해보자. 그것이 어떤 법률적인 문제를 고려하지 않아서 생긴 문제였는지를 분석해보자.

제13강 임차권
임대차보증금을 사수하라

> 임대차계약은 채권계약이다. 그렇기 때문에 임차인은 임대인에 대해서만 임차권의 존재를 주장할 수 있다. 그러나 서민의 주거안정을 위해 만들어진 〈주택임대차보호법〉에 의해 임차권은 일정한 조건 아래 물권처럼 보호되고 있다. 여기에는 대항력, 우선변제권, 최우선변제권이 포함된다. 이 법은 서민의 삶에 법이 어떤 도움을 줄 수 있는지를 보여준다. 하지만 법이 요구하는 요건을 갖추지 못한 사람에게는 보호가 제공되지 않는다.

1. 임대차

서민의 주거생활은 대개 주택의 임차로부터 시작된다. 그리고 반드시 서민이 아니더라도 누구나 살아가면서 타인의 주택을 이용할 일이 생긴다. 이렇게 타인의 주택을 임차하기 위해서는 주택임대차계약을 맺게 된다. 주택의 임대차란 일방이 상대방으로 하여금 주택을 사용수익하게 할 것을 약정하고 상대방이 그 대신 차임(월세나 보증금)을 지급할 것을 약정하는 것으로서 일종의 채권계약이다. 전세권을 설정하는 것도 타인의 주택을 이용하는 한 가지 방법이지만, 전세권을 인정받기 위해서는 전세등기를 해야 하는데 이는 비용이 들고 번거로울 뿐만 아니라 집주인이 싫어하기 때문에 전세권 설정보다 임대차가 많이 이용된다. 그런데 문제는 임대차계약을 통해 타인의 집을 이용하는 경우에는 전세권을 설정하는 경우에 비해 임차인에 대한 보호가 미흡하다는 것이다. 특히 보증금의 안전한 반환이 보장되지 않는 것이 가장 심각한 문제지점이다. 이러한 문제를 해결해 국민의 주거생활 안정을 도모한다는 차원에서 1984년에 〈주택임대차보호법〉(이하 임대차법 또는 주택임대차법)이 제정됐다. 여기서 '국민'이라고 했지만 사실상은 약자의 지위에 있는 임차인을 보호하는 데 그 중점이 있다는 것은 두말할 필요도 없다.

〈주택임대차보호법〉은 말 그대로 '주택'을 임대차한 경우에 적용된다. 주택은 주거용 건물을 의미한다. 주택의 일부가 주거 이외의 목적으로 이용되는 경우에도 이 법이 적용된다. 예를 들어 주거하는 공간에 부착하여 구멍가게를 운영하는 경우도 보호된다. 그러나 임대차의 중요한 목적이 주거가 아니고 다만 주택의 일부를 주거용으로 사용하는 경우에는 이 법이 적용되지 않는다. 이 법은 서민의 주거안정을 목적으로 하는 것이기 때문에 기업 등 법인이 주택을 임차하는 경우에도 적용되지 않는다.[75]

이 법이 제공하는 임차인 보호수단으로 중요한 것은 제3자에 대한 대항력, 우선변제권, 소액보증금의 최우선변제권이 있고, 그 외에도 여러 가지가 있다. 각각에 대해 살펴본다.

2. 제3자에 대한 대항력

여기서 대항력은 임차권 등기를 하지 않더라도 임대인이 아닌 제3자에 대해 임대차관계의 존재를 주장할 수 있다는 뜻이다. 예컨대 주택의 소유자인 갑(임대인)이 을(임차인)과 임대차계약을 맺었는데 임대차기간 중에 주택의 소유자가 병으로 변경된 경우에 을은 병에 대해 임대차관계를 주장할 수 있다. 즉 임대차기간 중이면 임대차기간이 종료하는 시점까지 주택을 이용할 권리를 주장할 수 있고, 임대차기간이 끝나면 보증금의 반환을 요구할 수 있는 것이다. 이처럼 임대인이 변경되어도 임차권은 변경되지 않기 때문에 임차인이 안심하고 주택을 계속 이용할 수 있다. 임차인이 대항력을 갖는다는 것은 임차권이 물권과 같은 정도로 두텁게 보호된다는 것을 의미한다.

하지만 임차인이 갖는 이러한 대항력은 모든 임차인에게 무조건 제공되는 것이 아니고 일정한 요건을 갖추는 것을 전제로 제공되는 것이다. 임대차법 제3조 제1항에 의하면 "임대차는 그 등기가 없는 경우

---

75 법인의 경우에는 대개 보증금의 안전한 반환을 위해 임대차계약을 하기보다는 돈을 들여서라도 전세권설정계약을 한다.

에도 임차인이 주택의 인도와 주민등록을 마친 때에는 그 다음 날부터 제삼자에 대하여 효력이 생긴다." 즉 인도와 주민등록이 요건이다. 여기서 '인도(引渡)'는 현실적으로 입주한다는 의미다. 대항력은 실제로 거주하는 사람을 보호하려는 제도이기 때문에 실제로 거주하지 않는 사람은 대항력에 의해 보호되지 않는다. 하지만 간접점유의 경우도 주택의 인도가 있는 것으로 본다. 예컨대 갑이 주택을 임차하고 갑의 자식이 그 주택에 살고 있으면 주택의 인도가 있는 것으로 본다. 주민등록을 마친다는 것은 전입신고를 한다는 의미다. 전입신고는 정확히 자신이 임차한 그 주소로 해야 한다. 전입신고를 요건으로 한 것은 그 주택에 임차인이 있다는 사실을 공시하려는 것이기 때문에 전입신고는 정확하지 않으면 안 된다. 그러므로 잘못된 주소로 전입신고를 한 경우에는 대항력을 주장할 수 없다. 예컨대 102호에서 임차인으로 살면서 103호로 전입신고를 했다면 그 임차인은 새로운 소유자에게 대항력을 주장할 수 없다.[76] 아파트나 연립주택과 같은 다세대의 공동주택은 동과 호수의 표시가 돼있지 않거나 그 표시가 정확하지 않으면 대항력에 의해 보호되지 못한다. 주민등록은 원칙적으로 임대차계약상의 임차인 본인의 이름으로 돼있어야 하지만 그 배우자나 자녀의 이름으로 주민등록이 된 경우에도 대항력을 인정하는 것이 대법원의 판례다.[77]

---

[76] 하지만 신고가 잘못되었더라도 공무원이 이를 정정했다면 대항력이 있는 것으로 본다(대판 1987.11.10. 87다카1573). 정정된 대로 공시가 이루어지기 때문이다.
[77] 대판 1988.6.14. 87다카3093, 3094.

주택의 인도와 주민등록을 마치면 임차인은 대항력을 갖게 되기 때문에 임대인의 주택을 매수하려는 사람은 이 점을 반드시 고려해야 한다. 임대차법에 따라 주택의 양수인은 임대인의 지위를 승계하게 된다(제3조 제3항). 즉 주택을 매수한 사람은 자동적으로 종전 임대인이 갖고 있었던 권리와 의무를 갖게 되는 것이다. 임차인의 입장에서 보자면 새로운 주인과 별도의 임대차계약을 하지 않더라도 종전의 임대차계약에 따른 권리를 새로운 주인에게 주장할 수 있다. 이것이 대항력의 핵심 내용이다. 그렇기 때문에 그 주택을 매수하는 사람은 임차인에게 돌려주어야 할 보증금을 제하고 매매대금을 지급해야 한다. 예를 들어 집값이 3억 원인데 보증금 1억 원에 어떤 사람이 그 집을 임차해 살고 있다면 매매대금은 2억 원만 지급하면 된다. 주택 매수인의 입장에서 임차인이 있는지의 여부는 그 주소를 관할하는 동사무소에 가서 확인하면 된다. 보통 동사무소는 특정 주소에 살고 있는 사람에 관한 정보를 다른 사람에게 알려주지 않지만, 집을 매수하려는 사람이 취지를 말하면 해당 주소로 전입신고한 사람이 있는지의 여부를 알려준다. 이처럼 주민등록은 임대차의 존재여부를 공시하는 의미가 있기 때문에 그것이 정확하게 돼있지 않으면 대항력을 주장하지 못하게 하는 것이다.

대항력과 관련해 반드시 유의해야 할 사항 중 하나는 대항력 확보에 필요한 요건을 갖추기 전에 주택에 저당권, 가압류, 가등기 등이 설정되고 그에 따라 경매가 이루어지거나 본등기가 이루어져 소유자가 변경된 경우라면 새로운 소유자에 대해 임차인이 대항력을 주장할 수 없다는 것이다. 이와 같은 방식으로 소유자가 변경되면 임차인의 임차권은 소유자의 변경과 함께 소멸한다. 이렇게 되면 임차인은 새로운 소유자에게 주택을 명도해야 한다. 즉 집을 비워주어야 한다. 물론 종전 임대인에게 보증금의 반환을 요구할 수는 있지만, 이런 지경이 된 경우라면 종전 임대인이 무자력 상태에 있을 가능성이 크다. 따라서 주택을 임차할 때에는 무엇보다도 등기부를 확인해보고 그러한 사항이 기재돼 있는지를 반드시 점검해야 한다.

3. 보증금의 우선변제권

그러나 저당권이 설정된 집이라고 해서 반드시 보증금의 반환이 위태롭게 되는 것은 아니다. 임대차법은 대항력이 아닌 다른 방법으로도 보증금을 안전하게 확보하는 길을 열어두고 있기 때문이다. 그것은 바로 보증금의 우선변제권이다.

임대차법은 대항력요건(즉 주택의 인도와 주민등록)에 추가해 임대차계약서에 확정일자를 받은 임차인은 경매에서 후순위권리자나 그 밖의 채권자보다 우선하여 변제를 받을 권리가 있다고 규정하고 있다(제3조의2 제2항). 대항력요건은 위에서 설명했으니 반복할 필요가 없을 것이다. 확정일자를 받는다는 것은 동사무소나 등기소 등에 가서 임대차계약서에 확정일자의 날인을 받는 것을 의미한다. 실제로 동사무소에 가서 확정일자를 받으러 왔다고 하면 동사무소의 공무원이 임대차계약서에 그 계약서를 확인했다는 취지의 도장을 찍어주고, 동사무소의 공부에 그 날짜에 그 사람이 확정일자를 받아갔다는 취지의 기록을 해둔다. 이러한 절차가 의미하는 바는 적어도 그 날짜에 그러한 권리가 존재했음을 확인하는 것이다. 여기서 중요한 것은 확정일자를 받은 날짜다. 권리의 순위를 따지는 일은 그 날짜를 기준으로 하기 때문이다.

예를 들어 생각해보자. 갑은 서울 마포구에서 집을 빌려 살고자 한다. 한참을 돌아다닌 끝에 보증금이 8000만 원인 적절한 집을 찾았다. 그 집의 등기부등본을 발부받아 보니 2009년 6월 1일자로 6000만 원의 K은행 근저당이 설정돼 있었고, 다른 특이사항은 없었다. 이 경우에 갑은 그 집을 임차해도 되는가? 그 집을 임차하는 경우에 갑이 대항력요건(즉 실제로 거주하면서 주민등록을 마침)을 갖춘다고 하더라도 만약 근저당이 실행되어 집이 경매로 매각되어 주인이 변경되면 갑은 새로운 주인에게 대항력을 주장할 수 없고 집을 비워주어야 한다. 대항력요건을 갖추기 전에 이미 근저당이 설정돼 있었기 때문이다.

그러나 이 경우에도 갑이 보호받을 수 있는 방법이 있다. 만약 갑이 임차하려는 집의 시가가 2억 원 정도이고 경매에 붙여진다고 해도 낙찰가가 1억 5000만 원 이상은 된다고 예상할 수 있다면 갑은 이 집에 세를 들어도 된다. 경매대금에서 은행이 6000만 원을 먼저 배당받는다고 하더라도 남은 돈 9000만 원이 보증금 반환에 충당될 수 있기 때문이다.

그런데 갑이 그 집을 임차해 살고 있는 동안에 집주인이 추가로 P은행으로 하여금 7000만 원의 근저당을 설정하게 했다면 문제는 달라진다. 이 경우에는 집이 경매에 회부되면 K은행이 최대 6000만 원을 가지고 가고, 그 다음으로 P은행이 최대 7000만 원을 가지고 간 뒤에 남는 돈으로 갑이 배당을 받는다. 물권이 채권보다 우선해서 배당을 받기 때문이다. 만약 집주인에게 갑 이외의 다른 채권자가 있다면 갑은 남은 돈을 그 다른 채권자와 함께 분배받아야 한다. 그렇게 되면 갑은 보증금의 대부분을 잃게 될 수도 있다.

이러한 경우에 고려할 만한 것이 우선변제권이다. 만약 갑이 K은행의 근저당이 설정돼 있음을 알고도 그 집을 임차해 살면서 우선변제권의 요건을 갖추어둔다면, 경매대금을 배당받게 될 경우에 갑은 우선변제권의 요건을 갖춘 시점보다 뒤에 저당권을 설정한 채권자보다는 우선하여 배당을 받을 수 있다. 위 사례에서 본다면 낙찰대금에서 K은행이 가장 먼저 배당을 받고, 다음 순서로 갑이 배당을 받고, 그 다음 순서로 P가 배당을 받게 된다. 그렇기 때문에 설사 집이 경매에 회부된다고 하더라도 갑은 보증금을 안전하게 회수할 수 있는 것이다. 여기서 재미있는 것은 갑이 집주인에 대해 갖는 보증금반환청구권은 임대차계약에 기한 권리, 즉 채권임에도 불구하고 후순위의 물권(저당권)보다 우선해서 보호를 받는다는 점이다. 바로 이 점이 임대차법의 특징이다. 이러한 우선변제권이 있기 때문에 설사 입주하고자 하는 주택에 근저당이 설정돼 있더라도 보증금을 잃을 위험의 부담 없이 임대차계약을 할 수 있는 것이다. 다만 우선변제권으로 보호받기 위해서는 계산을 잘 해두어야 할 뿐만 아니라 보호받는 데 필요한 법적 요건도 잘 갖추어야 한다. 만약 입주하고자 하는 집에 소유권이전을 위한 가등기가 있고 그에 기하여 소유권이 이전되는 경우라면 우선변제권이 발생하지 않는다. 즉 이때는 집을 비워주어야 한다. 보증금은 전 주인에게 반환청구해야 하겠지만, 그는 이미 무자력 상태일 가능성이 있다.

4. 소액보증금의 최우선변제권

임차인 중에는 경제력이 특히 취약한 사람들이 있고, 이런 이들은 보증금이 싼 작은 주택을 이용한다. 임대차법은 이들을 보호하기 위한 특별한 규정을 두고 있다. 그것은 소액보증금의 최우선변제권이다. 즉 일정 금액 이하의 보증금으로 주택을 빌린 임차인의 경우에는 그 보증금 가운데 일정액을 다른 담보물권자보다 우선해 변제받는다(제8조). 앞에서 설명한 우선변제권은 임차보증금이 채권임에도 불구하고 사실상 담보물권과 동일하게 보호되도록 하는 것인 데 비해 여기서 설명하는 최우선변제권은 담보물권자보다도 우선해 변제받을 수 있도록 임차인을 보호하는 것이다.

최우선변제권에 의해 보호받기 위해서도 갖추어야 할 요건이 몇 가지 있다. 우선 보증금의 규모가 일정액을 넘어서는 안 된다. 그 액수는 지역에 따라 다르다(다음 쪽의 표 참조). 최우선변제를 받기 위해서는 주택의 인도와 주민등록이라는 대항력요건을 갖추어야 한다. 이때 확정일자는 없어도 된다. 그리고 대항력요건은 경매신청 등기 이전에 (즉 경매가 개시되었음이 등기부에 표시되기 전에) 갖추어야 하고, 대항력요건을 갖춘 상태를 최종 매각허가(경락)가 내려질 때까지 유지해야 한다. 우선변제권이 인정된다고 하더라도 보증금 전액이 보장되는 것은 아니고 그중 일정액에 대해서만 변제가 이루어진다. 그리고 최우선변제되는 보증금의 총액은 대지 가액을 포함한 주택 가액의 2분의 1을 넘을 수 없다.

최우선변제권이 인정되는 보증금의 범위와 최우선변제되는 보증금액		
	보증금	최우선변제되는 보증금액
서울	1억 원 이하	3400만 원까지
수도권 과밀지역	8000만 원 이하	2700만 원까지
광역시(인천, 안산 등 포함)	6000만 원 이하	2000만 원까지
기타 지역	5000만 원 이하	1700만 원까지

위 표에서 보다시피 최우선변제권은 그 대상이 협소한데다가 전액을 보장해주는 것도 아니다. 다만 경매신청 등기 이전에 대항력요건만 갖추어두면 일정액에 대해서나마 보호해준다는 의미는 있다. 따라서 서울의 경우 보증금이 1억 원 이하라고 하더라도 3400만 원을 넘는다면 대항력요건을 갖추든가 확정일자를 받아 우선변제권을 확보하는 것이 필요하다고 하겠다.

5. 기타 임차인 보호규정

주택임대차법에는 그 외에도 임차인을 보호하는 여러 규정을 두고 있다. 임대차기간과 관련해 임대차법은 "기간을 정하지 아니하거나 2년 미만으로 정한 임대차는 그 기간을 2년으로 본다"고 규정하고 있다(제4조). 예컨대 1년의 기간으로 임대차계약을 했더라도 임차인은 적어도 2년 동안은 임차권을 주장할 수 있는 것이다. 물론 임차인은 단기간 계약의 유효성도 주장할 수 있다. 예를 들어 1년의 기간으로 임대차계약을 한 경우에 임차인은 1년 뒤에 임대차계약의 종료를 주장하고 보증금의 반환을 요구할 수 있다. 임대차계약이 종료한 후 계약을 갱신하지 않으면 다시 2년의 임대차계약이 있는 것으로 본다(제6조 제2항). 그렇기 때문에 임대인은 다시 2년의 기간이 종료하기 전에는 일방적으로 계약을 종료시킬 수 없다. 하지만 이 경우에 임차인은 언제든지 계약의 해지를 통지할 수 있고, 통지를 하고 3개월이 지나면 계약이 해지된다. 이처럼 임차인에게 일방적으로 유리한 조건을 제공하는 것은 사회적 약자인 임차인에게 주거안정을 보장해주기 위해서다.

임대차계약을 갱신하면서 임대인이 차임이나 보증금을 증액할 수는 있지만 10% 이상 증액할 수는 없다는 조항도 있다. 하지만 이 조항은 현실적으로 잘 작동하지는 않는 것으로 보인다. 보증금을 증액하려는 임대인이 기존 임차인과의 계약을 종결하고 새로운 임차인을 맞이할 수 있기 때문이다.

임차권등기명령 제도도 임대차법에 있는데 유용한 제도다. 임대차가 종료한 후 보증금을 반환받지 못한 임차인은 임차주택의 소재지를 관할하는 법원에 임차권등기명령을 신청하는 것을 통해 임차권을 등기할 수 있다. 이렇게 하면 설사 이사를 하더라도 대항력과 우선변제권이 유지된다(제3조의3 제1항, 5항). 즉 대항력이나 우선변제권을 갖기 위해서는 인도, 즉 현실적인 점유가 필요한데, 임대차등기를 하게 되면 현실적으로 점유하지 않더라도 그러한 권리가 사라지지 않는다. 임대차등기명령을 신청하는 데는 임대인의 조력이 필요하지 않다. 임차인이 확정일자인이 첨부된 임대차계약서, 주민등록등본 등을 갖추어 법원에 신청하면 판사가 등기명령을 내리는 동시에 등기소에 임대차등기를 촉탁함으로써 부동산임대차등기가 이루어진다. 임차인의 입장에서는 간단한 신청만 하면 되는 것이다. 비용도 적게 들고 2주일 정도면 등기가 끝난다. 등기가 이루어진 후에 이사를 가면 된다. 그리고 경매든 다른 방법으로든 보증금을 변제받으면 된다. 물론 시간이 걸리겠지만 보증금을 잃지는 않는다.

임대차보증금을 반환받지 못하는 경우에는 결국 민사소송을 통해 반환받는 수밖에 없다. 민사소송에 대해서는 제18강과 제19강을 참고하라.

6. 상가건물임대차보호법

〈주택임대차보호법〉이 서민의 주거안정을 위해 제정된 것이라면 〈상가건물임대차보호법〉은 상가건물에 대한 서민의 임차권을 보호하기 위해 제정된 것이다. 법규의 논리구조가 매우 비슷하므로 간략하게만 살펴본다.

이 법의 보호대상이 되기 위해서는 보증금의 규모가 일정금액 이하여야 한다. 즉 보증금이 서울의 경우 4억 원 이하, 서울을 제외한 수도권의 과밀억제권역은 3억 원 이하, 광역시는 2억 4000만 원 이하, 기타 지역은 1억 8000만 원 이하여야 한다. 보증금에 더해 월세를 내는 경우에는 계약보증금과 '월세에 100을 곱한 환산보증금'을 합한 금액을 보증금으로 본다.

일단 이에 해당되면 임차인은 대항력, 보증금의 우선변제권, 소액보증금의 최우선변제권을 가질 수 있다. 대항력을 갖기 위해서는 인도와 사업자등록이라는 요건을 갖추어야 한다. 대항력은 이 요건을 갖춘 다음날부터 발생한다. 대항력을 갖추면 임대차기간 중에 매매, 교환, 상속, 판결, 경매 등에 의해 소유자가 변경돼도 임차인은 새로운 소유자에게 종전 임대차계약상의 권리를 주장할 수 있다. 위의 대항력요건을 갖추고 관할 세무서장으로부터 확정일자를 받으면 보증금에 대한 우선변제권을 갖게 된다. 또 일정 규모 이하의 보증금인 경우에 임차인은 최우선변제권을 갖는다. 하지만 최우선변제금액의 총액은 임대건물 가액의 3분의 1을 넘을 수 없다. 최우선변제권의 대상이 되는 보증금의 범위와 최우선변제되는 금액은 아래 표와 같다.

상가임대차에서도 등기명령제도가 이용되고 있다. 그러나 몇 가지 점에서 〈주택임대차보호법〉과 차이가 있다. 예컨대 상가의 경우 최소 임대차 보장기간이 1년으로 짧다. 상가의 경우 임차인은 5년의 범위 안에서 기간의 갱신을 주장할 수 있다. 차임의 증액은 연 9%까지 가능하다.

상가임대차와 관련하여 권리금이 종종 논란된다. 권리금이란 임대인에게 지급하는 상가의 차임과 별도로 그 부동산이 갖는 유무형의 경

최우선변제권이 인정되는 보증금의 범위와 최우선변제되는 보증금액		
	보증금	최우선변제되는 보증금액
서울	6500만 원 이하	2200만 원까지
과밀억제지역	5500만 원 이하	1900만 원까지
광역시	3800만 원 이하	1300만 원까지
기타 지역	3000만 원 이하	1000만 원까지

제적 가치를 고려하여 새로운 임차인이 종전 임차인에게 지급하는 금액을 말한다. 권리금의 회수는 관행적으로 이루어질 뿐 현행법상의 권리로서 보호되지는 않으므로 권리금을 주고 상가를 임차할 때는 이 점에 각별히 유의해야 한다. 다만 현행 상가임대차법은 권리금의 수수관행이 존재한다는 것을 인정하고, 임대인은 임차인 사이에서의 권리금 수수행위를 방해해서는 안 되는 것으로 하고 있다(제10조의4). 만약 임대인이 정당한 이유 없이 권리금의 수수행위를 방해하면 이는 손해배상의 사유가 된다.

생각거리

21

갑이 을의 주택을 1억 원에 임차하려고 한다. 그런데 등기부등본을 발부받아 보니 K은행에 의해 7000만 원의 근저당이 설정돼 있고, 다른 특이사항은 없다. 갑은 이 주택이 마음에 들어 임차하고 싶어 한다. 갑이 당신에게 상의를 해온다면 어떻게 조언해주겠는가?

22

서울에서 어떤 주택이 경매에 붙여졌는데 2억 원에 낙찰됐다. 이 주택에 A가 5000만 원의 저당권을 설정한 2009년 9월 1일 이후에 B, C, D가 각각 1억 원, 5000만 원, 2000만 원의 보증금으로 이 주택의 일부를 임차해 살면서 주민등록을 마쳤고 B, C, D 순으로 확정일자를 받았다. A, B, C, D는 경매대금에서 각각 얼마나 배당받게 되는지를 계산해보자(경매비용은 없다고 보자). 서울에서는 최우선변제가 보증금이 1억 원 이하인 경우에 3400만 원까지 보장된다.

제14강 채권
불법행위에 대해 손해배상을 청구하라

> 채권은 다른 사람에게 일정한 급부를 요구할 수 있는 권리다. 불법행위는 채권·채무를 발생시키는 중요한 원인이다. 즉 "고의나 과실로 인한 위법행위로 타인에게 손해를 가한 자는 그 손해를 배상할 의무가 있다." 다만 고의나 과실이 없었음을 증명할 책임이 가해자에게 부여되는 경우도 있고, 고의나 과실이 없었어도 타인이 입은 손해를 가해자가 배상해야 하는 경우도 있다.

1. 채권발생의 원인

민법 제3편은 채권관계에 대해 규정하고 있기 때문에 채권법이라고도 불린다. 채권은 채권자가 채무자에 대해 특정한 행위를 청구할 수 있는 권리다. 채권은 채무자에 대해서만 주장할 수 있다는 의미에서 상대권이다. 이에 비해 물권은 다른 사람들 모두에 대해 주장할 수 있는 절대권이다. 채권자가 채무자에 대해 일정한 행위(급부)를 청구할 수 있는 권리관계를 채권관계라고 한다. 하지만 앞에서 보았듯이 물권에서도 실제로 그것이 문제가 되는 상황에서는 구체적 개인에 대한 청구권이 관건이 된다. 이런 점에서 모든 법률적 관계는 채권관계로 귀결된다고 할 수 있다.

채권을 발생시키는 원인으로 채권법은 계약, 사무관리, 부당이득, 불법행위의 네 가지를 규정하고 있다. 계약은 당사자간의 합의에 의해 채권관계를 발생시키지만, 나머지 세 가지는 법률의 규정에 의해 자동적으로 채권관계를 발생시킨다. 그래서 그 세 가지로 인해 발생하는 채권관계를 법정채권관계라고 한다.

계약(契約)은 사적 주체인 개인이 자신의 주도 아래 법률관계를 만들어가는 수단이다. 생각해보면 우리 주변의 정말로 많은 법률관계가 계약에 의해 형성된다는 것을 알 수 있다. 예컨대 물건을 매매하는 것, 돈을 빌리는 것, 고용되는 것, 집을 빌리는 것, 결혼하는 것 등이 모두 법적으로 표현하면 계약이다. 계약을 한다는 것은 계약에 따른 권리와 의무를 발생시키는 것이다. 채권법은 계약에 대해 상세한 규정을 두고 있다. 하지만 채권법에 기록된 계약 관련 조항의 대부분은 임의규정이다. 다시 말해 계약은 채권법의 내용과 다르게 할 수 있고, 그렇게 하면 합의에 따른 법률효과가 발생한다. 예를 들어 채권법에 의하면 돈을 빌리고 이자를 계산할 때에는 돈을 받은 때로부터 이자를 계산해야 한다고 돼있지만(제600조), 그와 다른 방식으로 이자를 지급하기로 합의하면 합의된 내용이 그대로 효력이 있고 그 문제에 대해 채권법은 적용되지 않는다. 양 당사자 사이에 계약이 성립하면 그 내용대로 권리가 생기고 그 권리는 법원의 재판을 거쳐 강제이행될 수 있기 때문에 계약을 한다는 것은 계약 당사자 사이에 적용되는 법을 만드는 것과 다름없다. 이처럼 계약은 광범위하게 이용되며 당사자 사이에서 그 내용은 법과 같은 구속력을 가진다. 이런 식으로 계약은 가장 중요한 채권발생의 원인이 된다.

부당이득(不當利得)이란 법률상의 원인 없이 타인의 재산 또는 노무로 인해 얻은 재산적 이익을 말한다. 부당이득을 얻은 사람에게는 그 재산적 이익을 반환해야 할 의무가 생기고, 그로 인해 손실을 입은 사람에게는 그 재산적 이익의 반환을 요구할 권리가 생긴다(제741조). 예컨대 통장으로 이체를 하다가 실수로 다른 사람의 통장에 돈을 입금시켜버린 경우에 돈을 보낸 사람은 그 돈을 돌려받을 권리를 갖는다. 이 경우 돈을 받은 사람이 자신의 돈으로 오인하고 그 일부를 사용했다면 남은 돈만 반환하면 된다.

사무관리(事務管理)는 법률상의 의무 없이 타인을 위해 일을 해준 경우에 발생하는 법률관계다. 이때 타인의 사무를 처리해준 사람은 그 비용을 청구할 수 있다. 예컨대 다친 사람을 발견한 사람이 그 사람을 자기 비용으로 병원까지 데려다준 경우라면 그 비용을 청구할 수 있다.

불법행위(不法行爲)는 고의나 과실로 위법하게 다른 사람에게 손해를 끼치는 행위다. 불법행위가 발생하면 그 가해자는 피해자에게 손해를 배상할 의무를 진다. 우리는 이러한 민법상 불법행위를 주변에서 흔히 목격한다. 예를 들어 교통사고는 대부분 과실로 인한 불법행위를 구성한다. 폭행을 하는 것도 불법행위이고 오염물질을 배출하여 이웃의 농작물을 훼손하는 것도 불법행위다. 의사가 환자의 질병에 대해 오진하거나 잘못 치료하는 것도 불법행위가 될 수 있다. 아래에서 불법행위에 대해 자세히 살펴본다.

2. 일반불법행위

사람들 사이에서 많은 불법행위가 일어나는데 그 대부분의 경우에 민법 제750조가 적용된다. 이 조항은 "고의 또는 과실로 인한 위법행위로 타인에게 손해를 가한 자는 그 손해를 배상할 책임이 있다"고 규정하고 있다. 이 조항은 아주 간단하면서도 자주 이용되므로 그 문장을 통째로 암기해 두자. 불법행위에 대해서는 이 조항이 일반조항으로서 적용되고, 이 조항이 적용되는 불법행위를 일반불법행위라고 한다.

이 조항의 문언을 잘 살펴보면 불법행위의 요건을 알 수 있다. 우선 불법행위가 성립하려면 가해자의 고의나 과실이 있어야 한다. 즉 가해자가 손해를 일으킨 행동을 의도했거나 그러한 행동을 회피하기 위한 주의를 다하지 않은 경우에 불법행위가 성립한다. 어느 정도의 수준에서 주의의무를 이행해야 하는지는 구체적 상황에서 평균적인 사람이 어떻게 해야 하는지를 기준으로 판단된다. 예컨대 투자신탁회사의 임직원이라면 통상적으로 그러한 직책에 합당한 주의의무를 다해야 하며,[78] 의사라면 통상적으로 의사의 직무를 가진 사람에게 요구되는 수준의 주의의무를 다해야 한다.[79] 우리 민법은 과실책임주의를 원칙으로 하고 있다. 이를 반대해석하면, 과실이 없으면 책임을 지지 않는다는 것이다. 예컨대 승객을 운송하던 차량이 전복되어 사람이 다친 경우에 그 사고의 원인이 운행 중에 발생한 지진에 있다면 운전자는 손해배상책임을 지지 않는다. 일반불법행위에서 고의나 과실에 대한 입증의 책임은 피해자가 진다.

그리고 불법행위가 성립하려면 그 행위가 위법한 것이어야 한다. 위법하다는 의미는 법질서 전체의 입장에서 보았을 때 허용되지 않는다는 의미이다. 예컨대 증권회사 임직원의 권유에 따라 투자를 했는데 손실이 발생한 경우에 그 권유행위가 불법행위가 되기 위해서는 그 권유행위 자체가 위법적인 수준에 이르렀어야 한다.[80] 소유권이나 생명

---

78 투자신탁회사의 임직원이 고객에게 투자신탁상품의 매입을 권유할 때에는 그런 투자에 따르는 위험을 포함하여 당해 투자신탁의 특성과 주요 내용을 명확히 설명함으로써 고객이 그 정보를 바탕으로 합리적인 투자판단을 할 수 있도록 고객을 보호하여야 할 주의의무가 있고, 이러한 주의의무를 위반한 결과 고객에게 손해가 발생한 때에는 불법행위로 인한 손해배상책임이 성립한다(대법원 2003. 7. 11. 선고 2001다11802 판결).
79 의사의 이와 같은 주의의무는 의료행위를 할 당시 의료기관 등 임상의학 분야에서 실천되고 있는 의료행위의 수준을 기준으로 삼되 그 의료수준은 통상의 의사에게 의료행위 당시 일반적으로 알려져 있고 또 시인되고 있는 이른바 의학상식을 뜻하므로 진료의 환경 및 조건, 의료행위의 특수성 등을 고려하여 규범적인 수준으로 파악되어야 한다(대법원 2004. 10. 28. 선고 2002다45185 판결). 특히 의사는 치료 전에 설명을 해야 할 의무를 지니며, 설명을 하지 않고 시술을 했다가 부작용이 일어난 경우에는 불법행위에 기한 손해배상책임을 질 수 있다.
80 증권회사의 임직원이 고객에게 적극적으로 투자를 권유하였으나 투자 결과 손실을 본 경우에 투자자에 대한 불법행위책임이 성립되기 위하여서는 이익보장 여부에 대한 적극적 기망행위의 존재까지 요구하는 것은 아니라 하더라도 적어도 거래경위와 거래방법, 고객의 투자상황(재산상태, 연령, 사회적 경험 정도 등), 거래의 위험도 및 이에 관한 설명의 정도 등을 종합적으로 고려한 후 당해 권유행위가 경험이 부족한 일반 투자자에게 거래행위에 필연적으로 수반되는 위험성에 관한 올바른 인식 형성을 방해하거나 또는 고객의 투자상황에 비추어 과대한 위험성을 수반하는 거래를 적극적으로 권유한 경우에 해당하여 결국 고객에 대한 보호의무를 저버려 위법성을 띤 행위인 것으로 평가될 수 있는 경우라야 한다(대법원 2003. 1. 10. 선고 2000다50312 판결).

권, 신체권, 건강권 등 인격권과 같은 배타적인 권리의 경우에는 그것을 침해하는 행위는 특별한 사정이 없는 한 위법한 것으로 추정한다. 특별한 사정이란 정당방위, 긴급피난, 자력구제, 피해자의 승낙, 정당행위 등을 의미한다. 이러 사정들을 위법성조각사유라고 한다(이 각각의 개념에 대해서는 제21강을 참조하라). 위법성조각사유의 존재는 가해자가 입증해야 한다.

손해가 발생했다는 것도 불법행위가 성립하기 위한 요건 중 하나다. 그리고 그 손해와 행위 사이에 인과관계가 있어야 한다. 인과관계는 무한히 확장되는 것은 아니고 상당인과관계에 한정된다. 예를 들어 교통사고를 당한 사람이 치료를 받던 중에 의사의 과실로 증상이 악화된 경우에 교통사고의 가해자가 그 악화된 증상에 대해서도 책임을 져야 할까? 이런 경우에 대해 판례는 "의사에게 중대한 과실이 있다는 등의 특별한 사정이 없는 한 확대된 손해와 최초의 사고 사이에도 상당인과관계가 있다"고 판시했다.[81] 즉 의사에게 약간의 과실이 있더라도 교통사고의 가해자가 치료과정에서 생긴 손해에 대해서도 배상해야 한다는 것이다. 손해의 발생여부나 인과관계의 존재여부는 모두 피해자가 입증해야 한다.

불법행위가 인정되면 가해자가 손해배상책임을 부담하게 된다. 손해배상을 청구할 수 있는 사람은 피해자나 피해자의 근친자(부모, 배우자, 자식)다. 법인도 피해를 입은 경우 손해배상을 청구할 수 있다. 손

---

[81] 대법원 2000. 9. 8. 선고 99다48245 판결.

해배상은 금전배상이 원칙이다. 배상해야 하는 손해의 범위는 불법행위와 상당인과관계가 있는 모든 손해이며, 여기에는 직접적 손해, 일실이익, 정신적 손해(위자료)가 포함된다. 피해자에게 과실이나 이익이 있는 경우에는 이를 상계하여 손해액을 정한다. 불법행위로 인해 생긴 채권은 손해 및 가해자를 안 날로부터 3년, 불법행위가 있은 날로부터 10년 동안 행사하지 않으면 소멸한다.

3. 특수한 불법행위

일반불법행위의 경우에는 과실책임원칙이 채택되고 있고, 원칙적으로 가해자의 고의나 과실에 대한 입증책임은 피해자가 진다. 그런데 고의나 과실은 입증하는 것이 쉽지 않다. 또 고의나 과실을 요건으로 해서만 불법행위책임을 묻는 경우에는 가해자가 과도하게 면책되는 일이 발생할 수 있다. 그래서 일정한 경우에는 고의나 과실의 입증책임을 경감하거나 그 입증책임을 전환하며(즉 가해자 측에서 고의나 과실이 없음을 입증하게 함), 심지어 고의나 과실 없이도 불법행위책임을 지우는 무과실책임원칙을 채택하기도 한다. 이런 부류의 불법행위를 특수한 불법행위라고 한다. 채권법에는 책임무능력자의 감독자 책임, 사용자 책임, 공작물 등의 점유자·소유자 책임, 동물점유자의 책임, 공동불법행위자의 책임 등이 규정돼 있고, 그 외에 제조물책임법에 의한 제조물책임, 교통사고와 관련한 불법행위책임 등이 있다(교통사고에 대해서는 이어지는 제15강에서 설명한다).

책임무능력자의 감독자 책임은 책임무능력자가 타인에게 손해를 가한 경우에 그를 감독할 책임이 있는 사람이 부담하는 불법행위책임이다. 책임무능력자란 자기 행위의 책임을 인식하는 지적수준에 이르지 못한 사람을 말한다. 대체로 12세 이하면 책임능력이 없는 것으로 본다. 그리고 심신이 상실된 경우도 책임능력이 없는 것으로 본다. 다만 술에 만취한 사람도 심신상실 상태에 있다고 볼 수 있는데, 이러한 상태에서 타인에게 손해를 가한 경우는 대개 과실이 있는 것으로 본다. 책임무능력 상태로 빠져든 데 대한 책임이 있다고 보기 때문이다. 아무튼 책임무능력자는 불법행위를 저지르더라도 그 책임을 지지 않는다. 그러나 책임무능력자가 제3자에게 손해를 가한 경우에는 그 책임무능력자를 감독할 법정의무가 있는 자가 그 손해를 배상해야 한다(제755조). 감독자가 면책되기 위해서는 감독의무를 게을리 하지 않았다는 것을 입증해야 한다. 즉 감독자는 자신의 무과실을 입증하지 않는 한 자신의 감독 하에 있는 책임무능력자의 불법행위에 대해 책임을 지는 것이다. 예컨대 유치원생이 돌을 던져 타인의 유리창을 깼다면 부모가 감독의무를 다했다는 것을 입증하지 않는 한 변상할 책임을 진다. 또 초등학교 저학년 학생이 교실에서 장난치다가 다른 아이의 팔을 부러뜨렸다면 그 학생에게 손해배상을 청구할 수는 없지만, 교사나 학교에 대해 감독자책임을 물을 수는 있다. 초등학교의 교장이나 교사는 어린 학생을 보호·감독할 의무가 있기 때문이다.[82]

---

[82] 대법원 1997.6.27. 97다15258 판결.

사용자책임이란 사용자가 고용한 사람이 그 사무와 관련해 다른 사람에게 위법하게 손해를 끼친 경우에 사용자가 손해배상책임을 지게 되는 것을 말한다. 이 경우 잘못을 저지른 사람은 피고용자이지만 사용자에게도 손해배상책임을 지운다. 그렇기 때문에 사용자책임은 민법의 3대 원칙 중 하나인 자기책임원칙(과실책임의 원칙)에 대한 중대한 예외가 된다. 예를 들어 건설공사장에서 벽돌을 운반하던 인부가 벽돌을 떨어뜨려 지나가던 행인을 다치게 한 경우 그 인부를 고용한 사람도 불법행위책임을 진다. 사용자책임이 특히 문제가 되는 것은 수많은 사람을 고용하고 있는 기업의 경우다. 기업은 피고용자의 불법행위에 대해 책임을 진다. 이렇게 하는 것은 사회적인 영향이 클 수밖에 없는 기업으로 하여금 책임 있게 행동하도록 하는 한편 피해자가 충분한 보상을 받도록 하기 위해서다. 이 경우에도 사용자가 과실이 없었음을 입증하면 면책이 된다. 그러나 실제 현실에서 사용자책임 제도는 피해사에게 충분한 보상을 보장한다는 취지가 강하기 때문에 사용자가 무과실을 입증해서 면책되는 일이 매우 드물다.

공작물 점유자의 책임은 공작물 설치 또는 보존의 하자로 인해 타인에게 손해가 가해진 경우에 공작물의 점유자가 지는 손해배상책임이다. 공작물이란 인공적으로 제작된 구조물이나 물건을 말한다. 예컨대 임차인이 살고 있는 집의 담장이 장마로 인해 무너져서 이웃의 재산이 손상을 입은 경우라면 그 임차인이 손해배상책임을 진다는 것이다. 나무 자체는 인공물이 아니지만 나무가 쓰러져서 이웃에 손해를 끼친 경우에도 점유자가 책임을 진다. 물론 천연재해로 인정되는 경우라면 점유자가 책임을 지지 않겠지만, 장마에 붕괴될 정도면 담장에 하자가 있었다고 볼 수 있다. 다만 점유자가 자신에게 과실이 없었음을 입증할 수 있다면 책임을 지지 않는다. 예를 들어 임차인이 주택의 소유자에게 하자에 대해 설명하고 보수할 것을 요구했다면 소유자가 책임을 진다.

　동물 점유자는 동물이 타인에게 가한 손해에 대해 책임을 진다. 예컨대 휴가를 가면서 이웃에게 도사견을 맡겨두었는데 그 개가 다른 사람에게 상처를 입힌 경우에는 개를 관리하던 이웃이 손해를 배상할 책임을 진다. 이 경우에도 점유자가 자신의 무과실을 입증하면 책임을 지지 않는다. 예컨대 개를 적절하게 우리에 넣어두었는데 다른 사람이 무리하게 우리에 손을 집어넣어 상처를 입은 경우라면 점유자는 면책될 수 있다.

　공동불법행위책임이란 여러 명이 공동으로 불법행위를 해서 타인에게 손해를 가한 경우에는 연대하여 손해배상의 책임을 진다는 것이다. 여기서 연대하여 책임을 진다는 말의 의미는 각자가 손해배상액의 전액에 대해 책임을 진다는 것이다. 예컨대 한 사람은 망을 보고 다른 한 사람이 구타를 해서 타인에게 상처를 입힌 경우에 망을 본 사람도 그 상처에 대해 손해배상책임을 진다. 또 여러 사람이 구타에 가담했는데 누구의 구타로 피해자에게 상처가 발생했는지를 알 수 없는 경우에는 구타에 가담한 사람들이 모두 연대하여 손해배상책임을 진다.

4. 제조물책임

일본의 도요타는 자사가 제조한 자동차의 급발진 문제로 곤욕을 치른

적이 있다. 만약 자동차가 급발진을 했고 그로 인해 사람이 손해를 입었다면 자동차 제조회사는 그 손해를 배상해야 한다. 이처럼 인공적으로 제조한 물건의 결함으로 인해 손해가 발생한 경우에 법은 그 제조자에게 책임을 묻고 있다. 이것이 제조물책임이다. 제조된 물건에 결함이 있음이 드러나면 제조업자의 명성이 훼손되기도 하지만 그 결함으로 인해 손해가 발생하면 제조업자가 손해배상책임도 져야 한다. 이 때문에 제조업자는 그러한 손해가 발생하기 전에 자발적으로 리콜(recall)해서 결함부분을 개선해주기도 한다. 제조물책임은 단지 자동차처럼 비싼 물건에만 한정되는 것이 아니다. 예컨대 화장품을 구입해 이용한 사람의 얼굴에 부작용이 생겼다면 화장품 제조회사는 그 손해를 배상해야 한다. 이처럼 제조물의 결함으로 인해 발생한 손해에 대해 민법상의 일반불법행위책임을 묻는 것이 전혀 불가능한 것은 아니지만, 그와 별도로 2000년에 〈제조물책임법〉[83]을 제정해 제조물 이용자 보호를 강화했다. 제조물책임은 손해배상책임의 일종이지만 그 책임을 물을 때 제조자의 고의나 과실 여부를 묻지 않기 때문에 특수불법행위책임의 하나가 된다.

〈제조물책임법〉에서 중요한 개념은 '결함'이다. 결함은 '하자'라는 개념과는 구분된다. 예컨대 새 옷을 샀는데 옷의 실밥이 터져 있어 수선이 필요하다면 그것은 하자가 있는 옷이다. 그러나 새 옷을 사서 입었는데 알레르기가 생겼다면 그것은 결함이 있는 옷이다. 결함이 있

---

[83] PL법이라고도 한다. PL은 Product Liability를 말한다

다는 것은 말하자면 제품의 안전성에 문제가 있다는 뜻이다. 하자가 있는 물건을 구입한 것을 알게 되면 반품하거나 교환하거나 감액을 요구하는 등의 조치를 취할 수 있다. 결함이 있는 물건을 사용한 결과로 손해가 발생하게 되면 손해배상을 청구할 수 있다. 제조물책임은 제조물의 제조자뿐만 아니라 제조물을 가공하거나 수입한 자도 부담한다.

〈제조물책임법〉상 결함은 제조상의 결함, 설계상의 결함, 표시상의 결함 등 세 가지로 나뉜다. 제조상의 결함이라 함은 제조물이 원래 의도된 설계와 다르게 제조·가공됨으로써 안전하지 못하게 된 경우를 말한다. 예를 들어 식품을 제조하는 데 변질된 재료가 이용된 탓에 배탈이 나게 한 경우가 이에 속한다. 제품의 조립과정에서 볼트가 느슨하게 조여져 사고를 일으킨 경우도 제조상의 결함이다. 설계상의 결함이라 함은 애당초 제조물의 설계 자체에 결함이 있어 제조물이 안전하게 되지 못한 경우를 말한다. 자동차의 급발진 문제도 이러한 경우에 속한다. 표시상의 결함이라 함은 제조물이 갖고 있는 위험성을 제대로 고지하지 않음으로써 위험을 초래해 손해를 발생시킨 경우를 말한다. 예를 들어 피부의 종류에 따라서는 알레르기를 일으킬 수 있는 화장품을 팔면서 그러한 위험성을 제대로 표시하지 않은 경우가 이에 해당한다.

제조물책임을 묻기 위해서는 제조물의 결함으로 인해 손해가 생겼다는 것만 입증하면 된다. 제조업자의 고의나 과실에 대한 입증은 요구되지 않는다. 무과실책임원칙이 채택되고 있는 것이다. 제조업자가 면책되기 위해서는 제조물이 용도에 적합하게 사용되지 않았다거나, 제조물이 정상적으로 유통된 바 없이 도난됐다거나, 그 결함을 치유하는 것은 현대과학으로 해결할 수 없다거나 하는 점을 증명해야 한다.

대신 〈제조물책임법〉에서 손해배상의 범위는 제한된다. 제조업자는 피해자의 '생명, 신체 또는 재산에 대한 손해'에 대해서만 배상한다. 따라서 제조물책임이 있다고 해서 제조물 자체를 교환해주거나 변상해주어야 하는 것은 아니다. 손해배상 청구기간에도 제한이 있다. 피해자는 피해사실을 알게 된 때로부터 3년 이내, 제조물이 공급된 때로부터 10년 이내에 손해배상을 청구해야 한다.

생각거리

23

갑은 2003년에 K병원의 을 의사를 찾아와 미인대회에 출전하고자 하는데 이마와 턱을 높이고 눈에 쌍꺼풀 수술을 받고 싶다며 성형수술에 관해 상담한 후 턱과 이마 부위에 실리콘 보형물을 삽입하는 수술과 눈에 쌍꺼풀을 만드는 수술을 받았다. 갑이 만족하고 활동을 하던 중 어느 날부터 턱 부근의 실리콘이 이동해 입 안으로 돌출하는 심각한 부작용이 생겼다. 을은 수술을 하면 출혈이나 염증 등의 부작용이 있다고는 설명했지만, 실리콘이 이동해 입 안으로 돌출하는 부작용에 대해서는 설명하지 않았다. 을로서는 그럴 가능성이 없지 않음을 알고 있었지만 그것은 너무나 희귀한 현상이기 때문에 별도의 설명을 하지 않은 것이었다. 이 경우 갑은 을을 상대로 손해배상을 청구할 수 있는가?

24

갑의 이웃집에는 커다란 고목이 하나 있다. 그 모양이 보기 좋기는 하지만 비바람이 몰아치면 쓰러질 수도 있어 불안하다고 생각했다. 갑은 그 집에서 세들어 사는 사람(을)에게 나무를 제거하든지 안전장치를 설치하라고 요구했다. 그러나 세든 사람은 나무가 자기 것이 아니라고 하면서 그대로 방치해두었다. 그러던 중 장마와 태풍으로 나무가 쓰러져 갑의 집이 상당부분 파손됐다. 이런 경우 갑은 어떤 조치를 취할 수 있을까?

25

담배를 피운 결과 폐암이 걸린 사람이 담배의 결함을 이유로 손해배상을 청구할 수 있을까? 담배에 "지나친 흡연은 폐암을 발생시킬 수 있습니다"라고 표시하면 담배회사는 면책이 될까?

볼거리

- 영화 〈에린 브로코비치〉(2000, 스티븐 소더버그 감독 / 줄리아 로버츠, 앨버트 피니 출연 / ★★★★). 환경을 오염시키는 대기업에 맞서 싸운 평범한 가정주부의 실제 투쟁을 기반으로 만든 영화다. 이 영화는 환경오염으로 인한 피해에 대해 손해배상소송을 하는 데 따르는 여러 어려움을 잘 묘사하고 있다. 꼭 한번 보자. 마찬가지로 환경오염으로 인한 손해배상소송을 다룬 영화로 〈시빌 액션〉(1998, 스티븐 자일리언 감독 / 존 트라볼타, 로버트 듀발 출연 / ★★★)도 있다. 이 두 영화를 모두 본다면 환경소송이 어떤 것인지 그 윤곽을 잡을 수 있을 것이다.

제15강 교통사고
손해배상은 확실히, 그러나 형벌은 가볍게

> 자동차가 우리 생활의 일부이듯이 교통사고도 우리 생활의 일부다. 교통사고를 일으킨 운전자는 민법상 손해배상책임과 형사책임을 진다. 하지만 운전자가 충분히 손해배상을 할 여력이 없을 수 있기 때문에 운행자에게도 손해배상책임을 부과하고 있으며, 책임보험 가입을 의무화하고 있다. 한편 교통사고로 다른 사람을 다치게 하거나 재산을 파손한 경우에 일정한 조건 아래 형사책임을 면제해줌으로써 운전자의 형사책임은 경감해주고 있다.

1. 자동차사고

자동차의 수가 급증함에 따라 자동차에 의한 교통사고가 거의 일상적인 일이 되고 있다. 그리고 그와 관련한 수많은 법률문제가 발생하고 있다. 우선 자동차를 운전하다가 교통사고로 타인에게 손해를 입힌 경우에 운전자는 민법상 일반불법행위에 기한 손해배상책임을 진다. 교통사고는 '고의 또는 과실로 인한 위법행위로 타인에게 손해를 가한' 경우에 해당되기 때문이다. 그러나 자동차 교통사고의 경우에는 민법상의 일반불법행위에 의해 규율하는 외에 〈자동차손해배상보장법〉이라는 특별법을 두어 피해자 보호를 더 두텁게 하고 있다. 이 법으로 인해 자동차를 직접 운전하지 않은 운행자도 일정한 손해배상책임을 지게 된다. 그리고 운행자에게 책임보험 가입을 강제해서 피해자 구제가 충실해지도록 하고 있다.

한편 자동차사고로 인해 다른 사람의 생명, 신체, 재산에 손해를 일으키면 형사처벌 문제가 발생한다. 과실로 인한 것이라고 하더라도 살인, 상해 및 재물손괴에 대한 책임을 져야 하는 것이다. 그런데 교통사고가 대부분 과실에 의한 것이라고 해서 교통사고의 가해자를 모두 형사처벌한다면 우리 사회에 전과자가 넘치게 될 것이다. 그러면 자동차의 운행을 지나치게 제약하고 가해자의 일상적인 삶에 너무 큰 부담을 주는 결과가 초래된다. 그래서 〈교통사고처리특례법〉이 제정됐다. 이 법에 의해 일정한 경우에는 교통사고 가해자에게 형사처벌을 면제해주고 있다.

2. 교통사고 직후의 조치

교통사고가 발생하면 대개 흥분하여 사고발생시 해야 할 일을 하지 못하게 되기 쉽다. 그러면 추후에 심각한 법률적인 문제가 발생할 수 있다. 법률적인 문제를 염두에 두면서 사고 직후에 어떤 조치를 취해야 하는지를 살펴보자.

가해자의 경우 사고 직후에 가장 먼저 해야 할 일은 피해자 구호다. 구호의무를 이행하지 않고 현장을 떠나면 이른바 뺑소니가 되어 심각한 처벌을 받는다. 특히 사람이 다치는 등의 인적 사고인 경우에는 각별히 주의해야 한다. 〈특정범죄 가중처벌 등에 관한 법률〉에 의하면 자동차의 운전자가 구호조치를 취하지 않고 도주하면 가중처벌한다(제5조의3). 특히 사망사고 후 피해자를 다른 곳으로 옮겨 유기하면(버리면) 최고 사형에 처해질 수 있다. 상해의 사실을 알고 신분증을 주고 현장을 벗어난 경우도 구호조치를 취하지 않고 도주한 경우에 해당될 수 있다. 인적 사고가 나면 반드시 상처가 있는지 여부를 확인해야 하고, 상처가 있다면 피해자를 호송해 치료받게 해야 한다. 피해자가 괜찮다고 하는 경우에도 신분증을 주어 확인하도록 해야 한다. 특히 어린이가 차에 부딪힌 경우에 아이가 괜찮다고 해서 그냥 가면 거의 뺑소니가 된다. 어린이의 경우는 각별히 주의해서 검사해야 하고, 부모에게 연락해야 하며, 자신의 신분을 알려주어야 한다. 그리고 인적 사고의 경우에는 반드시 경찰서에도 신고해야 한다. 물적 사고의 경우에는 신고할 의무가 없지만, 인적 사고의 경우에는 신고하지 않으면 처벌된다.

구호조치를 하는 것 다음으로는 현장을 보존하고 증거를 확보하는 것이 중요하다. 자동차의 위치를 표시한다든지 파손부분의 사진을 찍는 것도 그 방법이 된다. 증인이 될 만한 사람이 있으면 그 사람의 진술을 확보하거나, 아니면 적어도 그 사람의 연락처를 확보해 두어야 한다. 증인은 나중에 민·형사적인 법률문제가 대두되는 경우에 중요한 역할을 해준다.

사고가 나면 보험회사에 연락하는 것도 필요하다. 통상 가벼운 사고의 경우는 보험회사에 연락하지 않고 상호합의로 처리하기도 하지만, 분쟁이 커질 여지가 있거나 보험으로 처리해야 할지 여부가 모호한 경우라면 일단 보험회사에 연락을 하는 것이 좋다. 보험처리 여부는 보험회사 직원으로 하여금 현장을 보게 한 다음에 판단해도 된다. 현장에서 당사자끼리 합의를 하는 경우에도 보험회사 직원이 옆에 있다면 좀 더 합리적인 결론에 이를 수 있다.

피해자의 경우에도 마찬가지로 현장상황을 보전하는 것이 필요하다. 가해자의 신분증을 통해 가해자의 신분을 확인하고, 자동차검사증을 통해 자동차를 확인한다. 파손부분은 사진으로 기록을 남길 수 있다. 경찰이 출동해 실황조사서를 쓰는 경우라면 반드시 그 실황조사서를 읽어보아야 하며, 내용에 이의가 있으면 현장에서 반드시 이의를 제기해야 한다. 현장조사서는 나중의 법적 분쟁에서 유력한 증거가 되기 때문이다. 현장에서 가해자와 목청을 높여가며 싸울 필요는 없다. 냉정을 유지하고 경찰에게 정황을 정확히 설명하거나 보험회사 직원의 조력을 받으면 된다.

3. 교통사고의 민사책임

자동차사고로 타인에게 손해를 끼치게 되면 운전자는 손해배상책임을 진다. 민법의 일반불법행위 원칙에 비추어보면, 교통사고는 '고의 또는 과실로 인한 위법행위로 타인에게 손해를 가한' 경우에 해당한다. 교통사고로 인한 배상책임은 거의 과실에 의한 손해배상책임이라고 할 수 있다. 자동차사고로 인한 손해의 경우 손해배상액은 일반 손해배상법의 규정과 마찬가지로 모든 손해액이 된다. 여기에는 적극적 손해, 소극적 손해, 위자료가 포함된다. 적극적 손해란 그 사고로 인한 직접적인 손해액이다. 예컨대 치료비나 차량수리비 등이 포함된다. 소극적 손해는 사고 때문에 얻지 못하게 된 수입이다. 사망사고의 경우에 소극적 손해는 그 사람이 나머지 생애 동안 벌어들였을 예상수익금에서 소비했을 것으로 예상되는 금액을 뺀 나머지 금액이다. 따라서 사망한 사람의 경우 직업에 따라 금액에 큰 차이가 생긴다. 위자료는 정신적 고통에 대한 보상이다. 사망사고의 경우에는 위자료를 최대 5000만 원까지 청구할 수 있다. 이런 기준에 따라 대기업의 부장인 40세 남자가 교통사고를 당해 죽은 경우에 손해배상액을 얼마나 청구할 수 있는지를 대충 계산해보자. 급여가 월 400만 원이면 일실수익은 3억 원 이상이 된다. 이는 55세에 일단 정년을 맞고 60세까지는 일을 한다고 가정하고 계산한 것이다. 총수익 중 3분의 1은 생활비로 소모한다고 본다. 사망에 대한 위자료를 5000만 원으로 잡고 장례비를 300만 원 정도로 본다면 손해배상액은 대략 3억 5천만 원 이상이 된다.[84]

 그러나 운전자에게 그만한 금액의 재산이 없을 수도 있다. 그래서

---

[84] 손해액이 얼마인지 정확히 계산하는 일을 전문적으로 하는 사람을 손해사정인이라고 한다.

〈자동차손해배상보장법〉은 별도의 규정을 두고 있다. 즉 "자기를 위하여 자동차를 운행하는 자는 그 운행으로 다른 사람을 사망하게 하거나 부상하게 한 경우에는 그 손해를 배상할 책임이 진다"고 규정하고 있다(제3조제1항).

여기서 운행자라 함은 자동차의 운행으로 이익을 보는 자를 의미한다. 이는 운전자와는 다른 개념이다. 예컨대 차량의 소유자나 택시회사는 운행자가 된다. 결국 운전자와 별도로 운행자에게도 손해배상책임을 부과함으로써 피해자를 두텁게 보호하겠다는 것이 이 법의 취지다. 운행자는 직접 운전을 하지 않는 경우에도 운행자책임을 진다. 예를 들어 아들이 아버지의 차를 운전하다가 사고를 일으킨 경우에 아버지는 운행자로서 책임을 진다. 차량을 도난당한 경우에는 소유자가 그 차량의 사고로 인한 손해에 대해 배상책임을 지지 않는다. 그러나 예외적으로 자동차 열쇠의 관리를 부실하게 해 자동차를 도난당한 경우라면 자동차의 소유자에게 운행자성이 있다고 인정될 수 있다.[85] 예를 들어 시동을 켜둔 채 자동차를 방치했는데 누군가가 그 차를 훔쳐 타고 도주하다가 사고를 낸 경우에 그 자동차의 소유자는 운행자책임을 진다. 다만 〈자동차손해배상보장법〉은 다른 사람을 '사망'하게 하거나 '부상'하게 한 경우에만 운행자에게 손해배상책임을 부과하고 있다. 말하자면 인적 사고의 경우에만 운행자에게도 책임을 지운다는 의미다. 따라서 재산을 손괴하는 등으로 물적 손해를 입힌 경우에는 운행자

---

[85] 대판 2001.4.24. 2001다3788.

가 책임을 지지 않는다.

〈자동차손해배상보장법〉은 자동차의 운행자에게 책임보험 가입을 의무화하고 있다. 책임보험은 교통사고로 사망하거나 부상당한 피해자에게 배상금을 지급해야 하는 상황에 대비해 가입하는 보험이다. 이러한 의무보험에 가입하지 않은 차량을 운행해서는 안 되며, 시장이나 구청장 등은 그런 차량에 대해서는 번호판을 압수할 수 있다. 운행자가 의무보험에 가입돼 있는 경우 피해자는 보험회사를 상대로 직접 보험금을 청구할 수 있다. 이상에서 보았듯이 〈자동차손해배상보장법〉은 피해자에게 최소한의 보상을 해주기 위해 마련된 것이다.

교통사고에서의 합의

합의에는 민사합의가 있고, 형사합의가 있다. 민사합의는 가해자와 피해자가 일정한 금액으로 손해배상을 하기로 하고 추가적인 손해배상청구는 하지 않기로 합의하는 것이다. 형사합의는 통상 피해자가 가해자의 처벌을 원하지 않는다는 취지로 합의하는 것이다. 형사합의는 보통 민사합의가 원만히 이루어진 경우에 그와 함께 이루어진다.

보통 30만~50만 원 정도에서 손해가 발생한 경우에는 보험회사의 개입 없이 가해자와 피해자가 서로 합의하고 사고의 뒤처리를 종결하는 수가 많다. 그보다 손해액이 큰 경우에는 자동차종합보험으로 처리하게 되지만, 자동차종합보험에 가입돼 있지 않거나 가입된 보험의 지급액을 넘는 손해가 발생한 경우에는 합의를 하든지, 아니면 소송을 할 수밖에 없다.

민사합의와 별도로 형사합의가 필요할 수 있다. 형사합의를 하면 형벌이 면제되기도 하고, 때로는 양형상의 이익을 얻을 수 있다. 다시 말해 형량을 적게 받기 위해서도 형사합의가 필요한 것이다. 피해자 측에서는 이 점을 이용하여 형사합의를 해주는 조건으로 충분하고 신속한 민사손해배상을 요구하기도 한다. 합의서는 피해자와 가해자를 명기하고, 합의의 내용과 취지를 기재하고, 날짜를 쓴 후 각자 기명날인하면 된다. 아래는 교통사고

합의서의 예다. 민사합의와 형사합의는 별도로 할 수도 있다. 아래의 예는 그 두 가지 합의를 함께 한 경우다.

합 의 서

피 해 자   갑XX
　　　　　피해자의 아버지 갑△△
　　　　　서울 마포구 신수동 OOO번지
가 해 자   을OO
　　　　　서울 종로구 부암동 OOO번지

위 피해자와 가해자는 2010년 7월 11일 10시경 서울 마포구 OO동 5번지 앞에서 XX가 3456호 차량이 운전상의 부주의로 위 갑XX를 심하게 다치게 한 교통사고와 관련해 K화재보험 자동차종합보험 손해배상금으로 치료비를 포함한 위자료 등 일체의 손해배상을 하기로 합의하고, 이와는 별도로 위 을OO은 갑XX에게 위로금조로 일금 400만 원을 지불했습니다. 이에 피해자는 이후 본 사고와 관련해 어떠한 이의도 제기하지 않겠음은 물론이고 민·형사상의 소를 제기하지 않을 것을 확약하고 본 합의서에 서명날인합니다.

2010년 7월 20일

피해자 갑XX의 법정대리인, 갑XX의 아버지 갑△△ (인)
가해자 을OO (인)

4. 교통사고의 형사책임

형법에 의하면 고의나 과실로 타인의 생명을 해치게 되면 살인죄가 성립되고, 타인의 신체에 손상을 가하게 되면 상해죄가 성립되고, 타인의 재산을 훼손하게 되면 손괴죄가 성립된다. 자동차를 운전하다가 과실로 생명을 해치게 되면 업무상 과실치사죄가 성립되고, 타인의 신체를 손상하게 되면 업무상 과실치상죄가 성립된다(형법 제268조). 이 경우 5년 이하의 금고 또는 2천만 원 이하의 벌금에 처한다. 또 〈도로교통법〉 제151조에 의하면 차의 운전자가 업무상 필요한 주의를 게을리 하거나 중대한 과실로 다른 사람의 건조물이나 그 밖의 재물을 손괴한 경우에는 2년 이하의 금고나 500만 원 이하의 벌금에 처한다.

그런데 만약 자동차를 운전하다가 다른 사람의 신체나 재산에 손상을 가한 경우에 모두 형사처벌을 받게 한다면 자동차의 이용이 매우 곤란해질 뿐더러 과도하게 전과자가 양산되고, 가해자와 국가에 지나친 부담을 줄 수 있다. 그래서 〈자동차사고처리특례법〉은 일정한 조건 아래 형사책임을 경감하는 규정을 두고 있다. 이 법은 불과 6개의 조항으로 구성돼 있지만 매우 강력한 효과를 낸다.

우선 이 법은 형법의 업무상 과실치상죄나 〈도로교통법〉 제151조를 위반한 운전자에 대해서는 피해자의 명시적 의사에 반해서는 공소를 제기할 수 없다고 규정하고 있다(제3조 제2항). 쉽게 말하면, 교통사고에 대해서는 다른 사람을 죽인 경우가 아닌 한 가해자와 피해자가 합의하면 가해자를 형사처벌하지 않는다는 것이다. 또 제4조에 의하면 운전자가 자동차종합보험(의무보험과 임의보험에 동시에 가입)에 가입돼 있다면 제3조 제2항에 규정된 죄를 범했더라도 공소를 제기할 수 없다. 말하자면 자동차종합보험에 가입돼 있다면 가해자와 피해자 사이에 합의가 없더라도 가해자를 형사처벌하지 않는다는 것이다. 결국

제3조와 제4조를 합하면 운전자가 과실치상죄를 범하거나 다른 사람의 재산을 손괴하더라도 합의가 있거나 자동차종합보험에 가입돼 있으면 형사처벌하지 않는다는 것이다.

여기에는 중대한 예외가 있다. 세칭 특례법상 10대 예외사유가 그것이다. 최근에 하나가 추가돼 11대 예외사유가 됐다. 그 내용은 다음과 같다.

1. 교통신호나 경찰관의 지시 위반
2. 중앙선 침범
3. 제한속도 20킬로미터 초과 운전
4. 앞지르기 방법 또는 금지 위반
5. 철길 건널목 통과방법 위반
6. 횡단보도상 보행자보호의무 위반
7. 무면허 운전
8. 음주운전과 약물복용운전
9. 보도 침범
10. 승객의 추락 방지의무 위반
11. 어린이 보호구역에서의 어린이 상해사고

그리고 상해사고, 사망사고, 손괴사고를 일으키고 구호조치를 하지 않은 채 도주한 경우도 특례법상 보호대상이 되지 않는다(제3조 제2항 단서). 결국 교통사고를 일으켰지만 사망사고가 아니고 특례법상 예외조항에 해당되지 않는 동시에 도주하지 않았으면 형사처벌을 받지 않는 것이다.

다만 최근 헌법재판소는 중상해인 경우에도 공소를 제기하지 못하게 한 것은 위헌이라고 판시한 바 있다.[86] 따라서 상해의 정도가 심한 경우라면 합의나 보험가입에도 불구하고 형사처벌을 받을 수도 있다.

음주운전

음주운전은 술을 먹고 운전하는 것이다. 음주운전은 자신뿐만 아니라 타인의 생명·신체와 재산에 큰 손실을 주기 때문에 자제하지 않으면 안 된다. 우리 법은 음주운전을 엄하게 규제하고 있다.

법률적으로는 혈중 알콜농도 0.05% 이상에서 운전하는 것을 음주운전이라고 한다. 몸무게 70킬로그램의 건강한 남자라면 소주 2잔, 맥주 2.5잔 정도를 마시고 운전하면 음주운전이 된다. 혈중 알콜농도가 0.05~0.10%이면 면허정지와 150만~300만 원의 벌금형이 부과된다. 음주상태에서 운전하다가 교통사고로 사람을 다치게 하면 면허가 취소되며, 보험이나 합의와 무관하게 형사처벌될 수 있다. 음주운전으로 사람을 죽게 하면 〈특정범죄가중처벌법〉에 따라 1년 이상의 유기징역에 처해진다(제5조의11). 이는 반드시 유죄선고를 받게 된다는 의미이다. 음주운전 단속에서 혈중 알콜농도가 0.1% 이상으로 드러나면 면허가 취소된다. 혈중 알콜농도가 그 이하이더라도 음주운전 행위가 3회 적발되면 면허가 취소된다. 이 경우 2년의 기간이 경과된 후에 운전면허를 재취득할 수 있다. 음주운전 단속을 거부한 경우에는 현행범으로 체포되며, 형사처벌을 감수해야 한다. 사고를 낸 후 음주사실을 은폐하기 위해 현장을 이탈하면 뺑소니가 된다. 나중에 적발되면 적발된 때의 혈중 알콜농도를 기준으로 역산하는 방식으로 사고시점의 음주운전 여부를 판단받게 된다.

---

[86] 2005헌마764, 2008헌마118(병합), 2009.2.26.

생각거리

26

갑은 동창회에서 소주를 반 병 정도 마시며 놀다가 승용차를 운전해 집으로 가던 중 육교 밑을 무단횡단하던 사람을 치는 사고를 냈다. 음주한 사실이 드러나면 더 문제가 될 것 같아 일단 집으로 갔다가 4시간쯤 경과한 후에 현장을 둘러보고 경찰에 가서 자수했다. 승용차의 명의는 갑의 부인인 을로 돼 있다고 할 경우에 갑과 을은 어떤 민·형사 책임을 지게 될까?

제16강 부부관계
혼인도 계약이다

결혼은 부부간의 내밀한 사랑을 기반으로 이루어지는 것이지만 많은 사회적 의미를 함께 지니고 있다. 그래서 현행법은 결혼의 조건과 가정에서의 부부간 법률관계에 대해 상세히 규정하고 있다. 이러한 규정들은 안정적인 가정생활과 평등하고 합리적인 부부관계를 도모하고 있다.

1. 가족법

민법 제4편을 친족법이라고 한다. 친족법은 남녀간의 혼인과 부모자식 간의 관계 등 가족관계를 다루고 있다. 이 친족법과 민법 제5편의 상속법을 합쳐서 가족법이라고 한다.

친족이라고 하면 배우자, 혈족 및 인척을 말한다(제767조).[87] 혼인

---

[87] 소위 '민법상 친족'은 8촌 이내의 혈족, 4촌 이내의 인척, 배우자를 의미한다(제777조).

으로 결합한 부부는 각각 상대방의 배우자가 된다. 혈족(血族)에는 직계혈족과 방계혈족이 있다. 직계존속과 직계비속은 직계혈족이고, 형제자매나 형제자매의 직계비속은 방계혈족이다. 혈족이라는 말에 피를 나눈 친족이라는 의미가 들어있지만, 양자처럼 법률에 의해 혈족으로 인정되는 경우도 있다. 이를 법정혈족이라고 한다. 인척(姻戚)에는 혈족의 배우자나 배우자의 혈족, 배우자의 혈족의 배우자가 포함된다. 인척은 말하자면 혼인으로 인해 확장된 친족이다. 친족 사이의 관계는 촌수로 나타낸다. 민법이나 형법 등에서는 그 촌수에 따라 법률관계를 달리 규정하는 경우가 있다. 예를 들어 결혼할 수 없는 친족의 범위, 상속권을 갖는 친족의 범위가 촌수로 표현돼 있다. 형법에는 자기나 배우자의 직계존속에 대한 살해와 상해에 대해서는 가중처벌하도록 규정돼 있다.

 가족관계의 핵심은 부부관계이며, 부부관계는 혼인에 의해 형성된다. 부부를 중심으로 한 가족관계는 개인의 내밀한 삶의 영역이고 삶에서 중요한 부분을 차지한다. 그런 점에서 개인의 가족적 삶을 사생활의 차원에서 보호하는 것은 중요하다. 그렇지만 가족관계는 사회적인 관점에서도 중요하다. 한 사회의 후세대가 가정을 중심으로 이어질 뿐만 아니라 한 사회의 문화나 관습이 가정을 중심으로 교육되고 전수되기도 한다. 그렇기 때문에 가정의 건강이 사회의 안정과 발전을 위해서도 중요하다. 그리고 가정 내에서 남녀간 평등이 유지되는 것은 사회적으로도 중대한 의미를 가진다. 그런 점에서 대부분의 문명사회에서는 가족관계에 법률이 개입한다. 완전한 자유결혼이란 인정되지 않는 셈이다. 예컨대 남녀간의 불평등을 내용으로 하는 혼인은 금지되며, 가족에 대한 의무를 방기하는 계약도 금지된다. 혼인으로 인해 부부가 전면적인 공동생활에 들어가게 되고 그에 따른 심각한 의무가 발생하므로 가족법은 혼인을 성립단계에서부터 규율하며, 법으로 정한 혼인의 요건을 갖추지 않으면 혼인으로 인정조차 하지 않는다. 부부관계를 비롯한 가족법상 가족관계를 공부하는 것은 가족 중 누구도 부당한 대접을 받지 않게 하는 데 그 의미가 있다고 하겠다. 이처럼 가족관계는 단순히 사적인 문제로 치부되지 않으며 법이 개입하는 영역이다. 부부간의 사랑도 법적인 기반 위에서만 탄탄하게 성립되고 유지될 수 있다는 점을 명심하자. 특히 사회적 약자의 입장에 있는 여성은 가족법상 보장되는 권리를 부당하게 침해당하지 않도록 유의해야 한다.

2. 약혼

혼인을 하기에 앞서 혼인을 하기로 약속하는 것을 약혼이라고 한다. 법률적으로 보면 약혼은 장차 혼인할 것을 약속하는 계약이다. 약혼이 성립되기 위해 성대한 약혼식이나 특별한 형식이 필요한 것은 아니다. 예를 들어 대학생 커플이 친구들을 모아놓고 맥줏집에서 혼인하기로 약속할 수도 있다. 만 19세가 된 성년이라면 누구나 자유의사에 입각해 약혼할 수 있다. 미성년이라면 만 18세가 돼야 약혼할 수 있지만 이 경우 법정대리인의 동의가 있어야 한다. 약혼은 결혼을 약속하는 것이기 때문에 결혼할 수 없는 사람 사이의 약혼은 무효다. 예컨대 배우자가 있는 사람과 약혼하는 것은 무효다. 8촌 이내의 혈족 등 일정 범위의 친족과도 약혼할 수 없다(제809조). 동성간의 결혼은 허용되지 않으므로 남자간 혹은 여자간의 약혼도 무효다. 약혼이 무효라는 말의 의미는 약혼을 하더라도 그에 따른 권리의무 관계가 형성되지 않는다는 것이다.

약혼이 성립되면 양 당사자는 서로 혼인해야 할 의무를 지게 된다. 그렇지만 약혼한 다음에 한쪽 당사자가 혼인을 거절했다고 해서 소송을 통해 혼인을 강제할 수는 없다. 약혼은 아직 결혼이 아니기 때문에 두 사람 사이에 친족관계는 형성되지 않는다. 즉 인척관계가 생기지 않고, 상속의 문제도 발생하지 않는다. 또 약혼 중에 상대방에게 성관계를 요구할 권리도 발생하지 않는다. 약혼 중에 아이가 태어나면 이는 혼외자(婚外子)가 된다. 다만 혼외자는 약혼한 두 사람이 결혼하고 나면 혼인 중의 자식으로 간주된다.

약혼이 결혼에 이르게 되면 문제가 없지만, 종종 약혼이 결혼에 이르지 못하는 경우도 있다. 이를 파혼(破婚)이라고 한다. 파혼은 상대방에게 파혼의 의사를 표시하는 것으로 성립한다. 예컨대 전화로 파혼의 의사표시를 할 수도 있다. 나중에 소송이 있을 수 있다고 생각한다면 내용증명우편으로 의사표시를 해두는 것이 좋다.[88] 약혼자가 서로 합의해 파혼에 이를 수도 있고, 일방의 과책에 의해 파혼에 이를 수도 있다. 파혼의 사유는 법에 규정돼 있다. 즉 형벌을 받은 경우, 성병이나 불

---

[88] 내용증명우편이란 우편물의 내용과 그것이 발송된 사실에 대해 우체국이 공적으로 증명하는 등기우편물이다. 우체국에 가서 내용증명우편을 보내면 우체국이 동일한 내용의 우편물을 세 부 만들어 한 부는 발송인에게 돌려주고, 한 부는 수취인에게 보내고, 한 부는 우체국에 보관한다. 각각의 우편물에는 언제 누가 누구에게 어떤 내용의 우편물을 보냈는지가 기재된다.

치병이 있는 경우, 타인과 결혼한 경우, 타인과 간음한 경우, 생사불명인 경우, 혼인을 거부하거나 부당하게 지연시키는 경우에 파혼의 사유가 있다고 인정된다. 그 외에도 그에 상응하는 중대한 사유는 파혼사유가 된다. 예컨대 약혼시 학력을 속인 것이 파혼의 사유가 된다고 본 판례가 있다.[89] 그러나 시각장애는 파혼의 사유가 되지 않는다고 했다.[90] 일방의 과책으로 인해 파혼이 이루어지는 경우에는 파혼에 책임이 있는 사람이 상대방의 재산적, 정신적 손해에 대해 배상해야 한다. 약혼의 과정에서 예물을 교환한 경우 파혼에 책임이 없는 사람은 예물의 반환을 청구할 수 있지만, 파혼의 원인을 제공한 유책당사자는 예물의 반환을 청구할 수 없다.[91]

3. 혼인

혼인은 남녀가 부부가 되는 것을 의미한다. 혼인이 성립되기 위해서는 법률에 의해 정상적인 혼인으로 인정받아야 한다. 민법은 혼인이 성립하기 위한 몇 가지 요건을 규정하고 있다. 적어도 양 당사자 사이에 혼인하려는 의사의 합치가 있어야 하고, 혼인신고가 있어야 법률적인 부부가 된다. 혼인하려는 의사의 합치를 혼인의 실질적 요건이라고 하고,

---

[89] 대법원 1995. 12. 8. 선고 94므1676, 1683 판결.
[90] 서울가법 2005. 9. 1. 선고 2004드합7422 판결.
[91] 대법원 1976. 12. 28. 선고 76므41, 76므42 판결.

혼인신고를 혼인의 형식적 요건이라고 한다.

혼인이 성립하려면 우선 두 당사자 사이에 혼인하고자 하는 의사의 합치가 있어야 한다. 상호간의 합의가 없는 혼인신고는 무효다. 예를 들어 상대방의 허락 없이 일방적으로 혼인신고를 해버리는 수가 있는데, 이러한 혼인신고는 무효다. 혼인할 의사는 없이 혼인신고만 하기로 합의하고 실제로 그렇게 한 경우도 혼인으로 인정되지 않는다. 예를 들어 외국 여성이 한국 국적을 얻기 위해 한국 남자에게 돈을 지급하고 허위로 혼인신고를 하는 경우가 있다. 그렇게 해서 일단 한국 국적을 얻게 되면 이혼해도 한국 국적은 남기 때문이다. 이와 같이 실제로 혼인할 의사는 없이 혼인신고만 한 경우에는 서류상의 남편이나 부인이 부부로서의 권리를 주장할 수 없다. 혼인의 유효기간을 정하는 이른바 '계약결혼' 도 법률상 혼인으로 인정되지 않는다. 이런 경우 계약기간 중이라고 하더라도 일방이 타방에 대해 계약결혼의 합의에 따른 의무의 이행을 요구할 수 없다. 계약결혼 자체가 반사회적인 것으로 간주되어 무효가 되기 때문이다. 혼인할 의사는 없이 함께 사는 동거의 경우도 계약결혼과 마찬가지로 혼인의 효과를 발생시키지 않는다.

법률상 부부로서 보호받기 위해서는 혼인에 대한 의사의 합치를 이룬 뒤에 반드시 구청 등에 가서 혼인신고를 해야 한다. 혼인은 신고가 수리된 때 비로소 성립하게 된다. 혼인신고를 하지 않았지만 사실상 부부와 다름없이 살고 있는 경우를 사실혼이라고 한다(이에 대해서는 뒤에 서술함).

2005년까지만 해도 동성동본의 결혼을 금지하는 조항이 있었지만, 이 조항은 헌법재판소에서 위헌결정을 받았다.[92] 그 후 민법이 개정되어 8촌 이내 혈족 사이의 혼인은 무효로 하는 것으로 변경됐다. 이에 따라 8촌 이내 혈족 사이의 혼인은 혼인신고를 하더라도 혼인의 효력이 발생하지 않는다. 혼인무효의 사유가 있음에도 불구하고 혼인신고가 된 경우에 그 무효를 주장하기 위해서는 혼인무효 확인의 소송을 제기해야 한다. 이 소송은 부부 가운데 일방이 제기할 수 있고, 이해관계가 있는 제3자가 제기할 수도 있다. 혼인무효가 판결로 확정되면 처음부터 부부관계가 없었던 것으로 된다.

유효한 혼인이 성립되면 두 사람 사이에 신분상의 변화가 생기고 그에 따른 권리의무가 발생한다. 특히 동거의무, 부양의무, 협조의무, 정조의무가 생긴다. 이러한 의무를 이행하지 않으면 이혼사유가 된다. 동거의무에는 성관계에 응할 의무가 포함되며, 부양의무는 시부모와 며느리 사이 및 장인·장모와 사위 사이에도 생긴다. 그리고 부부는 상호간에 일상가사대리권을 갖는다. 일상가사대리권이란 부부생활을 유지하는 데 필요한 일상적인 생활상 사무에 대해 상호간에 갖는 대리권이다. 예컨대 부인은 남편의 위임이 없더라도 남편의 명의로 식품이나 옷 등을 사거나 전화를 놓을 수 있다. 하지만 자동차를 사거나 부동산에 근저당을 설정하는 등의 행위에 대해서는 그러한 일상적인 대리권이 인정되지 않는다.[93] 남편 명의로 신용카드를 만드는 것도 일상가사의 범위를 넘는 것이다.[94] 미성년의 경우는 결혼하면 성년으로 의제된

---

92 헌재 1997.7.16. 95헌가6 내지 13.
93 대법원 1968.11.26. 선고 68다1727, 68다1728 판결.
94 서울지법 1997. 1. 8. 선고 96나22395 판결.

다. 그리고 일단 결혼하면 성년이 되기 전에 다시 이혼해도 미성년으로 복귀하지 않는다.

　　부부 사이의 재산관계는 부부가 합의로 정할 수 있다. 그러나 이 경우에는 엄격한 제한이 있다. 즉 부부가 합의로 서로간의 재산관계를 정하려면 반드시 혼인신고 전에 상호합의해야 하고 그 내용을 법원에 등기해야 한다. 그 내용은 법원의 허가 없이는 변경할 수 없다. 그렇기 때문에 대부분의 부부간 재산관계는 법률에서 정한 바에 의해 규율된다. 우리 민법은 부부별산제를 채택하고 있다. 즉 결혼했더라도 부부는 각기 자기 재산을 소유하는 것이다. 부부는 각자 자기의 재산에 대해서는 자기의 의지에 따라 사용·수익·처분할 수 있다. 부부의 일방이 혼인 전부터 갖고 있었던 재산(고유재산)과 혼인 이후에 취득했더라도 자기 명의로 취득한 재산은 그의 소유물로 추정된다. 그리고 누구의 재산인지 명확하지 않을 때에는 부부의 공유재산으로 추정된다. 하지만 명의와 상관없이 그 소유자를 입증할 수 있으면 그 사람의 소유물이 된다.

4. 이혼

혼인은 배우자의 사망이나 이혼에 의해 해소된다. 사망으로 인해 혼인이 해소되는 경우에는 재혼을 하지 않는 한 인척관계가 해소되지 않는다. 이혼에는 협의이혼과 재판상 이혼이 있다.

　　협의이혼(協議離婚)은 부부가 합의로 이혼하는 경우다. 협의이혼은 이혼의 의사가 합치하고 이혼신고가 이루어지면 성립된다. 그런데 이혼신고를 하는 데는 일정한 절차가 필요하다. 협의이혼을 하기 위해서는 법관으로부터 이혼의 의사를 확인받는 절차를 밟게 된다. 먼저 법원에 이혼의사 확인 신청을 하면 자녀가 있는 경우에는 3개월 이후, 그렇지 않은 경우에는 1개월 이후에 이혼의사 확인을 받을 수 있다. 이 기간은 경솔한 이혼을 방지하겠다는 취지에서 설정된 것으로 이혼숙려기간이라고 부른다. 이 기간 이후에 이혼의사를 확인받고 그 확인서를 첨부해 3개월 이내에 이혼신고를 하면 이혼이 이루어진 것이 된다. 따라서 이혼을 하려면 최소 1개월, 길게는 3개월 이상이 소요된다. 만약 이혼의사 확인을 받고 3개월 안에 이혼신고를 하지 않으면 이혼의사확인서가 무효가 되기 때문에 다시 절차를 밟아야 한다. 이혼숙려기간 동안에 어느 일방이라도 이혼의 의사를 철회하면 협의이혼은 성립하지 않게 된다. 협의이혼의 성립시점은 어디까지나 이혼신고가 수리된 때다. 실제로 이혼할 의사가 없는데도 다른 목적을 위해 허위로 이혼한 경우에 부부관계가 해소된 것으로 봐야 할까? 이러한 경우를 가장(假裝)이혼이라고 한다. 판례는 이러한 경우에도 법률상 이혼신고의 의사가 있었다면 그 이혼은 유효한 것으로 보았다.[95]

재판상 이혼(裁判上 離婚)은 법원의 판결에 의한 이혼을 말한다. 재판상 이혼은 당사자의 일방이 이혼을 원하지 않는 경우에 이용되는

---

[95] 이혼청구의 피청구인이 외국이민을 떠났다가 3년 후에 다시 귀국하여 혼인신고를 하여주겠다고 하여 청구인이 이를 믿고 이혼신고를 하였다면 별다른 사정이 없는 한 당사자간에 일시적이나마 법률상의 부부관계를 해소할 의사가 있었다고 할 것이니 그 이혼신고는 유효하다고 할 것이다(대법원 1981.7.28. 선고 80므77 판결).

절차다. 재판상 이혼을 청구하기 위해서는 타방의 당사자에게 이혼의 귀책사유가 있어야 한다. 재판상 이혼의 원인은 민법 제840조에 나열돼 있다. 여기에는 배우자의 부정한 행위, 악의의 유기(遺棄), 배우자 또는 그 직계존속에 의한 심히 부당한 대우, 직계존속에 대한 배우자의 심히 부당한 대우, 3년 이상의 생사불명 등이 포함된다. 기타 혼인을 계속할 수 없는 중대한 사유가 있는 때에도 이혼을 청구할 수 있는 것으로 규정돼 있다. 기타 중대한 사유에는 남편의 방탕, 허영에 의한 지나친 낭비, 불성실 또는 지나친 사치, 가정주부의 거액 도박, 불치의 정신병, 부부간의 애정 상실, 성격 불일치, 극심한 의처증, 심한 주벽, 알콜중독, 마약, 범죄 및 실형선고, 신앙의 차이로 인한 반목, 광신적 신앙생활, 성교 거부, 성불능, 변태성욕, 동성애, 성병, 부당한 피임, 춤바람, 심한 우울증 등이 포함된다. 이러한 각각의 사유가 이혼을 정당화할 만큼 심한 것인지는 개별적으로 판단해보아야 한다. 예를 들어 아내가 카바레에 춤추러 갔다가 만난 남자와 친하게 되어 함께 집까지 동행한 것만으로는 이혼을 해야 할 정도의 부정한 행위를 했다고 볼 수 없다.[96] 우울증 증세만을 보이는 것은 중대한 이혼사유가 되지 못한다.[97]

　　재판상 이혼은 무책배우자가 유책배우자를 피고로 해서 소송을 제기하는 절차를 거쳐야 하는데, 유책배우자도 재판상 이혼을 청구할 수

---

[96] 대법원 1990.7.24. 89므1115.
[97] 대법원 1995.12.22. 99므861.

있을까? 예를 들어 결혼 중에 배우자가 아닌 다른 사람과 사랑에 빠진 경우에 재판을 통해 이혼을 할 수 있을까? 판례는 혼인생활의 파탄에 대해 주된 책임이 있는 배우자의 이혼청구는 원칙적으로 허용하지 않는다.[98] 그러나 상대방도 그 파탄 이후에 혼인을 계속할 의사가 없음이 객관적으로 명백한데도 그 상대방이 오기나 보복적 감정에서 이혼에 응하지 아니하고 있을 뿐인 경우 등 특별한 사정이 있는 경우에는 예외적으로 유책배우자의 이혼청구가 허용된다고 한 판례도 있다.[99] 아무튼 이 판례는 제한적이긴 하지만 유책배우자가 재판상 이혼을 청구할 수 있는 가능성을 열어두고 있다.

재판상 이혼은 그 선고가 있을 때 효력이 발생한다. 협의이혼이든 재판상 이혼이든 이혼의 효력은 동일하다. 일단 각 당사자의 부부로서의 권리·의무가 소멸한다. 하지만 자녀에 대한 관계는 이혼 후에도 유지된다. 자녀의 양육권자나 친권자를 누구로 할 것인지는 당사자간의 협의에 의해 정한다. 협의가 이루어지지 않으면 가정법원에 양육권자나 친권자를 지정해줄 것을 청구해야 한다. 이때 법원은 자녀의 복리를 고려해 양육권자나 친권자를 정한다. 양육권자를 정할 때에는 양육비와 면접교섭권에 대해 함께 논의하게 된다. 양육비에 대한 합의가 없더라도 자녀를 양육하는 자는 그 부 또는 모에게 양육비를 청구할 수 있다. 일방 당사자가 양육권을 갖기로 합의하는 경우 다른 당자사는 면접

---

[98] 대법원 1999. 2. 12. 선고 97므612 판결.
[99] 대법원 2004. 9. 24. 선고 2004므1033 판결.

교섭권을 가진다. 면접교섭권은 자녀와 만나거나 전화, 편지 등의 방법으로 자녀를 만날 수 있는 권한을 말한다. 면접교섭권은 법원의 결정이 아니면 이를 배제할 수 없다.

 이혼이 재산관계에 미치는 효과도 중요하다. 이혼하는 부부는 재산분할청구권을 갖는다. 부부의 재산에는 별산제가 적용되기 때문에 이혼할 때 재산은 각자가 자기 것을 가져가면 된다. 예컨대 혼인 전부터 가지고 있었던 부동산이나 예금, 자격증 등 특유재산은 분할의 대상이 아니다. 재산분할청구의 대상이 되는 것은 혼인 중에 함께 노력해서 형성한 재산이다. 재산의 명의가 남편의 이름으로 돼 있더라도 아내가 그 재산의 형성과 유지에 기여했다면 그 재산은 분할의 대상이 된다. 퇴직금이나 연금도 재산분할의 대상이 된다. 이미 받은 퇴직금뿐만 아니라 아직 받지 않은 퇴직금도 분할의 대상이 된다.[100] 만약 퇴직연금을 받고 있다면 연금수급권자인 배우자가 매월 수령할 퇴직연금액 중 일정 비율에 해당하는 금액을 상대방 배우자에게 정기적으로 지급하는 방식으로 재산분할할 수 있다.[101] 재산의 분할은 각자 자기의 재산을 가져가는 것에 관한 것이므로 이혼에 대한 유책여부와 상관이 없다. 재산분할의 방법이나 비율은 상호합의에 의하지만, 합의가 이루어지지 않으면 결국 소송을 할 수밖에 없다. 재산분할 비율을 보면 맞벌이 부부의 경우 각각 50%로 인정한 경우가 많고, 남편의 가업에 아내가 협력한

---

100 대법원 2014. 7. 10. 선고 2013므2250 전원합의체 판결.
101 대법원 2014. 7. 16. 선고 2012므2888 전원합의체 판결.

경우에도 각각 50%로 인정한 사례가 있다. 아내가 전적으로 가사에 종사한 경우에는 그 아내 몫의 재산분할 비율로 3분의 1이 인정된 적도 있고, 50%가 인정된 적도 있다. 재산분할에 의해 분배받은 재산은 각자의 자기 재산이므로 그 재산에는 증여세나 양도소득세가 부과되지 않는다.

재산분할과 별도로, 이혼에 귀책이 없는 사람은 귀책이 있는 사람에 대해 손해배상을 청구할 수 있다. 이에 따른 배상금을 이혼위자료라고 한다. 위자료는 이혼 후 3년 이내에 청구하면 된다. 성적 불구가 원인이 된 이혼의 경우에도 위자료를 청구할 수 있다. 그러나 혼인 당시에는 정상이었으나 교통사고 등으로 성불구가 됐고 이를 이유로 이혼하는 경우에는 위자료를 청구할 수 없다.

5. 사실혼

앞에서 보았듯이 혼인이 법에 의해 보호되기 위해서는 혼인의사의 합치가 있어야 하고, 혼인신고가 있어야 한다. 그런데 혼인의 의사를 가지고 있고 실제로 혼인생활을 하면서도 혼인신고를 하지 않는 경우가 있을 수 있다. 말하자면 실질적으로 보면 부부나 다름없지만 혼인신고를 하지 않는 경우다. 이러한 것을 사실혼(事實婚)이라고 한다.

이에 대해서는 판례가 규율하고 있는데 대체로 혼인과 유사한 것으로 취급하고 있다. 사실혼의 경우에도 양 당사자가 부양협조의무와 정조의무 등을 지며 부부 사이의 대리권(제827조), 일상가사 연대책임

(제833조), 특유재산의 인정(제831조), 생활비 공동부담(제833조), 부부 사이의 계약취소권(제828조) 등이 인정된다. 사실혼 관계에 있는 당사자의 일방은 혼인관계 존부확인 청구소송을 제기할 수 있고, 법원에 의해 사실혼 관계의 존재가 확인되면 1개월 이내에 혼인신고를 해야 한다. 사실혼 관계에 있다가 이혼하는 경우에는 따로 이혼신고를 할 필요가 없고, 당사자의 일방이 재산분할 청구권을 행사할 수 있으며, 유책한 당사자에 대한 손해배상 청구도 가능하다.

하지만 사실혼에는 신고를 전제로 하는 법률적 효과는 인정되지 않는다. 예컨대 친족관계와 인척관계가 생기지 않고, 성년의제도 없으며, 상호간에 상속문제도 발생하지 않는다. 형법상 간통죄도 성립하지 않는다.

생각거리

27

원고인 갑(여자)은 을(남자)과 중매로 만나 혼인생활을 시작했다. 그런데 어려서부터 외롭게 성장한 갑은 원만한 가정을 이루기 위해서 무던히 노력했지만, 을은 혼인 초부터 원고를 천대하고 복종을 강요했다. 심하게 잔소리를 하거나 술에 만취되어 폭력을 행사하는 경우도 있었기 때문에 같이 산다는 것 자체가 쉽지 않았다. 심지어 부부간의 성적 관계도 거의 이루어지지 못했다. 3년간의 공동생활 끝에 갑은 을을 떠나기로 하고 집을 나와 따로 생활했다. 그렇게 10여 년이 흘렀다. 갑과 을은 별도로 이혼절차를 밟지는 않았지만 지난 10년간 만난 적도 없고 재결합할 생각도 전혀 없었다. 그러던 중 갑은 병을 만나 교류하고 종종 성적관계를 맺기도 했다. 어떻게 이 사실을 안 을은 불같이 화를 내면서 갑을 상대로 위자료 청구를 포함하는 이혼청구소송을 제기했으며, 동시에 병을 상대로도 손해배상청구소송을 제기했다. 을의 청구는 법원에서 받아들여지겠는가?

28

갑과 을은 직장에서 만나 서로 결혼하기로 했다. 갑이 을을 집에 소개하려고 보니 서로 동성동본이라는 것을 알게 됐다. 최근 법이 바뀌어 동성동본도 결혼할 수 있게 됐지만, 갑의 아버지는 유교적 가치관을 갖고 있는 사람이어서 결혼을 허락받는 것이 불가능했다. 갑은 이미 성인이므로 부모의 동의 없이 혼인신고를 할 수 있지만, 집안에 풍파를 일으키기도 싫었다. 그래서 혼인신고 없이 을과 신혼방을 꾸미고 살았다. 둘 사이에 아이가 생기자 을의 호적에 올렸다. 몇 년간 그렇게 문제없이 살았는데 어느 날 갑의 아버지가 그런 사실을 알고 수시로 갑의 집에 와서 을을 핍박했다. 을은 갑과 헤어지고 싶은데 이 경우에 재산문제나 자식문제를 어떻게 해결해야 하는가?

읽을거리 / 볼거리

- 이명길 · 김한규, 《행복한 남녀관계를 위한 법률상식 34가지》, 경향미디어, 2010. 남녀관계도 법률로 규율된다. 남녀간에 신뢰가 없어서 그런 것이 아니다. 정녕 신뢰가 있다면 법률적 관계를 거부하지 말아야 할 것이다.

- 영화 〈크레이머 대 크레이머〉(1979, 로버트 벤튼 감독 / 더스틴 호프먼, 메릴 스트립 출연 / ★★★). 이 영화는 자녀 양육권을 둘러싼 법률문제를 다루고 있다. 양육권을 누가 가질 것인지는 부모 중 누가 자녀를 더 잘 양육할 수 있을 것인지에 의해 판가름 난다. 그리고 누가 자녀를 더 잘 양육할 수 있는지는 법관이 결정한다.

제17강 상속
유산분배를 법대로 한다면

> 사람은 죽음으로써 일생을 마감한다. 자신의 사후에 일어날 일에 대해 어떤 뜻을 밝히는 것이 유언이다. 하지만 법률적으로 의미 있는 유언은 한정된 내용에 대해 정해진 방식으로 한 유언이며, 그런 유언만이 유효하다. 유언을 통해 재산상속에 대해 지침을 줄 수 있고, 이것이 없을 때에는 법이 정한 순서와 비율에 따라 죽은 사람의 재산이 분배된다. 그리고 유언을 통해서도 자기 재산을 마음대로 처분하지 못하게 하는 제도로 유류분이라는 것이 있다. 유산이 문제가 되면 형제간에도 치열한 싸움을 하는 세태 속에서 정당한 권리를 찾으면서도 원만한 해결을 구하기 위해서는 상속법의 관련 조항들을 숙지하지 않으면 안 된다.

1. 유언

유언은 유언자가 자신의 사망과 동시에 일정한 법률효과를 발생시키기 위해 하는 의사표시다. 유언은 유언자가 죽기 전에는 효력이 없으며, 유언을 했더라도 언제든지 유언을 철회할 수 있다. 유언에서 중요한 것은 일정한 내용에 대해서만 유언할 수 있고 일정한 형식으로만 유언할 수 있다는 것이다. 이는 유언의 존재여부를 분명히 하고 위조·변조를 방지하기 위한 조치다. 유언이 모호하면 유언자가 죽은 뒤에 그의 의사를 확인할 방법이 없기 때문이다. 유언은 만 17세가 돼야 할 수 있게 돼 있는데, 이는 그 정도의 나이면 미성년자라도 충분한 의사능력이 있다고 보기 때문이다. 유언할 수 있는 자격을 유언능력이라고 한다. 만 17세가 되기 전에는 유언능력이 없는 것이다.

유언으로 할 수 있는 것으로는 재단법인의 설립, 친생부인과 인지 및 후견인 지정,[102] 재산상속의 분할방법 지정 또는 위탁, 상속재산 분할 금지, 유언집행자의 지정 및 위탁, 유증,[103] 신탁 등이 있다. 그 외의 내용으로 유언을 하면 법률적 효력을 인정받지 못한다. 예컨대 "형제끼리 화목하라"는 식의 유언은 법률적으로 의미 있는 유언이 되지 못한다. 사실 이런 것은 강제집행할 수도 없다.

유언의 방식에도 제한이 있다. 상속법상 인정되는 유언의 방식은 5가지다. 자필증서에 의한 유언, 녹음에 의한 유언, 공정증서에 의한 유

---

[102] 친생부인(親生否認)이란 자기의 자식이 아니라고 밝히는 것이고, 인지(認知)는 자기의 자식임 인정하는 것이다. 후견인은 친권자가 없는 미성년자의 경우에 법정대리인의 역할을 대신할 사람을 말한다. 법정대리인은 유언으로 후견인을 지정할 수 있다.

[103] 유증(遺贈)은 유언으로써 타인에게 재산을 주는 단독행위다. 사인증여(死因贈與)라는 것도 있는데, 이는 사망을 조건으로 재산을 증여하기로 하는 계약이다.

언, 비밀증서에 의한 유언, 구수증서에 의한 유언이 그것이다. 이 밖의 다른 방식으로 유언을 하면 유언으로 인정되지 않는다.

유언자는 우선 자필증서의 방식으로 유언을 할 수 있다. 자필증서에는 반드시 날짜와 주소, 성명을 기재하고 날인해야 한다. 날짜가 없는 유언의 효력을 부인하는 것은 유언자의 유언능력을 판단하는 데 날짜가 중요하며, 여러 장의 유언이 있는 경우에는 마지막의 것만 유효하기 때문이다. 예컨대 날짜로 보아 만 17세 이전에 작성된 것이면 그 유언의 효력이 인정되지 않는다. 자필로 씌어진 것이 아니라 다른 사람이 대필하거나 컴퓨터로 출력한 유언도 무효다. 성명은 반드시 본명이 아니라도 괜찮지만, 적어도 누구를 가리키는 것인지는 식별가능해야 한다. 날인도 반드시 있어야 하는데 손도장도 무방하다.[104] 내용의 변경이 있는 경우에도 유언자의 자필에 의한 것이어야 하고, 변경된 부분에 날인이 있어야 한다.

녹음에 의한 유언은 유언자가 유언의 내용, 이름과 날짜를 녹음하고, 이때 참여한 증인이 유언이 정확하다는 취지의 발언을 하고 자기 이름을 구술하는 방식이다. 자필로 유언을 남기기 곤란한 사정이 있는 경우에 이러한 방식이 이용될 수 있다.

공정증서를 이용한 유언은 공증인의 면전에서 유언의 취지를 구수(口授)하고 공증인이 필기한 다음 참석한 증인이 그 정확함을 확인한 후 각자 서명하거나 기명날인하는 방식이다. 이때 증인은 2명 이상이

---

[104] 대법원 1998.6.12. 97다38510.

어야 한다. 여기서 구수한다는 것은 실제로 말로써 유언한다는 의미다. 따라서 언어장애 때문에 말을 하지 못하고 고개를 끄덕이는 식으로 의사를 전달한 경우는 구수한 것으로 볼 수 없다.[105]

비밀증서에 의한 유언은 유언자가 유언의 내용과 이름을 기재한 다음 봉인하고 이를 2인 이상의 증인의 면전에 제출해 자기의 유언서임을 표시한 후 봉투의 표면에 유언자와 증인이 각자 서명하거나 기명날인하는 형식으로 한 유언이다. 이 봉투는 5일 이내에 공증인 또는 법원으로부터 확정일자를 받아야 한다. 이는 유언의 비밀을 유지하면서 변조를 막기 위한 방법이다.

구수증서에 의한 유언은 질병이나 기타 급박한 사정으로 인해 위의 방식으로 유언을 할 수 없는 경우에 인정되는 것으로서, 유언자가 2인 이상의 증인이 참여한 가운데 그중 1인에게 말로써 유언하고 그 말을 받아 적은 자가 그것을 낭독한 다음 유언자와 증인이 그 정확성을 승인하고 각자 서명하거나 기명날인하는 방식이다. 이 방식에 의한 유언의 경우에는 급박한 사정이 끝난 후 7일 이내에 법원에 검인을 신청해야 한다.

이상과 같은 방식을 취하지 않은 유언은 무효가 된다. 사후에 유언이 착오, 사기, 강박에 의해 이루어진 사실이 드러나면 상속인이나 기

---

[105] 의학상 반혼수상태의 유언자에게 공증인이 유언 내용의 취지를 말해주고 "그렇소?" 하고 물은 다음에 유언자가 말은 하지 않고 고개만 끄덕거리면 공증인의 사무원이 그 내용을 필기하고 이를 공증인이 낭독하는 방법으로 유언서가 작성됐다면 이는 유언자가 구수한 것이라고 할 수 없으므로 무효다(대법원 1980. 12. 23. 선고 80므18 판결).

타 이해관계자는 그 유언의 취소를 구하는 소송을 제기할 수 있다. 또 유언자는 언제든지 유언의 내용에 대해 그 전부나 일부를 철회할 수 있다. 유언장이 여러 장이고 내용에 저촉이 있으면 앞선 유언은 유언자가 철회한 것으로 본다.

2. 상속의 기준

상속은 피상속인이 사망한 경우에 생전에 그가 소유했던 재산이 생존해 있는 혈족과 배우자에게 포괄적으로 승계되는 것을 말한다. 어떤 비율로 누구에게 상속되는지는 원칙적으로 피상속인의 유언에 의한다고 할 수 있다. 그런데 만약 피상속인이 유언을 남기지 않은 경우에는 상속인의 합의에 의하고, 상속인의 합의가 없으면 법정 상속기준에 따라 상속이 이루어지게 된다.

상속의 순위에 대해서는 민법이 규정하고 있다. 제1순위는 피상속인의 직계비속이고, 제2순위는 직계존속이고, 제3순위는 피상속인의 형제자매이고, 제4순위는 4촌 이내의 방계혈족이다. 배우자는 직계비속과 공동상속인이 되고, 직계비속이 없는 경우라면 직계존속과 공동상속인이 되며, 직계비속과 직계존속이 없으면 단독상속인이 된다. 직계비속은 자연혈족(친생자)인지 법정혈족(양자)인지를 따지지 않는다. 혼외자와 혼인 중의 자식을 차별하지 않고, 남녀의 차별도 없고, 혼인 여부도 묻지 않는다. 동순위 상속인이 여러 명이면 최근친이 선순위가 되고, 최근친이 여러 명이면 공동상속인이 된다. 공동의 상속인이 있으면 상속분을 균분하되 피상속인의 배우자는 직계비속 또는 직계존속보다 5할을 가산한다.

상속과 관련해 대습상속(代襲相續)이라는 개념이 있다. 대습상속이란 상속인이 될 직계비속 또는 형제자매가 상속개시 전에 사망하거나 결격자가 된 경우에 그 자의 직계비속이나 배우자가 있는 때에는 그 직계비속이나 배우자가 그 자의 순위로 상속인이 되는 것이다(제1001

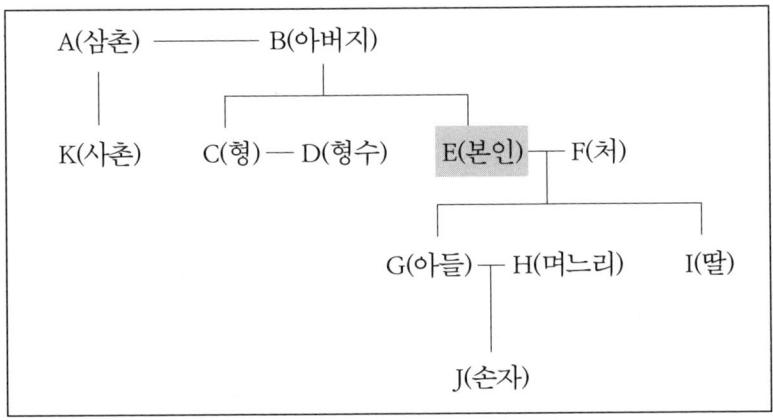

조, 제1003조). 아래 표를 보면서 이상의 내용을 적용해보자.

이 도식에서 E가 사망했다고 생각해보자. 직계비속이 1순위이므로 G, I, J가 상속인이 될 수 있지만, 이 경우에는 최근친이 두 명 있으므로 그들이 공동상속인이 되고 J(손자)는 상속에서 배제된다. 처(F)는 직계비속과 동순위다. 따라서 이 경우 G(아들) : I(딸) : F(처)=1 : 1 : 1.5의 비율로 상속인이 된다. 아버지인 B에게는 전혀 상속되지 않는다.

만약 G, H, I, J가 모두 없다면 B와 F가 1 : 1.5의 비율로 E의 재산을 상속받는다. 만약 B(아버지)도 없다면 F(처)가 단독으로 상속인이 된다. 만약 F도 없다면 E의 형제자매가 상속인이 되므로 C에게 E의 재산이 상속된다. 또 C(형제자매)도 없다면 A(삼촌)에게 단독상속된다.

다시 원래 도식으로 돌아가 E가 사망했다고 하자. 만약 상속개시 전에 G가 죽고 없다면 G 대신 G의 직계비속인 J가 대습상속을 하게 된다. 이때 G의 처인 H도 함께 대습상속한다. 그래서 F, I, H, J가 공동상속인이 된다. 그 비율은 1.5 : 1 : 1.5/(1+1.5) : 1/(1+1.5)이 된다.

만약에 E와 G와 H와 J가 함께 비행기로 여행을 하다가 비행기 추락사고로 사망한 경우에는 어떻게 상속될까? 상속에서는 사망의 순서가 매우 중요하다. 그런데 E가 먼저 죽었다면 G, H, J에게 상속이 있은 후에 죽은 것이 되고, 그렇지 않고 G, H, J가 먼저 죽고 E가 죽었다면 이들에게 상속이 일어나지 않은 것이 된다. 이러한 어려움을 해결하기 위해 민법은 2인 이상이 동일한 재난으로 사망한 경우에는 동시에 사망한 것으로 추정한다. 따라서 달리 반증이 없으면 동시에 사망한 것으로 간주된다. 이 경우처럼 E, G, H, J가 동시에 사망했다면 E의 재산은 G, H, J에게 상속되지 않는다. 따라서 F(처)와 I(딸)가 1.5 : 1의 비율로 E의 재산을 상속받는다. 이 경우에 G에게 재산이 있었다면 G의 재산은 E, H, J에게 상속된 것으로 보지 않는다. 동시에 사망한 것으로 보기 때문이다. 따라서 G의 재산은 F(G의 최근친 직계존속)가 단독으로 상속한다.

상속재산을 분배할 때는 피상속인의 재산으로만 분배하게 된다. 상속재산이 피상속인의 명의로 돼 있지만 상속인이 그 상속재산에 특별히 기여한 부분이 있을 때는 그 부분을 공제하고 나머지 상속재산을 분배한다. 민법은 "상당한 기간 동거, 간호, 그 밖의 방법으로 피상속인을 특별히 부양했거나 피상속인의 재산의 유지 또는 증가에 관해 특별히 기여한 자"가 있는 경우에는 그 기여분을 공제한 후 배분하도록 하고 있다. 예컨대 직계비속 중 1명이 무상으로 아버지의 사업을 위해 오랫동안 노무를 제공했거나 재산을 기여한 경우, 부동산을 매입하는 데 금전을 제공한 경우, 재산관리를 통해 피상속인의 재산을 유지하거나 증가시키는 데 특별히 기여한 경우 등이 이에 포함된다. 이러한 기여분은 명의와 상관없이 기여한 사람의 몫으로 봐야 할 것이므로 이를 상속재산에서 배제하는 것은 마땅하다 할 것이다.

만약에 상속재산의 내역에서 부채가 재산보다 많은 경우에는 상속인이 그러한 사실을 안 때로부터 3개월 이내에 한정승인하거나 포기할 수 있다. 한정승인한다는 것은 재산의 한도 내에서만 부채를 변제하겠다고 밝히는 것이고, 포기한다는 것은 재산과 부채 모두에 대해 상속을 포기한다고 밝히는 것이다. 이는 민법상 자기책임의 원칙이 발현된 것이며, 부채는 대물림되지 말아야 한다는 정신의 표현이다.

3. 유류분

유류분(遺留分)이란 상속에 대한 상속인의 기대를 보호해주기 위해 피상속인이 갖는 유언의 자유에 일정한 제한을 가하기 위한 제도다. 예를 들어 직계비속과 배우자는 법정상속분의 2분의 1에 대해 유류분권리를 가진다. 이 말의 의미는 피상속인의 의지와 상관없이 직계비속과 배우자는 법정상속분의 2분의 1을 상속받을 권리가 있다는 것이다. 마찬가지로 피상속인의 직계존속과 형제자매는 법정 상속분의 3분의 1에 대해 유류분권리를 가진다.

이상에서 민법 전체를 죽 훑어보았다. 앞에서도 말했듯이 민법은 오래된 법이고, 그런 만큼 정교해서 습득하기가 쉽지 않다. 나중에 대법관이 된 양창수 전 서울대 법대 교수는 민법 공부를 위한 요령을 다음과 같이 정리해 제시한 바 있다. 읽어보고 학습에 참고하기 바란다. 이는 반드시 민법학의 학습에만 해당되는 글이 아니다. 일반적으로 법을 공부할 때 이와 유사한 방법을 이용할 수 있다.[106]

(1) 우선 법전을 중시하라는 것이다. 법전은 모든 법공부의 출발점이다. 법조문이 인용되어 있으면 언제나 법전을 들추어 꼼꼼하게 읽어야 한다. '교과서'는 말하자면 법전의 의미를 보다 자세히 풀어 해석하고 거기에 법전이 규정하고 있지 않은 것을 보충하면서 체계를 세운 것에 불과하다고 말할 수 있다.

(2) 나아가 현재 우리나라 법공부의 재료는 주로 '교과서'로 되어 있다. 그런데 많은 경우에 교과서는 법학생들의 법공부 자료로서보다는 추상적 명제를 체계적, 종합적으로 서술하는 학문적 작업의 관점에서 작성된 것이기 때문에 초학자가 이를 통하여 법의 속살을 알기에 별로 적합하지 않다. 그러나 어쨌거나 현재의

---

[106] 인용된 글의 출처는 김문환 등,《법학의 이해》, 길안사, 1998, 169~171쪽이다.

상황에서는 교과서를 통하여 법의 세계로 들어갈 수밖에 없는 것이 현실이다. 그런데 교과서를 접하는 데 있어서는 다음과 같은 점에 주의하여야 한다.

첫째, 읽은 '교과서'의 양에 집착하여서는 안 된다. 모든 공부가 그렇듯이 민법 공부도 체계적으로 하여야 함은 당연하나 통상 하는 방법, 즉 민법총칙 교과서의 머리부터 꼬리까지 거의 아무 것도 이해하지 못하면서 '꾹 참고' 그냥 몇 번씩이고 읽어가는 것은 가능한 방법 중의 하나라고는 할 수 있어도 역시 우둔한 방법이다.

둘째, 그 의미를 곰곰이 생각하여보아도 알 수 없는 것은 의문되는 점을 적어 두고 다음으로 넘어간다. 그러면 후에 이에 관련되는 서술이 다시 나오고, 그때 비로소 앞서 알 수 없었던 점을 알게 되는 경우가 의외로 많다.

셋째, '교과서'에 인용되어 있는 재판례(裁判例)를 찾아 읽고, 또 '참조' 표시가 되어 있는 것(교과서에 "… 참조"라고 쓰여 있는 것은 "참조하라"는 명령으로 이해해야 할 것이다)은 그 부분으로 가서 읽어야 한다. 모르는 용어가 나오면 그 의미를 알고 넘어가야 한다.

넷째, 특히 민법총칙의 강의에서는 그 '총칙'으로서의 성질 때문에 민법전의 총칙편에 규정되어 있지 아니한 제도나 개념 또는 명제를 전제로 하여 논의를 진행하여야 하는 경우가 매우 많이 있다. 이와 같은 법제도 등에 대하여 미리 어느 정도의 윤곽을 파악하는 것이 필요하다.

다섯째, 학설 대립의 내용에 지나치게 집착할 필요가 없다. 무엇이 문제되고 있는가를 파악함으로써 족하다.

(3) 다른 모든 공부에서와 마찬가지로, 무비판적 수용과 '외우기' 처럼 위험한 것은 없다. 이를 피하기 위하여는 우선 교과서의 추상적 명제가 어떠한 구체적 사실관계를 대상으로 하는 것인가를 눈앞에 그려보아야 한다. 그러한 의미에서도 교과서에 인용되어 있는 재판례를 찾아 읽어보는 것은 매우 유익하다.

그렇다고 해서 '외우기'를 외면하여서는 안 된다. '외우기'는 특히 공부의 초입단계에서 매우 중요한 공부방법이다. 물론 외워야 할 것을 구별해내는 것 자체가 어려운 일이기는 하나, 일단 중요한 정의나 중요한 법제도의 기본적 내용은 외워야 한다.

생각거리

29
다음과 같은 경우의 유언에 효력이 있는지 생각해보자.
(1) 중학생이 성적을 비관하여 자살하면서 자신의 컴퓨터를 친구에게 상속하겠다는 뜻을 밝힌 유언장.
(2) 어떤 사람이 바위에서 뛰어내려 자살하기 직전에 자신의 전 재산을 첫째 아들에게 상속한다는 취지의 유언을 MP3 플레이어에 녹음한 것.
(3) 어떤 사람이 채권자(갑)의 위협에 못 이겨 자살하면서 자신의 재산을 즉시 처분해 갑에 대한 채무를 갚도록 하라는 뜻을 밝힌 유언장.
(4) 자신이 죽으면 화장하라고 요구한 유언장.
(5) 자신이 공증인 앞에서 한 모든 유언의 효력을 부인하는 유언장.
(6) 갑에게 자신이 죽으면 재산을 주겠다고 약속했지만 이를 이행하지 말라는 취지의 유언장.

30
집에 불이 나서 잠을 자고 있던 아버지(A)와 아들(C)은 즉사하고 어머니(B)는 병원에서 응급처치 중에 사망했다. A는 시가 5억 원 상당의 토지와 주택을 소유하고 있었다. A와 B 사이에 C 말고 다른 자식은 없다. A에게는 동생 D가 있고, B에게는 부모인 E와 F가 있다. 이들의 상속관계는 어떻게 되는가? A, B, C가 모두 즉사했다면 상속관계는 어떻게 달라지는가?

31

갑은 유족으로 처와 1남 2녀가 있는데, 생전에 아들을 특별히 편애했다. 두 딸은 교육을 잘 받은 뒤 결혼해서 어엿한 시민으로 성실하게 살고 있지만, 아들(을)은 변변한 직장도 없이 어렵게 살고 있다. 아들을 불쌍히 여긴 아버지는 9억 원에 상당하는 전 재산을 아들에게 상속한다는 유언을 남기고 사망했다. 아버지의 유언이 그렇다면 어쩔 수 없다고 생각했던 두 딸이 나중에 아버지가 남긴 재산 가운데 일부라도 받고 싶다는 생각을 하게 됐다면 두 딸에게 어떤 방법이 있을까?

제18강 약식소송
변호사 없이도 소송할 수 있다

> 사적인 권리를 충족시키기 위한 강제집행의 근거가 되는 문서를 집행권원이라고 한다. 좁은 의미의 민사소송은 판결문을 얻는 과정인데, 판결문은 여러 집행권원 중 하나다. 민사소송은 대개 집행권원을 얻기 위한 과정이라고 할 수 있다. 정식의 민사소송 외에도 집행권원을 얻는 절차가 여러 가지 있다. 공정증서, 지급명령제도, 조정, 제소전 화해, 소액사건심판소송 등이 그것이다. 이런 절차는 모두 간편하기 때문에 변호사 없이도 누구나 손쉽게 이용할 수 있다.

1. 혼자 하는 소송

앞에서 헌법재판과 행정소송에 대해 살펴보았다. 헌법재판과 행정소송에 관한 절차법은 주로 공법상의 권리를 보장하는 데 필요한 법이다. 이와 달리 민사소송은 국민의 사법상 권리를 둘러싼 분쟁을 해결하기 위한 재판절차다. 민사소송은 좁게 이해할 때는 판결을 받아내기 위해 법정에서 진행되는 소송절차를 의미하지만, 넓은 의미로 이해할 때는 소송전 절차로서 가압류, 가처분과 소송 후의 강제집행 절차까지 포함하는 개념이다.

헌법소송이나 행정소송에서 이미 보았듯이 소송절차에 관한 법에는 기술적인(technical) 내용이 많고 용어도 일상생활에서는 거의 사용되지 않는 것이 많다. 그렇기 때문에 실제로 소송이 벌어지게 되면 변호사의 조력을 받는 것이 필요하다. 그러나 변호사의 조력을 받기 위해서는 많은 비용이 든다. 변호사비용이 최근에 많이 싸졌다고는 하지만 그래도 큰 부담이 되는 것이 사실이다. 서민의 소소한 금전적 분쟁에서 문제가 되는 금전의 액수는 변호사비용에도 미치지 못하는 경우가 많은데, 이러한 경우에 변호사의 도움을 받는 것은 사실상 어렵다.

그런데 다행히도 소송절차와 관련된 제도 중에는 변호사의 조력을 받지 않고도 약간의 법률적 지식만 가진 사람이라면 얼마든지 이용할 수 있는 것도 꽤 있다. 사실 우리나라 법원에 제기되는 소송은 변호사 없이 진행되는 것이 더 많다. 이를 본인소송이라고 한다. 헌법소송에서는 반드시 변호사를 써야 하고 형사소송에서는 국가가 국선변호사를 붙여주기 때문에 본인소송이 거의 없지만, 민사소송에서는 본인소송이 흔하다. 변호사 없이 이루어지는 소송이 많은 것은 비정상적이지만 변호사의 수가 턱없이 부족하고 변호사비용이 비싸기 때문에 당분간은 이런 상황이 지속될 것이다.

2. 민사소송의 기본원리

소송은 분쟁을 해결하기 위한 것이다. 그런데 소송을 자세히 들여다보면 그것이 반드시 실체적 진리를 드러내는 과정은 아님을 알 수 있다. 아래의 재미난 얘기는 민사소송이 무엇인지에 대해 다시 한 번 생각하게 한다.

> 어떤 여행객이 현금을 가지고 길을 떠났다. 밤이 늦어 여관에 묵게 됐는데, 현금을 지니고 잠드는 것에 대해 걱정이 되어 현금을 여관주인에게 맡겼다. 다음날 아침에 여행객이 돈을 돌려달라고 하자 여관주인은 돈을 받은 적이 없다고 시치미를 뗐다. 여행객은 억울하여 소송을 제기했지만 돈을 돌려받지 못했다. 여행객이 여관주인에게 돈을 맡겼다는 증거가 없었기 때문이었다. 다음에 그 여행객이 현금을 가지고 같은 길을 가다가 저녁이 되어 동일한 여관에 묵게 됐다. 여행객은 여관주인에게 돈을 맡기고 이번에는 현금보관증을 받아두었다. 다음날 아침에 여행객은 돈을 안전하게 돌려받고 길을 떠났다. 며칠 뒤에 여행객이 다시 그 여관주인을 찾아가서 돈을 달라고 했다. 여관주인은 돈을 이미 돌려주지 않았느냐고 반문했지만 여행객은 받은 적이 없다고 했다. 이번에는 여관주인이 소송을 제기했지만 패소했다. 그가 돈을 받은 증거는 있지만 돌려주었다는 증거는 없었기 때문이었다.

이 얘기에서 법원의 판사는 두 번 모두 실체적 진실에 반하는 결론을 내렸다. 판사로서는 그렇게 할 수밖에 없었다. 판사는 증거에 따라 재판할 수밖에 없고, 누가 거짓말을 하는지를 알 수 없기 때문이다. 그렇다면 재판은 무의미한 것인가? 재판은 그 결과가 실체적 진실에 맞지 않더라도 가부간에 판정을 내려줌으로써 분쟁을 마감시켜버린다. 축구경기가 가능한 것은 심판의 오심이 있더라도 선수들은 심판의 판정에 복종해야 한다는 경기규칙이 있기 때문이다. 어떤 사람이 심판이 되는 것은 그에게 신과 같은 판단력이 있기 때문이 아니고, 그의 판단을 존중하기로 하는 선수들이 있기 때문이다. 민사소송의 재판도 이와 비슷한 딜레마에 직면한다. 진실을 드러내는 것과 분쟁을 신속하게 처리하는 것 사이에서 일종의 타협을 해야 하는 것이다. 소송은 최대한 진실을 드러내려고 하는 것이겠지만, 신속하게 분쟁을 처리하는 것도 그 자체로 매우 중요한 의미를 갖는다. 이런 점을 생각하면서 민사소송의 기본원리를 살펴보자.

민사소송은 기본적으로 당사자주의의 원칙에 따라 진행된다. 즉 재판은 원고와 피고가 서로 자신의 주장을 밝히는 것이고, 법관은 그 주장과 제시된 증거에 의거해 판단을 하게 된다. 법관은 재판을 진행하긴 하지만, 실체적 진실을 드러내기 위해 적극적인 노력을 하지는 않는다. 예전의 원님처럼 법관이 직접 원고와 피고를 추궁하며 실체적 진실을 따져서 적정한 판결을 내려주는 것을 직권탐지주의라고 하는데, 현대의 민사소송은 이런 방식을 취하지 않는다. 민사소송은 처분권주의와 변론주의, 자유심증주의 등의 원칙을 가지고 진행된다.

처분권주의란 당사자가 청구하는 것에 대해서만 판정한다는 것이다. 즉 소송을 할 것인지의 여부, 소송을 통해 얻고자 하는 권리의 내용,

소송의 종결여부 등에 대해 법관이 결정권을 갖지 않고 당사자가 결정한다. 당사자에게 권리가 있어도 당사자가 그 권리를 주장하지 않으면 법원이 알아서 그 권리를 찾아주지 않는다. 예를 들어 누가 보더라도 1억 원 이상의 손해배상이 인정될 만한 사건이라도 원고(소송을 제기한 사람)가 1천만 원만 청구하면 법관은 그 1천만 원에 대해서만 승소판결을 내려준다. 승소가 확실하더라도 당자사가 일방적으로 소송을 종결하면 패소판결을 받는다. 이러한 것을 처분권주의라고 한다. 따라서 당사자 스스로가 자신의 권리를 주장해야지 법원에서 판사가 알아서 판단해줄 것이라고 생각하면 안 된다.

변론주의란 당사자가 주장하고 입증한 것을 가지고 판단한다는 원칙이다. 따라서 법관이 보기에 아무리 어떤 사람이 옳은 것 같아도 그 사람이 주장과 입증을 제대로 하지 못하면 그 사람에게 승소판결을 내릴 수 없다. 법관이 일방의 당사자를 도와주는 것은 허용되지 않는다.

자유심증주의란 사실판단에서 법관의 확신에 의존한다는 의미다. 민사소송에서는 어느 편의 주장이 사실인지를 알기 어려운 경우가 많다. 사실 법관이 하는 일 중에서 90%는 사실관계에 관한 판단이라는 말이 있을 정도로 법관이 해야 하는 일에서 사실관계에 대한 판단은 중요하다. 예를 들어 A가 B에게 돈을 빌려준 것이 확실하다면 B가 A에게 돈을 돌려주어야 한다는 판결을 내리면 된다. 그러나 실제 현실에서는 A가 돈을 빌려준 것이 사실인지의 여부가 쟁점이 된다. A는 돈을 빌려주었다고 생각하지만 B는 다른 일의 사례금으로 그 돈을 받았다고 주장할 수도 있다. 이와 같이 상반되는 주장이 있을 때 법관은 누구의 말이 사실이라고 봐야 하는가? 자유심증주의란 법관이 어떤 사실관계를 판단할 때 당사자의 주장내용, 태도, 변론할 때의 인상 등을 자유롭게 평가해서 사실인정을 한다. 당사자가 진땀을 흘리거나 당황하는 것 등도 모두 판단의 근거로 고려될 수 있다. 법률적으로는 "의심을 완전히 배제할 수 없지만 의심에 침묵을 명할 수 있는 정도의 정확성"이 있는 사안이면 그것을 사실로 인정하게 된다. 말하자면 법관의 입장에서 완전히 진실이라는 확증이 없더라도 여러 사정을 보아 그럴 개연성이 있으면 그것이 사실이라고 판정할 수 있다는 것이다. 그것이 오판일 수도 있지만 어쩔 수 없는 일이다. 이런 점이 민사소송의 한계이자 묘미다.

이러한 미묘한 문제를 해결하는 하나의 해법으로 입증책임분배의 원칙이 있다. 앞에서 보았듯이 일반불법행위의 경우 가해자의 고의나 과실이 있었음은 피해자가 입증해야 한다. 이처럼 민사소송에서는 원칙적으로 권리를 주장하는 사람이 그 권리의 존재를 입증하는 증거를 제시해야 한다. 만약에 원고가 어떤 권리가 존재한다는 사실을 입증했다면, 피고는 의무를 면하기 위해 그 권리가 소멸했거나 행사될 수 없음을 주장하고 입증해야 한다. 예컨대 앞에서 소개한 얘기에서 여행객이 돈을 돌려받기 위해서는 자기가 여관주인에게 돈을 주었다는 것을 입증해야 하는 것이지, 여관주인에게 그가 돈을 받지 않았다는 것을 입증하라고 하면 안 된다. 이에 비해 피고는 계약의 무효를 주장하거나 변제, 상계, 시효완성, 계약해제, 동시이행 등의 항변을 함으로써 자신을 방어할 수 있다.[107]

이상에서 보듯이 소송을 하기 위해서는 자신의 권리가 무엇인지를 정확히 아는 것이 일차적으로 중요하다. 그 다음으로는 증거수집이 중요하다. 자유심증주의가 채택되고 있는 만큼 증거가 반드시 물리적 엄밀성이 없더라도 판사를 잘 설득하면 인정될 수 있다. 판사를 설득하기 위해서는 원고든 피고든 시종 당당하면서도 부지런하고 성실하게 재판에 임해야 한다. 또 처분권주의와 변론주의가 채택되고 있기 때문에 당사자 스스로 적극적으로 주장해야 할 것을 주장해야지 법관이 알아서 잘 판단해줄 것이라고 믿어서는 안 된다.

3. 공정증서

통상적으로 어떤 사람(갑)이 다른 사람(을)에 대해 채권이 있다고 하더라도 채무자(을)가 채무를 자발적으로 이행하지 않으면 그 사람(갑)은 채권을 만족시킬 수 없다. 이런 경우에는 소송을 하지 않을 수 없다. 그런데 자세히 보면 소송은 그 자체가 강제집행절차인 것이 아니다. 소송은 강제집행절차라기보다는 권리가 존재하는지 여부에 대한 공적인 판단을 구하는 과정이다. 소송을 통해 얻게 되는 것은 "을은 갑에게 3000

---

107 변제(辨濟)의 항변이란 채무가 있었지만 갚았다는 항변이다. 상계(相計)의 항변이란 채무가 있지만 채권도 있기 때문에 채무가 소멸됐다는 항변이다. 시효(時效)완성의 항변은 채권이 있었지만 소멸시효로 인해 그 채권이 없어졌다는 항변이다. 계약해제의 항변은 채권의 원인이 되는 계약이 해제됨으로써 채무가 소멸됐다는 항변이다. 동시이행의 항변은 채무를 갚을 준비가 돼 있지만 상대방 측에서도 반대급부를 해야 하기 때문에 그 반대급부의 이행과 동시에 채무를 이행하겠다고 하는 항변이다.

만 원을 지급하라"는 식의 명령이 기재된 판결문뿐이다. 그러나 이러한 법원의 판결에도 불구하고 을이 돈을 지급하지 않으면 갑은 판결문을 이용해 을의 재산에 대해 강제집행하는 절차를 진행할 수 있다. 말하자면 판결은 강제집행의 전단계에 해당하는 것이고, 판결문을 받는 이유는 권리의 존재에 대한 공적인 확인을 받는 데 있다. 그러한 확인이 중요한 것은 그에 기초해 강제집행을 할 수 있기 때문이다. 판결문처럼 권리집행력의 존재를 공적으로 증명하는 문서를 집행권원(執行權原)이라고 한다. 판결문은 가장 전형적인 집행권원이다. 집행권원이라는 단어를 이용해서 소송의 의미를 다시 설명해보면 이렇다. 소송을 하는 이유는 주로 집행권원을 받기 위한 것이고, 집행권원을 가진 사람은 그에 근거해 법원에 강제집행을 신청할 수 있다. 이것이 소송의 구조다. 집행권원이라는 말이 생소하고 어렵겠지만 계속 반복해 사용되는 말이므로 기억해두는 것이 좋겠다.

그런데 집행권원을 확보하는 방법에 소송만 있는 것은 아니다. 소송을 제기하는 것도 결국은 권리의 존재에 대한 다툼이 있기 때문인데, 권리의 존재가 명백하다면 별도로 소송을 할 필요가 없을 것이다. 이러한 원리에 입각해 재판 없이 집행권원을 부여하는 제도 중 하나가 공증(公證)제도다.

공증인은 여러 업무를 하지만 그 중에서 공정증서를 작성하는 것이 가장 중요한 업무다. 공정증서(公正證書)란 공증인에 의해 인증된 증서라는 의미다. 앞에서 공정증서에 의한 유언에 대해 이야기할 때 설명했듯이 공증인에 의해 작성된 유언장은 유효한 유언장이 된다. 공증에 의해 유언이 정확하다는 것이 공적으로 인증되기 때문이다.

이 제도를 이용해 집행권원을 얻는 방법이 있다. 대표적으로는 돈을 빌려주는 경우에 그렇게 할 수 있다. 돈을 빌려주면서 차용증서에 정해진 때에 상환하지 않으면 강제집행해도 좋다는 문구를 기재하고 공증을 받아두면, 나중에 채무불이행시 소송 없이 그 증서에 입각해 강제집행을 할 수 있다. 말하자면 그러한 차용증서에는 집행권원이 있는 것이다. 이런 상황을 법률적으로 표현해 "강제집행 문구가 포함된 소비대차 계약의 공정증서는 집행권원이 된다"라고 말한다. 너무 복잡한가? 법률가가 하는 일이란 이런 것이다. 이렇게 표현해야 전문가들 사이에 오해가 생기지 않는다.

4. 지급명령

지급명령(支給命令)신청 제도도 간편하게 집행권원을 얻는 절차다. 지급명령신청 제도는 주로 금전에 대한 청구권을 갖고 있는 채권자가 금전을 지급하라는 명령을 채무자에게 내려달라고 법원에 청구하는 절차로서 독촉절차라고도 한다. 이 제도는 채무자가 채무의 존재 자체를 부인하지 않는 경우에 유용하게 이용된다.

예를 들어 생각해보자. 갑이 친구인 을에게 500만 원을 1년 후에 갚는 조건으로 빌려주었다. 그런데 1년 후 을은 곧 갚겠다고 말하면서 차일피일하고 있다. 이런 경우에 갑은 법원에 지급명령을 신청할 수 있다. 말하자면 법관에게 "을은 갑에게 500만 원을 지급하라"는 명령을 내려달라고 신청하는 것이다. 갑이 이러한 신청을 하기 위해서는 자신이 을에 대한 권리를 갖고 있음을 보이는 서류를 제출해야 한다. 법관은 공판을 열지 않고 서류만 보고 판단하며, 갑에게 채권이 있다고 판단되면 을에게 지급명령의 내용을 담은 명령서를 발부하게 된다. 만약 을이 그러한 명령서를 받고도 2주 이내에 이의를 제기하지 않으면 지급명령은 확정된다. 이렇게 해서 확정된 지급명령서는 집행권원이 된다. 말하자면 지급명령서에 기하여 강제집행을 할 수 있게 되는 것이다.

　만약 을이 지급명령에 대해 2주 이내에 이의를 제기하면 지급명령은 효력을 상실하게 되고 분쟁은 정식 소송으로 이행한다. 그렇기 때문에 상대방이 이의를 제기할 것으로 예상되는 경우에 이 제도를 이용하면 시간낭비가 될 뿐이다. 하지만 위의 사례에서처럼 채무자가 채무의 존재를 인정하고 있다면 이 제도는 매우 편리하게 이용될 수 있다. 채권자는 굳이 법정에 나가지 않아도 되고, 신속하게 집행권원을 얻을 수 있으며, 비용도 정식 소송의 접수비용에 비해 절반 정도밖에 들지 않기 때문이다. 절차도 간단해 변호사의 조력 없이도 누구나 신청할 수 있다. 지급명령신청은 인터넷을 이용해서도 할 수 있다. 다만 금전지급이 아닌 건물명도, 토지인도, 소유권이전등기 등에 대해서는 이 제도를 이용할 수 없다.

5. 조정

조정(調停)도 비교적 손쉽게 집행권원을 얻는 방법이다. 조정은 법관이나 조정위원회가 타협을 주선해 합의에 이르게 하는 절차다. 민사사건의 조정에 대해서는 〈민사조정법〉이 있다.

조정은 근본적으로 양 당사자의 합의를 도출하는 제도이고, 조정위원회는 합의에 이르도록 조력하는 역할을 한다. 예컨대 임차인이 임대차기간의 종료시점에 보증금을 돌려받아야 하는데 집주인에게 당장은 돈이 없는 경우가 있다. 1997년의 IMF사태 때 실제로 이런 일이 많이 발생했다. 이런 경우에는 조정제도를 이용하는 것도 하나의 방법이다. 임차인이 1년 후에 보증금을 돌려받기로 하고 대신 임대인이 자신의 집에 저당권 설정을 해주면서 연 15%의 이자를 지급하기로 합의할 수 있다. 이러한 합의가 이루어지면 법관은 그 내용을 기재한 서면(이를 조정조서라고 한다)을 작성한다. 이렇게 해두면 임차인은 당장 보증금을 받을 수 있는 것은 아니지만, 1년 뒤에도 보증금을 돌려받지 못하면 별도의 재판 없이 조정조서에 근거해 곧장 강제집행을 할 수 있게 된다. 이처럼 조정제도를 이용하면 정식 재판 없이도 집행권원을 확보하게 되는 것이다.

이러한 조정제도를 이용하면 일반 소송에 비해 비용이 5분의 1 정도만 들 뿐 아니라 비공개로 자유로운 분위기에서 서로 약간의 양보를 하면서 해법을 찾을 수 있다. 그렇기 때문에 친구나 가족 간의 분쟁에서 이용할 만하다. 이것은 서로 토론을 통해 합의안을 도출하는 것이기 때문에 법률지식이 없는 경우에도 이용할 수 있다. 조정을 신청하면 신청한 날에 조정기일을 정해주기 때문에 신속하게 분쟁을 해결할 수 있다는 장점도 있다. 하지만 양 당사자가 서로에 대해 이미 감정이 상한 경우에 조정으로 해법을 찾으려고 하는 것은 무망한 일이다.

조정을 통해 민사분쟁을 해소하려면 법원에 조정신청서를 접수시키면 되고 구술로도 신청할 수 있다. 그러면 통상 3인으로 구성되는 조정위원회를 통해 조정이 이루어진다. 보통 조정위원회는 법관과 법관이 아닌 사람 2인으로 구성된다. 조정의 결과 양 당사자 사이에 합의가 도출되면 조정조서가 작성되는데 조정조서는 확정판결과 같은 효력을 가진다. 따라서 조정조서가 작성된 뒤에 항소하는 것은 허용되지 않는다. 조정조서에 따라 강제집행이 가능하기 때문에 조정조서는 당연히 집행권원이 된다.

조정을 신청했지만 합의에 이르지 못하는 경우도 있을 수 있다. 조정기일에 상대방이 출석하지 않는 수도 있다. 이런 경우에는 법관이 '조정에 갈음하는 결정'을 내린다. 이 결정에 대해 2주 내에 이의가 없으면 그 내용대로 조정이 된 것으로 보고, 그 기간 내에 이의가 있으면 정식 소송으로 이행한다. 조정이 이루어지지 않으면 '조정의 불성립'이 선언된다.

참고로 〈민사조정법〉에 의거한 조정위원회 말고도 수많은 조정위원회가 있다. 예컨대 소비자분쟁조정위원회, 의료심사조정위원회, 환경분쟁조정위원회 등이 있다. 이러한 전문적인 조정위원회의 역할은 일반 민사조정과 유사하다. 분쟁의 당사자가 서로 합의하도록 유도하는 것은 같지만, 관련 분야의 전문가들이 조정위원이 된다는 점이 다르다. 이런 조정제도도 당사자간의 합의로 조정이 성립되면 확정판결과 같은 효력을 갖게 되지만 일방이라도 이의를 제기하면 조정은 성립되지 않은 것이 된다.

6. 제소전 화해

제소전 화해(提訴前 和解)도 손쉽게 집행권원을 확보하는 방법이다. 제소전 화해는 민사분쟁이 소송으로 진행되기 전에 판사 앞에서 화해를 성립시키는 절차다. 예를 들어 갑이 을에게 1억 원을 빌려주었는데 을이 사정이 어려워 갚지 못하고 있다고 하자. 그런데 을은 여섯 달만 더 여유를 주면 반드시 갚을 것이며, 그렇게 하지 못하게 되면 자기가 살고 있는 집의 소유권을 넘겨주겠다고 한다. 이러한 제안에 대해 갑이 동의한다면 제소전 화해를 이용하는 것이 좋다. 갑이 법원에 제소전 화해를 신청하면 법관은 갑과 을을 소환해서 합의의 내용을 확인한 후 화해조서를 작성한다. 이렇게 해서 작성된 화해조서는 확정판결과 같은 효력이 있고 당연히 집행권원이 된다. 즉 화해조서의 내용에 대해 당사자가 이의를 제기할 수 없고 화해조서에 기한 강제집행이 가능하다.

양 당사자가 합의한 경우에 앞에서 말한 공정증서를 이용해도 집행권원을 확보할 수 있지만 공정증서를 이용하는 방법은 금전채권에만 적용되기 때문에 건물의 인도가 필요한 채권 등의 경우에는 제소전 화해 제도를 이용할 수밖에 없다. 양 당사자가 분쟁의 해법에 합의를 했는데도 불구하고 채권자가 제소전 화해를 구하는 이유는 집행권원을 확보하려는 데 있다. 즉 합의내용을 화해조서 형식의 문서로 만들어두면 채무자가 합의대로 채무를 이행하지 않는 경우에 화해조서에 기하여 강제집행을 할 수 있기 때문이다. 제소전 화해는 대개 당사자간에 합의가 이루어진 뒤에 신청하기 때문에 화해가 불성립하는 경우는 드물다.

제소전 화해와 유사한 것으로 재판상(또는 소송상) 화해라는 것도 있다. 재판상 화해는 소송이 진행되는 도중에 양 당사자가 법관의 면전에서 화해의 의사를 밝히는 것이다. 이렇게 되면 법관은 화해조서를 쓰고 재판을 종결시킨다. 이때 작성된 화해조서도 확정판결과 같은 효력을 갖는다. 즉 양 당사자가 더 이상 이의를 제기할 수 없고 화해조서에 기한 강제집행이 가능하다.

7. 소액사건심판소송

소액사건심판소송도 일종의 민사소송이다. 하지만 소액사건심판소송은 〈소액사건심판법〉에 규정된 여러 특례조항의 적용을 받는다. 소액사건심판소송의 대상은 정해져 있다. 다음은 소액사건에 대한 우리나라 민사소송의 관할과 심급을 보여준다.

소송가액에 따른 관할[108]과 심급
- 소액사건(3000만 원 이하): 지방법원 및 지원의 단독판사, 시군법원 판사 → 지방법원 본원 및 항소부 → 대법원
- 단독사건(2억 원 이하): 지방법원 및 지원의 단독판사 → 지방법원

---

[108] 소송가액에 따른 관할을 사물관할(事物管轄), 1심법원의 소재지에 따른 관할을 토지관할(土地管轄)이라고 한다.

본원 및 항소부(단 소송가액이 1억 원 이상인 경우에는 고등법원)
→ 대법원
- 합의사건(2억 원 초과): 지방법원 및 지원의 합의부 → 고등법원 → 대법원

소액사건의 제1심에는 〈소액사건심판법〉이 적용된다. 소액사건에 관한 재판은 간편한 절차로 진행되기 때문에 누구나 변호사 없이도 재판에 임할 수 있고 손쉽게 집행권원을 얻을 수 있다.

소액사건심판소송의 장점을 몇 가지 살펴보자. 우선 소장을 작성하기가 쉽다. 소액사건심판용 소장의 양식은 법원에 비치돼있으므로 그 공란만 채우면 된다. 심지어 법원 직원에게 구술로 심판을 청구할 수도 있다. 소송절차는 매우 신속하다. 접수가 되면 그 현장에서 변론기일을 정해줄 뿐만 아니라 그것도 대개 1회만 실시한다. 보통의 민사소송에서는 변론주의가 엄격히 적용되지만, 소액사건심판에서는 판사가 증인을 신문하기도 하는 등 직권탐지주의가 상당히 가미된다. 즉 법관이 적극적으로 실체적 진실이 무엇인지를 살피기 때문에 법률지식이 부족한 사람의 경우에는 법관의 도움을 받을 수도 있다. 소액사건에서는 당사자의 배우자, 직계혈족, 형제자매는 변호사가 아니더라도 법원의 허가 없이 소송대리인이 될 수 있다. 다만 위임장과 신분증을 지참해야 한다. 소액사건심판에는 이행권고제도라는 것이 있어서 법원이 피고에게 원고의 청구취지대로 이행할 것을 권고할 수 있다. 이에 대해 2주 이내에 피고가 이의를 제기하지 않으면 권고의 내용은 확정판결과 같은 효력을 갖게 된다.

이처럼 소액사건심판소송은 간편하고 법관이 적극적으로 판결을 내려주기 때문에 법률전문가가 아니더라도 이 제도를 이용할 수 있다. 우리나라의 소송통계를 보면 전체 소송건수 가운데 약 80%가 소액사건심판이며,[109] 따라서 거의 그 정도의 비율에 해당하는 소송이 변호사 없이 진행되는 본인소송인 셈이다.

---

[109] 2015년도에 접수된 1심 민사본안사건 100만 6592건 중 70%에 해당하는 70만 2273건이 소액사건이었다.

생각거리

32

갑은 서울에 있는 을의 집을 임대해 살다가 이사해서 지금은 인천에서 살고 있다. 갑이 이사할 때 을이 임대차 보증금 5000만 원을 돌려주지 않았다. 이에 갑은 임대차등기를 한 후 이사했고, 그동안 내용증명 우편 등으로 수차례 보증금을 돌려달라고 독촉했지만 을이 요지부동이었다. 갑은 부득이 법원을 통해 보증금을 돌려받고자 한다. 정식 소송이 아닌 간편한 절차를 이용하려고 한다면 어떤 절차가 가장 적절해 보이는가? 그리고 그 이유는 무엇인가?

읽을거리

■ 하승수·이상훈, 《혼자 소송하는 법》, 사계절, 1998. 변호사인 두 저자는 이해하기가 아주 쉬운 어법으로 〈민사소송법〉의 개념과 그 실용적 지침을 잘 서술하고 있다. 실제로 혼자서 소송을 해보려는 사람은 이 책을 읽으면 큰 도움을 받을 것이다. 이 책을 한 권 사서 집에 비치해두고 〈민사소송법〉의 내용이 궁금할 때마다 관련 부분을 펼쳐 읽어보는 것도 좋겠다.

제19강 민사소송
변호사를 통제하라

<민사소송법>은 일상생활에서는 거의 사용되지 않는 생소한 용어와 기술적인 용어들로 가득하다. 민사소송에서 변호사의 조력이 필요한 것은 사건 자체의 복잡성에도 기인하겠지만, 절차적 복잡성에 기인하는 바가 적지 않다. 하지만 사건을 변호사에게 맡기는 경우에도 의뢰인은 어느 정도 <민사소송법>을 알아야 한다. 그렇지 않으면 변호사를 통제할 수 없기 때문이다.

1. 제소전 절차

소장 접수에서부터 확정판결을 받기까지의 과정을 좁은 의미의 소송절차(본안심판)라고 한다면, 소송제기 전에 해야 할 일이 있고 확정판결 후에 해야 할 일도 있다. 제소전 절차에서는 관할을 확인하고 가압류·가처분 등 보전처분을 하는 것이 중요하다. 본안소송절차에서는 소장 작성 및 접수, 변론, 항소 등이 중요하고, 확정판결후 절차에서는 강제집행이 중요하다. 보통 소송을 제기하기에 앞서 내용증명우편으로 채무이행을 독촉하는 문서를 보내기도 한다. 내용증명우편은 채무자에 대한 독촉의 의미도 있지만, 보통은 채권자가 채무자에게 독촉했다는 사실을 법관에게 입증할 목적으로 보낸다.

(1) 관할의 확인

관할이란 법원의 권한이 미치는 구역의 범위를 말한다. 여기에는 토지관할과 사물관할이 있다. 토지관할이란 특정 법원의 지역적 권한의 범위이고, 사물관할이란 소송가액에 따른 권한의 범위다. 사물관할에 대해서는 소액사건심판을 설명할 때 살펴보았으므로 여기서는 토지관할(이하 '관할' 이라 함)에 대해서만 살펴본다. 소송을 제기하는 입장에서 관할을 확인하는 것은 소송을 제기할 법원이 어디에 있는지를 살피는 것을 의미한다.

소송을 제기할 법원은 원칙적으로 피고의 주소지를 관할하는 법원이다. 피고의 주소를 모르는 경우에는 거소(임시적인 거주지)의 관할법원에 소송을 제기해도 된다. 회사가 피고라면 회사의 주된 사무소 소재지의 법원에 소송을 제기하면 된다.

채무의 이행장소도 관할이 된다. 금전채무의 경우 채무의 이행장소는 채권자의 주소지이기 때문에 금전채무의 경우라면 채권자의 주소지도 관할이 된다. 불법행위로 인한 채권의 경우에는 불법행위가 발생한 곳도 관할이 된다. 부동산과 관련된 소송은 부동산 소재지도 관할이 된다. 어음의 경우에는 어음의 지급지도 관할이 된다. 예를 들어 생각해보자. 서울 강남구에 사는 갑이 대전에 놀러갔다가 창원에 사는 을이 운전하는 차에 치여 다친 경우 갑이 손해배상을 청구할 수 있는 법원은 창원지방법원(피고의 주소지), 서울지방법원(채무의 이행장소), 대전지방법원(불법행위의 발생지)이다. 피고가 여러 명인 경우에는 그중 한 명의 주소지에서 소송을 제기할 수 있다. 소액사건, 제소전 화해신청, 지급명령신청, 조정신청의 경우에도 이와 같으며, 특히 이러한 사건은 시군법원[110]에도 관할이 있다.

(2) 보전처분

소송을 하는 이유는 집행권원을 확보해 강제집행을 하기 위해서인데, 집행권원을 확보한다고 해도 채무자에게 강제집행의 대상이 될 재산이 없다면 강제집행을 할 수 없다. 예컨대 "A는 B에게 1000만 원을 지급하라"는 판결을 얻었는데 B가 무자력 상태라면 그 판결문은 아무런 의미가 없다. 그렇기 때문에 제소 전에 채무자에게 자산이 있는지를 확인하는 것이 필요하다. 그런데 소송제기 전에는 채무자에게 자산이 있었지만 소송 중에 그 자산을 소비하거나 처분해버렸다면 이때에도 역시 강제집행을 할 수 없고 채권자는 만족을 얻을 수 없다. 이런 경우를 방지하기 위해 마련된 제도가 보전처분(保全處分)이다.

---

110 시군법원은 지방법원의 관할 내에 있는 소규모 법원이다.

보전처분은 권리를 보전하기 위해 법원이 명하는 잠정적인 처분이다. 예를 들어 채무자의 재산 중에 부동산이 있다면 그 부동산을 미리 압류(押留)해두어 소송이 진행되는 동안에 그것이 없어지지 않도록 잠정적인 조치를 취해두는 것이다. 압류한다는 것은 재산의 처분을 금지한다는 의미다. 이처럼 미리 압류해둔 재산이 있다면 소송에서 승소한 경우에 그 압류된 재산으로부터 채권의 만족을 얻을 수 있다. 이처럼 제소 전에 금전이나 논란이 되는 소송대상물(이를 계쟁물(係爭物)이라고 한다)을 미리 확보해 두려고 할 때 이용되는 제도가 보전처분이다.

보전처분에는 가압류와 가처분이 있다. 가압류(假押留)는 금전채권의 실현을 위해 채무자의 재산을 미리 압류해 둠으로써 장래의 강제집행에 대비하는 것이다. 가장 대표적인 것이 부동산의 가압류다. 채무자에게서 돈을 받을 것이 있고 그것을 반환받기 위해 소송을 하는 경우에 채무자에게 부동산이 있으면 그것에 대해 법원에 가압류를 신청하면 된다. 법관은 제출된 신청서류만을 보고 가압류할 만하다고 판단되면 가압류 명령을 발한다. 법원은 그와 동시에 등기소에 촉탁해 해당 부동산의 등기부에 가압류 사실을 기재하게 한다. 나중에 원고가 승소판결을 받게 되면 가압류를 본압류로 전환시켜 압류된 부동산을 경매에 붙여 채권을 만족시킬 수 있다. 채무자는 가압류된 부동산을 매각할 수는 있지만, 그 뒤에 가압류에 기한 본압류가 이루어지는 경우에는 채권자에게 대항할 수 없다. 따라서 이 경우에 매수인은 부동산을 반환해야 한다. 가압류는 부동산뿐만 아니라 동산에 대해서도 신청할 수 있다. 예를 들어 자동차, 냉장고, 텔레비전이나 기타 가재도구, 예술품 등에 대해서도 가압류를 신청할 수 있다. 동산에 대한 가압류가 받아들여지면 14일 이내에 집행관[111]을 통해 집행된다. 이 경우 집행관은 채무자의 동산이 있는 곳에 가서 가압류가 신청된 동산에 가압류가 됐다는 표시를 하게 된다. 가압류된 동산을 처분하면 처벌을 받을 수 있다.[112] 채권에도 가압류를 할 수 있다. 예를 들어 채무자가 다른 사람의 주택을 임차해 살고 있는 경우에 채권자는 전세보증금에 대해 가압류를 신청할 수 있다. 이것이 받아들여지면 법원은 임대인에게 그 보증금이 가압류됐다는 사실을 통보하게 된다. 그러면 임대인은 보증금을 임차인에게 돌려주면 안 된다. 이상에서 보듯이 가압류란 금전채권이 있는 경우에 소송 후의 강제집행을 위한 예비단계로서 채무자의 부동산, 동산, 채권을 미리 압류해 두는 것이다.

이에 비해 가처분(假處分)은 금전채권이 아닌 특정 목적물에 대한 채권이 있는 경우에 그 목적물이 처분되는 것을 방지하고자 판결이 내려지기 전에 그 계쟁물의 현상을 변경시키는 것을 금지하는 제도다. 예를 들어 어떤 사람이 다른 사람 명의의 부동산에 대해 자기가 진정한 소유자라고 주장하면서 소유권반환 청구소송을 한다고 생각해보자. 그런데 명의자가 그 부동산을 다른 사람에게 헐값으로 매각해버리면 소

---

[111] 예전에는 집달리(執達吏)나 집달관(執達官)이라고 불렸지만 지금은 집행관이라고 부른다. 집행관은 재판결과의 집행과 서류송달 등의 일을 한다. 동산의 경매도 집행관이 담당한다. 집행관의 업무와 관련해 〈집행관법〉이 있다.

[112] 가압류된 재산을 매각하면 형법 제140조 '공무상 비밀표시 무효에 관한 죄'에 해당한다. 이 경우에 5년 이하의 징역 또는 700만 원 이하의 벌금에 처하도록 돼 있다.

송에서 승소하더라도 소유권의 반환을 청구할 수 없게 된다. 이미 제3자가 소유자가 돼 있을 것이기 때문이다. 이러한 경우에 소유권의 이전을 금지하는 명령을 법원에 청구할 수 있다. 이런 것을 처분금지가처분 신청이라고 한다. 예술품의 소유권에 대해 논란이 있는 경우에도 처분금지가처분을 신청할 만하다. 이처럼 금전채권이 아닌 경우에 보전처분을 해야 할 때 이용되는 것이 가처분제도다. 가처분이 된 목적물을 처분할 수는 있지만 가처분 신청자에게 대항할 수는 없다. 즉 가처분신청자가 가처분에 기하여 어떤 물건에 대한 소유권을 주장하면 그것을 반환해야 한다.

보전처분은 재산의 소유자에게 통고하지 않고 채권자의 주장에만 기초해 법관이 발한다. 그렇기 때문에 보전처분으로 인해 재산의 소유자가 부당하게 재산권을 행사하지 못하게 되는 경우가 발생할 수 있다. 이러한 손해를 방지하기 위해 법원은 채권자에게 일정한 금액의 담보를 요구하기도 한다. 만약 부당하게 가압류된 것이 나중에 드러나면 그 금액으로 손해배상금에 충당하게 된다. 또 채무자는 가처분결정에 대해 이의를 신청할 수 있다. 보전처분만 해두고 본안소송을 제기하지 않으면 채무자는 채권자에 대한 제소명령을 신청할 수 있고, 채무의 이행 등으로 보전처분의 사유가 없어지면 보전처분의 취소를 신청할 수도 있다.

2. 본안심판과 판결

(1) 소장의 작성

민사소송을 제기하는 사람을 원고, 제기당하는 사람을 피고라고 한다. 법인도 원고나 피고가 될 수 있고, 법인 이외의 단체도 그렇다. 소송을 시작한다는 취지로 처음으로 제1심 법원에 제출하는 문서가 소장(訴狀)이다. 소장의 모양은 다음과 같다. 별도의 양식이 있는 것은 아니므로 다음과 같은 형식에 내용을 기재하면 된다.

소 장

원고: ○○○
　　　서울특별시 종로구 부암동 ○○번지
피고: ○○○
　　　서울특별시 용산구 후암동 ○○번지
사건명: 대여금 청구의 소

청구취지

1. 피고는 원고에게 3000만 원 및 이에 대한 2009년 6월 1일부터 소장 부본 송달일까지는 연 5푼, 그 다음 날부터 다 갚는 날까지는 연 1할 5푼의 비율에 의한 돈을 지급하라.
2. 소송비용은 피고의 부담으로 한다.
3. 위 제1항은 가집행할 수 있다.
라는 판결을 구합니다.

청구원인

1. 원고는 2008년 6월 1일 피고에게 3000만 원을 빌려주었습니다.
2. 피고는 2009년 6월 1일에 그 돈을 갚겠다고 약속했으나 아직까지 갚지 않고 있습니다.
3. 그러므로 위 원고는 피고에 대해 위 원금 3000만 원과 이를 갚기로 한 다음 날부터 이 사건 소장 부본 송달일까지는 민법에 정한 바에 따른 5푼, 그 다음 날로부터 다 갚는 날까지는 소송촉진 등에 관한 특례법에 정한 바에 따른 연 1할 5푼의 지연손해금을 청구합니다.

입증방법

갑제1호증 차용증서

첨부서류

1. 소장 부본 1통
2. 위 입증방법 1통
3. 송달료 납부서 1통

2009년 9월 1일

위 원고 ○○○ (인)

서울중앙지방법원 귀중

이 소장에는 원고와 피고가 표시돼 있고 각각의 주소가 적혀 있다. 주소는 송달을 위해서 필요하기 때문에 정확하게 기재하지 않으면 안 된다. 송달이란 소송서류를 원고나 피고에게 보낸다는 의미다. 소장의

송달이 되지 않으면 소송이 시작되지 않는다. 소장은 반드시 본인에게 전달돼야 하며, 본인이 소장을 송달받을 수 없는 사정이 있으면 특별송달을 신청해서라도 제대로 전달되도록 해야 한다. 예컨대 일요일이나 야간에 송달되도록 신청할 수 있다.

원고와 피고의 성명 다음에는 사건명을 쓴다. 이 부분에는 대여금 반환청구, 물품대금청구, 임금청구, 퇴직금청구 등으로 기재하면 되고, 손해배상의 경우에는 손해배상(자), 손해배상(의), 손해배상(산), 손해배상(지)[113]과 같이 손해배상의 원인을 쓰기도 한다. 정형화된 명칭이 없는 경우에는 적절한 용어로 사건의 명칭을 기재하면 된다.

청구취지란에는 원고가 바라는 판결의 내용을 기재한다. 청구취지와 동일한 판결문이 나오면 100% 승소한 것이다. 위 소장에 기재된 5푼이나 1할 5푼의 이자율은 모두 법정이자율이다. 통상 개인간에 돈을 빌려주고 빌리는 경우에 따로 약정하지 않으면 금리가 없는 것이 원칙이지만, 만약 정해진 날에 채무자가 돈을 반환하지 않으면 그날부터 5%의 법정이자가 자동적으로 발생한다(민법 379조). 그리고 소송이 제기되고 소장이 송달되면 그날부터 15%의 이자율이 적용된다(〈소송촉진 등에 관한 특례법〉 제3조 1항 및 관련 규칙 참조). 이렇게 하는 것은 소장이 송달된 뒤에는 이자율을 높여서 채무자가 부당하게 소송을 지연시키지 않고 신속히 채무를 이행하도록 압력을 가하려는 취지에서다. 소송비용은 대체로 패소한 사람이 부담하게 된다. 원고의 입장에서는

---

[113] 각각 자동차 관련 손해배상, 의료 관련 손해배상, 산업재해 관련 손해배상, 지적재산권 관련 손해배상을 의미한다.

피고가 부담하는 것이 당연하다고 생각할 것이다. 원고가 가집행 선고를 청구한 것은 1심 판결이 나오면 이후에 항소가 있더라도 그 전에 강제집행을 할 수 있는 권한을 달라는 뜻이다. 법관의 입장에서는 설사 항소가 있더라도 재판의 결과가 변경될 가능성이 적다고 생각하면 가집행 판결을 내려준다. 그렇게 되면 채권자는 확정판결을 기다리지 않고도 강제집행을 통해 채권의 만족을 얻을 수 있다.

청구원인은 청구취지의 내용과 같은 판결을 구하는 근거를 설명하는 부분이다. 시간의 순서에 따라 권리가 존재하는 이유를 구체적으로 기재하면 된다. 사건에 따라서는 이 부분의 서술이 매우 길어질 수도 있다.

입증방법 부분에는 증거서류의 목록을 기재한다. 소장을 먼저 제출하고 관련 증거서류는 추후에 제출할 수도 있다. 이런 경우에는 추후에 제출하겠다는 취지를 기재하면 된다. 갑제1호증이라는 것은 원고가 제출하는 첫 번째 증거자료라는 뜻이다. 여러 장이 있는 경우에는 갑제2호증, 갑제3호증 등으로 쓰면 된다. 피고측이 서류를 제출할 때에는 을제1호증, 을제2호증 등으로 쓴다. 첨부서류 부분에는 소장과 함께 제출하는 서류의 목록을 쓰면 된다. 소장은 법관에게 가는 것이고, 소장의 부본(즉 복사본)은 피고에게 송달되는 것이다. 피고가 두 명이면 소장의 부본을 2부 제출해야 한다. 송달료를 납부하고 인지를 붙인 후에 소장을 접수한다. 인지대는 소송가액(소송목적물의 값)에 따라 다르다.[114] 송달료는 통상 10회 송달할 비용을 미리 받는데, 남은 송달료가 있으면 나중에 돌려준다.

소장 부본이 피고에게 송달되면 피고는 답변서(答辯書)를 제출해야 한다. 답변서란 원고의 주장에 대해 피고가 입장을 밝히는 문서다. 피고가 원고의 주장에 대한 답변서를 제출하지 않거나 원고의 주장이 타당하다고 인정한다면 원고의 승소가 확정되겠지만, 만약 원고의 주장에 대해 이의가 있다면 피고는 그 취지를 답변서로 써서 제출해야 한다. 그렇게 되면 본격적으로 공방이 시작되는 것이다. 피고가 답변서를 제출하면 그 답변서의 부본이 원고에게 송달된다. 원고는 답변서에 대한 반박을 다시 법원에 제출한다. 이렇게 제출된 서류를 준비서면(準備書面)이라고 한다. 준비서면은 다시 피고에게 송달되고, 피고는 다시 준비서면으로써 반박의 주장을 하게 된다. 이렇게 문서로 몇 차례 공방이 진행되다 보면 사건의 쟁점이 선명히 드러나게 된다. 이처럼 서류를 통한 공방이 어느 정도 있은 후에 법정에서의 공방이 시작된다.

(2) 변론 및 증거조사

변론(辯論)은 법정에서 각 당사자가 자신의 주장을 펼치는 과정이다.

---

114 인지대는 다음 표와 같다. 소가(소송가액)가 2000만 원이면 인지대는 9만 5000원이 된다. 소송가액을 달리해서 한번 계산해보자.

구분	인지대
1000만 원 미만	소가×0.005
1000만 원 이상~1억 원 미만	소가×0.0045 +5000원
1억 원 이상~10억 원 미만	소가×0.004 +5만 5000원
10억 원 이상	소가×0.0035 +55만 5000원
항소심	1심 인지대의 1.5배
상고심	1심 인지대의 2배

일반 민사소송의 경우에는 접수 후 1달 정도 뒤에 법원이 변론기일을 정해준다. 변론기일에 양 당사자는 출석해야 한다. 한 쪽 당사자가 불출석하면 다른 쪽 당사자의 주장을 인정한 것으로 본다. 양측이 2회 불출석 후 기일지정 신청이 없으면 소송이 취하된 것으로 본다.

원칙대로 하자면 모든 주장이 법정에서 구술로 이루어져야 하지만, 실제 재판에서는 준비서면을 통해 드러난 쟁점을 확인하는 정도에 그친다. 그렇기 때문에 방청석에 있는 일반인의 입장에서는 진행되는 재판의 내용을 잘 알기 어렵고, 심지어 사건을 변호사에게 의뢰한 원고나 피고도 논란의 진행과정을 잘 모를 수 있다. 말하자면 우리나라의 민사소송은 서면주의를 채택하고 있는 것이다. 서면주의는 재판을 효율적으로 진행하게 하는 장점이 있다. 서면주의에 대칭되는 개념은 구술주의다.

서면주의를 취한다고 하더라도 증인을 신문하는 것은 실제 법정에서 이루어질 수밖에 없다. 증인을 신문하려면 미리 증인신청을 해야 한다. 법원이 이를 수용하면 증인에게 소환장이 발부된다. 법원은 불출석한 증인에 대해서는 과태료를 부과하고 감치(監置, 재판목적상 일시적으로 구속하는 것)할 수 있다. 증거서류와 관련해서는 문서송부촉탁, 문서제출명령, 서증조사신청, 사실조회촉탁신청, 증거보전신청 등의 절차가 있다.[115] 때로는 법관이 직접 증거현장에 출두해 증거를 확인할 수도 있고(이를 검증이라고 한다), 전문가로 하여금 증거를 조사하게 할 수도 있다(이를 감정이라고 한다).

이러한 증거조사가 끝나면 법원이 변론을 종결한다. 이를 결심(結審)이라고 한다. 심리를 종결한다는 의미다. 대개 결심 후 2~3주 이내에 선고공판을 한다. 소액의 경우에는 결심 즉시 선고를 하기도 한다.

선고로부터 10일 정도 후에 판결문이 원고와 피고에게 송달된다. 가집행 판결이 있으면 원고는 강제집행을 신청할 수 있다. 패소한 측이 판결의 결과에 불복하면 2주 이내에 원심법원에 항소한다는 취지의 문서(항소장)를 제출한다. 만약 항소기간을 놓치면 판결은 그것으로 확정되고 다시는 항소할 수 없다. 항소의 결과에도 불복하면 상고(上告)할 수 있다. 상고란 대법원에 소를 제기하는 것을 말한다. 상고심은 법률적인 쟁점만 취급하고 사실관계의 쟁점은 다루지 않는다. 항소포기나 대법원 판결로써 재판이 확정되는데, 판결에 중대한 하자가 있는 경우에는 예외적으로 확정판결에 대한 재심이 인정되기도 한다.

소송비용에 대해서는 별도로 소송비용확정결정을 신청해야 한다. 송달료, 감정비용, 변호사비용 등의 영수증을 첨부해 제출하면 법원이 소송비용을 확정해준다. 변호사비용의 경우에는 실제 경비 전부를 소송비용으로 인정해주는 것이 아니고, 대법원의 규칙에 따라 일정 범위

115 문서송부촉탁이란 법관이 국가기관, 법인, 병원, 학교 등에 보유하고 있는 문서의 송부를 지시하는 것이다. 문서제출명령이란 상대방 또는 제3자가 소지한 문서의 제출을 법관이 명령하는 것이다. 이는 한 쪽 당사자가 결정적인 증거를 가지고 있는 경우에 이용된다. 서증조사신청은 문서제출명령신청이나 문서송부촉탁신청에 의해서는 제3자가 소지하고 있는 문서가 제출되게 할 수 없는 경우에 이용된다. 즉 실제 증거서류가 있는 장소에 법관이 출두해 확인해달라고 청구하는 절차다. 사실조회촉탁신청은 다른 단체 등으로 하여금 조사해서 보고하게 하는 제도다. 증거보전신청은 소송절차에서 본래 증거조사를 하게 되는 기일까지 기다린다면 증거조사가 불가능하거나 곤란하게 될 사정이 있는 경우에 미리 증거조사를 해줄 것을 신청하는 제도다. 예컨대 어떤 공문서가 보존기간의 경과로 인해 폐기될 위기에 처해 있는 경우에 그 공문서에 대한 증거보전을 신청할 수 있다.

안에서만 인정해준다. 실제로 지출하는 비용에 비하면 매우 부족한 금액이다.

3. 확정판결후 절차

소송은 궁극적으로 집행권원을 받기 위한 것이라고 했다. 대표적인 집행권원인 판결문을 받으면 이제 강제집행을 하는 문제가 남는다. 물론 채무자가 판결문에 따라 채무를 이행한다면 강제집행을 할 필요가 없겠으나 그렇지 않은 경우라면 강제집행을 할 수밖에 없다. 강제집행은 개인이 할 수는 없고 반드시 국가의 강제력을 이용해야 한다.

강제집행을 하려면 서류를 갖추어 법원에 신청하면 된다. 이에 필요한 서류는 집행권원, 집행문, 송달증명원, 확정증명원이다. 판결의 경우에는 판결문이 집행권원이다. 판결문 이외에 강제집행 문구가 있는 공정증서, 확정된 조정조서, 확정된 지급명령서, 제소전 화해조서도 집행권원이 된다는 것은 앞(제18강)에서 말한 바와 같다. 집행문은 강제집행 권한을 특정인에게 부여하는 것으로서 판결문에 부기하는 식으로 발급된다. 송달증명원, 확정증명원도 법원에 신청하면 즉시 발급해준다. 실무적으로는 판결문을 지참하고 법원에 가서 집행문 부여, 송달증명원 발급, 확정증명원 발급을 위한 신청서를 1장의 신청용지에 작성해 제출하면 된다. 이처럼 실제로 관련서류를 갖추는 것은 간단하다.

부동산의 경우에는 부동산 소재지의 관할법원에 강제경매를 신청하면 법원에서 경매절차를 진행하고 대금을 배당한다.[116] 동산의 경우에는 집행관이 동산의 소재지에 가서 동산을 압류해 와 매각한 후 그 대금으로 배당하게 된다. 채무자에게 은행이나 제3자에 대한 채권이 있다면 그 채권을 압류할 수 있다. 부동산이나 동산이 이미 가압류돼 있는 상태라면 가압류를 본압류로 바꾸어 동일한 절차를 밟으면 된다.

채무자에게 재산이 없으면 강제집행을 할 수 없는 것이 당연하지만, 채무자에게 재산이 있는지 없는지를 알 수 없는 경우에는 어떻게 해야 할까? 이런 경우에 이용할 만한 제도로는 재산관계 명시제도가 있다. 집행권원이 확보된 금전채무를 채무자가 이행하지 않으면 채권자는 집행권원의 정본과 강제집행을 개시하는 데 필요한 서류를 첨부해서 법원에 채무자의 재산관계 명시를 요구하는 신청을 할 수 있다(〈민사집행법〉 제61조). 그러면 채무자는 현재의 재산과 1년 이내의 일정한 거래행위를 명시한 재산목록을 제시해야 한다. 이를 허위로 제출하면 형사처벌을 받는다. 그리고 재산조회제도도 이용할 만하다(제74조). 집행권원을 가진 채권자가 법원에 채무자의 재산에 대한 조회를 신청하면 채무자의 재산을 검색해준다. 이는 개인의 재산 및 신용에 관한 전산정보망을 관리하는 공공기관이나 금융기관 등에 채무자 명의의 재산에 관해 조회하는 제도다. 이러한 정보는 사적인 정보이므로 집행권원을 가지고 있는 등 정당한 근거가 있을 때에만 이용할 수 있

---

116 강제경매는 판결문 등 집행권원에 의한 경매절차를 말하고, 임의경매는 저당권, 질권, 전세권 등을 설정한 후 그러한 권리의 실행을 위해 진행하는 경매절차를 말한다.

다.[117]

채무불이행자 명부제도도 채무자에게 채무의 이행을 강제하는 제도다(제70조). 금전의 지급을 명한 집행권원이 확정된 후 또는 집행권원이 작성된 후 6개월 이내에 채무자가 채무를 이행하지 않거나 법원의 명령에도 불구하고 채무자가 재산목록의 제출을 거부하거나 허위의 재산목록을 제출하는 등의 사유가 있을 때에는 채권자가 채무자를 채무불이행자 명부에 등재해달라고 법원에 신청할 수 있다(제70조). 그렇게 되면 채무자의 이름이 등재된 채무불이행자 명부가 법원에 비치될 뿐만 아니라 법원이 채무불이행자 명부의 부본을 일정한 금융기관의 장이나 금융관련 단체의 장에게 보내어 채무자에 관한 신용정보로 활용하게 할 수 있다. 말하자면 이 제도는 채무자의 금융활동에 제약을 가함으로써 간접적으로 채무의 이행을 강제하기 위한 것이다.

---

[117] 실제로는 신용정보회사를 통해 상대방의 재산을 확인하기도 한다. 그러나 이 경우 개인의 모든 전산정보를 확인할 수는 없다.

생각거리

33

김철수는 서울 마포구 신수동에 있는 박광수의 집을 임대해 살다가 이사해서 지금은 인천에서 살고 있다. 김철수가 이사할 때 박광수가 임대차보증금 5000만 원을 돌려주지 않아 김철수는 임대차등기를 한 후 이사했다. 김철수는 그동안 내용증명우편 등으로 수차례 독촉을 했지만 박광수가 요지부동이라서 부득이 소송을 통해 보증금을 돌려받고자 한다. 이 사건의 관할법원은 어디인가? 제소 전에 할 일은 무엇인가? 본문의 소장을 참고해 이 사건의 소장을 작성해보자.

34

본문에 예시된 소장에 대해 자신이 그 피고라고 생각하고 답변서를 써보자(다음 쪽의 양식 참고). 특히 청구원인에 대한 답변으로 실제 있을 법한 내용을 상상해서 자세히 기재해보자.

답변서

사건번호 20가		[담당재판부 : 제	(단독)부]

원 고 (이름)
      (주소)

피 고 (이름)　　　　　(주민등록번호　　—　　)
      (주소)　　　　　(연락처　　　　　)

위 사건에 관하여 피고는 다음과 같이 답변합니다.

청구취지에 대한 답변

1. 원고의 청구를 기각한다.
2. 소송비용은 원고의 부담으로 한다.

라는 판결을 구합니다.

청구원인에 대한 답변

20　.　.　.

피고　　　　　(날인 또는 서명)

○○지방법원 귀중

제20강 회사법
소유─경영 분리의 딜레마

> 주식회사는 자본주의 경제의 핵을 구성하는 기업형태다. 주식회사는 거대자본을 형성시키고, 전문경영인에 의한 경영을 가능하게 한다. 하지만 전문경영인은 종종 권한을 남용함으로써 주주들과 사회에 심각한 손실을 입히기도 한다. 이러한 문제는 주식의 소유자와 주식회사의 경영자가 분리되는 이른바 소유─경영의 분리에서 생기는 딜레마에 기인한다. 주식회사법은 이러한 딜레마를 해결하기 위한 여러 법적 수단을 제공한다.

1. 기업과 회사

갑이 을에게 돈을 빌려주는 것을 금전소비대차라고 하는데, 이런 법률관계에 대해서는 민법이 규율한다. 그런데 만약 갑 또는 을이 기업이라면 이때는 상법이 적용된다. 동일한 금전소비대차인데도 적용되는 법이 다른 것은 기업이 개입되기 때문이다. 자본주의 사회에서 기업이란 이윤추구를 목적으로 생산활동을 수행하는 경제단위다. 이러한 기업은 실로 자본주의 사회의 생산과 유통에서 핵심적인 역할을 수행한다. 이러한 기업의 활동을 보호·조장하는 역할을 하면서 동시에 그로부터 발생하는 여러 법률적 문제를 규율하는 법이 상법이다. 결국 상법은 기업의 내부관계, 기업간의 관계, 기업과 일반 시민과의 관계를 규율하는 법이라고 할 수 있다. 상법에서는 기업을 상인(商人)이라고 한다.[118] 이는 장사꾼이라는 뜻이다. 상법 교수들은 종종 상법이란 돈을 위주로 사는 사람, 말하자면 장사꾼에 관한 법이라고 낮추어 말하기도 한다. 민법에서 금전소비대차는 별도의 계약이 없으면 이자 없이 돈을 빌려준 것으로 보지만, 상법이 적용되는 상인간의 금전소비대차는 별도의 계약이 없더라도 이자를 받기로 하고 돈을 빌려준 것으로 본다. 예컨대 상인의 경우에는 이자에 관한 합의가 없더라도 연6%의 이자를 청구할 수 있다. 이처럼 상인은 돈이 되지 않는 일을 결코 하지 않는다고 전제되는 사람이다. 하지만 상인이 정의와 무관한 사람이라고는 생각하지 말자. 돈이야말로 정의가 가장 문제되는 부분이다. 사실 상인이 도모하는 경제적 합리주의는 민사관계에도 점점 더 많이 적용되고 있다. 이러

---

118 상법에서는 기업이 상인으로 불리며, 상법전 전체에서 '기업'이라는 표현은 딱 한 번 나온다. 하지만 상법 교과서 등에서는 기업이라는 용어를 더 흔하게 쓴다. 이 책의 본문에서도 편한 대로 상인과 기업이라는 말을 혼용하고 있지만, 기업과 상인은 같은 것이라고 생각하자. 상인이란 상법상 권리의무의 귀속주체라는 측면을 강조하는 표현이다.

한 맥락에서 민법과 상법을 구분할 필요가 없으니 이를 통일하자는 주장도 없지 않고,[119] 실제로 스위스나 이탈리아에서는 민법과 상법이 구분되지 않고 하나의 법전으로 묶여 있다. 하지만 대부분의 나라에서는 일반 민사관계와 상사관계는 차별성이 있는 것으로 보고, 상사관계는 일반 민사관계의 특별법 영역을 구성하는 것으로 본다. 우리나라에서도 양자를 구분하고 있으며, 상법은 민법의 특별법이라고 본다.

상법상 행위의 주체가 되는 기업으로는 개인기업도 있고 공동기업도 있다. 예를 들어 동네의 구멍가게는 개인기업이다. 사람을 여러 명 고용하고 운영하더라도 구멍가게는 개인기업이다. 개인기업이라는 말은 혼자서 일한다는 뜻이 아니고, 개인이 혼자의 힘으로 자본을 모으고 또 경영에서 주도권을 행사한다는 뜻이다. 개인기업은 개인 경영자가 자기 의지대로 신속하게 운영할 수 있다는 장점이 있다. 하지만 개인기업은 기업으로서 치명적인 한계를 가지고 있다. 즉 개인기업으로는 자본동원능력이나 경영능력에 한계가 있어 늘 영세적인 수준에 머물게 된다. 개인기업은 기업주가 사망하면 존속하기 힘들게 되어 지속적인 운영이 어렵다는 한계도 갖고 있다.

사람들은 개인기업의 한계를 극복하기 위해 공동으로 운영하는 기업형태를 창안했다. 가장 원시적인 공동기업이 조합이다. 조합은 민법

---

[119] 이러한 주장을 민상법통일론 또는 민상2법통일론이라고 한다. 이는 1847년에 이탈리아의 몬타넬리(Montanelli)가 가장 먼저 주장했다. 이러한 주장은 그동안 상당한 영향력을 행사했지만 오늘날에는 많이 퇴색했다.

에 규정돼 있지만, 영리를 목적으로 하는 조합도 구성할 수 있다. 이 경우에 조합은 2인 이상이 상호출자해 공동사업을 경영하기 위한 것이다. 예를 들자면 친구 2명이 조합계약을 하고 군고구마를 판다고 생각해보자. 이 경우에 친구 2명이 같이 돈을 내고 같이 운영한다. 누구도 동료(조합원)의 허락 없이 빠질 수도 없고, 다른 사람을 가입시킬 수도 없다. 주요한 결정을 할 때에는 반드시 서로 상의해서 결정해야 한다. 손해가 나거나 장사를 하는 과정에서 제3자에게 손해를 끼치게 되면 같이 책임져야 한다. 이러한 관계가 조합관계다. 이처럼 두 사람이 협력하면 혼자 하는 경우보다 더 규모 있게 장사를 할 수 있고, 서로 협력해가며 시너지를 낼 수도 있다. 하지만 여전히 규모를 확대하는 데는 한계가 있다.

조합의 한계를 극복하게 해주는 것이 회사다. 회사는 기업 자체가 그 구성원으로부터 독립한 법인격을 갖는 것을 말한다. 상법은 "회사라 함은 상행위 기타 영리를 목적으로 하는 사단을 이른다"라고 하고(제169조), 아울러 "회사는 법인으로 한다"고 규정한다(제171조 제1항). 그래서 회사는 '영리를 목적으로 하는 사단법인'이라고 간단히 정의된다. '사단(社團)'이라 함은 회사가 사람들로 구성된다는 의미다. 그 사람들을 사원(社員)이라고 한다. 상법상 사원이라는 말은 회사에 고용된 종업원을 가리키는 것이 아니다. 직설적으로 말하면 회사의 주인을 말하는 것이다. 주식회사의 사원은 주주다. '영리를 목적'으로 한다는 것은 경제적 이득을 도모하기 위해 존재한다는 의미다. 여기에서 경제적 이득을 누리는 주체는 사원이다. 이득을 창출해 사원에게 이득을 분배하는 것이 존재목적인 조직이 회사다. '법인'이라 함은 스스로 권리능력을 갖는다는 의미다. 제11강에서 설명한 바와 같이 법인은 자연인이 아니면서 법에 의해 권리능력이 인정된 존재다. 회사는 법인이기 때문에 사원으로부터 분리된 별도의 권리능력을 갖는다. 회사의 재산은 회사 자체의 재산이지 회사를 구성하는 사원의 재산이 아니다(권리능력). 뿐만 아니라 회사는 거래의 주체가 된다(행위능력). 나아가 회사활동으로 인해 부당하게 다른 사람이 손해를 입게 되면 회사 자체가 불법행위책임을 진다(불법행위능력). 이처럼 회사는 그것을 구성하는 사원으로부터 인격적으로 분리돼 있다. 이 점이 회사라는 제도의 핵심적인 특징이다. 이러한 법인 개념에 의해 회사는 개인기업이나 조합과는 다른 차원의 기업형태가 된다. 회사의 종류에 따라 다소간의 차이가 있기는 하지만 회사는 개인기업이나 조합과 달리 조직으로서의 영속성을 가지며, 대규모로 자본을 동원할 수 있고, 전문경영인의 도입이 용이하다. 현대자본주의의 엄청난 발전은 실로 회사라는 개념의 발명에 의거해 이루어졌다고 해도 과언이 아니다. 이러한 회사에 대해 규율하는 법을 회사법이라고 한다. 하지만 회사법이라는 법전이 따로 존재하는 것은 아니고, 상법 제3편에 회사에 관한 일반규정이 있을 뿐이다. 그 외에 〈자본시장과 금융투자업에 관한 법률〉 등에 회사에 관한 규정이 흩어져 있다.

2. 회사의 종류

회사의 종류는 상법에서 4가지로 규정하고 있다. 크게 인적회사와 물적회사로 나뉜다. 인적회사는 사원들 상호간의 인적인 신뢰가 회사의 존립근거인 회사형태이고, 물적회사는 사원들 상호간의 인적인 신뢰가 전제되지 않은 회사형태다. 말하자면 인적회사에서는 사원의 교체가 자유롭지 않은 반면에 물적회사에서는 사원의 교체가 자유롭다. 이는 물적회사에서는 사원이 누구인지는 중요하지 않다는 의미다.

　인적회사에는 합명회사와 합자회사가 있다. 합명회사(合名會社)는 2인 이상의 무한책임사원만으로 구성되는 회사다. 무한책임사원이라 함은 회사의 채무에 대해 개인 재산으로써 책임을 지는 사원이라는 의미다. 예컨대 갑과 을이 합명회사를 설립했다고 하자. 그렇다면 회사를 운영하는 과정에서 회사의 과실로 화재가 나서 회사가 파산하게 됐을 뿐만 아니라 이웃집에까지 손해를 끼친 경우에는 갑과 을이 자기의 개인재산을 동원해서라도 그 손해를 배상해야 한다. 이런 형태의 합명회사에서는 각 사원이 자본을 출자할 의무를 지며, 그 지분을 매각하려면 다른 사원의 승낙을 얻어야 한다. 합명회사에서는 소유와 경영이 분리되지 않는다. 합명회사와 조합을 비교해보면, 합명회사는 사실상 조합에 법인의 외피를 씌운 것이라고 해도 과언이 아니다. 하지만 개인적 신뢰가 있는 사람들끼리 법인을 설립해 기업을 운영하려는 경우에는 합명회사라는 회사형태가 유용하게 이용될 수 있다.

　합자회사(合資會社)는 1인 이상의 무한책임사원과 1인 이상의 유한책임사원으로 구성되는 회사형태다. 유한책임이란 투자금을 넘어서까지 책임을 지지는 않는다는 뜻이다. 예를 들어 갑과 을이 합자회사를 차리면서 갑이 경영을 하고 을은 투자를 하기로 했다고 하자. 그러면 갑은 무한책임사원이 되고, 을은 유한책임사원이 된다. 그런데 화재가 나서 이 회사의 공장이 소실되고 이웃에도 막대한 손해를 끼쳤다고 생각해보자. 이 경우에 을은 자기의 투자자산을 포기하는 것으로 끝난다. 말하자면 을의 개인재산은 안전하다. 하지만 갑은 자기의 개인재산을 동원해서라도 그 화재로 인해 발생한 손해를 배상해야 한다. 이러한 회사형태는 경영자와 투자자가 의기투합해 기업을 설립해 운영하려고 하는 경우에 유용할 수 있다. 투자자가 경영참여에는 관심이 없고 이익의 배분에만 관심이 있으나 과도한 위험부담을 안고 싶지는 않은 경우에 이런 방식으로 투자할 수 있다. 경영자는 자신과 신뢰관계에 있는 사람을 투자자로 끌어들여 기업을 운영할 수 있다. 무한책임사원이 유한책임사원의 동의 없이 회사를 탈퇴할 수 없는 것은 당연하다. 하지만 유한책임사원의 경우도 무한책임사원 전원의 동의가 있어야 그 지분을 타인에게 양도할 수 있다. 이는 합자회사가 사원들 간의 인적인 신뢰에 기초한 회사형태이기 때문이다.

이에 비해 물적회사의 경우에는 사원이 누구인지를 문제 삼지 않는다. 물적회사의 사원은 언제든 그 지위를 다른 사람에게 양도할 수 있다. 물적회사의 대표적인 형태는 주식회사(株式會社)다. 주식회사는 유한책임사원만으로 구성된다. 주식회사의 사원을 주주라고 부른다. 주식회사의 주주는 언제든지 주식을 매각할 수 있고, 누구든지 주식을 매수하면 주식회사의 사원이 된다. 지분은 양도하기 쉽게 주식의 형태로 분할돼 있다. 만약 어떤 주식회사가 공장의 화재로 인해 도산이 불가피하게 됐을 뿐만 아니라 이웃에까지 막대한 손해를 끼친 경우에 주주는 자신의 주식을 포기하는 것으로써 더 이상의 책임을 지지 않는다. 주주는 경영에 참여하지 않으며, 다만 주식회사를 경영하는 대표이사 등을 선임할 뿐이다. 대표이사는 사원일 수도 있고 사원이 아닐 수도 있다. 대표이사가 사원인 경우에도 사원으로서의 지위에서 경영하는 것은 아니다. 사원에게는 경영권이 없고 경영자는 사원이 아니라는 이 이상한 구조는 주식회사의 가장 큰 장점이면서 문제의 진원지가 된다. 주식회사는 소유와 경영이 분리되므로 대규모의 자본을 모집하거나 전문경영인을 활용할 수 있지만, 소유자가 아닌 사람이 경영을 하는 탓에 경영자의 권한남용이나 방만한 경영이 일어나기 쉽다. 이것이 소유—경영의 분리에서 생기는 딜레마다. 이 딜레마를 해소하는 것은 중요한 문제가 아닐 수 없다. 현대 거대기업의 대부분이 주식회사의 형태를 띠고 있는데 그런 주식회사에서 부정행위가 저질러지면 그 사회적 파장이 엄청나기 때문이다. 기업 중에서 주식회사가 갖는 비중을 생각한다면 이 문제를 해결하는 것이 회사법의 핵심과 관련된다고 해도 과언이 아니다.

또 다른 형태의 물적회사로 유한회사(有限會社)가 있다. 유한회사도 주식회사와 마찬가지로 유한책임사원만으로 구성된다. 사원총수는 50명을 최대한으로 하고, 자본금은 1000만 원 이상으로 한다. 지분의 양도에 제한이 있다. 즉 사원총회의 결의가 있어야만 그 지분을 타인에게 양도할 수 있다. 유한회사는 독일에서 창안된 것이고, 오늘날에도 독일에서는 다수의 군소기업들이 이러한 형태로 조직돼 있다.

이 네 가지 회사형태를 들여다보면 합명회사가 전형적인 인적회사이고 주식회사는 전형적인 물적회사임을 알 수 있다. 합자회사는 인적회사에 물적회사의 요소를 부가한 것이고, 유한회사는 물적회사에 인적회사의 요소를 가미한 것이다. 이 네 가지 중에서 가장 중요한 회사형태가 주식회사라는 것은 말할 것도 없다.

3. 주식회사

회사의 실체는 사단이라고 했다. 즉 회사는 여러 사람이 모여 공동으로 기업을 운영하는 것이다. 하지만 주식회사의 경우에 회사의 실체는 자본이라고 하는 것이 현실에 더 가까운 말일 것이다. 주식회사는 자본의 동일성이 유지되는 한 영속적으로 존재할 수 있다. 반면에 주식회사에서 누가 사원인지는 중요하지 않기 때문에 사원(주주)은 언제든지 변경될 수 있다.

주식회사에 투자한 돈의 단위를 지분이라고 불러도 잘못은 아니지만 보통 주식이라고 부른다. 주식은 지분을 일정한 금액 단위로 분할한 것이다. 그래서 주주는 투자액에 따라 서로 다른 수의 주식을 보유하게 된다. 이렇게 함으로써 주식의 양도가 용이하게 된다. 이익을 배당할 때도 주식수에 따라 배당한다. 의결권도 주식수에 따라 배분된다.

주식을 가진 사람은 주주라고 한다. 주주의 자격에는 제한이 없기 때문에 미성년자를 포함해 누구나 주식을 소유할 수 있다. 주식회사는 혼자서도 설립할 수 있다.[120] 주주의 유일한 의무는 출자의무다. 그러나 사실 출자의무란 주주가 되기 위한 조건일 뿐 의무라고 할 수도 없다. 주식회사의 주식을 매수하면 주주가 되는데, 주주가 된다고 해서

---

[120] 사실 1인회사는 형용모순이다. '회사'라는 용어는 '여러 명'이 개입됐다는 의미를 담고 있기 때문이다. 하지만 주식회사의 경우는 자본이 유지되는 것이 중요한 반면에 사원이 누구인지는 중요하지 않기 때문에 사원이 1인이더라도 주식회사를 설립할 수 있다.

회사에 대해 추가적인 의무를 지는 것은 없다. 다만 회사가 완전히 파산해 잔여재산이 한 푼도 없게 되는 경우에는 자기가 가진 주식이 휴지가 될 뿐이다. 반대로 주주가 된다는 것은 여러 권리를 획득하는 것을 의미한다. 무엇보다 주주는 이익배당청구권을 가지며 신주인수권, 주주총회 소집청구권, 주주제안권, 회계장부열람권, 주주총회에서의 이사와 대표이사 선임권을 포함한 의결권, 이사·감사에 대한 해임청구권 등을 가진다. 결국 주주는 권리만 있고 의무는 없는 셈이다.

 주식회사를 실질적으로 운영하는 사람은 주주가 아니다. 주식회사의 의사를 결정하고 집행하는 기구를 기관(機關)이라고 한다. 주식회사라면 반드시 있어야 하는 기관에는 주주총회, 이사, 이사회, 대표이사, 감사가 있다. 신문과 방송 등에서는 이런 기관들의 구성을 '기업지배구조'라고 부르기도 한다. 주주총회는 주주들로 구성되는 회의체로서 회사의 최고 의사결정기관이다. 주주총회는 이사와 감사를 선임하고 정관 개정에 대해 의결권을 행사한다. 이사회는 회사의 업무집행에 관한 의사결정을 하는 회의체 기관이다. 이사회를 구성하는 이사는 주주총회에서 선임된다. 현실적인 기업경영은 대표이사가 수행하며, 이사회가 대표이사를 선임하고 그의 업무집행 상황을 감독한다. 감사는 주주총회에서 선임되며, 이사 및 대표이사의 업무를 감독하는 기능을 한다.

 이상에서 보듯이 주식회사에서 실질적으로 중요한 의사결정은 이사들이 하고, 그 집행(경영)은 대표이사(최고경영자, CEO)가 한다. 주식회사 관련법에서는 이사들이 적절히 회사를 운영하도록 하기 위한 부분이 중요하다. 주식회사의 이사에게 부여된 법률상의 책임으로는 어떤 것이 있는지를 살펴보자.

4. 이사의 의무와 책임

(1) 회사에 대한 이사의 책임

이사는 회사의 운영을 위임받은 사람이다. 그런데 만약 이사가 무능하거나 게을러서 회사를 부실하게 운영했다면 회사는 해당 이사에게 책임을 묻게 된다. 주주총회에서 그 이사를 재선임하지 않는 것도 책임을 묻는 한 가지 방법이다. 그렇지만 만약 이사가 고의나 과실로 회사에 손해를 발생시켰다면 이사는 이사직을 내놓는 것으로써 책임을 다하는 것이 아니다. 그러한 이사는 회사에 대해 손해배상의 책임을 진다. 이것이 회사에 대한 이사의 책임이다. 상법에 의하면 이사가 법령 또는 정관에 위반되는 행위를 하거나 그 임무를 해태(懈怠)한 때에는 그 이사는 회사에 대해 연대하여 손해를 배상할 책임이 있다(제399조). 여기서 해태한다는 말은 게을리 한다는 뜻이고, 연대하여 책임을 진다는 것은 이사 각자에게 손해 전체에 대해 책임을 물을 수 있다는 뜻이다. 따라서 이 조항에는 두 가지 요건이 서술돼 있다. 하나는 법령·정관을 위반한 경우이고, 다른 하나는 임무를 게을리 한 경우다.

    먼저 법령·정관을 위반한 경우의 예를 들어보자. 만약 이사가 이사회의 승인 없이 자기거래를 했다면 이는 법령을 위반한 경우다. 왜냐하면 상법에 의하면 이사회의 승인이 없으면 이사는 회사와 자기 사이의 거래를 해서는 안 되기 때문이다. 만약에 법령·정관을 위반하는 거래를 하기로 이사회가 결의했다면 그 결의에 찬성한 이사 모두가 손해배상의 책임을 진다. 이사회에서 찬성하지 않았더라도 그 결의에 참가한 이사로서 이의를 제기했다는 기록이 의사록에 없다면 그 이사도 그 결의에 찬성한 것으로 추정된다. 따라서 이사라면 누구나 법령이나 정관을 위반하는 행동을 해서는 안 되며, 다른 이사가 그렇게 하려고 할 때에는 이의를 제기해야 할 법률상의 의무가 있는 것이다.

둘째는 이사가 법령·정관을 위반하지는 않았더라도 임무를 게을리 함으로써 회사에 손해를 끼친 경우다. 예를 들어 이사회의 승인을 얻고 자기거래를 했지만 그것이 내용적으로 심히 불공정한 거래여서 회사에 손해를 끼쳤다면 그 손해를 배상해야 한다. 직원에 대한 직무감독을 소홀히 하거나 상식 이하의 무능력으로 인해 회사에 손해를 발생시킨 경우도 이에 해당한다. 이사가 임무를 게을리 했다고 주장하는 사람은 이사가 임무를 게을리 했다는 사실과 그로 인해 손해가 발생했다는 사실을 모두 입증해야 한다.[121]

(2) 제3자에 대한 이사의 책임

위에서 이사가 회사에 대해 손해배상책임을 지는 경우를 보았다. 이와 별도로 이사는 제3자에 대해서도 책임을 진다. "이사가 악의 또는 중대한 과실로 인하여 그 임무를 해태한 때에는 그 이사는 제3자에 대하여

---

121 이사의 책임과 관련해 경영판단의 법리라는 것이 있다. 이는 이사의 어떤 결정으로 인해 회사에 손해가 발생했다고 하더라도 그 결정을 할 당시에 합리적 근거에 따라서 판단해 그 결정을 했다면 경영자에게 그 결과에 대해 책임을 묻지 않는다는 원칙이다. 이는 이사의 책임을 경감시켜주기 위한 법리다.

연대하여 손해를 배상할 책임이 있다"(401조). 이사가 임무를 게을리 하면 회사에 대해 책임을 지는 것은 쉽게 이해할 수 있지만, 이사로서의 임무를 게을리 했다는 이유로 제3자에게 책임을 지는 것은 납득하기 어려울 수도 있다. 하지만 상법은 주식회사의 영향력을 고려해 제한적이나마 이사에게 제3자에 대한 손해배상책임을 부과하고 있다. 다만 이 조항을 이용해 책임을 물으려면 이사에게 고의 또는 중대한 과실이 있어야 한다. 예컨대 이사가 의도적으로 회사의 재무상황을 허위로 공시했는데 그것을 믿고 주식을 투자한 사람들이 손해를 본 경우에 주식 투자자는 그 이사를 상대로 손해배상을 청구할 수 있다.

5. 주주대표소송

이사가 임무를 게을리 해 제3자에게 손해를 끼친 경우에 제3자는 법원에 손해배상청구소송을 제기할 수 있다. 그런데 이사가 정관·법령을 위반하거나 임무를 게을리 해 회사에 손해를 끼친 경우에는 누가 소송을 제기해야 하는지가 문제가 된다. 왜냐하면 통상 회사를 대표해 소송을 수행하는 자는 대표이사인데, 대표이사도 또한 이사이기 때문이다. 이사에 대한 손해배상청구소송을 대표이사가 제기한다면 이사를 상대방으로 하는 손해배상청구소송을 이사가 제기하는 결과가 된다. 이러한 불합리를 피하기 위해 상법은 회사가 이사를 상대로 소송을 하는 경우에는 감사가 회사를 대표한다고 규정하고 있다. 즉 이런 경우에는 감사가 회사를 대표해 이사를 피고로 하는 손해배상청구소송을 제기하게 되는 것이다.

이와 별도로 상법은 주주가 회사를 위해 소송을 제기하는 제도를 두고 있다. 상법에 의하면 발행주식 총수의 1%에 해당하는 주식을 가진 주주는 회사를 위해 소를 제기할 수 있다(403조).[122] 이때 이들 주주는 소송을 제기하기에 앞서 회사에 소송을 제기할 것을 청구해야 하고, 회사가 30일이 경과할 때까지 아무런 조치를 취하지 않으면 그때 비로소 소송을 제기할 수 있다. 이를 주주대표소송이라고 한다. 주주대표소송에서는 주주가 원고가 되고 이사가 피고가 된다. 만약 원고가 승소하면 손해배상액은 회사로 지급된다. 여기서 보듯이 소송을 제기하는 주주에게 직접 주어지는 인센티브는 없다. 물론 회사가 더욱 충실해짐으로써 주주가 간접적인 이득을 얻기는 한다. 다만 주주가 승소하는 경우에 법관은 대개 소송비용을 피고가 부담하도록 판결한다.

---

[122] 다만 상장기업에 대해서는 이 요건이 훨씬 완화돼 있다. 즉 0.01%의 주식을 가진 사람은 주주대표소송을 제기할 수 있다(상법 제542조의6 제6항).

생각거리

35

갑은 K건설회사의 대표이사로서 대규모 도로공사 입찰에서 낙찰을 받기 위해 백방으로 노력하고 있다. 갑은 지인을 통해 입찰심사에 S대학의 을 교수가 참여한다는 것을 알게 됐다. 갑은 회사의 판공비를 이용해 을에게 2억 원 상당의 선물을 제공했다. 그런데 입찰심사 과정에서 그런 사실이 폭로되어 을 교수는 심사위원 자격을 박탈당하고 K건설회사도 심사대상에서 제외됐다. 이를 알게 된 K건설회사의 주주들은 K건설회사에 갑을 상대로 손해배상을 청구할 것을 요구했다. 그러나 K건설회사는 갑이 개인적 이익을 위해 뇌물을 제공한 것도 아니고 나름대로 최선을 다했다는 이유로 갑에 대해 아무런 제재도 하지 않았다. 이에 주주들은 갑에게 2억 원의 손해배상을 청구하는 주주대표소송을 제기했다. 이 경우에 법원은 원고의 주장을 받아들이겠는가?

36

갑은 K자동차회사의 대표이사다. K회사는 사세를 확장하기 위해 공장부지를 물색하게 됐다. 그러던 중 갑이 소유한 토지를 공장부지로 사용하는 방안이 논의됐다. 대표이사의 토지를 회사가 구입하는 것은 이사의 자기거래이기 때문에 이사회의 승인이 있어야 한다. 이에 따라 이사회에 이 문제가 정식 안건으로 제기됐다. 갑론을박 끝에 갑의 토지를 구입하기로 하고 구체적인 진행은 갑에게 위임하기로 했다. 이후 갑은 자기의 토지를 회사에 매각하는 절차를 진행했다. 그런데 나중에 드러난 바에 의하면 K회사는 토지의 매매대금으로 시가의 2배를 지급했다. 이 경우에 갑에게 책임을 물을 수 있는가?

37
갑은 거대 자동차회사인 K주식회사의 대표이사이면서 동시에 L항공회사의 주식을 상당량 가지고 있으며 그 경영에도 영향력을 행사하고 있다. 그런데 L항공회사는 경영성과가 좋지 못해 심각한 자금난에 빠져 있다. 그래서 L항공회사는 유상증자를 하기로 결정하고 주식의 공모를 실시했다. 이때 갑은 K건설회사의 자금으로 700억 원 상당의 신주를 인수하는 방식으로 L항공회사의 유상증자에 참여했다. 이런 사실을 알게 된 K주식회사의 주주인 을은 갑이 회사의 돈을 횡령했으며 그로 인해 주식가격이 떨어졌다고 생각한다. 이때 갑이 취할 수 있는 조치는 무엇인가?

제21강 형법
법률에 규정된 것만 범죄다

> 형법은 국가가 국민을 통제하기 위해 존재하는 것이 아니고, 국가의 형벌권 남용을 방지하기 위해 존재하는 것이다. 그것이 근대형법의 최고 이념으로 인정되는 죄형법정주의의 정신이다.

1. 근대형법의 등장

죄를 지으면 벌을 받아야 한다는 것은 만고의 진리다. 그렇다면 무엇이 범죄이고 각 범죄에 대해 어떤 형벌을 부과해야 하는가? 이러한 문제에 대해 규율하는 법이 형법이다. 형법은 간단히 범죄와 형벌에 관한 법이다.

실로 형법의 존재는 보편적인 현상이다. 우리나라 고조선에도 8조 법금이라는 형법이 있었다고 한다. 이러한 형법전은 없다고 하더라도 모든 사회가 범죄를 정의하고 그것에 대해 처벌을 했을 것이다. 그러나 역사적으로 보면 범죄의 종류나 형벌의 종류에 상당한 변화가 있었던 것도 사실이다. 조선시대에는 대명률이 적용됐는데, 대명률은 가장 악질적인 범죄행위 10가지를 적시했다. 이것이 소위 10악(十惡)이다. 그 중에는 반역이나 모반 등도 있었지만, 왕에 대한 불경죄나 부모에 대한 불효죄도 있었다. 부모를 고소하거나 부모에게 악담이나 욕설을 하는 것, 부모나 조부모의 봉양을 소홀히 하는 것, 부모의 상중에 혼인을 하거나 풍악을 즐기거나 상복이 아닌 평상복을 입는 것, 부모의 상을 당하고도 상례를 치르지 않는 것, 부모가 죽었다고 거짓말하는 것 등이 불효죄에 속했다. 당시의 죄목이 유교적 가치질서를 반영하고 있었음을 알 수 있다.

형벌도 요즘과 많이 달랐다. 조선시대의 형벌은 태장도유사(笞杖徒流死: 태형, 장형, 노역, 유배, 사형)의 5형(五刑)을 기본으로 했다. 사형을 집행할 때에는 목을 베기도 하고 사지를 찢어서 죽이기도 했다. 가장 잔인한 사형방법으로 능지처사(陵遲處死)가 있었다. 능지처사란 군주를 배반하거나 부모를 죽인 경우에 이용되는 것으로서 칼을 여러 번 대어 죄인을 서서히 죽이는 형벌이었다. 칼을 대기를 8번, 24번, 72번, 또는 120번 만에 죄인을 죽였고, 그보다 더 많이 칼을 대기도 했다. 그리고 조선시대에는 고문도 합법적이었다. 조선시대에는 고문을 고신(拷訊)이라고 했다. 이러한 사정은 서양도 마찬가지였다. 종교적 가치를 강조했던 서양에서 신에 대한 불경은 심각한 범죄행위였으며, 형사처벌에서도 불에 태워 죽이는 등 잔인한 형벌이 적지 않았다. 고문도 합법적으로 이용됐다.

그 시대의 형법과 오늘날의 형법을 비교해보면 격세지감을 느끼지 않을 수 없다. 이러한 변화가 생기기 시작한 것은 서양에서 근대가 등장한 것과 연관된다. 앞에서도 수차례 보았듯이 근대사회에 철학적 기초가 된 사상은 '개인의 자연권 내지 인권은 기본적인 가치이고, 국가는 그러한 개인의 인권을 보호하기 위한 수단적 의미를 갖는다'는 것이었다. 형법도 그와 같은 사상의 영향을 받아 많은 변용을 겪게 됐다.

근대 형법정신을 가장 뚜렷하게 정립한 사람으로는 흔히 이탈리아 사람 베카리아(Cesare Beccaria, 1738~1794)를 든다. 그는 불과 26세에 《범죄와 형벌》(1764)이라는 책을 썼는데, 이 책이 근대 죄형법정주의의 선언서로 평가되고 있다. 그는 다음과 같이 밝혔다.

> 범죄에 대한 형벌은 오로지 법률을 통해서만 규정될 수 있다. 이 권한은 사회계약에 의해 결합된 사회 전체를 대표하는 입법자에게만 속한다. 사회의 일원에 지나지 않는 재판관은 같은 사회의 다른 성원에게 법률로 규정하고 있지 않은 어떤 형벌도 과할 수 없다. 재판관이 법률에 규정된 한도를 넘어선 형벌을 과할 경우 그 형벌은 부당한 것이다. 왜냐하면 그러한 형벌은 미리 정해진 형벌에다 새로운 형벌을 가중하여 과한 것이기 때문이다. 따라서 어떤 재판관도 공공복리를 위한다는 구실로 범죄를 저지른 시민에 대해 이미 설정된 형벌을 가중할 수 없다.[123]

---

[123] 체사레 베카리아, 《범죄와 형벌》, 이수성·한인섭 공역, 길안사, 1999, 35쪽.

위의 구절은 형벌은 입법자가 제정한 법률에 의거해서만 가해질 수 있다고 명료하게 선언하고 있다. 이는 왕권에 의한 형벌권 남용에 대한 반대의 입장을 천명한 것이고, 마찬가지로 재판관도 어떤 이유에서든 형벌권을 과도하게 행사해서는 안 된다는 입장을 천명한 것이다. 이처럼 근대형법은 국가가 형벌권을 행사하는 것이 필요하다고 인정하면서도, 전근대에 있었던 형벌권의 남용을 막아보자는 것을 그 핵심으로 하고 있다. 아울러 베카리아는 아무리 법률에 의한 형벌이라고 하더라도 잔혹한 형벌은 결코 도움이 되지 않는다고 주장했다. 그는 당시에 이미 사형제도가 폐지돼야 한다고 강력히 주장했다. 사형은 사람을 변화시키지도 못하고 강력범죄를 줄이지도 못한다는 것이 그의 주장이었다. 그가 250년 전의 사람임을 생각해본다면 놀라운 주장이라고 하지 않을 수 없다. 아울러 그는 고문도 어떤 이유에서든 정당화될 수 없다고 주장했다. 이러한 그의 형법사상은 이후 근대형법에 그대로 반영됐다.

1776년에 발표된 미국 버지니아 주 권리선언은 제8조에 "누구든지 국법 또는 재판에 의하지 아니하고는 자유를 박탈당하지 아니한다"고 규정했다. 미국 헌법 제1조 제9항에는 "재판에 의하지 않은 처벌법과 소급법은 금지된다"고 규정됐고, 미국 수정헌법 제8조에는 "과다한 벌금을 과하거나 잔인하고도 비정상적인 처벌은 금지된다"고 규정됐다. 1789년에 선포된 프랑스 인권선언의 제8조에는 "법은 절대적이고 명백하게 필요한 경우에만 형벌을 규정해야 한다. 행위 이전에 공포되고 합법적으로 적용되는 법률에 의하지 않고는 누구도 처벌돼서는 안 된다"라고 규정됐다. 이러한 것들은 모두 베카리아로 대표되는 근대 형법정신의 천명이라고 할 수 있다.

베카리아의 주장은 좀 더 세련되게 다듬어지면서 오늘날 죄형법정주의라는 용어로 표현된다. "법률이 없으면 범죄가 없고 형벌도 없다"라는 말로 요약되는 죄형법정주의는 법률주의의 원칙, 소급입법의 금지, 명확성의 원칙, 유추해석의 금지, 적정성의 원칙 등을 그 내용으로 한다. 법률주의의 원칙이 있기에 형벌규정은 집행권력에 위임될 수 없으며 관습형법의 존재는 인정되지 않는다. 오로지 의회가 제정한 법률에 의해서만 형벌을 부과할 수 있다는 것이다. 소급입법의 원칙이 있기에 행위시에 법률에 범죄로 규정되지 아니한 행위로 인해 처벌되지 않는다. 명확성의 원칙이 있기에 정상적인 절차에 의해 제정된 형벌법규라고 하더라고 충분히 명확하지 않으면 바로 그러한 이유로 인해 그 형벌법규의 효력은 인정되지 않는다.[124] 적정성의 원칙은 법률이라고 하더라도 형벌의 강도가 과도해서는 안 된다는 것이다.

이러한 근대형법의 정신에 비추어 본다면, 형법은 국민으로 하여금 법을 지키게 하는 데 중점을 둔다기보다는 국가로 하여금 법을 지키게 하는 데 중점을 둔다고 하겠다. 한마디로 말하면, 국가형벌권의 남용 방지에 관한 법이 형법인 것이다. 형법을 공부할 때에는 이 점을

---

[124] 〈직업안정법〉은 "공중위생 또는 공중도덕상 유해한 업무에 취직하게 할 목적으로 직업소개·근로자모집 또는 근로자공급을 한 자"에 대해 7년 이하의 징역 또는 3천만 원 이하의 벌금에 처하도록 했다. 이에 대해 헌법재판소는 "이 사건 법률조항은 죄형법정주의에서 파생된 명확성의 원칙을 충족시키고 있다고 할 수 없다"고 판단하고 위헌판결을 내렸다(헌재 2005.03.31, 2004헌바29).

늘 염두에 두어야 한다.

2. 형벌사상

위에서 형법은 범죄와 형벌에 관한 법이고 범죄와 형벌은 법률이 규정하고 있다고 했다. 그러나 법률이 범죄와 형벌을 규정하는 태도나 방식을 둘러싼 철학적인 논란이 지금도 계속되고 있다. 하나의 흐름은 고전학파 또는 구파라고 부르는 입장으로서 17세기에서 19세기까지 형법이론을 주도했다. 또 다른 하나의 흐름은 실증학파 또는 신파라고 부르는 입장으로서 19세기 후반에 대두됐다.

고전학파는 인간을 자유의지를 가진 존재로 파악한다. 이들에 의하면 범죄란 자유의지를 가진 사람이 도덕률이나 법규정을 위반하는 행위다. 그리고 이런 행위를 하는 자를 처벌하는 것은 범죄에 대한 응보(응보형주의)이거나 다른 사람들이 범죄로 나아가는 것을 예방하기 위한 것(일반예방주의)이다.

이에 비해 실증학파는 인간행동을 자유의지의 소산이라고 보지 않고 유전 또는 사회환경의 소산이라고 본다. 이들은 범죄행위 자체보다 범죄의 원인을 실증적으로 연구하고자 했고, 범죄가 발생하는 문제를 근원적으로 해결하고자 했다. 형벌의 목적도 범죄인의 범죄적 성향을 개선함으로써 다시는 범죄행위를 하지 않도록 예방하는 데 있다(특별예방주의)고 보았다.

범죄와 형벌의 본질을 둘러싼 이러한 논쟁은 인간의 본질이 무엇인가를 둘러싼 철학적 견해차이를 배경으로 하고 있는 만큼 쉽게 결론이 날 수 없다. 우리나라 형법을 비롯한 현대 형법은 대체로 절충적인 입장에서 접근하고 있다. 즉 범죄의 원인을 전적으로 개인의 책임으로 보지도 않지만 전적으로 유전이나 사회구조의 책임으로 보지도 않는다. 형벌을 부과할 때에도 단순히 행동의 측면만 고려하는 것이 아니고 환경적인 요소도 고려한다.

형법의 체계

형법은 범죄와 형벌에 관한 법이다. 즉 형법은 무엇이 범죄가 되는지를 정의하고, 각각의 범죄에 대해 어떤 형벌이 가해지는지를 규정하고 있다. 이러한 의미의 형법규정은 형법전에도 있지만 온갖 다른 법에서도 쉽게 찾아볼 수 있다. 예를 들어 〈특정범죄가중처벌 등에 관한 법률〉, 〈국가보안법〉, 〈경범죄처벌법〉 등 각종 특별형법에 형벌규정이 있는 것은 물론이고 〈도로교통법〉, 〈독점규제 및 공정거래에 관한 법〉, 〈수표법〉, 〈부동산등기법〉 등 여러 행정법규에도 형벌에 관한 규정이 있다. 대학에서의 형법교육은 이러한 특별형법은 거의 취급하지 않고 형법전의 내용을 중심으로 형벌법규 일반에 적용되는 원리를 공부한다.

형법은 총칙과 각론으로 구성돼 있고 각각 한 학기씩 배운다. 총칙은 범죄 일반에 관한 원칙적인 규정과 형벌 일반에 관한 원칙적인 규정을 담고 있다.

제1편 총칙
　　제1장 형법의 적용범위
　　제2장 죄(罪)
　　제3장 형(刑)
　　제4장 기간
제2편 각론
　　— 각론은 범죄의 종류를 42개로 나누어 규정하고 있다. 각론에 규정된 범죄는 국가적 법익에 관한 죄, 사회적 법익에 관한 죄, 개인적 법익에 관한 죄로 나눌 수 있다.

3. 범죄의 성립요건

범죄는 형벌의 대상이 되는 반사회적 행동이다. 어떤 행동이 범죄가 되기 위해서는 구성요건해당성, 위법성, 책임성의 요건을 갖추어야 한다.

구성요건해당성이란 문제의 행위가 형벌법규에 해당되는 행위여야 한다는 것이다. 그 형벌법규는 국회에 의해 제정된 법률이어야 한다. 국회가 범죄로 선언하지 않은 행위는 그 행위의 속성이 반사회적이라고 하더라도 범죄로서 처벌하지 않는다. 형법은 행위시에 유효한 법률이 아니면 안 된다. 사후적으로 법률을 제정해 처벌하는 것을 소급입법이라고 하는데, 형법에서는 이것이 엄격히 금지된다. 이러한 모든 것은 죄형법정주의의 요청상 당연한 것이다. 어떤 행동이 행위시의 법률에 규정된 범죄행위에 해당될 때 구성요건해당성이 충족됐다고 말한다.

위법성은 해당 행위가 법률상 허용되지 않는다는 의미다. 누구든 법률에 의해 범죄로 정의된 행동을 하면 안 된다. 그렇기 때문에 어떤 행동이 범죄의 구성요건에 해당되면 당연히 위법성을 갖는다고 추정한다. 다만 일정한 사유가 있는 경우에는 위법성이 없는 것으로 보아, 범죄의 구성요건에 해당되더라도 범죄가 되지 않는 것으로 하고 있다. 이러한 사유를 위법성조각사유라고 한다.

위법성조각사유 가운데 대표적인 것인 정당방위(正當防衛)다. 정당방위는 '자기 또는 타인의 법익을 부당한 침해로부터 방어하기 위한 행위'를 말한다. 예컨대 강도가 칼을 들고 덤빌 때 야구방망이로 타격해 그 강도의 신체에 손상을 입혔다면 상해죄가 성립하지 않는다. 그것은 자기의 법익을 방어하기 위한 불가피한 행동이라고 보기 때문이다. 그렇지만 때로는 과잉방위가 문제가 되기도 한다. 예컨대 참외밭을 보호하기 위해 고압전선을 설치했는데 도둑이 그로 인해 사망에 이르렀다면 과잉방위가 된다. 이런 경우에는 위법성이 조각되지 않으므로 살인의 책임을 지게 될 수 있다.

정당행위(正當行爲)도 위법성조각사유다. 정당행위란 "법령에 의한 행위 또는 업무로 인한 행위, 기타 사회상규에 위배되지 아니하는 행위"로 정의된다. 예컨대 의사가 수술하기 위해 칼로 환자의 배를 가르는 것은 상해죄가 되지 않는다. 학교 선생님이 교육의 목적상 학생에게 체벌을 가하는 경우에는 위법성이 조각된다. 하지만 이 경우에도 한도를 넘으면 위법성이 조각되지 않는다.[125]

긴급피난(緊急避難)도 위법성을 조각한다. 긴급피난은 "자기 또는 타인의 법익에 대한 위난을 피하기 위한 행위로서 상당한 이유가 있는 행위"를 말한다. 예컨대 화재를 진압하기 위해 타인의 차를 파손한다고 하더라도 형사처벌을 받지 않는다.

자구행위(自救行爲)도 위법상을 조각한다. 자구행위 또는 자력구

---

[125] 대법원은 교육상 불가피한 경우에는 체벌을 할 수 있다고 하면서도 "스스로의 감정을 자제하지 못한 나머지 많은 낯모르는 학생들이 있는 교실 밖에서 피해자 학생들의 행동을 본 즉시 피고인 자신의 손이나 주먹으로 피해자의 머리 부분을 때렸고 피고인이 신고 있던 슬리퍼로 피해자의 양손을 때렸으며 감수성이 예민한 여학생인 피해자들에게 모욕감을 느낄 지나친 욕설을 하였던 것"에 대한 판결에서 "사회관념상 객관적 타당성을 잃은 지도행위"이므로 정당행위로 볼 수 없다고 밝혔다(대법원 2004. 6. 10. 선고 2001도5380 판결).

제행위란 "법정절차에 의하여 청구권을 보전하기 불능한 경우에 그 청구권의 실행불능 또는 현저한 실행곤란을 피하기 위한 행위"다. 자구행위는 국가공권력의 조력을 구하지 않고 스스로 권리를 확보하는 것이기 때문에 잘 인정되지 않는다. 예컨대 채권자가 채권을 확보하기 위해 피해자의 물건을 무단으로 가져간 사건에 대해 대법원은 자구행위를 인정하지 않고 절도죄를 적용했다.[126]

피해자의 승낙(承諾)도 위법성을 조각한다. 즉 "처분할 수 있는 자의 승낙에 의하여 그 법익을 훼손한 행위"의 경우에도 위법성이 조각된다. 예컨대 차의 소유주가 자기 차를 부수라고 허락했다면 그 차를 파괴해도 손괴죄의 책임을 지지 않는다. 그러나 피해자의 승낙이 있다고 해서 사람을 살해할 수는 없다. 타인의 자살을 도와주면 자살방조죄가 된다.

어떤 행위가 범죄가 되기 위해서는 책임성도 갖추어야 하다. 여기서 책임성이란 불법한 행위를 한 행위자에 대한 비난가능성을 가리키는 말이다. 14세 미만자는 책임이 없다고 보아 형사처벌하지 않는다. 심신장애자의 경우도 마찬가지다. 몽유병 상태에서 사람을 살해한 경우에는 책임이 없다고 보아 형사처벌하지 않는다. 마찬가지로 잠꼬대로 다른 사람을 욕한 경우에도 모욕죄를 적용하지 않는다. 그 행동에 대해 행위자가 주관적으로 책임을 질 수 있는 상태가 아니기 때문이다. 하지만 술을 먹고 만취상태에서 살인하거나 폭행한 경우라면 반드시

---

[126] 대법원 1984.12.26. 선고 84도2582, 84감도397 판결.

책임이 면제되는 것은 아니다. 행위 당시에는 그 행위의 의미를 알 수 없었다고 하더라도 그러한 상태에 도달한 데 대해서는 행위자에게 일정한 책임이 있다고 보기 때문이다.

4. 미수범과 공범

범죄행위에 착수해서 그 행위를 완수한 경우라면 기수범(既遂犯)이 되고, 그 행위를 시작하기는 했지만 완수하지 못했거나 결과가 발생하지 않았으면 미수범(未遂犯)이 된다. 범죄에 따라서는 미수범을 처벌하지 않는 경우도 있다. 예를 들어 살인의 미수는 처벌하지만 낙태의 미수는 처벌하지 않는다. 형법은 미수범에 대해서는 기수범보다 형을 감경할 수 있다고 규정하고 있다. 특히 스스로의 의지로써 범죄행위를 중지하거나 결과의 발생을 방지한 경우라면 형을 감경하거나 면제한다. 이런 경우를 중지미수라고 한다. 애당초 결과의 발생이 불가능한 행동을 한 경우라면 위험성이 있었을 때에만 처벌한다. 예를 들어 설탕을 매일 먹으면 사람이 죽는다고 믿은 사람이 타인을 죽일 목적으로 설탕을 매일 먹인 경우에는 처벌되지 않는다. 이는 위험성이 없었다고 보기 때문이다. 이러한 경우의 행위자를 불능범이라고 한다. 즉 불능범은 처벌하지 않는다. 하지만 어떤 농약을 10그램 정도 먹으면 죽는 경우에 5그램만 먹으면 죽는다고 믿은 사람이 실제로 5그램을 타인에게 먹였다면 살인미수의 책임을 진다. 죽을 위험성이 있었다고 보기 때문이다. 범행의 계획은 세웠지만 실제로 실행에 착수하지 않은 경우라면 미수범이 아니기 때문에 처벌하지 않는다. 여러 사람이 범죄의 실행을 위한 논의를 한 경우도 마찬가지다. 미수범이 되려면 적어도 범죄행위에 착수했어야 한다.

    2명 이상이 공동으로 범죄를 저지른 경우에는 각자가 공범이 된다. 이런 경우에는 각자가 모두 정범(正犯)으로 처벌받기 때문에 공동정범이라고 한다. 타인을 교사해 범죄를 저지르게 한 자는 교사범(敎唆犯)이라고 한다. 교사란 다른 사람을 꾀거나 부추겨서 나쁜 짓을 하게 한다는 의미다. 교사범은 실제로 범죄를 저지른 자와 동일한 형으로 처벌한다. 예를 들어 선배가 후배를 시켜서 다른 사람의 돈을 빼앗게 했다면 실제 범행을 한 후배와 동일한 처벌을 받게 되는 것이다. 다른 사람의 범죄를 방조한 사람은 종범(從犯)이라고 한다. 여기서 방조한다는 말은 다른 사람의 범죄행위에 편의를 제공한다는 의미다. 예를 들어 폭행을 하려는 사람에게 몽둥이를 구해다 준 사람은 폭행의 종범이 된다. 종범에 대해서는 정범보다는 형을 경감한다.

5. 형벌

형벌은 국가가 범죄행위에 대한 법률상의 효과로서 행위자에게 과하는 처벌을 의미한다. 형벌의 본질이 무엇인지에 대해 학자들 사이에 논란이 있다. 범죄행위에 대한 응보라는 이론(응보형론)이 있는가 하면 추가적인 범죄를 막기 위한 것이라는 이론(목적형론)도 있다. 뒤의 이론은 범인 이외의 다른 사람이 범죄에 이끌리지 않도록 하기 위해 범인에게 형벌을 가하는 것이라는 이론(일반예방설)과 문제의 범인이 다시 범죄행위를 하지 않도록 하기 위해 형벌을 가하는 것이라는 이론(특별예방설)이 있다. 어떤 입장에 서느냐에 따라 형을 부과하는 방식이나 형량이 달라질 수 있기 때문에 나름대로 의미 있는 논쟁이다. 실제에서는 이러한 여러 측면이 복합적으로 작용한다고 할 수 있다.

우리나라에는 형벌의 종류가 9가지 있다. 사형, 징역, 금고, 구류, 자격상실, 자격정지, 벌금, 과료, 몰수가 그것이다. 사형은 생명을 박탈하는 형인데 우리나라에서는 교수형으로 실시된다. 징역과 금고는 모두 신체구금을 하는 형벌인데, 징역은 노역을 시키는 것이고 금고는 노역이 없는 구금이다. 구류는 30일 미만으로 구금하는 형을 말한다. 자격상실은 공무원이 되는 자격이나 선거권, 피선거권 등을 박탈하는 형벌이다. 그러한 자격을 기간을 정해 일시적으로 정지시키는 형벌이 자격정지다. 벌금과 과료는 모두 금전의 납부를 벌로 부과하는 것인데, 5만 원 이상일 때 벌금이라고 하고 그 미만이면 과료(科料)라고 한다. 몰수는 범죄행위에 이용된 물건이나 범죄로 얻은 물건을 빼앗는 것이다.

범죄가 확정되면 법관은 형벌을 부과하는데, 형벌을 부과할 때는 범인의 연령, 성향, 지능, 환경 등을 참작한다. 따라서 같은 범죄행위를 했더라도 그러한 구체적인 사정에 따라 형의 종류나 정도에서 차이가 난다. 또 경우에 따라서는 형의 선고를 유예하거나 형의 집행을 유예하기도 한다. 법관이 범죄의 정상을 참작해 형을 감하는 것을 작량감경(酌量減輕)이라고 한다.

집행유예란 형을 선고하면서 일정한 기간 동안 집행을 유예하고 그 기간이 경과하면 형의 선고가 효력을 잃게 하는 제도다. 이는 3년 이하의 징역에 대해서만 가능하다.[127] 선고유예란 1년 이하의 징역이나 금고, 자격정지, 벌금 등에 해당하는 경미한 범죄자에 대해 형을 선고하는 경우에 형의 선고를 유예하고 2년의 기간이 경과하면 면소된 것으로 간주하는 제도다. 이 경우에는 전과기록 자체가 남지 않는다.

---

127 우리나라에서 재벌의 경제범죄행위에 대해서는 법원이 거의 3년의 징역을 선고하고 집행유예를 한다. 이는 징역형의 기간이 3년을 넘으면 집행유예 선고를 할 수 없기 때문이다. 그 결과로 재벌들은 수백억 원, 수천억 원의 횡령을 하거나 정치자금을 살포한 경우에도 집행유예를 선고받고 석방되곤 한다. 이런 식의 판결행태는 우리나라 재판의 공정성을 의심하게 하는 이유가 된다.

생각거리

38

우리나라에서 국가형벌권이 남용된 사례를 찾아보자.

39

앞에서 설명한 것이 대체로 형법총론에서 다루는 내용이다. 형법각론은 각 범죄의 구성요건에 대해 설명한다. 형법총론의 내용을 이용해 다음의 경우에 살인 또는 살인미수의 책임을 지게 되는지를 생각해보자.

〈참고할 형법 조항〉

제250조 (살인) 사람을 살해한 자는 사형, 무기 또는 5년 이상의 징역에 처한다.

제254조 (미수범) 살인의 미수범은 처벌한다.

(1) 13세의 어린이가 친구를 칼로 찔러 죽게 한 경우.
(2) 갑을 죽이기 위해 굿을 했지만 갑이 죽지 않은 경우.
(3) 갑에게 저주를 내렸는데 갑이 죽은 경우.
(4) 불량품 독극물로 사람을 죽이려고 한 경우.
(5) 설마 사람이 맞으랴 하면서 건물의 옥상에서 돌을 아래로 던졌는데 공교롭게도 사람이 맞아서 죽은 경우.
(6) 아들을 설득해 살인을 하게 한 아버지의 경우.
(7) 갑을 폭행했는데 갑이 치료를 받다가 마취약의 쇼크로 죽은 경우.

(8) 도둑을 막기 위해 고압 전기장치를 설치했는데 도둑이 감전사한 경우.

(9) 다른 사람이 사람을 죽일 때 망을 봐준 경우.

(10) 다른 사람이 살인을 하기 위해 칼을 구입하는 것을 보고도 방치한 경우.

(11) 다른 사람이 살인을 하기 위해 칼을 구하려는 것을 알면서도 칼을 사다준 경우.

(12) 7살인 어린이에게 독약을 주어 음식에 넣게 한 사람의 경우.

(13) 술을 먹고 인사불성 상태에서 사람을 죽인 경우.

(14) 몽유병 상태에서 사람을 죽이고 다시 잠자리에 들었는데 아침에 그 일을 기억하지 못하는 사람의 경우.

(15) 손바닥으로 을을 가볍게 때렸는데 을이 자신의 지병인 현기증을 일으키면서 뒤로 넘어져 뇌진탕으로 죽은 경우.

(16) 을을 죽이려고 총을 쏘았는데 총탄이 을의 다리를 관통하는데 그쳤고, 다시 을을 쏘아서 죽일 수 있었지만 그냥 집으로 돌아간 경우.

(17) 자신을 죽여달라고 간청하는 사람을 죽인 경우.

(18) 불에 빠진 을을 구하려고 하다가 을의 목을 잡았는데 그로 인해 을이 질식해서 죽은 경우.

40

사기죄에 관한 다음 조항을 읽어보고, 아래 지문의 행위가 사기죄에 해당하는지를 생각해 보자. 이 문제는 아래의 각 행위가 사기죄의 구성요건을 충족하는지를 물어보는 것이다.

형법 제347조 (사기) 사람을 기망하여 재물의 교부를 받거나 재산상의 이익을 취득한 자는 10년 이하의 징역 또는 2천만 원 이하의 벌금에 처한다.

(1) 소송에서 가짜 차용증서를 이용해 승소한 행위.
(2) 출판사가 출판부수를 줄여서 통보하고 작가에게 인세의 일부만 지급한 행위.
(3) 돈을 빌린 후 반환할 돈이 있는데도 돈을 갚지 않는 행위.
(4) 채권액이 50만 원인데 채무자가 이를 500만 원으로 착각하고 갚을 때 침묵하고 500만 원을 수령한 행위.
(5) 70세 노인에게 앞으로 20년간 더 살 수 있게 해주겠다고 약속하고 녹용을 파는 행위.
(6) 시가 10만 원 상당의 자전거에 대해 그 시가가 5만 원에 불과하다고 속이고, 그렇지만 자신은 10만 원에 사겠다고 하면서 그 자전거를 10만 원에 구입한 행위.
(7) 백화점이 신상품에 할인가격표를 부착하고 세일광고를 하면서 그 신상품을 판매한 행위.

읽을거리 / 볼거리

■ 한인섭, 《체사레 벡카리아의 범죄와 형벌》, 박영사, 2010. 이 책은 그

리 길지 않은 책이다. 장차 형법을 전공하려는 사람은 반드시 이 책을 읽어야 한다.

■ 영화 〈일급살인〉(마크 로코 감독 / 케빈 베이컨, 크리스천 슬레이터 출연 / ★★★★). 죄를 저지르는 사람은 보통사람과 태생적으로 다른 사람인가, 아니면 보통 사람과 다른 환경에 처한 사람인가? 이에 관한 논쟁은 형법의 본질과 관련되는 중대한 철학적 문제를 담고 있다. 이 영화는 제도의 굴레 속에서 살인자로 변한 피고인을 변호하는 변호인의 모습을 보여준다. 범죄와 형벌, 그리고 형사변호에 대해 많은 생각을 하게 한다.

제22강 형사소송
범죄에 대한 입증책임은 검사에게 있다

형사소송법에는 일반국민의 권리뿐만 아니라 피의자 또는 피고인의 권리를 보호하기 위한 규정도 있다. 형사절차에서 피의자나 피고인은 자신이 무죄임을 입증할 필요가 없다. 심지어 거짓말을 해도 처벌되지 않는다. 유죄의 입증책임은 오직 검사에게 있다. 뿐만 아니라 검사는 제한된 방식으로만 유죄를 입증해야 한다. 검사가 국민의 신체의 자유를 제약하거나 국민의 재산권을 침해할 때에는 반드시 법관이 발부한 영장에 의거해야 한다. 위법하게 수집된 증거는 법정에서 그 증거능력이 인정되지 않으며 자백, 전문(傳聞), 경찰조서 등의 증거능력도 제한적이다.

1. 형사소송과 인권보호

형법의 집행과 관련된 절차를 다루는 법이 형사소송법이다. 형사소송법과 관련해서는 〈형사소송법〉이라는 법전이 있고, 그 외 〈국민의 형사재판 참여에 관한 법률〉, 〈즉결심판에 관한 절차법〉, 〈경찰관직무집행법〉 등도 넓은 의미의 형사소송법에 포함된다. 형사소송법은 수사 및 형사재판 절차를 담고 있다. 형법이 국가형벌권에 대한 제한을 내용으로 하듯이 형사소송법도 마찬가지다. 형사소송법과 관련해 반드시 기억해야 할 원칙은 모든 국민은 유죄의 판결이 확정되기 전에는 무죄로 추정된다는 것이다(헌법 제27조 제4항). 특정인이 유죄인지 여부는 검사 측에서 객관적인 증거로써 입증해야 한다. 또 수사관이나 검사는 정해진 절차와 방법으로만 증거를 수집해야 한다. 이는 모두 국가의 수사권 남용을 방지해서 국민의 신체의 자유를 보장하기 위한 것이다.

앞으로 차차 드러나겠지만, 형사소송법은 국민의 인권 침해를 방지하기 위한 수많은 규정으로 가득하다. 이러한 규정들은 근대 이래 국가권력의 인권침해에 맞서 저항하는 가운데 형성된 인류의 자산이다. 그러나 이러한 규정들에도 불구하고 수사당국에 의한 인권침해를 둘러싼 논란이 끊임없이 이어지고 있다. 피의자나 피고인, 그리고 일반인의 입장에서 수사당국의 권한남용에 대해 단호하게 대처하지 않으면 형사소송법상의 모든 규정은 사문화되고 만다. 형사소송법이 살아있는 규범으로 작동하게 하는 것은 결국 국민이다. 형사소송법을 잘 공부해 자신을 포함한 모든 국민이 형사절차에서 어떤 권리를 가지고 있는지를 파악하자. 여기서 말하는 국민에는 죄 없는 국민뿐만 아니라 죄를 지은 국민도 포함된다.

2. 수사와 구속

수사는 범인을 색출하거나 증거를 수집하는 활동이다. 수사권은 검찰에 있으며 사법경찰관은 검찰의 지휘 하에 수사를 진행한다.[128] 수사는 고소, 고발, 인지 등에 입각해 검사와 사법경찰관이 진행한다. 형사소송 전체의 맥락에서 보면 수사는 공소를 제기하고 유지하기 위한 준비과정이다. 범죄에 대한 고소가 있으면 검사는 3개월 내에 수사를 종료하고 기소여부를 결정해야 한다. 이는 신속한 형사절차를 보장해 부당하게 인권이 침해되지 않도록 하기 위한 조치다.

수사에서 주로 문제가 되는 것은 신체의 자유를 제한하는 인신구속이다. 거리에서 경찰이 일반 행인을 상대로 검문을 하는 것도 신체의 자유에 대한 제한이다. 이러한 불심검문은 그 자체가 불법은 아니다. 하지만 아무나 붙잡고 검문하는 것은 불법이다. 〈경찰관직무집행법〉에 의하면 "수상한 거동 기타 주위의 사정을 합리적으로 판단하여 어떠한 죄를 범하였거나 범하려 하고 있다고 의심할 만한 상당한 이유"가 있는 경우에만 사람을 정지시켜 놓고 질문을 할 수 있다. 흉기가 있는지를 알아보기 위해 가방을 더듬어볼 수는 있겠지만 가방 속을 들여다

---

[128] 수사권을 검찰에 두는 것이 적절한지에 대해 많은 논란이 있다. 쟁점은 수사권을 현재처럼 검찰에 두는 것이 옳으냐, 아니면 경찰로 옮기는 것이 옳으냐. 경찰은 수사권은 경찰에 두고 기소권은 검사가 갖는 것이 선진국의 표준모형임을 강조한다. 검찰은 경찰이 수사를 하게 되면 수사의 전문성이 떨어지고 인권침해가 심해지게 된다고 주장한다. 현재 수사권은 검찰에 있지만, 실제 수사의 95% 이상은 경찰이 주도하고 있다.

본다든지 지갑 속을 들여다본다든지 할 수는 없다. 추가적인 질문을 하기 위해 경찰이 동행을 요구할 수 있지만(이를 임의동행이라고 한다), 그런 요구를 받은 사람은 요구에 응하지 않을 수 있다. 만약 경찰이 힘으로 제압해 경찰서로 데려가려고 하면 힘으로 저항할 수 있으며, 그 과정에서 경찰관에게 경미한 상처를 입힌다고 하더라도 업무방해죄가 성립하지 않는다.[129] 설사 파출소나 경찰서까지 동행했더라도 아무런 진술도 하지 않을 수 있고 언제든지 거기서 나올 수 있다. 경찰이 어떤 사람에게 동행을 요구하고 데려갈 경우에는 동행의 이유를 설명해야 하고, 가족에게 연락할 기회를 제공해야 하며, 아무리 길어도 6시간 이상 경찰관서에 머물게 해서는 안 된다. 원칙적으로 영장 없이는 경찰이나 검찰이라고 하더라도 인신을 구속할 수는 없는 것이다.

예외적으로 영장 없이 인신을 구속할 수 있는 경우가 두 가지 있다. 하나는 현행범의 체포이고 다른 하나는 긴급체포다.

현행범은 범행을 실행중이거나 실행한 직후인 자를 말한다. 현행범인 경우는 영장 없이 체포할 수 있을 뿐만 아니라 수사관이 아니라도 체포할 수 있다. 준현행범이란 개념도 있다. 준현행범은 현행범과 마찬가지로 영장 없이 누구나 체포할 수 있다. 준현행범은 추적중에 있는 자, 범행에 사용된 흉기를 소지한 자, 신체에 범죄의 현저한 증거가 있는 자, 질문에 대답하지 않고 도망가는 자를 의미한다. 현행범을 체포한 경우 경찰은 48시간 이내에 구속영장을 청구해야 한다. 말하자면 48

---

[129] 대법원 1999. 12. 28. 선고 98도138 판결.

시간 동안만 현행범으로서 구속할 수 있으며, 그동안에 구속영장을 발부받지 못하면 석방해야 한다.

긴급체포의 경우에도 영장 없이 사람을 구속할 수 있다. 긴급체포란 3년 이상의 형에 해당하는 중대한 범죄를 저질렀다고 믿을 만한 상당한 이유가 있고 구속할 만한 사유(즉 도주나 증거인멸의 우려)가 있다고 보이지만 구속영장을 발부받을 시간적 여유가 없는 경우에 체포를 허용하는 제도다. 따라서 범죄혐의가 확실하지 않은 경우에는 긴급체포를 할 수 없고, 가벼운 범죄의 혐의만으로도 긴급체포를 할 수 없고, 구속사유가 없는 경우에도 긴급체포를 할 수 없다. 긴급체포 후에도 48시간 이내에 구속영장을 발부받지 못하면 석방해야 한다.

그 외에 사람을 구속하기 위해서는 반드시 법관이 발부한 구속영장이 있어야 한다. 구속영장을 발부하기 위해서는 피의자가 주거가 없는 경우, 증거인멸의 우려가 있는 경우, 도주의 우려가 있는 경우 중 적어도 한 가지에 해당되어야 한다. 판사는 구속영장을 발부할 때 체포된 피의자를 직접 대면하여 그러한 사유가 있는지를 확인해야 한다. 체포되지 않은 피의자의 경우라면 피의자를 구인해 심문한 후에 구속여부를 결정한다. 이처럼 법관이 직접 대면하여 구속여부를 판단하는 것을 영장실질심사라고 한다. 만약 법관이 영장을 발부하지 않으면 즉시 석방해야 한다. 영장을 발부받으면 사법경찰과 검사는 각각 피의자를 10일씩 구속할 수 있으며, 검사는 판사의 허락을 받아 최대 10일을 넘지 않는 한도에서 1회 구속기간을 연장할 수 있다. 결국 영장만으로 사람을 구속할 수 있는 시간은 최대 30일이다.

사람의 인신을 구속할 때 영장이 필요하듯이 물건을 압수하거나 특정 장소를 수색할 때에도 영장이 있어야 한다. 수사 중에 증거물이 발견되면 즉시 압수할 수 있지만, 이 경우에도 사후에 영장을 발부받아야 한다.

검찰과 사법경찰관은 이러한 틀을 존중하면서 피의자의 범죄사실에 관한 증거를 확보해야 한다. 피의자는 수사에 협조할 의무가 없으며 묵비권을 행사하는 것은 피의자의 권리다. 심지어 피의자가 수사관에게 거짓말을 했다고 하더라도 그로 인해 불이익을 받지 않는다. 그리고 피의자는 수사과정에서도 변호사의 조력을 받을 권리가 있고, 필요한 경우에는 국선변호인을 요구할 권리가 있다. 수사관이 위법한 방식으로 증거를 수집하게 되면 그것은 법정에서 유죄의 증거로 인정되지 않는다(이에 대해서는 후술함).

3. 기소와 공판

경찰이 수사를 종결하면 피의자와 수사결과물을 검찰로 보낸다. 이를 송치한다고 한다. 경찰이 송치할 때는 수사의견을 함께 보낸다. 예컨대 기소의견, 불기소의견 등으로 최종적인 결론을 표시하는 것이다. 이를 받은 검사는 최종적으로 피의자를 기소할지 여부를 결정한다. 범죄사실이 없거나 유죄를 입증할 증거가 충분하지 않은 경우 검사는 불기소처분을 할 수 있다. 이는 기소하지 않기로 결정하는 것이다. 친고죄이고 고소가 없는 경우나 반의사불벌죄인데 불처벌 의사가 접수된 경우라면 검사는 기소할 수 없다. 예컨대 모욕죄인데 피해자의 고소가 없거나 명예훼손죄인데 피해자가 처벌을 원하지 않는다는 내용의 문서를 제출한 경우가 이에 해당된다. 이러한 경우에도 불기소처분을 한다.

유죄판결의 가능성은 있지만 범인의 연령, 성향, 동기 등을 고려해 볼 때 처벌보다는 교화가 효과적이라고 판단되는 경우라면 검사는 기소유예 결정을 할 수 있다. 기소유예는 공소를 제기하지 않기로 하는 결정이기 때문에 이로써 사건은 종결된다.

범죄가 경미한 경우에 검사는 약식명령을 신청할 수 있다. 이 경우에는 정식의 형사소송절차 없이 법관의 명령으로 벌금, 과료 또는 몰수의 형벌이 부과된다. 이에 이의가 있는 피의자는 정식의 형사소송을 청구할 수 있다. 〈도로교통법〉이나 〈경범죄처벌법〉 위반의 경우에는 경찰서장이 직접 법관에게 즉결심판을 청구하기도 하는데, 이는 검사에 의한 기소독점의 예외다. 즉결심판에 이의가 있는 피의자는 즉결심판 후 7일 이내에 형사소송을 청구할 수 있다.

공판이 열리면 피고인이 출석한 상태에서 법관의 주도 하에 증거를 확인하고 유죄여부를 판정한다. 공판은 당사자주의 원칙에 따라 원고와 피고인(또는 변호인)이 각자 자기의 주장을 입증하고 반증을 대는 식으로 진행된다. 형사소송은 피고인의 유죄사실을 검사가 모두 입증해야 하고, 피고인이 스스로 무죄임을 입증해야 할 의무는 없다. 검사의 유죄입증이 충분하지 않으면 법관은 무죄판결을 내려야 한다. 이를 '인 두비오 프로 레오(in dubio pro reo) 원칙', 즉 '의심스러울 때에는 피고인에게 유리하게 해석한다는 원칙'이라고 한다. 다시 말해 피고인을 유죄로 하려면 의심할 여지가 없을 정도로 유죄임이 입증돼야 하며, 그렇지 못한 때에는 피고인에게 무죄를 선고해야 한다는 것이다. 이는 형사소송에서 피고인의 권리를 보호하는 데 매우 중요한 원칙이다. 공판에서 증인의 증언을 들을 필요가 있을 수도 있는데, 증인으로 소환받은 사람은 반드시 법정에 출석해야 하며 거짓의 증언을 하면 위증죄로 처벌받는다.

증거조사가 끝나면 법관은 판결을 선고한다. 이에 대해 불복하는 피고인이나 검사는 선고가 이루어진 날로부터 7일 이내에 항소할 수 있다. 항소하지 않거나 항소 후 대법원의 판결이 있으면 재판이 종료되고 그에 따른 형집행이 이어진다. 확정판결이 있은 후에 재판상의 중대한 오류가 드러난 경우에는 재심을 신청할 수 있다.

4. 진술서 등의 증거능력

형사소송절차는 검사에 의해 제시된 범죄의 증거를 검토하는 과정이다. 어떤 증거물이 증거로 사용될 수 있는 자격을 갖추었을 때 '증거능력'이 있다고 한다. 위법한 방법으로 수집된 증거에 대해서는 증거능력을 배제한다. 이를 위법수집증거 배제법칙이라고 한다.[130] 이렇게 하는 이유는 형사소송절차에서 실체적 진실보다 절차적 정의를 우선함으로써 국민의 인권침해를 막으려는 것이다. 예컨대 판례는 수사기관이 피의자의 동의나 영장 없이 피의자의 혈액을 강제로 채취하여 얻은 증

---

130 관련 단행본 연구서로 조국, 《위법수집증거 배제법칙》, 박영사, 2005가 있다.

거는 위법수집증거이므로 증거능력이 없다고 했다.[131]

피의자가 스스로 범죄사실의 전부나 일부를 인정한 것을 자백이라고 하는데, 자백이 위법한 방법으로 얻어지고 그것이 유죄의 증거로 제시되는 수가 있다. 이러한 경우 위법수집증거 배제의 원칙에 따라 자백의 증거능력이 인정되지 않는다. 예컨대 고문에 의해 얻어진 자백은 증거능력이 없는 것이다. 나아가 대법원은 "피의자에게 미리 진술거부권을 고지하지 않은 때에는 그 피의자의 진술은 위법하게 수집된 증거로서, 진술의 임의성이 인정되는 경우라도 증거능력이 부인되어야 한다"고 판시했다.[132] 우리 형사소송법은 한 걸음 더 나아가서 반드시 고문의 정도에 이르지 않았더라도 "임의로 진술한 것이 아니라고 의심할 만한 이유가 있는 때에는 이를 유죄의 증거로 하지 못한다"고 규정하고 있다(제309조). 따라서 진술거부권의 불고지에 의한 자백, 위법한 신체구속 중의 자백, 변호인 선임권이나 접견교통권의 침해 중에 얻어진 자백은 모두 증거능력이 부인된다고 하겠다.

그리고 자백이 적법한 방식으로 얻어졌고 임의성이 있다고 하더라도 자백이 유일한 유죄의 증거인 경우에는 그것을 근거로 유죄선고를 할 수 없다. 말하자면 자백만으로는 유죄판결을 내릴 수 없고 자백을 보강하는 다른 증거가 있어야만 비로소 유죄판결을 내릴 수 있다는 것이다. 이것을 자백보강법칙이라고 한다. 이러한 법칙을 인정하는 이유

---

[131] 대구지법 2009.9.22. 선고 2009노2039 판결.
[132] 대법원 1992.6.23. 선고 92도682 판결.

는 수사기관이 위법한 수사방법을 동원해 자백을 얻지 못하게 하려는 데 있다.

전문증거(傳聞證據)에 대해서도 유의할 필요가 있다. 전문증거란 진술자가 직접 경험한 것이 아니고 전해들은 이야기에 기초하여 제시된 증거나 진술을 말한다. 전문증거는 증거능력이 없는 것으로 보는 것이 원칙이다. 예컨대 범행현장의 목격자가 직접 법정에 나타나지 않고 다만 서류로써 진술하는 경우나 다른 사람이 목격자를 대신하여 증언하는 경우에 그러한 서류나 증언의 증거능력을 부인하는 것이다. 이렇게 하는 이유는 전문증거의 경우 반대신문 기회가 제공되지 않아 부당한 선입견을 법관에게 줄 수 있기 때문이다. 그렇지만 그러한 전문증거의 필요성을 전적으로 부인할 수는 없기 때문에 제한적으로 증거능력을 인정하기도 한다. 즉 전문증거가 "진술 또는 서류의 작성이 특히 신빙할 수 있는 상태에서 행하여 진 때" 또는 곤란한 사정으로 전문증거를 사용할 필요가 있는 때에는 제한적으로 인정된다(제314조, 316조 참조). 예컨대 진술자가 사망이나 질병으로 법정에 출두하여 진술할 수 없을 때에는 그가 작성한 서면의 경우 증거능력이 인정될 수 있다.

비슷한 맥락에서 조서의 증거능력이 문제가 된다. 조서란 수사기관이 피의자를 심문하여 얻은 진술을 기재한 문서다. 조서는 자백을 담고 있을 수 있는데, 자백에 대해서는 앞에서 보았듯이 임의로 진술한 것이 아니라고 의심할 만한 이유가 있으면 그 증거능력이 부인된다. 또한 검사가 아닌 사법경찰관이 작성한 조서는 피고인이 법정에서 인정해야만 그 증거능력이 인정된다. 즉 사법경찰관이 작성한 조서는 검사가 작성한 조서에 비해 증거능력이 덜 인정되는 것이다.

5. 국민참여재판

2007년에 우리나라에도 소위 배심원에 의한 재판이 도입됐다. 우리나라에서는 이를 '국민참여재판'이라고 부른다. 이를 규율하는 법이 〈국민의 형사재판 참여에 관한 법률〉이다. 국민참여재판은 무작위로 선발된 5인 내지 9인의 배심원이 유무죄의 판단을 하고 양형에 대해서도 의견을 낸다. 배심원의 평결은 법관을 구속하는 효과를 갖지 못한다. 다시 말해 배심원의 평결은 권고적 효력만 갖기 때문에 법관은 배심원의 평결과 다른 판결을 내릴 수 있다.

이제 국민참여재판이 시행된 지 10년에 이른다. 출범 당시 이 제도에 대한 불안감이 상당했지만 대체로 잘 정착하고 있는 것으로 평가된다. 90% 이상의 사건에서 배심원의 평결대로 판결이 내려지고 있다. 이 제도로 인해 사법부에 대한 신뢰도 높아진 것으로 보인다. 이에 따라 국민참여재판의 대상범죄도 제정 당시보다 많이 확대됐다.

6. 형사보상과 구제절차

형사소송법이 국민의 인권 보호를 위한 조항을 많이 가지고 있지만, 그럼에도 불구하고 수사기관에 의한 위법한 인권침해가 발생할 수 있다. 이러한 경우에 〈국가배상법〉에 따른 손해배상을 청구할 수 있을 것이다. 이와 별도로 〈형사보상 및 명예회복에 관한 법률〉이라는 것도 있다.

〈형사보상 및 명예회복에 관한 법률〉은 부당하게 구속되거나 무죄 판결을 받은 사람, 또는 불기소처분을 받은 사람이 국가로부터 보상을 받을 수 있도록 규정한 법이다. 구금의 경우에 보상의 상한은 해당 연도 일급 최저임금의 5배이며, 사형의 경우에는 구금보상에 3000만 원 이내의 금액이 추가된다. 부당하게 벌금과 과료를 낸 사람은 5%의 이자를 더해 환불받는다. 이러한 보상만으로 인신에 미친 손해에 대한 충분한 보상이라고 할 수는 없겠지만, 나름대로 신속하게 구제받는 절차이기는 하다.

범죄의 피해자는 가해자에게 민사상의 손해배상을 청구해서 배상받을 수 있지만, 경우에 따라서는 가해자가 누구인지를 알지 못할 수도 있고, 안다고 하더라도 그 가해자가 무자력 상태일 수도 있다. 이러한 경우에 국가로 하여금 범죄피해자에게 일정한 구조금을 지급하게 하는 규정이 〈범죄피해자보호법〉에 들어있다. 이에 의하면 범죄의 피해를 입었지만 그 피해의 전부나 일부를 배상받지 못한 경우 국가가 구조금을 지급한다. 구조금은 피해를 입은 시기의 수입액과 장해의 정도를 고려하여 결정한다.[133] 이러한 구조금은 수사 단서를 제공하거나 범죄관

---

[133] 2015년 기준으로 유족은 최대 9100만 원까지, 장해·중상해인 경우 최대 7600만 원까지 지급한다.

련 자료를 제출하다가 피해를 입은 자에게도 제공된다. 유족에 대해서는 사망 당시 피해자의 수입을 고려하여 피해자의 배우자, 부모, 형제, 자매 등에게 최대 1000만 원까지 지급된다. 범죄로 인해 장해를 당하고 신체장해등급 기준상 1~3급의 장해에 해당하여 노동능력의 100%를 상실한 경우에는 600만 원까지 지급해준다. 이는 범죄 피해에 대해 최소한의 보상을 국가가 해준다는 의미를 갖는 것이다.

생각거리

41

갑은 어느 날 새벽 5시경 신촌역 부근에서 성추행 혐의의 현장범으로 체포되어 경찰에 연행됐다. 갑은 성추행 혐의사실을 완강히 부인했다. 그러나 경찰이 계속 부인하면 직장에 알리겠다고 하므로 갑은 혐의사실을 시인하고 혐의사실과 동일한 내용의 신문조서에 서명한 후 당일 석방됐다. 사건이 검찰에 송치된 후 검사의 소환으로 갑은 검찰에 가서 신문을 받게 됐다. 갑은 평소 검찰에 대해 부정적인 생각을 가지고 있었기 때문에 검찰에 얘기해도 소용이 없다고 생각했다. 대신 법정에서 제대로 진실을 밝히겠다고 생각하고 혐의사실을 시인했다. 이후 갑은 기소되어 재판을 받게 되자 경찰조서와 검찰조서의 서명은 모두 자신의 것이 맞지만 내용은 진실하지 않다면서 진술을 번복했다. 이 경우에 판사는 어떤 판결을 내릴까?

42

보통사람이 수사대상이 되는 일은 평생에 한 번 있을까 말까 하다. 일단 수사대상이 되면 당황하게 되고 엄청난 스트레스를 받게 된다. 심지어 현직 경찰관도 수사를 받게 되면 어쩔 줄 모르게 된다. 그렇다면 보통사람이 수사에 임할 때 어떻게 해야 할까? 이에 대해 현직 검사가 제시한 방법을 한번 읽어보자. 제시된 방법이 적정한지에 대해 생각해보고 토론해보자.

피의자가 수사에 대처하기 힘들어하고 실수를 저지르는 것은 너무나 당연한 일이다. 수동적으로 수사를 받는 피의자는 약자의 처지에 있을 수밖에 없기 때문이다. 아무리 민주적인 사법제도를 갖춘 나라에서도 피의자와 수사기관이 실질적으로 동등한 위치에 있다는 견해는 찾아보기 어렵다. 약자인 피의자가 반드시 지켜야 할 행동지침이 두 가지 있다. 첫째는 아무것도 하지 말라는 것이다. 둘째는 변호인에게 모든 것을 맡기라는 것이다.

아무것도 하지 말라는 말은 쉽게 받아들이기 어렵다. 억울함을 밝혀야 하지 않겠는가. 설사 죄를 지은 것이 사실이라고 하더라도 조금이라도 유리한 점을 찾아내서 수사에 대응해야 하지 않겠는가. 그러나 그렇게 생각하는 순간 당신은 이미 파멸로 이끄는 길에 한 걸음을 내딛는 것이다. 수사에는 밀행성의 원칙이 있어서 진행상황을 비밀로 하게 되어 있다. 공개가 원칙인 재판과는 달리 수사를 받는 피의자는 충분한 정보도 없이 어둠 속에서 헤매야 하는 것이다. 아무것도 모르는 상태에서 섣불리 행동하면 상처를 입는다. 가만히 있으면서 상황을 파악하는 것이 현명한 태도다. 더구나 수사기관에는 피의자에게 유리한 사실까지 찾아내야 하는 의무가 있다. 어떤 검사도 무고한 피의자를 기소했다가 무죄를 받고 싶어 하지 않는다. 그러므로 기다리고 또 기다려라. 스스로 만든 함정에 빠지는 것만은 피하라. 상황을 파악한 이후에도 수사에 대응할 충분한 시간과 기회가 있다.

또 하나의 중요한 원칙은 변호인에게 모든 것을 맡기라는 것이다. 검사나 경찰관은 수사에 있어서 프로라고 할 수 있다. 아마추어가

프로와 싸워서 이기려는 것은 요행을 바라는 것에 불과하다.

읽을거리 / 볼거리

- 조갑제,《사형수 오휘웅 이야기》, 한길사, 1986. 이 책은 나중에 극보수 논객이 된 조갑제가 젊었을 때 쓴 책이다. 이 책은 필자가 대학을 다닐 때 형사소송법 교수님이 추천해준 책인데 개인적으로 크게 도움을 받았다. 이 책을 구할 수 있는 사람은 꼭 구해서 읽어보기 바란다. 이 책보다는 조금 못하지만 조갑제,《고문과 조작의 기술자들》, 한길사, 1987도 읽어볼 만하다.

- 영화 〈그래도 내가 하지 않았어〉(2007, 수오 마사유키 감독 / 가세 료, 야쿠쇼 고지 출연 / ★★★). 일본영화답게 소소한 주제를 재미있게 다루고 있다. 스스로 무죄라고 믿는 사람이 유죄의 판결을 받으면 어떤 느낌이 들까? 이 영화를 보면서 형사재판의 성과와 한계에 대해 생각해볼 만하다.

- 영화 〈아버지의 이름으로〉(1993, 짐 셰리던 감독 / 대니얼 루이스, 엠마 톰슨 출연 / ★★★★). 때로 권력과 검사는 증거를 조작한다. 격리와 고문이 수단이다. 그들은 멀쩡한 사람도 죄인으로 만든다. 이 영화를 보면 그 메커니즘을 알 수 있다. 너무나 잔인하다. 그러나 이 영화는 실화를 기반으로 한 것이다. 소위 '문명국'이라는 영국에

서 일어난 일이다. 청춘을 다 망치고 나서이지만 그래도 석방됐으니 다행이라고 해야 하나? 형벌을 가할 때는 언제나 적극적인 증거가 있어야 한다. 자백만 있거나 증거가 모호하면 무죄를 선고해야 한다. 그래야 무고한 희생자가 생기지 않는다. 그것이 근대 형사소송법의 원칙이다. 영화는 그 원칙이 어떤 식으로 농락되는지를 보여준다.

- 영화 〈JFK〉 (1991, 올리버 스톤 감독 / 케빈 코스트너, 케빈 베이컨 출연 / ★★★★). 케네디 대통령 암살을 둘러싼 음모를 파고드는 검사에 대한 이야기다. 모름지기 검사라면 불법이 행해진 모든 곳을 파헤쳐 정의를 집행해야 한다. 설사 그곳이 권부의 핵심일지라도 그렇다. 4시간에 걸치는 긴 영화이지만 볼 만하다. 특히 검사가 되고 싶어 하는 법학도에게 권한다.

제23강 노동법
노동자의 권리는 법에 보장돼 있다

> 노동법은 사업주(사용자)에 비해 사회적 약자의 지위에 있는 근로자를 보호하기 위한 법이다. 근로자는 정당한 이유 없이 해고되지 않으며, 임금채권에 대해서는 우선적으로 변제받을 권리를 갖는다. 근로자의 노동3권은 보장되며 이를 위반하는 사업주의 행동은 부당노동행위가 된다. 사업주가 어떤 근로자를 계속해서 2년 이상 비정규직으로 사용하게 되면 그 근로자가 정규직으로 간주되거나 사업주에게 그 근로자를 정규직으로 고용해야 할 의무가 생긴다. 이러한 권리가 침해되는 경우 근로자는 노동위원회나 노동부를 통해 신속하게 구제받을 수 있으며 법원을 통해서도 구제받을 수 있다.

1. 사회법

흔히 법을 공법과 사법으로 나눈다. 공법은 공권력의 작용과 관련되는 영역에서 공공기관 상호간 또는 공공기관과 사인간의 관계를 규율하는 법이고, 사법은 사인간의 관계를 규율하는 법이다. 공법은 법치주의가 원칙이고, 사법은 사적 자치가 원칙이다. 이러한 분류의 구도에서 중간적 영역을 점하는 법분야가 있다. 사회법이 그것이다. 사회법은 사적인 법률관계에 국가가 개입하는 영역에 관한 법이다. 예컨대 근로자와 사용자 사이의 고용계약은 채권법상의 사적인 계약이다. 그렇기 때문에 양 당사자가 의도한 대로 고용계약에 따른 권리와 의무가 발생한다. 그런데 노동관계법에 의하면 고용계약에는 많은 제한이 있다. 예를 들어 사용자가 근로자를 마음대로 해고하기로 하는 내용의 고용계약은 양 당사자가 합의하더라도 무효가 된다. 이렇게 하는 이유는 고용계약의 경우 사적 자치의 전제가 되는 당사자 간의 대등성이 확보되지 않기 때문이다. 양 당사간간 힘의 불균형이 심한 경우에 사적 자치를 인정한다는 것은 강자에게 일방적으로 유리하고 약자에게 일방적으로 불리한 관계를 조장하고 유지한다는 것을 의미한다. 이러한 힘관계의 불균형을 보완하기 위해 등장한 것이 사회법이다. 사회법은 국가가 사적계약에 적극적으로 개입하는 영역에 속한다. 가장 대표적인 것이 노동관계법이다. 노동법에는 근로자와 사용자간 힘의 불균형을 시정하는 조항이 많이 있다. 소위 경제법도 사회법 분야에 속한다. 경제법은 시장경제에서 자연적 또는 인위적으로 발생하는 독점을 규제함으로써 기업간의 대등한 경쟁을 도모하거나 소비자와 기업간의 불균등한 힘관계를 해소하는 기능을 하는 법분야다. 물론 대다수 법이 공법적 측면과 사법적 측면을 모두 가지고 있으며, 부당한 권력관계를 제어하려고 한다는 의미에서 사회법적 측면도 가지고 있다. 사실 모든 법은 약자의 보호를 목적으로 하고 있으며, 법 그 자체가 사회적 약자들이 이룩한 성취라고 해도 과언이 아니다. 그 중에서 특히 사회법은 명시적으로 강자를 제어함으로써 약자의 이익을 추구하려는 법이다.

　노동법은 기업에 고용된 노동자(근로자)를 보호하기 위해 제정된 법들을 말한다. 노동법은 개별적 근로관계법과 집단적 노사관계법으로 나뉜다. 개별적 근로관계법에는 〈근로기준법〉, 〈산업재해보상보험법〉, 〈최저임금법〉, 〈남녀 고용평등과 일·가정 양립 지원에 관한 법률〉, 〈고용보험법〉 등이 속한다. 집단적 노사관계법은 노동자에게 노동3권을 보장하기 위해 마련된 것으로서 〈노동조합 및 노동관계조정법〉이 이에 속한다.

2. 해고

자본주의 사회에서 대부분의 사람은 근로자로서 다른 사람에게 고용되어 생계를 유지할 뿐만 아니라 그가 일하는 일터는 자아실현을 위한 중요한 공간이다. 그렇기 때문에 근로자가 일터를 잃는 것은 치명적일 수밖에 없다. 그래서 노동법은 해고에 대해 상세한 제한규정을 두고 있다.

　해고는 근로자의 의사와 관계없이 사용자가 일방적으로 근로관계를 중단하는 것을 말한다. 여기에는 통상해고, 징계해고, 경영상 해고가 있다. 통상해고는 업무적격성 등에서 근로자에게 귀책이 있는 경우의 해고이고, 징계해고는 직장 내의 중대한 규율위반을 이유로 한 해고다. 경영상 해고는 긴박한 경영상의 필요에 의한 해고를 말한다. 해와 관련한 최고의 원칙은 부당해고의 금지다. 즉 노동법은 사용자가 정당한 이유 없이 근로자를 해고할 수 없도록 하고 있다.[134] 정당한 해고의 예로는 불성실한 근무, 지휘에 대한 불복종, 무능력 등을 이유로 한 해고를 들 수 있다. 하지만 근로자가 노조에 가입했다는 이유로 해고한다거나, 임신했다는 이유로 해고한다거나, 여자라는 이유로 해고한다거나 할 수는 없다. 또 징계를 이유로 해고할 수는 있지만, 징계 자체가 부당한 경우에는 그로 인한 해고도 부당해고가 된다. 예컨대 단체협약에 징계절차가 규정된 경우에 그 징계절차를 밟지 않고 징계를 하면 그 징계가 무효가 되기 때문에[135] 그 징계에 입각해 이루어진 해고도 무효다. 경기의 악화로 인해 구조조정이 필요한 경우에는 많은 근로자의 해고가 불가피한데, 이와 같은 경영상의 필요에 의한 해고를 경영상 해고라고 한다. 경영상 해고를 할 때에는 '긴박한 경영상의 필요'가 있다는 것을 사용자가 입증해야 한다(〈근로기준법〉 제24조). 긴박한 경영상의 필요가 있는 경우에도 경영상 해고를 하기 위해서는 일정한 절차를 지켜야 한다. 즉 사용자는 해고를 피하기 위한 노력을 다해야 하며, 합리적이고 공정한 해고의 기준을 정하고 그에 따라 그 대상자를 선정해야 한다. 그리고 이런 경우에 남녀의 성을 이유로 차별을 해서는 안 된다.

---

134 〈근로기준법〉은 정당한 이유가 없다면 해고뿐만 아니라 휴직, 정직, 전직, 감봉, 그 밖의 징벌도 하지 못하도록 규제하고 있다(제23조).
135 징계절차에 관한 단체협약의 규정을 위반했기 때문에 징계가 무효라고 판단한 사례가 있다(대법원 2008.9.11. 선고 2007두10174 판결; 대법원 2007.09.06 선고 2005두8788 판결 등).

또 노동조합이 있는 경우에는 노동조합에 해고를 하려는 날의 50일 전까지 통보하고 노동조합과 성실하게 협의해야 한다.

해고의 사유가 있는 경우에도 사용자는 해고하기 30일 전에 해고를 예고해주어야 한다. 그렇게 하지 않으면 30일분 이상의 통상임금을 지급해야 한다(제26조). 또 사용자는 근로자가 업무상 부상 또는 질병의 요양을 위해 휴업한 기간과 그후 30일 동안 또는 산전·산후의 여성이 이 법에 따라 휴업한 기간과 그후 30일 동안은 해고하지 못한다(제23조). 근로자를 해고할 때에는 해고사유와 해고시기를 반드시 서면으로 통지해야 한다. 판례는 이메일로 해고를 통보한 경우도 서면에 의한 통보에 속한다고 보았지만,[136] 문자메시지로 해고를 통보한 것은 무효로 봐야 할 것이다.

요컨대 근로자를 해고하려면 해고할 만한 정당한 사유가 있어야 하며 정당한 절차에 따라 해고해야 한다. 그렇지 않으면 그 해고는 부당해고가 되고 해고의 효력이 없다. 부당해고임이 밝혀지면 사용자는 근로자를 복직시켜야 하며 부당해고로 인한 제반 손해를 배상해야 한다.

부당해고에 대해 다투는 방법은 여러 가지가 있다. 우선 노동위원회에 부당해고 구제신청을 할 수 있다.[137] 노동위원회는 노동부 산하에 구성된 일종의 행정심판위원회다. 노동위원회는 지방노동위원회와 중

---

[136] 서울중앙지법 2009.9.11. 선고 2008가합42794 판결.

[137] 노동위원회를 통한 부당해고 구제신청은 매년 수천 건에 이른다. 2006년에는 지방노동위원회에 5002건이 접수됐고, 중앙노동위원회에서 재심된 것은 1840건이었다. 2007년에는 각각 6292건과 1532건이었다.

앙노동위원회로 2원화돼 있다. 각 노동위원회는 사용자측 노동위원, 근로자측 노동위원, 그리고 공익 노동위원으로 구성된다. 해고에 대해 다투는 근로자가 부당해고 구제신청을 하면 지방노동위원회가 해당 근로자와 사용자를 소환해 심문하고 부당해고 여부를 판정한다. 심문은 통상 5명의 노동위원이 하며, 최종심판은 노동위원 중 공익 노동위원이 내린다. 때로는 노동위원회가 화해를 권고하기도 한다. 화해가 이루어지면 화해조서를 작성하게 되는데, 그렇게 되면 화해조서는 법원의 확정판결과 같은 효력을 갖는다. 즉 더 이상의 재판은 허용되지 않으며 조서에 따른 강제집행이 가능하다. 노동위원회의 판정에 대해 불복하는 경우에는 중앙노동위원에 재심을 청구하거나 행정소송을 제기할 수 있다. 만약 지방노동위원회의 구제명령에 대해 재심도 행정소송도 제기하지 않으면 그대로 확정된다. 즉 다른 어떤 절차로도 그 결정을 번복할 수 없게 된다. 노동위원회의 결정은 구제명령 형식의 행정처분이 되는데, 사용자가 그러한 구제명령에 따르지 않으면 노동위원회는 이행강제금을 부과할 수 있다. 이행강제금은 2000만 원 이내에서 매년 2회 부과할 수 있다. 중앙노동위원회의 판정에 불복하는 경우에는 중앙노동위원장을 피고로 해서 행정소송을 제기해야 한다. 노동위원회를 통한 구제는 근로자의 입장에서 소송보다 신속하고 저렴하게 구제를 받을 수 있는 방법이다.

노동부에 진정하는 것도 부당해고를 다투는 방법이다. 사람들은 이를 두고 노동부에 고발한다고 한다. 아무튼 홈페이지 등을 통해 노동부에 진정하면 근로감독관이 양 당사자를 소환해 부당해고 여부를 조사하게 된다. 근로감독관은 노동부 소속이면서도 사법경찰관과 같은 권한을 가지며 심문하다가 서류의 제출을 요구할 수도 있다. 부당해고라고 판단되면 근로감독관은 시정명령을 내린다. 명령에 따르지 않으면 검찰을 통해 기소될 수 있다. 시정명령에 불복하려면 소송을 제기해야 한다. 위법사실을 알고도 묵인하는 근로감독관은 형사처벌된다. 이처럼 구제신청이든 진정이든 노동부를 통한 구제절차는 매우 강력한 것이 사실이다.

노동부의 행정작용에 불복하는 경우에는 행정소송을 해야 하지만, 이와 별도로 법원을 통해 해고무효확인소송을 제기할 수도 있다. 이 절차는 〈민사소송법〉에 의한다. 그리고 어떤 절차를 거치든 해고무효가 확인되면 근로자는 복직된다. 부당해고로 인해 발생한 손해에 대해서는 별도의 민사소송이 필요하다. 그런데 현실에서는 복직명령이나 해고무효확인소송에도 불구하고 사용자가 근로자를 복직시키지 않아 문제가 되기도 한다. 또 근로자측에서도 이미 감정이 상할 대로 상한 상태에서 복직한다는 것이 그리 달갑지 않을 수도 있다. 이런 경우에 노동위원회는 사용자에게 근로자의 원직복직을 명하는 대신 근로자가 해고기간 동안 근로를 제공했다면 받을 수 있었던 임금 상당액 이상의 금품을 근로자에게 지급하도록 명할 수 있다(제30조 제3항).

3. 임금

임금은 근로자가 근로의 대가로 받는 금품을 말한다. 임금이야말로 근로자의 생명줄이다. 사용자는 근로계약을 할 때 임금과 근로시간을 포함한 근로조건을 명백히 해야 할 의무가 있다. 임금은 최저임금 이하로 결정할 수 없다. 최저임금은 〈최저임금법〉상의 최저임금위원회가 결정하는데, 2017년도 최저임금은 시간당 6470원이다. 이는 법정근로시간제의 월급으로는 135만 2230원이다. 사용자는 임금 전액을 매달 정해진 날짜에 지급해야 한다. 그렇게 하지 않으면 임금체납이 된다. 노동법은 임금체납에 대비해 근로자 임금의 지급과 관련된 조항을 두고 있다.

우선 임금채권에 대해서는 우선변제권을 주고 있다. 즉 근로자의 임금채권과 재해보상금(이에 대해서는 후술함)은 질권이나 저당권 이외의 다른 채권보다 우선한다. 특히 최종 3개월분의 임금과 재해보상금은 질권 또는 저당권에 따라 담보된 채권, 조세·공과금 및 다른 채권보다도 우선한다.

체불임금을 받아내는 방법에는 노동부에 진정하는 방법과 민사소송을 제기하는 방법이 있다. 노동부의 명령에 대해 불복하는 경우에는 행정소송을 제기할 수 있다. 그리고 이와 별도로 민사소송 절차에 따라 임금청구소송을 제기할 수 있다. 다만 임금채권은 3년간 행사하지 아니하면 시효가 소멸한다. 물론 그 전에 소송을 제기하면 시효가 중단된다.

임금과 관련해 체당금이라는 제도가 있다. 체당금은 〈임금채권보장법〉에 의한 것으로서, 사업주가 도산해 임금지급 능력이 전혀 없는 경우에 국가가 사업주를 대신해 근로자에게 최종 3개월분의 임금과 3년분의 퇴직금을 지급하는 제도다. 체당금을 지급받기 위해서는 지방노동위원회에 도산의 사실, 받지 못한 임금의 현황 등에 대한 확인신청을 한 다음 확인서가 나오면 이를 근로복지공단에 보내면 된다. 그러면 근로복지공단이 해당 금액을 지급한다. 체당금의 상한은 연령에 따라 차이가 있는데, 40세 이상 50세 미만이면 1800만 원이다.

4. 부당노동행위

근로자는 사용자에 비해 열악한 지위에 있기 때문에 자신의 권리를 주장하기가 쉽지 않다. 이런 점 때문에 근로자에게는 집단적으로 행동할 권리가 부여된다. 이를 노동3권이라고 한다. 노동3권은 단결권, 단체교섭권, 단체행동권을 지칭한다. 단결권은 근로자가 단체를 형성할 수 있는 권리이고, 단체교섭권은 그러한 단체를 통해 근로조건을 놓고 사용자와 교섭할 수 있는 권리다. 단체교섭의 결과로 단체협약이 체결되는데, 단체협약은 해당 근로자와 사용자에게 적용되는 법이라고 할 만하다. 단체행동권은 근로자가 근로조건의 유지나 향상을 위해 집단행동을 할 수 있는 권리를 말한다. 대표적인 것이 파업을 할 수 있는 권리다. 이러한 노동3권은 국제사회와 헌법이 공히 인정하고 있는 권리다. 사용자는 노동3권을 당연히 존중해야 하는데, 현실에서는 이 권리를 침해하는 사례가 적지 않다. 근로자의 권리인 노동3권을 침해하는 행위를 부당노동행위라고 한다. 〈노동조합 및 노동관계조정법〉에 규정돼 있는 부당노동행위의 유형은 불이익취급, 불공정고용계약, 단체교섭 거부, 노동조합 운영 개입 등 네 가지다.

불이익취급이란 노동3권을 행사했다는 이유로 해당 근로자에게 인사나 경제면에서 불이익을 주는 것이다. 예컨대 노조에 가입하거나 노조활동에 참가하거나 노조업무를 수행했다는 이유로 감봉하거나 전직시키는 것이 이에 해당한다. 이러한 활동을 이유로 근로자를 해고할 수 없음은 말할 것도 없다.

불공정고용계약이란 노조에 가입하지 않을 것을 조건으로 고용하는 경우를 말한다. 또는 특정 노조에서 탈퇴할 것을 조건으로 하거나 특정 노조에 가입할 것을 조건으로 해서 근로자를 고용하는 것도 불공정고용계약에 해당한다. 반대로 노조측에서는 노조 가입을 조건으로 근로자를 고용할 것을 사업주에게 요구할 수는 있는데, 이러한 합의에 따라 고용하는 것은 불공정고용계약에 해당되지 않는다. 이를 두고 유니언숍(union shop)이라고 한다. 다만 이때에는 그 노동조합이 전체 근로자의 3분의 2 이상을 대표하고 있어야 한다.

사업주가 정당한 이유 없이 단체교섭을 거부하는 것도 부당노동행위다. 사업주는 교섭권한이 없는 자의 교섭요구를 거절할 수 있고 교섭사항이 아닌 내용에 대한 교섭요구도 거절할 수 있지만, 그러한 사유가 없다면 반드시 교섭에 응해야 한다. 예컨대 사업주가 단체교섭을 하지 않고 개별적인 근로계약을 추진한다면 이는 부당노동행위에 해당된다.

사업주가 노동조합의 운영에 개입한다는 것은 노동조합의 결성을 방해하거나 개별적으로 조합원에게 노동조합 탈퇴를 종용하는 등의 행동을 하는 것을 말한다. 사업주는 노동조합의 활동을 방해할 의도로 특정인을 승진시켜서도 안 된다. 사업주가 노조간부에게 향응을 제공하거나 노동조합의 운영비를 지급하는 것도 금지된다. 이러한 행동은 노조를 지배하거나 노조에 개입하려는 의지를 담은 것으로 보기 때문이다. 그러나 노조에 사무실을 제공하거나 후생자금을 제공하는 것은 무방하다.

부당노동행위와 관련한 구제방법으로는 노동위원회에 구제신청을 하는 방법과 노동부에 진정을 하는 방법이 있다. 앞에서 설명한 부당해고를 다투는 방법과 거의 같다.

5. 비정규직 근로자

이른바 비정규직법이 2007년 7년 1일부터 시행에 들어갔다. 비정규직법이라 함은 〈기간제 및 단시간 근로자 보호 등에 관한 법률〉과 〈파견근로자 보호 등에 관한 법률〉을 지칭한다. 이 두 법은 명칭에 드러나있듯이 기간제 근로자와 파견근로자를 보호하기 위한 법이다.

기간제 근로자란 기간의 정함이 있는 근로계약을 체결한 근로자를 말한다. 법에 의하면 사용자는 기간제 근로자를 2년의 기간을 초과해 고용할 수 없고, 이 기간을 초과한 고용은 무기계약(無期契約)으로 간주된다. 말하자면 2년 이상 계속 고용하면 정규직으로 간주한다는 의미다. 그렇게 되면 사용자는 그 근로자를 정당한 이유 없이는 해고할 수 없게 된다.

파견근로자란 근로자의 파견을 업으로 하는 사업주가 다른 사업자에게 파견한 근로자를 말한다. 파견근로자를 사용하는 사업주는 1년 이상의 사용계약을 하지 못하며, 사용계약을 1회 연장할 수 있다. 만약 2년 이상 파견근로자를 사용하게 되면 그 사업주는 파견근로자를 직접

고용해야 할 의무를 갖게 된다. 이는 곧 일상적으로 필요한 업무를 위해 파견근로자를 사용하지 말라는 것이다.[138]

기간제 근로자든 파견근로자든 공히 불합리한 차별을 받지 않을 권리를 가진다. 즉 비정규직 노동자가 정규직과 동일한 노동을 함에도 불구하고 차별적인 취급을 받아서는 안 된다는 것이다.

차별적인 취급을 받는다고 생각하는 비정규직 근로자는 노동위원회에 차별시정을 청구할 수 있다. 차별이 없었음은 사용자가 입증해야 한다. 사용자는 노동위원회의 시정명령 결정에 대해 재심을 청구할 수도 있고 행정소송을 통해 다툴 수도 있지만, 재심이나 소송이 없으면 시정명령이 확정된다. 시정명령에도 불구하고 사업주가 차별을 시정하지 않으면 최고 1억 원까지의 과태료를 부과받을 수 있다.

6. 산업재해

근로자가 일터에서 사고를 당하는 경우가 많다. 이 경우 대개 업무상 발

---

[138] 파견과 관련해 KTX 여승무원들의 지난한 투쟁이 있었다. 여승무원들의 주장은 자신들은 '파견근로자'이니 정규직으로 전환될 권리를 갖는다는 것이었고, KTX측은 여승무원들을 '도급업체의 직원'에 불과하므로 사측에서 그들을 고용할 의무가 없다는 것이었다. 파견인지 도급인지가 구분되는 지점은 파견이라면 업무를 할 때 KTX의 지휘를 받게 되고 도급이라면 KTX의 지휘를 받지 않고 도급회사의 지휘를 받게 된다는 데 있었다. 대개 파출부는 일하는 곳 주인의 지휘를 받지만 청소대행은 청소할 때 건물관리인의 지휘를 받지 않는다. 이 경우 파출부는 파견이고 청소대행은 도급이다.

생한 피해이기 때문에 근로자 개인에게 손실을 모두 부담시키는 것은 부당하다. 그렇다고 해서 사용자에게 모두 부담하게 하는 것도 사용자 입장에서 보면 쉽지 않다. 이러한 문제를 해결하기 위해 도입된 제도가 산업재해보상보험제도이며 이에 대해서는 〈산업재해보상보험법〉이 규정하고 있다. 산업재해보상보험제도는 근로자가 일하다가 부상, 질병, 사망 등의 피해를 당했을 때 그 손실을 보상해주는 사회보험제도다. 이는 근로자 보호를 위한 사회보험이므로 사업주가 실제 보험에 가입했는지 여부에 상관없이 적용된다. 이 제도는 근로자가 1인인 경우에도 적용되고, 직종에 상관없이 적용되며, 단기간 동안만 일한 경우에도 적용된다. 근로자의 과실을 따지지 않고 적용된다는 점도 중요하다.

일단 어떤 재해가 산업재해로 인정되면 그에 대해 두텁게 보상해준다. 업무상 부상이나 질병으로 요양이 필요하면 요양급여가 지급된다. 요양으로 인해 일하지 못한 기간에 대해서는 평균임금의 70%에 해당하는 휴업급여가 지급된다. 치료 후에 신체장해가 생기면 연금 또는 일시금으로 장해급여가 지급된다. 치료 후에 간병이 필요한 상태가 되면 간병급여가 지급된다. 업무상 재해로 근로자가 사망한 경우라면 유족에게 연금 또는 일시금으로 유족급여가 지급된다. 요양을 시작한지 2년이 지나도 계속 치료가 필요한 경우라면 상병보상연금이 지급된다. 근로자가 업무상 사망했다면 장례비가 지급된다. 여기서 보듯이 어떤 재해가 산업재해로 인정되면 그 보상은 실질적으로 도움이 될 수 있도록 충분히 제공된다. 그렇기 때문에 일을 하다가 다친 사람들이 산업재해로 인정받기 위해 노력하는 것이다.

어떤 근로자가 입은 재해가 산업재해에 해당되기 위해서는 몇 가지 요건이 충족돼야 한다. 우선 업무수행상의 재해 또는 업무시설물로 인한 재해여야 한다. 회사가 제공한 교통수단을 이용해 출퇴근을 하다가 교통사고를 당한 경우는 업무상 재해로 인정된다. 오토바이를 타고 출근하던 일용직 산불감시원이 교통사고로 사망한 사안에 대해 법원이 업무상 재해에 해당한다고 판결한 사례가 있다.[139] 출장 중의 재해나 회사가 주관한 체육행사에서 입은 재해는 업무상 재해에 해당한다. 다만 출장 중이라고 하더라도 개인적 용무를 보던 중에 재난을 당한 경우라면 업무상 재해에 해당하지 않는다. 근무시간 중에 사적인 외출을 했다가 입은 재해, 휴식시간 중에 사업장 밖에서 입은 재해, 파업행위 중의 재해는 업무상의 재해로 보지 않는다. 근로자의 고의, 자해행위나 범죄행위 등에 의한 것도 산업재해가 아니다. 스스로 자살하거나 다른 사람의 범죄행위에 의해 살해된 경우라면 근로현장에서 그러한 일이 발생했다고 하더라도 산업재해에 해당되지 않는 것이다.

산업재해보상보험의 급여를 받기 위해서는 재해가 발생한 지 3년 이내에 근로복지공단에 신청해야 한다. 지급이 거부되거나 지급내용에 이의가 있으면 근로복지공단에 재심사를 청구할 수 있고, 그 결과에 불복하면 노동부 산하의 산업재해보상보험 심사위원회에 재심사를 청구할 수 있다. 이 재심사 결과에 대해서도 이의가 있으면 행정소송을 제기할 수 있다. 물론 재심사를 거치지 않고 곧바로 행정소송을 제기할 수도 있다.

---

[139] 대법원 2005. 9. 29. 선고 2005두4458 판결.

생각거리

43

갑은 자동차 부품을 만드는 회사에서 5년째 일하고 있다. 6개월 전부터는 회사의 경영난이 심각해 임금을 50%밖에 받지 못했지만, 갑은 해고가 두려워 침묵하고 일을 계속했다. 그러던 중 회사가 갑을 포함해 상당수의 근로자를 임금도 지급하지 않은 채 해고했다. 이 경우에 갑은 어떤 조치를 취할 수 있는가? 복직을 요구할 수 있는가? 임금이나 퇴직금[140]을 받으려면 어떻게 해야 하는가?

읽을거리

- 조영래, 《전태일 평전》, 전태일기념사업회, 2009. 노동법을 공부하기 전에 우리나라 노동운동의 불꽃을 댕긴 전태일의 정신을 이해하자. 전태일의 정신을 먼저 이해하지 않고는 노동법을 공부한다고 말할 수 없을 것이다. 〈근로기준법〉을 발견하고 그렇게 기뻐했던 전태일, 그에게 노동법은 어떤 의미였을지 생각해보자. 전태일의 삶은 〈아름다운 청년 전태일〉(감독 박광수)이라는 영화로도 그려진 바 있다.

---

140 퇴직금은 '계속 근로기간 1년에 대하여 30일분 이상의 평균임금'을 지급해야 한다는 〈근로자퇴직급여보장법〉에 따라 지급된다. 따라서 퇴직금의 계산은 1일 평균임금×30일×총재직일수/365가 된다.

제24강 경제법
시장경제를 활성화시켜라

> 자본주의 시장경제는 지금까지 인류사회에서 이용된 그 어떤 경제체제보다도 나은 것으로 인정되고 있다. 하지만 시장경제는 법의 적절한 개입이 없으면 제대로 작동하지 않는다는 것도 역사적 경험이 보여주고 있다. 경제법은 시장의 폐해를 규제함으로써 시장경제의 정상적인 작동을 도모하려는 법을 말한다. 경제법은 기업간의 관계에서 독점을 규제해 공정한 거래가 이루어지도록 하고 기업과 소비자의 관계에서는 소비자를 보호하기 위한 조치를 담고 있다.

1. 경제법

자본주의가 역사에 본격적으로 등장한 것은 산업혁명 이후라고 할 수 있다. 자본주의의 핵심 동력은 시장경제 메커니즘이다. 시장경제는 재화의 수요공급에 대한 인위적 통제를 포기하고 시장에서 수요와 공급의 균형점에서 가격이 형성되게 함으로써 자동적으로 자원배분이 이루어지게 한다. 실로 최적의 시장경제는 사회주의적 계획경제와 대비되고, 자유와 효율과 정의를 대표한다고 할 수 있다. 시장경제가 자유를 가져다주게 되는 것은 시장경제에서는 사람들 각자가 스스로의 행동을 결정하기 때문이다. 모든 경제관계가 국가에서 계획된다면 개인의 자유가 설 자리는 좁아질 수밖에 없다. 시장경제가 효율을 대표한다는 것은 두말할 것도 없을 것이다. 사회주의 국가들의 몰락은 결국은 효율성의 경쟁에서 버티지 못했기 때문이다. 20세기의 수십 년간 사회주의적 계획경제를 실험했던 모든 국가가 자본주의 국가에 비해 못사는 나라로 머물러있다. 그리고 시장경제가 정의를 대표한다는 말은 적어도 교환관계에서는 가치의 대등성이 보장된다는 의미다. 사회주의 국가에서는 비싼 것이 싸게 팔리기도 하고 싼 것이 비싸게 팔리기도 한다. 교환적 정의에서의 이러한 부실함은 결국 분배적 정의도 왜곡시켰다. 실제로 그동안 사회주의 국가에서 빈부격차가 작지 않았으며 그나마도 정당화되기 힘든 성격의 빈부격차였다. 말하자면 사회주의 국가에서 나타난 빈부격차는 노력과 성취에 의해 형성된 것이 아니라 부패와 통제의 결과로 생겨난 것이었다. 이런 점에서 자본주의 시장경제는 정의라는 측면에서도 일정한 비교우위를 가지고 있다.

그러나 자본주의적 시장경제는 그 자체의 메커니즘 속에 여러 문제점을 내장하고 있다. 무엇보다 시장경제에서는 공공재의 부족이 나타날 수 있다. 투자자에게는 수익성이 없지만 필요한 공공시설, 예컨대 박물관, 도서관, 도로시설 등이 부족해질 수 있는 것이다. 또 자본주의는 주기적인 공황을 맞이하며, 그때마다 대대적인 가치파괴가 일어난다. 또 빈부격차가 커지게 되고 이는 사회적 불안정의 원인이 된다. 사회적 불안정과 소요는 결국 생산성을 잠식한다. 시장에서는 독점이 생겨나게 되고, 그렇게 되면 소수가 독점이윤을 누리게 된다. 그리하여 자본주의가 내세우는 자유, 효율, 정의가 모두 잠식되는 결과가 초래될 수 있다. 이런 문제들을 통칭해 시장실패(market failure)라고 한다. 이런 문제들 때문에 국가가 일정하게 시장에 개입해 시장의 역기능이 발현되지 않도록 규제하는 것이 필요해진다. 여기서 규제는 시장을 질식시키려는 의도에서 하는 것이 아니라 시장의 작동이 더욱 원활해지게 하고자 하는 것이다. 하지만 때로는 규제가 과도해 시장 자체를 질식시키는 경우도 있다. 이를 규제실패(regulation failure)라고 한다. 결국 시장을 그대로 놔두어서도 안 되고 규제를 과도하게 해서도 안 된다. 그 틈새가 시장에 대한 국가의 개입이 정당화되는 지점이다. 경제법은 그 틈새를 메우려는 법이다. 즉 자본주의 시장경제에서 발생하는 문제점을 해결하기 위한 규제를 함으로써 시장이 건전하고 효율적으로 작동하게 하려는 것이다.

우리 헌법은 "모든 국민의 재산권은 보장된다"(제23조)고 하여 사유재산제를 기초로 함을 선언하고 "대한민국의 경제질서는 개인과 기업의 경제상의 자유와 창의를 존중함을 기본으로 한다"(제119조)고 밝히는 동시에 국유화와 통제에 반대하는 입장을 천명하여(제126조) 자본주의적 시장경제를 경제의 골간으로 함을 명시하고 있다. 하지만 그와 동시에 국가는 "경제에 대한 규제와 조정을 할 수 있다"고 규정함으로써 국가의 경제개입에 대한 헌법적 근거를 마련해 놓고 있다. 경제법은 그러한 헌법 규정의 구체화다.

하지만 경제에 대한 규제법 전체가 경제법의 학문영역이 되는 것은 아니다. 가장 좁은 의미의 경제법은 독점규제와 관련한 법이다. 미국은 경제법이란 말을 쓰지 않고 반독점법(Anti-Trust Law)이라는 말을 쓴다.[141] 우리나라에서 독점규제에 대해 규정한 법은 〈독점규제 및 공정거래에 관한 법률〉이다. 경제법을 좀 더 넓게 정의할 때는 반독점법에 소비자보호 관련법도 포함된다. 여기서 보듯이 경제법은 국가재정이나 국가경제에 관한 법이 아니다. 경제법은 시장경제질서를 원활히 작동시키기 위해 제정된 법들이다. 경제법을 운영하는 소관 관청은 공정거래위원회다.

2. 독점규제 및 공정거래

〈독점규제 및 공정거래에 관한 법률〉을 약칭해서 부를 때 '독점규제법'이라고 하지 않고 '공정거래법'이라고 한다. 왜 이렇게 부르는지에 대해 논란이 있을 수 있겠지만 독점규제의 중요성이 덜하기 때문에 그러는 것은 아닐 것이다.

---

[141] 미국에서 반독점법에 해당하는 용어는 Anti-trust Law다. 미국에서 독점을 트러스트라고 부르는 이유는 미국에서는 주요한 독점의 형태가 신탁(trust)이었기 때문이다. 즉 주식을 신탁의 형태로 모아 한꺼번에 행사하는 식으로 독점력이 행사됐다. 이에 비해 독일의 경우에는 카르텔(담합)이 독점의 주요한 형태였기 때문에 반독점 규제기관을 '카르텔청'이라고 명명했다.

(1) 독점과 재벌의 규제

독점이란 무엇이고 독점은 왜 규제하는가? 독점은 경쟁에 대립되는 개념이다.[142] 어떤 시장이 경쟁상태에 있다는 것은 누구도 가격에 영향을 미칠 수 없다는 뜻이다. 상품 공급자 각각의 입장에서 볼 때 가격은 주어진 것이다. 그러한 상태에서 공급자가 많은 이득을 누리기 위해서는 생산력을 높여 생산단가를 낮추어야 한다. 그렇기 때문에 경쟁상태에서는 개별 공급자가 생산력 향상의 유인을 강하게 갖는다. 생산력 향상의 효과가 확산되면 전반적으로 그 재화의 가격이 인하되면서 좀 더 많은 사람이 그 상품을 향유하게 된다. 다시 말해 후생이 증가된다. 이처럼 시장이 경쟁적이면 생산력이 향상되고 후생이 증가한다. 이에 비해 독점상태란 공급자가 시장을 지배하는 상태, 다시 말해 공급자가 가격에 영향을 미칠 수 있는 상태를 말한다. 특히 독점상태에서는 독점사업자가 가격을 인상함으로서 독점이윤을 누리고자 하는 유인이 강하게 나타난다. 이는 품질의 저하, 서비스의 악화, 거래조건의 악화를 의미하며, 그 결과로 후생의 손실이 생기게 되고 기술개발 역시 저지된다. 바로 이러한 이유에서 독점이 시장에서 자연발생적으로 생겨날 수 있

---

[142] 그러나 완전한 독점과 완전한 자유경쟁은 현실에 거의 존재하지 않는다. 결국 독점이라는 말은 유효독점 상태를 말하고, 경쟁이라는 말은 유효경쟁 상태를 말한다. 즉 완전한 독점은 아니더라도 유효하게 시장에 영향을 미칠 수 있는 수준이면 독점이라고 보고, 완전경쟁은 아니더라도 유효하게 경쟁메커니즘이 작동한다면 경쟁이라고 보는 것이다.

음에도 불구하고 독점에 대해 규제하는 것이다. 미국의 경우에는 어떤 기업이 독점기업이라고 판정되면 그 자체가 위법한 것으로 보아 국가가 그러한 독점상태를 해소할 것을 명령한다(원칙적 금지주의). 우리나라는 독점 자체를 위법한 것으로 보지는 않고 독점이 실제로 폐해를 유발한 경우에만 규제하고 있다(폐해규제주의).

공정거래법은 '독점'이라는 표현 대신 '시장지배적 사업자'라는 표현을 사용하고 있다. 시장지배적 사업자인지 여부는 시장점유율을 보고 추정한다. 예를 들어 어느 한 사업자의 시장점유율이 50% 이상이거나 어느 세 사업자의 시장점유율이 75% 이상이면 해당 사업자는 시장지배력을 갖고 있다고 본다. 이런 사업자의 부당한 가격결정, 공급조절 등의 행위는 규제된다. 또 공정거래법은 시장지배적 지위를 낳을 수 있는 기업결합의 경우에는 사전에 신고하게 해 시장지배적 사업자의 출현을 억제하고 있다. 개별 사업자들이 시장지배적 사업자가 아니더라도 서로 경쟁을 자제하기로 담합하면 독점과 같은 시장왜곡이 발생하기 때문에 공정거래법은 이러한 담합행위에 대해서도 규제하고 있다. 공정거래법에서는 담합을 '부당한 공동행위'라고 부른다. 이상에서 설명한 시장지배적 사업자, 기업결합, 부당공동행위는 모두 경제학적 의미에서 독점을 규제하기 위한 것이다.

재벌에 대한 규제도 공정거래법이 담당하고 있다. 재벌은 공정거래법에 '대규모 회사', '기업집단' 등으로 표현돼 있다. 재벌은 독점과는 다른 개념이다. 독점은 개별 상품시장에서의 시장지배력을 문제 삼는 개념인 데 비해 재벌은 서로 다른 종류의 상품을 생산하는 기업들이 거대한 기업집단을 형성하고 있는 것을 문제 삼는 개념이다. 다시 말해 재벌은 개별 경제단위가 지나치게 크다는 것을 문제 삼는 개념인 것이다. 재벌은 그 규모에 의해 시장을 지배하게 될 뿐만 아니라 경제영역을 넘어 사회 전체에 과도한 영향력을 행사하고 정경유착 등의 문제를 일으킨다. 그리고 재벌은 대체로 족벌을 형성하고, 부당한 빈부격차를 낳으며, 사회불만을 조장한다. 또 한 국가의 경제가 과도하게 재벌에 의존하게 되면 불안정성이 증가한다. 이러한 이유 때문에 공정거래법은 소위 재벌의 '경제력 집중'에 대해 규제하고 있다. 그 방법으로는 출자총액 제한, 기업결합 제한, 내부거래 규제 등이 있다.

이상에서 독점과 재벌에 대한 규제의 기본개념을 살펴보았는데, 실제 법을 보면 매우 복잡해서 일반인으로서는 그 의미를 알기 어렵게 돼있다. 입문하는 입장에서는 독점과 재벌의 개념 정도를 아는 것으로 만족할 수밖에 없다.

(2) 불공정거래행위

공정거래법의 또 다른 축은 불공정거래행위의 규제다. 불공정거래행위는 경제주체가 독점인지 여부를 묻지 않고 거래 자체의 불공정성을 문제 삼는 개념이다. 하지만 불공정한 거래가 행해지는 것은 대부분 경제적 강자가 경제적 약자에게 불공정한 거래를 강요할 때 발생한다는 점에서 불공정거래행위는 독점이나 재벌의 거래행태와 밀접하게 연관돼 있다. 그렇기 때문에 경제적 약자의 입장에 있는 소규모 기업은 불공정거래행위를 잘 파악할 필요가 있다. 뿐만 아니라 소비자의 입장에서도 불공정거래행위의 희생자가 되지 않도록 주의해야 한다. 예를 들어 도

매업자가 술을 팔면서 양주를 사는 구매자에게만 소주를 판다면 불공정거래행위가 된다. 이를 끼워팔기라고 한다. 이런 식의 끼워팔기가 가능한 것은 어느 정도 시장지배력이 있기 때문이다. 마이크로소프트가 웹브라우저(익스플로러)를 윈도 운영체제와 함께 판매한 것이 끼워팔기에 해당하는지에 대해 많은 논란이 있었다.[143]

어떤 것이 불공정거래행위에 해당하는지는 공정거래법에 열거돼 있다. 거래거절, 차별적 취급, 집단적 차별, 경쟁사업자의 배제, 부당한 고객유인, 거래강제, 거래상 지위남용, 구속조건부 거래, 사업활동 방해, 부당한 지원행위 등이 그것이다. 각각의 유형에 대해 많은 심결[144]이 있다. 최근 사례를 중심으로 대표적인 몇 가지를 알아보자. 삼성병원에서는 환자가 선택진료를 신청하면 의료진이 선택진료를 임의로 적용할 수 있도록 했다. 이에 대해 공정거래위원회는 거래상의 지위남용에 해당한다고 보아 과징금을 부과했다.[145] 엘지파워콤은 대리점과

---

[143] 이 문제는 전세계적으로 논란이 됐고, 유럽위원회에서는 이것이 끼워팔기의 불공정거래행위라고 판정한 바 있다. 우리나라에서도 이것이 문제가 된 바 있다. 법원은 "PC 운영체제 시장에서 독보적인 시장지배적 지위에 있는 사업자가 PC 운영체제에 메신저를 포함하여 판매한 사안에서 위 결합판매행위가 독점규제 및 공정거래에 관한 법률상 시장지배적 지위 남용행위 중 다른 사업자의 사업활동을 부당하게 방해하는 행위, 부당하게 소비자의 이익을 현저히 저해할 우려가 있는 행위 및 불공정거래행위 중 끼워팔기에 해당한다"고 판시했다(서울중앙지법 2009.6.11. 선고 2007가합90505 판결).

[144] 공정거래법 위반행위인지의 여부는 공정거래위원회가 판정하는데 공정거래위원회의 판정결과를 심결이라고 한다.

[145] 공정거래위원회 의결 제2010-011호, 2010. 2. 2. 사건번호 2009제감2550.

거래를 하면서 판매목표를 부과하고 이를 달성하도록 강제했는데, 공정거래위원회는 이것이 거래상 지위 남용행위에 해당한다고 보았다.[146]

이처럼 공정거래위원회는 시장질서와 관련되는 제반 위법행위를 규제하고 있다. 위의 각 규정 외에도 하도급, 약관, 광고 등과 관련된 규정위반에 대해서도 공정거래위원회가 감시하고 있다. 공정거래법 위반이 있으면 공정거래위원회가 해당 기업에 과징금을 부과하며, 위반이 심각한 경우에는 해당 기업을 검찰에 형사고발하기도 한다. 과징금의 규모는 수억 원에서 수십억 원, 때로는 수천억 원에 이른다. 그렇기 때문에 기업의 입장에서는 공정거래법에 대해 관심을 갖지 않을 수 없다. 공정거래법의 영역은 변호사의 입장에서 보면 전문성이 요구되는 영역이면서 동시에 수지가 맞는 영역 중 하나다.

3. 소비자분쟁

상품의 소비자는 공급자에 비해 대체로 불리한 입장에 있다. 소비자는 법률을 동원할 경제력이 부족하기도 하고 분산돼 있기 때문이다. 상품의 공급자들은 이런 점을 이용해 소비자에게 불리한 거래를 강요하기 쉽다. 이런 식의 불공정한 거래행위를 규제하고 소비자의 피해를 구제

---

[146] 공정거래위원회 의결 제 2008-389호, 2008. 8. 27. 사건번호 2008서경0664.

하기 위한 여러 법들이 있다. 그 대표적인 것이 〈소비자기본법〉이다.

소비자 보호에서 가장 중요한 것이 소비자의 피해를 구제하는 것이다. 예컨대 이사하는 과정에서 중요한 물건이 분실됐거나 파손된 경우에 어떻게 문제를 해결할 것인가? 또는 노트북을 샀는데 사용한지 얼마 안 되어 고장이 났다고 하자. 그래서 환불을 요구했는데 사용자의 부주의 탓이라면서 교환해주지 않는다면 어떻게 할 것인가? 옷을 샀는데 세탁한 후에 보니 그 옷이 변색됐다면 어떻게 해야 하는가? 이런 식의 불만은 주위에서 수시로 발생한다. 당사자간의 합의에 의해 문제가 해결된다면 더할 나위 없이 좋겠지만, 그렇게 되지 못하는 경우도 있다. 종국적으로는 소송을 통해 문제를 해결하는 것이 가능하겠지만, 그보다 간편하고 신속하게 구제받는 방법이 없을까? 〈소비자기본법〉은 그런 경우에 이용할 수 있는 절차를 제공한다.

〈소비자기본법〉에 따라 한국소비자원이 설치돼 있다. 소비자에게 피해가 발생하면 소비자는 이 기관에 피해의 구제를 신청할 수 있다. 한국소비자원은 조사를 한 후 합의안을 만들어 합의를 권고한다. 양 당사자가 합의안에 따르기로 하면 분쟁이 해결되는 것이고, 그렇지 않으면 한국소비자원에 설치된 소비자분쟁조정위원회에 회부된다. 이 위원회는 양 당사자를 소환해 사건에 대한 심리를 한 후 조정을 시도한다. 조정이 이루어지면 사건이 해결되는 것이고, 그렇지 않으면 결국 소송으로 이행하게 된다. 한국소비자원의 절차는 단순하지만 소비자나 공급자의 입장에서 신속하고 객관적으로 분쟁을 해결할 수 있다는 점에서 많이 이용되고 있다.[147]

한국소비자원 외에 민간 소비자단체에서도 피해를 입은 소비자를 도와주고 있고, 국가와 지방자치단체도 소비자 구제를 위한 창구를 두어 소비자 관련 민원을 해결해주기도 한다.

4. 할부거래 등에서의 소비자 보호

소비자분쟁이 많은 영역으로는 할부거래, 방문판매, 다단계판매, 전자상거래 등을 꼽을 수 있다. 이런 분야에 대해서는 별도의 법을 제정해 분쟁을 해결하고 있다.

(1) 할부거래

할부거래에 대해서는 〈할부거래에 관한 법률〉이 있다. 이 법에서 할부거래란 물건을 사거나 서비스를 제공받을 때 그 대가를 2개월 이상의 기간에 걸쳐 3회 이상으로 나누어 대금을 지급하기로 하고 대금을 완납하기 전에 물건이나 서비스를 받는 것을 말한다. 예컨대 냉장고를 할부로 사거나 수강료를 할부로 지급하는 경우가 이에 해당한다. 신용카드를 이용해 할부로 지급하는 경우도 포함된다.

〈할부거래에 관한 법률〉은 할부로 거래하면 계약서를 교부받은 날

---

147 한국소비자원은 2006년에 31만 건의 구제신청을 접수했고, 그중 2300건 가량에 대해 합의권고를 했다. 학습교재, 이동전화, 건강식품, 할인회원권 순으로 분쟁이 많았다.

부터 7일 이내에 청약을 철회할 수 있다고 규정하고 있다. 그러나 계약서를 교부받은 때보다 목적물의 인도가 늦게 이루어지는 등의 문제가 있는 경우에는 목적물의 인도를 받은 날부터 7일 이내에 청약을 철회할 수 있다. 여기서 청약을 철회한다는 말은 계약을 철회한다는 의미다.[148] 이때 중요한 점은 청약의 철회는 반드시 서면으로 해야 한다는 것이다. 서면을 직접 전달할 수도 있지만, 분쟁의 소지를 없애기 위해서는 내용증명우편을 이용하는 것이 좋다. 우편을 이용하는 경우에는 발송한 때 효력이 발생하는 것으로 하고 있다. 청약이 철회된다는 것은 계약이 소급해서 무효가 된다는 것을 의미하므로 소비자의 입장에서는 물건을 돌려주고 돈을 반환받으면 된다. 할부로 학원에 수강신청을 하고 실제로 수강을 했어도 1주일 이내에 청약을 철회하는 경우에는 수강료 전액을 환불받을 수 있다. 냉장고 등을 반환하는 경우에는 비용이 발생할 수 있는데 이러한 비용은 판매자가 부담해야 하며, 이러한 반환을 이유로 판매자가 구매자에게 위약금이나 손해배상을 청구할 수 없다. 판매자와 구매자가 이와 다른 내용으로 계약을 했다면 그것은 효력이 없다. 말하자면 청약을 철회할 수 없도록 하는 계약은 무효라는 것이다.

여기서 보듯이 〈할부거래에 관한 법률〉은 소비자가 할부거래를 하는 경우에는 이유를 불문하고 계약서를 받은 날로부터 7일 이내에 그

---

148 계약을 철회하는 것을 청약을 철회한다고 표현한 것은 통상 계약은 청약과 승낙에 의해 이루어지는데 할부계약의 경우는 소비자가 청약을 하고 판매자가 승낙한 것으로 보기 때문이다.

계약을 철회할 수 있도록 하고, 관련 비용은 매도인이 부담하며 매도인은 손해배상 청구도 할 수 없도록 하고 있다. 이렇게 한 것은 할부거래를 하는 소비자를 보호하기 위한 것이다. 할부라는 이유로 충동구매를 했더라도 소비자는 보호되기 때문에 매도인 입장에서도 신중하게 거래할 수밖에 없는 것이다. 소비자 입장에서 명심해야 할 것은 철회가 가능한 기간을 준수해야 한다는 것이고, 반드시 서면으로 철회해야 한다는 것이다.

(2) 방문판매/다단계판매

방문판매도 많이 문제가 된다. 예를 들어 화장품이나 건강식품 등을 판매할 때 가정을 방문해서 판매하는 경우가 이에 속한다. 이러한 방문판매와 함께 전화권유판매, 다단계판매 등도 문제가 될 수 있다. 이런 판매에 대해서는 〈방문판매 등에 관한 법률〉이 규율하고 있다. 방문판매는 판매업자가 영업소 이외의 장소에서 소비자에게 직접 권유하여 판매를 하는 경우를 말한다. 전화권유판매라 함은 전화를 이용해 소비자에게 권유해서 재화 등을 판매하는 것을 말하고, 다단계판매는 다단계판매조직을 통해 재화 등을 판매하는 것을 말한다.[149]

---

[149] 다단계판매는 소비자를 판매자로 이용하는 판매방법이다. 예를 들어 물건을 구입한 사람에게 그 물건을 팔 수 있는 권리를 주고 판매대금의 일부를 수익으로 얻을 수 있도록 하는 것이다. 이로 인해 많은 사회문제가 생기고 있다. 한때 다단계판매업 자체를 불법으로 간주했지만, 지금은 그렇게 하는 대신에 많은 규제를 가하고 있다.

위에서 말한 방식으로 거래를 한 경우에 구매자는 계약서를 교부받은 날부터 14일 이내에 청약을 철회할 수 있다. 그러나 계약서를 교부받은 때보다 재화 등의 공급이 늦게 이루어진 경우에는 재화 등을 공급받거나 공급이 개시된 날부터 14일 이내에 청약을 철회할 수 있다. 할부계약의 경우와 달리 이 경우에는 청약을 철회한다는 의사를 반드시 서면으로 표명해야 하는 것은 아니다. 그러나 물론 의사표시를 했는지에 대한 논란을 없애기 위해서는 내용증명우편을 이용해 의사표시를 하는 것이 좋다.

위와 같은 형식의 거래에 대해서는 할부거래에 비하면 청약의 철회가 허용되는 기간도 길고, 반드시 서면이 아니더라도 청약철회의 효력이 있는 것으로 하고 있다. 말하자면 할부거래의 경우에 비해 더 두텁게 소비자를 보호하겠다는 것이다. 왜 이렇게 하느냐면 방문판매 등에서는 소비자가 판매자의 권유행위에 대해 더 취약할 수 있고, 이로 인해 경솔한 거래행위를 하게 되거나 부당한 거래에 의해 피해를 입게 되기가 더 쉽다고 보기 때문이다.

(3) 전자상거래

요즘 유선방송의 홈쇼핑 프로그램을 통해 제품 광고를 하는 기업 또는 사업자가 적지 않다. 어떤 사람들은 그러한 광고에 중독되어 당장 필요하지 않은 물건을 산 뒤에 곧 후회하기도 한다. 이러한 충동구매를 방지하고 그로 인한 분쟁을 예방하기 위해 〈전자상거래 등에서의 소비자보호에 관한 법률〉이 제정돼 있다. 이 법은 텔레비전의 홈쇼핑 프로그램을 통한 물건구입, 인터넷을 통한 물건구매 등에 적용된다. 소비자가 이런 방식으로 물건을 구매한 경우에는 계약내용에 관한 서면을 교부받은 날부터 7일 이내에 청약을 철회할 수 있다. 그러나 그러한 서면을 교부받은 때보다 재화의 공급이 늦게 이루어진 경우에는 재화의 공급을 받거나 공급이 개시된 날부터 7일 이내에 청약을 철회할 수 있다. 이때 반드시 서면으로 청약을 철회해야 하는 것은 아니다. 이 제도 또한 소비자를 보호하기 위한 것이다. 인터넷으로 책이나 전자제품을 산 경우에는 이유를 불문하고 7일 이내에 구매를 취소할 수 있다는 것을 기억해두자.

 이상에서 설명한 제도는 모두 소비자를 보호하기 위한 것이다. 그런데 이중에는 이러한 권한을 악용하는 악덕소비자도 있다고 한다. 예를 들어 고급 밍크코트를 받아서 한 번 이용한 다음에 단순한 변심을 이유로 물건을 반환하는 소비자도 있다고 한다. 이런 경우에 판매자의 입장에서는 제품이 이용됐는지 여부를 알 수가 없고 제품에 손상이 없는 한 이유를 불문하고 반환을 받아줘야 하기 때문에 울며 겨자 먹기로 반환을 받아주게 된다. 불공정한 판매도 없어야겠지만, 소비자 측에서 이러한 잘못된 행태가 빈발한다면 소비자 보호제도가 점차 약화될 수밖에 없을 것이다.

생각거리

44

갑은 대학병원에 의약품을 납품하고 있다. 그런데 대학병원이 갑에게 의약품을 납품하게 해주는 대가로 병원의 증축에 필요한 비용을 추가로 부담하도록 은근히 압력을 넣고 있다. 작년에도 상당액을 이런 식으로 낸 바 있는 갑으로서는 이것이 부당하다고 생각하지만 드러내 놓고 거부하기도 어려운 것이 사실이다. 이런 경우에 갑이 취할 수 있는 조치가 있는가?

45

갑은 사는 동네에서 오랫동안 미장원을 운영해왔다. 최근 갑의 집 근처에 큰 주상복합건물이 들어섰는데 상인들에게 사무실을 임대하고 있어서 갑도 관심을 갖게 됐다. 그런데 알아보니 보증금 1억 원에 100만 원의 월차임을 요구하고 있다. 갑은 아무리 주상복합건물이라고 하더라도 그 건물에 입주해서 과연 그 정도의 월차임을 낼 수 있을 만큼 수익을 올릴 수 있을지에 대해 다소 걱정이 됐다. 더구나 만약 임차인이 월차임을 연체하고 그로 인해 계약이 해지되면 임차인에게 임대차보증금의 10%를 위약금으로 지급하도록 한 계약조항이 임대차계약서의 약관에 기재돼 있다. 갑이 생각할 때 이러한 위약금은 과도해 보여 건물관리사무소에 가서 의논했지만 변경할 수 없다고 한다. 이런 경우에 갑은 어떻게 해야 하는가? (참고로, 약관이란 대량거래에서 이용되는 표준화된 계약의 내용을 말한다.)

46

갑은 어느 날 내비게이션을 무상으로 준다는 광고를 보고 방문판매원을 만났다. 그런데 실제로 만나서 보니 완전무상은 아니고 10만 원의 상품권과 5만 원의 무료통화권 구입을 조건으로 한 것이었다. 그래도 내비게이션을 구입했는데 실제로 써보니 만족스럽지 않아 반품하고자 한다. 판매원은 내비게이션을 이미 차에 부착했으므로 환불이 안 된다고 한다. 갑은 어떻게 해야 구제받을 수 있을까?

볼거리

- 영화 〈레인메이커〉(1998, 프랜시스 코폴라 감독 / 매트 데이먼, 대니 드비토 출연 / ★★★). 막강한 힘을 가진 보험회사를 상대로 소비자의 권리를 찾아가는 험난한 과정을 보여준다. 소송의 경험은 없지만 피해자의 고통에 공감하는 초보 변호사의 진지한 노력이 잘 그려져 있다.

제25강 지적재산권
지식은 곧 재산이다

인간의 지적창작물은 재산으로 인정된다. 특허는 발명의 독점적 실시권을 부여하는 것으로서 등록을 조건으로 한다. 저작권은 학문과 예술 등의 분야에서 인간의 창작물 전반에 대해 창작과 동시에 자동적으로 부여된다. 특허나 저작권으로 보호되는 대상은 아니지만 중요한 지적재산은 흔히 신지적재산권으로 불리며 별도의 특별법에 의해 보호되기도 한다.

1. 지적재산권

인류역사는 수렵사회, 농경사회, 산업사회를 거쳐왔고, 이제 우리는 지식사회로 접어들고 있다. 수렵사회에서는 사냥이나 채집을 통해 재산을 얻었다. 농경사회에서는 토지를 보유한 사람이 부자이자 그 사회의 지배계층이었다. 중세까지만 해도 농경사회가 일반적이었고, 귀족이라

함은 지주를 의미했다. 우리나라의 조선시대도 마찬가지였다. 토지야말로 큰 부가 창출되는 토대였다. 그러나 산업사회가 되면서 지주들의 지위가 약화되고 부르주아지가 득세하게 됐다. 부르주아지는 산업시설을 운영해 사회에서 가장 부유한 계급이 됐고, 주류계급으로서 사회를 지배하기에 이르렀다. 그후 지식사회가 되자 공장에서 물건을 생산하는 사람은 2류계급으로 전락하고 있다. 세계에서 제일의 부자라는 마이크로소프트의 빌 게이츠에게 그런 부를 가져다준 것은 공장이 아니었다. 그는 도스(DOS)라는 컴퓨터 운영체제를 개발해서 엄청난 부자가 됐다. 그가 개발한 도스는 손으로 만져지지 않는다. 눈으로 볼 수도 없다. 컴퓨터의 저장장치 안에 0과 1의 조합으로 존재할 뿐이다. 빌 게이츠는 그것을 팔아서 부자가 된 것이다. 그는 엄청난 부가가치를 생산했지만 그가 생산한 것은 물건이 아니었다. 그것은 새로운 개념과 지식이었다. 지식사회에서는 지식 자체가 가치이자 부다. 이전에는 자연과 농토와 공장에서 부가 만들어졌지만 지금은 인간의 두뇌 속에서 부가 만들어지고 있다. 두뇌야말로 노다지 금광인 것이다. 이미 세계의 갑부들은 그러한 사람들이다.[150] 그들은 물질에서 부를 창출하는 것이 아니고 두뇌에서 부를 창출하고 있다. 그들이 지식사회를 주도하고 있다. 부존자원이 부족한 한국이 일인당 국민소득 4만 달러 시대를 열 수 있다는 희망을 갖게 하는 근거가 있다면 그것은 지식사회가 도래했다는 데 있

---

150 일본의 손정의도 그런 사람이다. 손정의는 한국인 2세로서 일본에서 큰 부를 쌓아 부자가 됐다. 그를 갑부로 만든 것도 공장이 아니다. 그는 소프트뱅크라는 회사의 사장이다.

다. 지식사회의 부는 두뇌에서 생산되기 때문에 고갈되지 않고 무궁무진하다. 두뇌로부터 국부를 생산하지 못하는 나라는 결국 2류국가가 되고 말 것이다.

이처럼 세상은 바뀌고 있다. 부의 존재방식이 변하고 있고 부의 생산방식이 변하고 있다. 이러한 시대에 중요한 제도로 지적재산권제도가 있다. 두뇌에서 생산된 지식 그 자체를 재산으로 인정하고 보호하는 제도가 바로 지적재산권제도다. 물론 지식 자체가 가지는 가치에 착안하고 그것을 보호하는 것은 오랜 역사를 갖고 있다. 고대 그리스에서는 특별한 요리를 창안한 요리사에게 1년간 독점권을 주었다고 한다. 현대적인 의미의 특허나 저작권은 17~18세기경에 영국에서 기원했다고 한다.[151] 이후 특허나 저작권에 대한 인정이 미국, 독일, 프랑스 등 각국으로 확산됐다. 우리나라에서는 1908년부터 일본의 특허법이 의용(依用)되다가 1961년에 〈특허법〉이 제정됐고, 1957년에는 〈저작권법〉이 제정됐다. 이렇게 본다면 지적재산권은 산업사회의 대두와 함께 본격적으로 등장했다고 볼 수 있다.

하지만 더 넓게 본다면 그렇게 형성된 지적재산권법이 본격적으로 활용되고 발전한 것은 후기 산업사회 또는 지식사회로 진입하면서부터다. 이 단계에 와서 비로소 지적재산권에 대한 보호가 더욱 확실해졌고, 종래에는 지식재산으로 인정되지 않던 것들도 지식재산으로 인정

---

151 보통 영국의 1624년 '전매조례(Statute of Monopolies)'나 1709년 '앤 여왕 법(the Statue of Anne)' 등에서 현대 지적재산권법의 기원을 찾는다.

되기에 이르렀다. 특허의 경우 과거에는 기계나 공작품에 대한 보호가 중심이었지만 요즘에는 그런 물건의 제조방법도 독립적으로 특허의 대상이 되고 있다. 보호대상 저작권도 저술에만 그치지 않고 사진, 영화, 조각, 그림 등으로 확대됐다. 지식사회에 진입한 요즘에는 인간이 생성한 지적생산물은 모두 다 보호의 대상이 된다고 해도 과언이 아니다. 심지어 도메인네임 등 지적창작물이라고 보기 힘든 것에 대해서도 재산권을 인정해주고 있다. 뿐만 아니라 지적재산에 대해 국경을 넘어 국제적인 차원의 강력한 보호가 빠르게 제도화되고 있다. 우루과이라운드에서 〈무역관련 지적재산권 협약(TRIPs)〉(1994)〉이 체결되는 등 지적재산권 보호를 위한 국제규범이 강화되고 있고, 세계지적재산권기구(WIPO, 1967년 설립)의 위상이 전례 없이 높아지고 그 역할도 커지고 있다.

전통적으로 지적재산권은 산업재산권과 저작권으로 나뉘었다. 산업재산권에는 특허권, 실용신안권, 디자인권, 상표권[152]이라는 네 가지

---

[152] 실용신안권은 인간의 발명을 보호하기 위한 것이다. 특허권도 마찬가지로 발명을 보호하기 위한 것이다. 둘 사이의 차이는 실용신안권의 경우는 발명이긴 하지만 발명의 정도가 미미한 것을 보호하는 제도라는 데서 찾을 수 있다. 말하자면 실용신안권은 간이 특허제도라고 할 만하다. 디자인권은 종래 의장권이라고 부르던 것이다. 이는 디자인을 보호하는 것이며, 그 근거법은 〈디자인보호법〉이다. 예를 들어 독특한 디자인의 의자를 만들고 그 디자인을 등록하면 15년간 그 디자인이나 그와 유사한 디자인을 독점적으로 이용할 수 있다. 상표권은 상표를 보호하는 것이다. 상표는 상품을 다른 업자의 상품과 식별되게 하기 위해 사용하는 기호, 문자, 도형, 입체적 형상, 색채, 홀로그램 등으로서 시각적으로 인식할 수 있는 것을 말한다. 상표를 등록하면 10년간 독점적으로 사용할 수 있고, 그 기간을 다시 연장할 수도 있다.

가 포함된다. 최근에는 종래의 산업재산권이나 저작권의 개념에 포함되지 않는 새로운 종류의 지적재산이 등장했는데, 이런 것을 신지적재산권이라고 부른다. 예컨대 반도체배치설계도라든지 컴퓨터프로그램 등이 이에 속한다. 이러한 것을 설계하거나 만든 사람의 권리는 특허법이나 저작권법이 아닌 별도의 법으로 보호하고 있다.

2. 특허권

특허(patent)라는 말은 라틴어의 patere에서 유래한 것이다. 이 라틴어 단어의 의미는 '공개한다' 는 뜻이다. 특허권을 갖는다는 말은 자신이 발명한 것을 공개하고 그 대신에 발명품을 독점적으로 이용할 수 있는 권리를 갖는다는 것을 의미한다. 공개한다는 것은 누구나 그러한 발명을 이해하고 이용할 수 있도록 공시한다는 뜻이다. 발명이 발명으로서 가치가 있는지를 판정하고 공시하는 일은 특허청이 한다. 보호되는 발명에는 물건의 발명뿐만 아니라 방법의 발명이나 물건을 생산하는 방법의 발명도 포함된다. 심지어 영업방식도 특허가 된다. 예컨대 역경매 방식은 특허를 받았다. 특허는 '산업적 또는 상업적으로' 이용되는 것에 대해서만 보호하는 제도다. 그렇기 때문에 특허가 돼 있는 물건이라도 개인적으로 그것과 동일한 물건을 만들어 가정 내에서 이용하는 것은 특허권 침해가 되지 않는다. 특허가 돼 있는 발명을 산업적, 상업적으로 이용하는 것을 특허법은 '실시(實施)한다' 고 표현한다. 요컨대 특허권이란 발명을 공개하는 대신에 그것에 대해 독점적 실시권을 갖는 것이다.

특허권을 가진 사람은 스스로 그 발명을 실시할 수도 있고, 특허권을 양도할 수도 있다. 또한 특허권 자체를 매각할 수도 있고, 소유권은 특허권자가 보유하면서 실시권만 양도할 수도 있다. 실시권을 양도하는 경우에는 실시료를 받게 되는데 이것이 세칭 로열티(Royalty)다. 예를 들어 광석에서 금을 분리하는 방법을 창안한 사람이 그 방법에 대해 특허권을 갖게 되면 그 권한 자체를 매각할 수도 있고(특허권의 양도), 그것의 독점적 실시권을 특정인에게 양도할 수도 있고(전용실시권의 양도), 독점적 권한은 배제하고 실시권만을 양도할 수도 있다(통상실시권의 양도).

특허권은 특허청에 등록됐을 때 비로소 생기는 권한이다. 특허청에 특허를 신청하는 행위를 출원(出願)이라고 한다. 특허를 출원한다고 모두 등록되는 것은 아니다. 엄격한 요건을 충족했을 때에만 등록이 되며, 등록이 되면 특허출원일로부터 20년간 독점적 실시권을 갖게 된다.

특허등록을 하기 위해서는 발명자나 그로부터 권리를 승계받은 사람이 특허출원을 해야 한다. 특허출원을 할 때에는 특허청구범위를 명확히 해야 하며, 도면 등을 이용해 특허가 기술적으로 구현가능하다는 것을 명백히 보여주어야 한다. 특허청구범위를 기재하는 것은 곧 특허로 보호받고자 하는 발명이 무엇인지를 서술하는 것과 같다. 특허청구범위가 불명확하거나 기술적으로 구현불가능하다는 것이 드러나면 특허출원이 거절된다. 기술적인 구현가능성을 설명할 때에는 통상 그 분야에서 통상의 지식을 가진 사람이 쉽게 이해하고 실시할 수 있을 만큼 상세해야 한다. 그렇지 않으면 사실상 공개하지 않은 기술에 특허를 부여하는 결과로 이어질 수 있기 때문이다. 동일한 발명에 대해 둘 이상의 특허출원이 있으면 맨 먼저 출원한 자에게만 특허권이 부여된다.[153] 동일한 날짜에 복수의 출원이 있었다면 누구를 특허권자로 할 것인가에 대한 협의가 없으면 누구도 특허권을 갖지 못한다. 이는 협의를 강제하기 위한 것이다.

특허등록을 위해서는 위와 같은 형식적인 요건을 충족해야 할 뿐만 아니라 그 내용면에서 신규성과 진보성의 요건도 충족해야 한다. 신규성이란 이전의 발명에 비해 새로운 것이어야 한다는 의미다. 따라서 널리 알려진 발명은 특허등록이 되지 않는다. 간행물에 게재된 발명이나 인터넷에 공개된 발명도 공지된 것에 해당한다. 진보성이란 신규성과는 별도로 출원된 발명이 종래의 기술에 비해 상당한 정도의 차별성이 있어야 한다는 의미다. 따라서 지나치게 소소한 발명은 특허의 대상이 되지 않는다.

특허권을 가진 사람은 특허를 받은 발명을 사업적으로 독점해 실시할 권리를 가진다. 만약 다른 사람이 정당한 권리 없이 그 발명을 실시하면 특허권 침해가 된다. 실시한다는 것은 그 발명품을 사업적으로 만들거나, 만들어서 이용하거나, 팔거나, 빌려주는 것을 의미한다. 또 방법의 특허인 경우에 다른 사람이 정당한 권리 없이 그 방법을 이용하면 특허권 침해가 된다. 이러한 특허권침해행위가 발생하면 특허권자

---

[153] 이를 선출원주의라고 하며, 미국을 제외한 대부분의 국가에서 채택하고 있다. 미국에서는 먼저 발명한 자에게 특허를 부여하는 선발명주의를 채택하고 있다.

는 권리구제를 위한 조치를 취할 수 있다. 특허권도 재산권이기 때문에 재산권침해 배제와 관련된 민법상 규정이 적용되며, 이와 별도로 특허법은 특허권을 보호하기 위한 특례규정을 담고 있고 특허권침해자에 대한 형벌도 규정하고 있다.[154]

특허권을 침해받은 사람은 침해자에 대해 침해금지청구권을 갖는다. 침해받을 우려가 있으면 침해의 예방을 청구할 수 있다. 이런 경우 침해행위를 조성한 물건의 폐기, 침해행위에 제공된 설비의 제거, 기타 침해의 예방에 필요한 행위를 함께 청구할 수 있다.

특허권 침해로 손해가 발생한 경우에는 손해배상이 문제가 된다. 이때 민법 제750조의 일반불법행위에 기한 손해배상청구권이 적용된다. 즉 "고의나 과실로 인한 위법행위로 타인에게 손해를 가한 자는 그 손해를 배상할 책임이 있다"는 규정에 의한다(이에 대해서는 제14강 참조). 그런데 특허권침해의 경우에는 특례규정이 있기 때문에 민법 규정에 우선해 특허법이 적용된다.

우선 입증책임과 관련해 특허법은 가해자의 과실에 대한 입증책임을 경감하는 규정을 두고 있다. 민법의 일반불법행위에서는 고의나 과실을 피해자가 입증해야 하지만, 특허권침해로 인한 손해배상에서는 입증책임이 전환된다. 즉 타인의 특허권을 침해했다면 그러한 침해에

---

154 제225조에 의하면 특허권 또는 전용실시권을 침해한 자는 7년 이하의 징역 또는 1억 원 이하의 벌금에 처한다. 이 범죄는 친고죄이다. 즉 특허권침해죄는 피해자의 고소가 없으면 기소되지 않는다.

과실이 있는 것으로 추정한다(제130조). 물건을 생산하는 방법에 관한 특허의 경우라면 그 물건과 동일한 물건은 특허된 방법에 의해 생산된 것으로 추정한다(제129조). 따라서 특허권침해가 있다는 것만 입증하면 그 침해자에게 과실이 있는지를 입증할 필요가 없다. 침해자가 면책받으려면 자신이 특허권을 침해하지 않았다는 것을 입증해야 한다. 이를 위해 통상적으로는 특허청구범위에 기재된 발명의 구성과 자신이 실시하는 실시품의 구성이 상이하다고 주장한다.

손해배상소송에서 문제가 되는 것 중 하나가 손해배상액을 산정하는 것이다. 그런데 특허의 경우에 손해배상액을 산정하는 것이 쉽지 않다. 그래서 특허법은 이 부분에 대해서도 특례규정을 두고 있다. 이에 의하면 침해자가 실시로 인해 이익을 얻은 것이 있으면 그 이익액을 특허권자의 손해액으로 추정한다. 예컨대 침해자가 특허의 실시로 10억원을 벌었다면 그것이 손해액으로 추정되는 것이다. 또 특허권자가 그 특허의 실시료에 상당하는 금액을 청구할 수도 있다. 이는 설사 특허권침해로 인해 침해자가 이득을 얻지 못했더라도 로열티 상당액을 손해액의 하한으로 해서 손해배상을 청구할 수 있다는 의미다. 침해자가 그 발명을 이용해 생산한 물건을 다른 사람에게 양도한 경우라면 그로 인해 줄어지게 된 시장만큼이 손해배상액으로 산정된다(제128조 참조). 그 외에 특허법은 손해액의 산정과 관련해 충분한 입증이 없더라도 법관이 재량으로 상당한 손해액을 인정할 수 있도록 하고 있다. 이런 규정들은 모두 손해배상액 산정의 어려움을 경감시키기 위한 조치다.

특허권을 주장하는 사람에 의해 특허권침해자로 지목된 사람은 특허침해 사실을 부인하는 것으로써 대응할 수 있다. 예를 들어 자신의 실시가 해당 특허를 침해하지 않았다고 주장하거나 해당 특허가 무효라고 주장할 수 있다. 이런 식의 주장을 할 수 없다면 실시권설정계약을 하거나 특허권 자체를 매입해야 한다.

3. 저작권

저작권은 특허권과 함께 대표적인 지적재산권으로 알려져 있지만, 보호의 목적과 방법에서 상당한 차이가 있다. 특허권이 자연법칙을 이용하는 기술적 사상인 발명을 보호하기 위한 것이자 산업정책적 관점이 고려된 것이라면, 저작권은 주로 학문과 예술의 영역에서 인간의 지적 창작물을 보호하는 데 치중된 것이다. 특허는 특허청에 등록해야만 권리로서 인정되지만, 저작권은 저작물의 창작과 동시에 자동적으로 발생한다. 저작권을 인정받는 데는 어떠한 절차나 형식도 필요하지 않다. 책표지 등에 저작권을 표시하는 문구가 인쇄돼 있는 것을 보게 되지만, 그러한 표시를 해야만 저작권이 생기는 것도 아니다. 스스로의 노력으로 창작한 저작물이라면 그것이 다른 사람의 저작물과 동일하더라도 저작권이 인정되지만, 특허의 경우에는 다른 사람이 발명한 것과 동일한 것을 스스로 발명했더라도 특허권이 부여되지 않는다.

저작권법에 의해 보호되는 저작물의 종류는 실로 많다. 저작권법에 의하면 소설·시·논문·강연·연설·각본을 비롯한 어문저작물, 음악저작물, 연극과 무용·무언극 및 그 밖의 연극저작물, 회화·서예·조각·판화·공예·응용미술저작물을 비롯한 미술저작물, 건축물·건축을 위한 모형 및 설계도서를 비롯한 건축저작물, 사진저작물, 영상저작물, 지도·도표·설계도·약도·모형을 비롯한 도형저작물, 컴퓨터프로그램저작물 등이 있다. 이처럼 다양한 저작물이 그것의 품질에 상관없이 저작물로 보호된다. 저작권은 저작자의 생존기간 동안 보호될 뿐만 아니라 사후에도 70년간 보호된다. 다만 저작권의 상속자가 없으면 저작권자의 사망과 동시에 저작권이 소멸하므로 누구나 그 저작물을 자유롭게 이용할 수 있게 된다.

저작권을 갖는다는 것은 저작인격권과 저작재산권을 갖는다는 의미다. 저작인격권은 저작물의 공표여부를 결정할 권리나 저작물에 자신의 이름을 붙일 권리와 저작물의 변경을 금지할 수 있는 권리를 말한다. 저작재산권은 저작권의 경제적 가치 측면을 가리키는 말이다. 저작재산권은 복제권, 공연권, 공중송신권, 전시권, 배포권, 대여권, 2차적 저작물 작성권으로 구성된다. 각각의 권리는 그 명칭 그대로다. 복제권은 저작물을 복제할 권리이고, 공연권은 저작물을 공연할 권리, 공중송신권은 방송 등으로 저작물을 송신할 권리, 전시권은 미술저작물 등을 전시할 권리, 배포권은 저작물을 배포할 권리, 대여권은 저작물을 대여할 권리다. 2차적 저작물 작성권이란 자기의 저작물을 이용해 2차적 저작물을 만들 권리다. 예를 들어 소설의 저자는 그 소설을 이용해 영화를 만들 권리를 갖는다. 그리고 시를 쓴 시인은 그 시를 이용해 음악을 만들 권리를 갖는다. 이러한 여러 권리는 각각 행사된다. 예컨대 MP3 파일을 구매한 것은 복제권을 구입한 것에 불과하다. 이것을 구매했다고 해서 방송하면 안 된다. 이것을 방송하기 위해서는 공중송신권을 별도로 구매해야 한다. 특허권과 비교해보면 특허권은 독점적 실시권이

라는 단일한 내용의 권리임에 비해 저작권은 여러 종류의 권리로 구성
돼 있다.

다른 사람의 저작권을 침해하는 것을 저작권 침해라고 한다. 다른 사람의 저작물을 허가 없이 이용하는 표절이 대표적인 예다. 저작권 침해에 대해서는 특허권침해의 경우와 유사한 대응조치가 가능하다. 즉 저작권 침해 또는 침해우려가 있으면 침해행위의 정지 또는 침해예방을 청구할 수 있고, 침해로 인해 손해가 발생했으면 손해배상을 청구할 수 있으며, 침해로 인해 훼손된 명예에 대한 회복조치도 요구할 수 있다. 저작권 침해에 대해 형벌이 부과될 수도 있다.

저작권법은 저작자 보호를 중시하면서도 동시에 저작물의 공정한 이용(fair use)을 도모하려고 한다. 저작자의 권리를 과도하게 보호하면 저작물의 향유가 억제될 수 있기 때문이다. 즉 일정한 경우에는 타인의 저작물을 자유롭게 이용하도록 하고 있는 것이다. 이런 자유로운 이용으로 저작권법이 인정하고 있는 것은 학교교육, 시사보도, 공표된 저작물의 인용, 영리를 목적으로 하지 않는 공연이나 방송 등이다. 그리고 공표된 저작물을 영리목적 없이 개인적으로 이용하거나 가정에서 이용하는 경우에는 이용자가 그 저작물을 복제할 수 있다.

4. 신지적재산권

신지적재산권은 산업재산권이나 저작권으로 보호되지 않은 지식으로서 재산적 성격을 가진 것들을 말한다. 그 가운데 일부는 특허법이나

저작권법에 편입됐다. 예컨대 화학적 방법에 의해 제조된 물질은 종전에는 특허권의 대상이 아니었지만 지금은 특허청에서 특허출원을 받아주고 있다. 종래에는 보호되지 않던 데이터베이스나 컴퓨터프로그램도 이제는 저작권법에 의해 보호된다.[155]

그 외의 신지적재산권은 별도의 법을 제정해 보호하고 있다. 예를 들어 반도체배치설계에 대해서는 〈반도체집적회로의 배치설계에 관한 법률〉(1993년 제정)이 보호하고 있다. 도메인 이름의 경우는 〈부정경쟁방지 및 영업비밀에 관한 법률〉에 의해 보호된다. 이 법률은 "국내에 널리 인식된 타인의 성명·상호·상표 그 밖의 표지와 동일하거나 유사한 도메인 이름을 등록·보유·이전 또는 사용하는 행위"를 부정경쟁행위 중 하나로 규정해 놓고 그러한 행위를 하지 못하도록 하고 있다. 예컨대 삼성이 아니라면 누구도 삼성이라는 도메인 이름을 가질 수 없다. 자동차렌트회사 중에 헤르츠(Hertz)가 있는데 다른 사람이 herts.com이라는 도메인 이름을 쓰면 부정경쟁방지법 위반이 된다.[156] 유사한 도메인 이름이라고 보기 때문이다.

〈부정경쟁방지 및 영업비밀에 관한 법률〉에서 말하는 영업비밀 또한 신지적재산권의 사례에 해당한다. 영업비밀도 과거에는 지적재산으로 보호받지 못했다. 그러다가 이것이 종전의 부정경쟁방지법에 편입

---

[155] 컴퓨터프로그램의 경우 프로그램에 내재돼 있는 기술적 사상은 방법의 발명으로 인정되면 특허권으로도 보호받는 것이 가능하다.
[156] 광주지법 2008.7.17. 선고 2007가합11141, 2008가합6375 판결.

되면서 지적재산으로 보호받게 된 것이다. 예컨대 어떤 한의원이 감기에 잘 듣는 약을 팔고 있는데 그 약의 제조법이 세상에 알려져 있지 않다고 하자. 이 경우에 그 한의원은 계속해서 그 약을 독점적으로 판매할 수 있다. 종전에 그 약의 독점이 유지됐다면 그렇게 된 것은 그 제조법이 지적재산권으로서 보호됐기 때문이 아니라 그 제조법을 사실상 아무도 몰랐기 때문이었을 것이다. 그러나 이제는 그러한 제조법이 법률에 의해 보호되는 권리가 됐다. 영업비밀로 인정되기 위해서는 ① 공공연히 알려져 있지 아니하고 ② 독립된 경제적 가치를 가지는 것으로서 ③ 상당한 노력에 의하여 비밀로 유지된 생산방법, 판매방법, 그 밖에 영업활동에 유용한 기술상 또는 경영상의 정보여야 한다. 특허와 달리 영업비밀은 그 내용을 공개하게 되어 있지 않다. 반대로 공공연히 알려지면 더 이상 영업비밀로서 보호되지 않는다. 그렇기 때문에 제3자로서는 어떤 사람이 영업비밀을 가지고 있다는 사실만 알 수 있을 뿐 그 내용에 대해서는 알지 못하는 것이다.

어떤 사람이 영업비밀을 가지고 있다면 다른 사람은 그 영업비밀을 침해하지 말아야 한다. 여기서 영업비밀을 침해한다는 것은 부정한 방법으로 영업비밀을 알아내는 행위, 부정한 방법으로 알게 된 영업비밀을 사용하거나 다른 사람에게 공개하는 행위, 영업비밀인지 모르고 알게 된 것을 사용하거나 공개하는 행위 등을 말한다. 이러한 행위가 있으면 법원을 통해 그러한 행위의 금지를 청구할 수 있다. 만약 침해로 인해 손해가 발생하면 권리자는 손해배상청구권을 갖는다. 또 위반자에 대해서는 형사처벌이 가해질 수 있다. 물론 정당한 거래에 의해 영업비밀을 알게 된 사람은 그것을 이용할 수 있다. 예를 들어 A가 B로부터 영업비밀을 구입했는데 B가 진정한 권리자(C)가 아니라고 하자. 이런 경우에 A가 구입시점에 B가 진정한 권리자가 아닌 것을 몰랐다면 A는 정당한 거래에 의해 영업비밀을 알게 된 것이다. 법률적으로 표현하면 A는 C의 영업비밀을 선의취득한 것이다.

생각거리

47

갑은 자칭 과학자로 활동하고 있다. 갑은 많은 발명을 했지만 그로 인해 부자가 되지는 못했다. 자신의 발명품을 자신의 재산으로 보호하는 데 실패했기 때문이다. 갑은 최근 두 가지 새로운 발명을 해서 상품화를 시도하고 있다. 그런데 그 발명을 특허로 해야 할지 영업비밀로 해야 할지를 놓고 고민하고 있다. 하나는 음료수의 제조법이고 다른 하나는 음료수 용기의 마개다. 당신이 조언한다면 어떻게 조언하겠는가? 특허와 영업비밀의 차이점을 생각하면서 적절하게 조언해보라.

48

다음 중 저작권 침해에 해당하는 것은 무엇인가?

(1) 방송국의 오락프로그램에서 영화 중 3분 분량 정도의 내용을 보여주고 그에 대해 퀴즈를 내는 등의 방식으로 이용한 경우.

(2) 대입 본고사 입시문제를 모아서 기출문제집을 만든 경우.

(3) 포털사이트에서 공개게시판을 운영하고 있는데 누군가가 그 공개게시판에 다른 사람의 소설을 업로드한 경우.

(4) 상업용 홈페이지를 만든 다음 허락을 받지 않고 인기 사이트를 링크해둔 경우.

(5) 아이들이 좋아하는 탑 블레이드 만화 캐릭터가 그려진 팽이를 수입한 경우.

(6) 단순히 어떤 상품의 모양을 설명하기 위해 찍은 사진.

(7) 대학에서 사용하는 교재에 특정 소설가의 단편소설 전문을 게재한 경우.

읽을거리 / 볼거리

■ 제러미 리프킨,《소유의 종말》, 민음사, 2001. 이제는 정보화사회, 지식사회가 도래했다는 말도 진부하게 들리기까지 한다. 하지만 그러한 시대의 변화를 잘 파악해야 한다. 이 책을 읽어보는 것이 도움이 될 것이다. 앨빈 토플러,《권력이동》, 한국경제신문, 1990도 읽어볼 만하다.

■ 영화 〈플래시 오브 지니어스〉(2008, 마크 애이브러햄 감독 / 그랙 키니어, 로렌 그레이엄 출연 / ★★★★). 대기업이 중소기업이나 개인의 지적재산을 빼앗아가는 일이 현실에서 적지 않게 일어난다. 이 영화는 대기업 포드자동차를 상대로 한 지적재산권 분쟁을 다루고 있다. 이 영화를 보고 지적재산을 보호하는 것이 어떤 의미를 갖는 것이며 그렇게 하기 위해 무엇이 필요한지를 생각해보자.

제26강 국제법
국제사회도 법이 규율한다

오늘날 지구촌시대라는 말이 어색하지 않을 정도로 국제사회는 상호의존하면서 많은 교류를 하고 있다. 그에 따라 국제법의 비중이 비약적으로 증대하고 있다. 국가간의 국제관계 문제를 중심으로 했던 종전의 국제법과 달리 오늘날의 국제법은 무역, 투자, 통화, 환경, 인권, 통신 등 일상생활의 전 분야로 그 범위가 확대되고 있다. 통일적 입법기구가 없는 국제사회에서는 국가들의 관행에 의거해 정립되는 국제관습법과 국가간의 명시적 합의로 체결되는 조약이 국제사회를 규율하는 법으로 기능하고 있으며, 그와 동시에 국제법에 따라 분쟁을 해결하기 위한 국제재판소와 다양한 분쟁해결기구가 만들어지고 있다.

1. 국제법의 형성

국제법(International Law)은 그 어원을 따져 말하면 국가(nation) 간

(inter)의 관계를 규율하는 법이라는 뜻이다. 국제법이 아직 발달하지 않았을 때에는 학자들 사이에 과연 국제법이라는 개념이 가능한지에 대해 많은 논란이 있었다. 국제사회에는 법을 제정하는 주체도 없고, 국제 '법' 이라고 하지만 그것을 위반해도 제재할 방안이 마땅치 않았기 때문이다. 내용면에서도 국제법은 정의를 담고 있는 법이라기보다 그저 강대국의 힘의 논리를 포장하는 장식에 불과하지 않느냐는 의혹도 많았다. 그리고 오늘날에도 여전히 그러함은 일정한 정도 사실이기도 하다.

하지만 오늘날 국제법이 법이 아니라고 주장하는 학자는 거의 없다. 법이 형성되는 방식과 그것이 집행되는 방식에서 국내법과 다른 점이 있긴 하지만, 국제법은 엄연히 살아 있는 법규범으로서 국제관계를 규율하고 있기 때문이다. 오늘날 국제법은 급격하게 팽창하고 있으며, 국제법의 규율대상도 단순히 국가간의 관계를 넘어 국제기구와 개인을 포함하는 식으로 확대되고 있다.

국제법의 경우에는 권위를 갖는 입법기관이 없다고 했는데, 그렇다면 국제사회를 규율하는 국제법은 어떤 방식으로 형성되고 존재하는 것인가? 이에 대한 가장 권위 있는 대답으로 국제사법재판소(ICJ)의 규정이 빈번하게 인용된다. 그 규정의 제38조 제1항에 의하면 (a) 분쟁국에 의해 명백히 인정된 규칙을 확립하고 있는 일반적인 또는 특별한 국제조약, (b) 법으로서 수락된 일반관행의 증거로서의 국제관습, (c) 문명국에 의해 인정된 법의 일반원칙, (d) 법칙결정의 보조수단으로서의 사법판결 및 여러 나라의 가장 우수한 국제법 학자의 학설 속에 국제법이 존재한다. 이런 것들을 국제법의 법원(法源)이라고 한다. 이 규정은 국제사법재판소의 재판규범이지만 동시에 일반적으로 인정되는 국제법의 법원을 문자로 천명한 것이라고 법학자들은 보고 있다.

　국제조약은 국가간의 합의를 말한다. 조약은 약속은 지켜야 한다는 공리에 따라 체약국 사이에 법적인 효력을 갖는다. 오늘날 조약은 단순히 2국간에만 체결되지 않고 많은 국가를 체약국으로 하는 다자간 협약으로 발전하고 있고, 이 때문에 조약의 비중이 비약적으로 커지고 있다. 해양질서를 위한 국제법으로는 〈유엔해양법협약〉(1982)이 있다. 국제투자와 관련해서는 〈다자간투자협정〉(1995)이 있다. 이런 협약이나 협정들은 국제적으로 문제가 발생할 수 있는 대부분의 영역을 망라하고 있다고 할 정도로 많다. 예컨대 저작권, 우주·항공, 남극개발, 심해저, 환경 등이 모두 국제조약에 의해 규율되고 있다. 실로 국제법의 영역은 단일한 입법기구가 없음에도 불구하고 실정법 폭발의 시대를 맞고 있다.

　국제관습법은 국제조약과 함께 국제법의 중요한 법원이다. 국가들의 관행에 의해 형성되는 국제관습법은 국가들의 일반관행이 법의 일반원칙에 따라 법으로서 요구된다는 법적 확신이 수반될 경우에 법으로 확립된다. 법의 일반원칙이란 법에 내재한다고 생각되는 원칙을 말하는 것으로서 신의성실의 원칙, 권리남용 금지의 원칙, 금반언의 원칙 등을 말한다. 학설을 일반적으로 국제법의 법원이 되는 것으로 인정하기는 쉽지 않다. 하지만 국제사법재판소는 재판을 수행해야 하는 입장에서 학설의 법원성을 어느 정도 인정하고 있다.

2. 국제법의 주체

국제법의 주체란 국제법의 규율대상이 되는 국제법상 권리·의무자를 말한다. 전통적으로 국제법에서 주체성은 국가에 대해서만 인정됐다. 그러나 지금은 국가가 아니면서도 국제법상의 권리와 의무의 주체가 될 수 있는 행위자들이 있다. 여기에는 국제기구와 개인이 포함된다. 최근 국제사회에서는 그 외에 비정부기구(NGO)의 활약도 두드러지고 있다. 예컨대 환경관련 조약이나 인권관련 조약을 만드는 경우에 그 과정에 NGO가 참여해 실질적인 기여를 하기도 한다. 하지만 아직 NGO에 대해서는 국제법적 주체성이 본격적으로 인정되고 있지 않다.

(1) 국가

흔히 국가의 요소로 주민, 영토, 주권 등을 든다. 그러나 이러한 요소들이 반드시 명료한 것은 아니다. 국가를 구성하는 주민은 유동적이다. 주민은 국적을 잃기도 하고 얻기도 한다. 영토 역시 안정적이고 확정적인 것이 아니다. 국가간에는 영토를 둘러싼 분쟁도 많이 일어난다. 또한 영토가 일단 정해지더라도 정복, 할양, 병합, 첨부 등에 의해 변화가 일어난다. 우리나라의 경우도 독도를 둘러싼 분쟁이 완전히 종결된 것은 아니다. 영토는 아니지만 주권이 미치는 해역을 영해라고 한다. 〈유엔해양법협약〉은 각국이 자국 영해의 넓이를 12해리[157]까지 지정할 수 있도록 규정하고 있다. 그리고 주권자의 허락 없이는 이용할 수 없는 상공을 영공이라고 한다. 어느 국가의 선박이든 자유롭게 항행하고 어업 등 경제활동도 할 수 있는 바다는 공해(公海)다. 또한 연안국이 자국 연안의 200해리 이내에서는 다른 국가들을 배제하고 경제적 활동에서 우선적 지위를 갖는 배타적 경제수역이 있다. 영공 너머는 우주가 되는데, 우주는 어느 나라도 주권을 행사할 수 없는 인류 공동의 유산으로 본다. 결국 주권을 기준으로 영토를 정의하면 육지와 영해와 영공을 포함하게 된다고 할 수 있다. 신생국가를 국가로 인정할 것인지를 둘러싸고 국가승인의 문제가 논란이 되기도 한다. 국가승인이란 신생국이 다른 국가로부터 어엿한 국제법상 국가로 인정되는 것을 말한다. 주변 국가로부터 받은 승인이 국가의 존재를 증명하는 것은 아니지만, 그런 승인이 있게 되면 빠르게 정치적 안정을 확보할 수 있다. 반대로 주변 국가들이 승인을 꺼리는 경우에는 분쟁이 지속되고 여러 정치적인 문제들로 인해 상황이 복잡해질 수 있다. 반란단체의 경우는 국제법상 주체성이 완전하게는 아니지만 필요한 범위 내에서 제한적으로 인정되기도 한다. 예컨대 교전단체로서의 지위를 인정해주기도 하는 것이다. 이는 교전단체가 국제사회에 미치는 현실적인 영향력을 인정한다는 의미다.

(2) 국제기구

국제기구는 국가간 합의에 의해 만들어진 기구로서 국가를 회원으로

---

157 1해리는 1852미터다.

한다. 국제연합(유엔)이 가장 대표적인 예다. 국제기구는 구성국가나 비구성국가와 조약을 체결하면서 국제무대에서 의미 있는 권리·의무의 주체가 된다.

국제연합은 2차대전 이전의 국제연맹을 대체하면서 등장한 국제기구로서 국제사회의 평화와 안전을 유지하는 기능을 하고 있다. 이를 위해 국제연합의 주요 기관 중 하나인 안전보장이사회는 회원국에게 강제력 있는 명령을 내릴 권한을 가지고 있다. 국제연합은 그 밖에도 국제사회에서 경제적, 정치적, 문화적, 사회적 협력을 증진하기 위한 다양한 활동도 한다. 보편적 국제기구인 국제연합 외에 지역단위의 국제기구도 많이 생기고 있다. 유럽연합(EU)이 대표적이다. 또 특정 사업별로 그 사무를 관장하는 국제기구도 있다. 예컨대 국제지적재산권기구, 국제원자력기구 등 수없이 많은 기구가 있다. 이런 기구는 조약에 기초해 운영되며 나름대로 이행체계를 갖추어 실효적인 국제법 운영에 참여하고 있다.

(3) 개인

전통적으로 개인은 국제법상의 주체성을 인정받지 못했다. 과거에는 한 국가가 자기 나라 국민을 어떻게 대우하는가는 국내문제로 간주되어 다른 국가의 개입이나 간섭이 국제법상 금지됐다. 그러나 오늘날에는 국제인권법의 발전으로 인권문제가 국제사회의 적법한 관심사가 됐고, 이에 따라 개인도 제한된 범위에서나마 국제법상 주체성을 갖는 존재로 인정되고 있다. 예를 들어 노예의 존재, 대규모 인권침해, 아동노동 등에 대해서는 국제사회가 간섭하는 것을 내정간섭으로 간주하지 않는다. 인권침해의 경우 개인도 국제인권기구에 제소할 수 있도록 하고 있다. 난민의 경우도 일정한 국제법상의 보호를 받고 있다. 외국인에 대해서도 각 국가는 참정권 등 몇몇 권리를 제외하고는 내국인과 평등하게 처우해야 할 국제법상 의무가 있는 것으로 본다.

3. 외교관계

외교관계는 국가간의 공식적인 대화창구다. 두 국가 사이에 외교관계가 형성되면 외교사절을 상호 교환한다. 외교사절단에 속해 있는 외교관은 접수국에서 파견국을 대표해 활동한다. 외교관이 파견국의 권위를 유지하며 직무를 독자적이고 효율적으로 수행할 수 있게 하기 위해 외교면제특권이 외교관에게 제공된다. 외교면제특권은 국제관습법으로 인정돼 오다가 〈외교관계에 관한 비엔나협약〉(1961)으로 명문화됐다.

외교공관은 불가침지역이기 때문에 접수국의 관원도 외교사절의 장으로부터 허가를 받지 않고는 들어갈 수 없다. 이 점을 이용해 정치범이 타국의 외교공관에 피신해서 망명을 신청하기도 한다. 이와 관련해 망명자 비호권이 문제가 되지만 오늘날에는 부인되는 경향이 있다. 외교관 개인의 신체도 특별한 보호를 받는다. 외교관은 어떠한 경우에도 강제조치당하지 않으며 접수국에 의해 체포되거나 구금당하지 않는다. 외교관에게는 민사소송이나 행정소송의 관할권이 미치지 않으며 외교관은 증언을 거부할 수 있다. 심지어 외교관은 접수국의 형법을 위반하는 경우에도 접수국에서 기소되거나 처벌되지 않는다. 외교관의 가족도 외교관과 비슷하게 일정한 외교면제특권을 누린다.

4. 국제법 위반에 따른 분쟁의 해결

국제사회에는 크고 작은 분쟁이 늘 일어난다. 국가간 분쟁의 해결에서 기본원칙은 무력에 호소하지 않고 평화적으로 해결해야 한다는 것이다. 분쟁의 평화적 해결 원칙은 국제연맹 규약(1919)과 부전조약(不戰條約, 전쟁의 불법화를 선언한 조약, 1928)에 이르러 확립됐다. 국제연합 헌장에 이르러서는 모든 회원국은 국제분쟁을 평화적 수단에 의해 해결해야 할 의무(제2조 제3항)와 자위를 위한 경우를 제외하고는 무력 행사를 하지 말아야 할 의무(제2조 제4항)를 갖게 된다.

분쟁을 해결하는 방법에는 외교적 방법과 사법적 방법이 있다. 외교적 방법에는 당사자들이 직접 교섭해 해결하는 방법과 제3자를 개입시켜 해결하는 방법이 있다. 사법적 방법에는 중재재판에 의하는 방법과 국제사법재판소(ICJ, 1945년 창설), 국제해양법재판소(1995년 창설), 국제형사재판소(2002년 창설) 등을 이용하는 방법이 있다.[158] 중재재판은 재판의 형식을 이용하기는 하지만, 재판정의 구성과 재판절차에 관한 준칙을 분쟁당사국들끼리 상호 협의해 결정한다는 특징을 갖고 있다. 국제재판소를 이용하는 경우에는 분쟁당사국간 합의에 의해 분쟁을 재판소에 회부할 수 있으며, 분쟁당사국들이 재판소의 강제관할권을 사전에 수락한 경우에는 분쟁당사국 일방의 제소에 의해 재판소가 강제관할권을 행사해 재판을 진행할 수 있다. 재판이 진행되고 나면 판결이 구속력을 갖게 되고, 당사국이 이를 이행하지 않을 때에는 안전보장이사회가 적당한 조치를 취하게 된다. 국제해양법재판소도 분쟁당사국들이 재판결과에 따르겠다는 다짐을 한 후에 재판을 진행한다. 국제형사재판은 국제범죄를 저지른 개인을 처벌하는 제도다. 대체로 보면 국제사회에서 사법적인 해결이 급속하게 확대되고 있다. 그만큼 국제사회에서도 법의 지배가 확대되고 있는 것이다.

5. 국제경제질서와 법

경제의 세계화가 진행되면서 국제경제질서에 대해 법적으로 규율할 필요성이 크게 증가하고 있다. 이와 관련된 국제법 영역을 국제경제법이라고 부른다. 국제경제법은 국제통화, 국제무역, 국제투자와 관련된 국제경제질서를 규율한다.

화폐관리는 개별 국가의 관할사항이지만 국제사회는 환율의 안정을 도모하기 위해 노력하고 있다. 국제사회는 1944년 브레턴우즈회의

---

158 법정을 통한 국제분쟁 해결은 평화적 해결이자 법을 통한 해결이라는 점에서 법의 발전에서 중요한 의미를 가진다. 2차대전 직후에는 도쿄 전쟁범죄자재판과 뉘른베르크 전쟁범죄자재판이 있었다.

의 합의에 따라 국제통화기금(IMF)을 설립했다. IMF는 국제무역의 확대와 균형성장, 고용 및 소득 증대를 도모하고, 아울러 다자간 결제제도와 수립과 외환거래의 규제 철폐를 목적으로 한다. 외환위기를 겪는 국가에 대해서는 자금을 공급해주기도 한다.

외국에 대한 투자 문제도 전통적으로는 개별 국가의 주권에 속하는 사항이었지만 국제투자가 일상화되면서 이에 대해 통일적 기준을 마련하기 위한 노력이 경주되고 있다. 현재로서는 통일된 기준은 없고 다자간투자협정을 체결하는 등의 방법이 모색되고 있다. 투자문제에서 중요한 쟁점은 외국자본에 대한 대우, 투자자본의 보호와 관련된 것들이다.

국제무역의 역사는 오래됐지만 2차대전 이후에 〈관세 및 무역에 관한 일반협정(GATT)〉의 체결을 계기로 통일된 국제무역질서가 형성됐다. GATT는 분쟁해결기구를 갖추지 못하는 등 한계를 안고서도 1980년대까지 유지됐다. 1995년 1월에 세계무역기구(WTO)가 공식 출범하면서 GATT를 대체하게 됐다. WTO의 출범을 계기로 세계경제는 실질적으로 하나의 경제권이 됐고, 국제적인 차원의 무한경쟁시대가 열렸다.

GATT와 WTO는 세계무역질서를 구축함에 있어서 차별 없는 무역의 원칙과 수량제한 금지의 원칙을 기본으로 삼았다. 이러한 원칙에 의해 외국인과 내국인 간 차별, 외국제품과 내국제품 간 차별이 철폐돼 왔고, 쿼터제나 수출입허가제 등의 사용이 축소돼 왔다. GATT와 WTO는 덤핑이나 보조금지급에 의한 시장왜곡에도 대응해 왔다. WTO는 그러한 기능을 보다 확고하게 하기 위한 조직이다. WTO는 우루과이라운드협정[159]의 이행을 감시하는 기능을 하고 있고, 이를 위해 준사법적 기능을 수행하며 강제적 이행을 위한 장치를 갖추고 있다. 이로써 국제사회는 개별적 무역협정이 갖는 불평등과 불공정을 극복하고 더 공정한 국제경제질서를 가질 수 있게 됐다.

6. 국제공무원

국제법의 관할영역이 넓어지면서 수많은 국제기구가 설치되고 있다. 국제기구는 주로 제네바에 집중돼 있지만 그 외의 나라들에도 흩어져 있다. 뉴욕에는 유엔본부가 있다. 제네바에는 유엔난민고등판무관실, 국제노동기구(ILO), 세계보건기구, 국제전기통신연합, 세계지적재산권기구, 세계기상기구가 있다. 그 외에 파리(유네스코, OECD), 로마(유엔식량농업기구), 빈(국제원자력기구, 유엔공업개발기구), 런던(국제해사기구), 함부르크(국제해양법재판소), 헤이그(국제사법재판소) 등에도 국제기구가 분산돼 있다.

---

[159] 관세 및 무역에 관한 일반협정(GATT)의 제8차 다자간 무역협상을 우루과이라운드라고 한다. 이 라운드에서는 농산물, 섬유류 등의 교역문제가 다루어졌고, 아울러 서비스, 무역관련 투자조치, 무역관련 지적재산권 등도 의제가 됐다. GATT를 실효화하는 수단으로 세계무역기구(WTO)를 설립하는 것도 이 라운드에서 합의됐다. 우루과이라운드는 1983년에 시작됐고, 그에 따른 합의는 1995년에 WTO의 출범과 함께 발효됐다.

이러한 국제기구에는 수많은 행정인력이 종사하고 있는데, 이들을 국제공무원이라고 부른다. 이들에 대한 급여는 각국 정부가 낸 분담금에서 지급된다. 한국도 국제적인 위상이 높아지면서 적지 않은 분담금을 내기 때문에 한국인에게도 많은 기회가 제공되는 편이다. 그럼에도 불구하고 아직까지 한국 젊은이의 국제기구 진출은 상대적으로 적은 편이다.

국제공무원이 되기 위해서는 외국어를 잘하는 것이 기본이겠지만 그에 못지않게 전문적인 지식을 갖추지 않으면 안 된다. 국제공무원이 되면 상당한 보수를 받으면서 안정된 직장생활을 할 수 있다. 문자 그대로 국제적 수준의 사회보장, 학비지원, 정년보장, 연금이 제공된다. 그리고 무엇보다도 국제적으로 의미 있는 기관에서 일한다는 자부심을 가질 수 있다.

세계화가 진행되면서 국제기구의 역할은 더욱 확대될 것이다. 이러한 시대에 국제무대에서 공무원으로 일한다는 것은 한번 도전해볼 만하다. 국제공무원의 세계는 실력주의와 평등주의가 지배하므로 그 세계를 헤쳐 나가기 위해서는 많은 노력이 필요하겠지만, 한국사회의 좁고 고리타분한 학벌주의에서 벗어나 광활한 세계를 무대로 살아간다는 것은 사람에 따라서는 신나고 보람 있는 일이 아닐 수 없다. 특히 법률가라면 국제사법재판소, 국제형사재판소, 국제해양법재판소에서 일해보는 것도 의미가 있다. 한국인으로는 처음으로 박춘호(전 고려대학교 법대 교수) 재판관이 국제해양법재판소에 진출해 13년간 활동하다가 2008년에 작고했다. 현재 국제형사재판소 소장은 한국인 송상현(전 서울대학교 법대 교수)이다. 국제사법재판소에는 한국인이 아직 진출하지 못하고 있다. 최근 김두영 외무관이 국제해양법재판소 서기국 차장으로 진출한 것을 계기로 한국인의 국제재판소 진출이 재판관에 한정되지 않고 국제공무원의 영역으로까지 확대되고 있다.

생각거리

49

갑은 기자로서 전세계를 다니며 취재를 하고 있다. 갑이 어느 나라의 전쟁터를 취재하던 중에 정부군이 특정 소수민족을 조직적으로 살해하고 있다는 사실을 알게 됐다. 이런 경우에 갑으로서 할 수 있는 일이 많지 않을 것이다. 하지만 갑이 국제사회의 조력을 받는다면 더 많은 일을 할 수 있을 텐데 그렇게 할 수 있는 방법으로 어떤 것이 있을까?

읽을거리 / 볼거리

- 박춘호,《지리산골에서, 세계의 바다에서》, 문학사상사, 1998. 해양법학자이면서 국제해양법재판소 재판관이었던 박춘호의 자전적 에세이다. 37세에 만학으로 학문의 세계에 뛰어들어 최고의 학자가 된 과정을 서술한 부분이 압권이다. 학문으로서의 법학을 하려는 사람들은 이 책을 한번 읽어보라. 하나의 학문분야에서 세계적인 대가가 된다는 것의 의미에 대해서도 생각해보자.

- 영화〈뉘른베르크의 재판〉(1961, 스탠리 그레이머 감독 / 스펜서 트레이시, 버트 랭카스터 출연 / ★★★★★). 2차대전 직후에 열린 전범재판을 다룬 수작이다. 꼭 구해서 보기를 권한다. 많은 생각거리

를 던져줄 것이다. 특히 국제사회가 '법의 이름으로' 전범을 처단하는 것의 의미가 무엇인지를 생각해보자.

제27강 기초법학
법철학이 없는 법학은 맹목이다

현재 우리 사회에 존재하고 작동하는 법의 내용이 무엇인지를 탐구하고 체계화하는 학문이 실정법학이다. 그런 점에서 법학은 본질적으로 실정법학이다. 기초법학은 실정법학과 달리 법 자체의 본질에 대한 이론적 탐구를 추구한다. 기초법학은 이론적 전제, 방법론, 지향점 등에 따라 법철학, 법사학, 법사회학, 비교법학 등으로 나누어진다. 실정법학만 공부해서는 법학도로서 올바르게 성장하거나 실천할 수 없다. 따라서 실정법학을 공부하면서도 적어도 10% 정도의 에너지는 기초법학적 문제에 할당하는 것이 바람직하다.

1. 실정법학과 기초법학

법학은 아주 실용적인 학문이다. 법학은 실제 현실에서 적용되는 법에 관한 학문이다. 법학에서 공리공론은 거의 죄악에 가깝다. 그만큼 법을 공부하는 것은 현재 우리 사회에서 적용되는 법, 현재 우리 사회에서 효력이 있는 법을 공부하는 것이다. 법을 안다는 것은 현재 우리 사회에서 적용되는 법이 무엇인지를 안다는 의미다. 현재 사회에서 실제로 적용되는 법을 실정법이라고 한다. 그렇기 때문에 통상의 법학은 언제나 실정법학이다.

법률이야말로 실정법학의 유일한 기초라고 생각하는 입장을 법률실증주의라고 한다. 판례를 실정법학의 기초에 포함시키기도 한다. 이런 입장을 가진 사람들을 한 범주로 엮어 법실증주의자들이라고 부른다. 판례든 법률이든 권위 있는 기관에 의해 법으로 선포된 것이라는 점에서는 다르지 않은데, 그러한 것만을 법으로 보는 점에서 입장이 같기 때문이다. 법실증주의자들의 특징은 법과 도덕을 엄밀하게 분리한다는 점이다. 이들은 법을 주권자의 명령으로 본다. 어떤 것이 법인 이유는 주권자가 그것을 희망하기 때문이라는 것이다. 주권자의 명령은 도덕과 일치할 수도 있고 일치하지 않을 수도 있다. 법실증주의자들은 법이 도덕적인지의 여부는 법학의 영역 밖에 있는 것으로 본다. 따라서 그러한 문제는 이들의 관심 밖에 있다. 이들에게 중요한 것은 법률이나 판례의 문언에 나타난 의미를 확실하게 아는 것이다. 이들은 복잡한 법률과 판례들을 정리하고 체계화해서 전체적으로 이해하는 데 관심을 가진다. 그리고 그렇게 정립된 체계적 지식에 입각해 현실의 구체적인 분쟁을 해결하는 데 기여하고자 한다.

법과 도덕을 엄격히 구분하고 법학적 논의에서 도덕적 논의를 배제하려는 법실증주의는 2차대전 이후에 크게 공격을 받았다. 특히 나치시대에 유태인 학살이 법률의 형식을 빌어 자행됐기 때문이다. 나치

시대의 독일 법관들은 법이 그렇게 된 이상 법관으로서 달리 판결할 수 없다고 했다. 법이 옳고 그른지는 입법자들이 판단할 일이며, 법률가는 입법자들이 제정한 법률을 집행해야 할 뿐 법률 자체의 정당성에 대해 왈가왈부해서는 안 된다는 것이었다. 이러한 태도는 우리나라에도 있었다. 유신시대에 수많은 사람들이 법의 이름 아래 정치적 탄압을 받았다. 독재에 저항하던 사람이 법관의 판결에 따라 처형되기도 했고, 부당하게 형을 살기도 했다. 그렇지만 그 당시의 법관들 가운데 나중에라도 사과한 사람이 없을 뿐만 아니라[160] 심지어 자신들의 당시 업무수행은 법관으로서 정당한 것이었다고까지 주장한다. 그러나 그러한 태도가 과연 적절했는지 의문을 제기하지 않을 수 없다.

하지만 그러한 태도는 단지 유신시대에만 난무했던 것이 아니다. 오늘날 대학이나 로스쿨에서 법학을 가르칠 때 도덕의 문제는 거의 거론되지 않는다. 도덕은 주관적이고 상대적인 것이어서 법의 영역에서는 의미 없는 논변이라는 주장도 있다. 오늘날의 법학자들 중에서 나치 시대나 유신시대의 법률가들이 정당했다고 노골적으로 주장하는 사람은 거의 없다. 하지만 여전히 법학은 도덕으로부터 절연돼 있다. 법학자가 하는 일의 대부분은 법조문과 판례의 내용을 체계화하고 해석하는 일에 그친다.

한편 몇몇 소수의 사람들은 그러한 법실증주의적 태도에서 벗어나

---

[160] 2008년 이용훈 대법원장은 '사법 60돌 기념행사'에서 "대법원장으로서 과거 사법부가 헌법상 책무를 충실히 완수하지 못해 국민에게 실망과 고통을 드린 데 대해 죄송하다는 말씀을 드린다"고 하여 과거의 잘못을 인정했다.

려고 많이 애쓴다. 어떤 사람들은 도덕이나 정의라는 가치를 끌어와서 실정법을 비판적으로 극복하려는 노력을 기울인다. 또 어떤 사람들은 경제학이나 사회학적 방법론을 동원해 현행 법률의 문제점을 드러내거나 새로운 대안적 법규정을 구상해 제안하기도 한다. 이러한 태도는 법률과 판례 자체에 대한 비판을 포기하고 오로지 그것의 해석에만 몰입하는 법실증주의적 태도와 크게 대비된다.

그러나 좀 더 넓게 생각한다면 현행 법률을 절대시하는 법실증주의자들과 그 대안으로서 철학적, 사회학적, 경제학적 방법론을 동원해 현행법을 극복하려는 사람들 모두가 현재 우리나라에서 적용되는 법이 무엇이고 무엇이어야 하는지를 둘러싼 논의의 틀 안에 있으며, 다만 방법론과 내용에서 차이를 보이고 있을 뿐이라고 볼 수도 있다. 다시 말해 모두가 현재 우리나라에서 적용되는, 또는 적용돼야 하는 법에 대해 관심을 가지고 있는 것이다. 이런 점에서는 그들 모두가 실정법학자다.

이러한 실정법학자들을 한편에 놓고 보면 다른 한편에 기초법학자들이 있다. 실정법학자들이 실정법에 관심을 둔다고 하면 기초법학자들은 기초법에 관심을 둔다. 기초법이라는 말 자체가 사실은 적절하지 않은 것인지도 모른다. 좀 더 정확하게 기초법학을 정의한다면 그것은 법 자체에 관한 이론적 탐구를 하는 학문이라고 할 수 있다.

실정법과 기초법의 차이를 알기 위해 비유를 하나 들어보자. 그것은 태권도를 배우는 것과 태권도에 대해 배우는 것의 차이와 비슷하다. 실정법학은 비유하자면 태권도를 배우는 것이다. 태권도를 배운다는 것은 체력을 다지거나 품새를 익히거나 대련을 하면서 태권도의 기술을 익히는 것이다. 기초법을 한다는 것은 태권도에 대해 연구하는 것과 같다. 태권도의 역사는 어떠했는가? 태권도는 수명에 어떤 영향을 미치는가? 몸의 유연성과 태권도의 관계는 어떠한가? 태권도협회에는 어떤 문제점이 있는가? 외국의 태권도 보급 실태는 어떠한가? 이런 부류의 질문에 대답하는 것과 태권도를 실제로 배우는 것이 서로 다른 것임은 쉽게 이해할 수 있을 것이다. 기초법학은 실제 현실에서 적용되는 법이 무엇인지에 대해 관심이 있다기보다 사람들은 왜 법학을 공부할까, 법에는 과연 정의가 내재해 있을까, 법은 도덕과 어떤 관계가 있을까, 법은 언제 생겼을까, 법은 변화하는 것일까, 법이 변화한다면 왜 변화하는 것일까, 법은 왜 사회에 따라 다를까, 법으로 사람을 변화시킬 수 있을까와 같은 부류의 질문을 하고 그에 대답하고자 한다.

태권도의 역사나 사회적 기능에 대해 잘 안다고 해서 태권도를 잘하는 것은 결코 아니다. 마찬가지로 기초법학이 제기하는 질문에 잘 대답할 수 있다고 해서 법률적인 문제를 잘 해결하는 것은 아니다. 하지만 태권도에 관한 역사나 이론을 알지 못하면 태권도를 깊이 이해할 수 없으며 태권도 기술 자체의 의미를 퇴색시킬 뿐만 아니라 태권도 기술을 높은 수준으로 발전시킬 수 없다. 기초법학의 경우도 마찬가지다. 기초법학이 제기하는 문제들에 무관심한 법률가는 맹목적인 법률가가 되기 쉽다. 그러나 진정으로 심오한 문제를 해결하기 위해서는 기초법학적 지식이 필요하다. 태권도에 관한 이론과 철학이 없는 사람은 태권도의 실력을 떠나 결코 태권도계의 지도자가 될 수 없다. 마찬가지로 기초법학적 단련 없이는 결코 법학계의 지도자가 될 수 없다. 역으로 태권도의 기술을 제대로 연마해본 적이 없는 사람은 결코 태권도계의 지도자가 될 수 없듯이 실정법학을 제대로 마스터해보지 않은 사람은 결코 법학계의 지도자가 될 수 없다. 어떤 분야의 지도자가 되는 것이 삶의 목표가 돼야 하는 것은 아니겠지만 지도자가 된다는 것은 그 분야에서 가장 공인받는 성과를 냈다는 것을 의미한다. 그것은 개인적으로, 그리고 사회적으로 매우 의미 있는 일이다.

그렇다면 법학에 입문하는 입장에서는 기초법학에 대해 어떤 태도를 취해야 할 것인가? 기초법학을 전공하려고 하지 않는 이상 실정법 위주로 법을 공부하는 것은 당연하다. 하지만 기초법학을 경시하면 크게 낭패를 볼 수 있다. 태권도를 배울 때 책을 통한 이론적 공부를 게을리 한다면 태권도 실력을 키우는 데서 머지않아 한계에 이를 뿐만 아니라 태권도의 깊은 맛을 결코 알지 못할 것이다. 법학도 마찬가지다. 기초법학적 고민이 병행되지 않으면 결코 법학의 심오한 지점에 이를 수 없다. 그렇지만 이론이 훈련을 대신하는 것은 아니다. 즉 기초법을 깊이 공부한다고 해서 자동적으로 법적 문제해결 능력이 제고되는 것은 아니다. 사람에 따라 다르겠지만 개인적인 경험에 기초해 의견을 말하자면, 법학 공부의 10% 정도는 기초법적 문제에 대한 공부에 투자하는 것이 좋다고 본다. 하지만 어느 정도가 적절한지에 대한 최종적인 판단은 각자의 몫이 될 수밖에 없다.

기초법학에는 서로 다른 방법론과 목표를 가진 여러 분과가 있다. 크게 보아 법철학, 법사학, 법사회학, 비교법학이 대표적이다. 이런 학문들을 어떻게 정의하는지도 사람에 따라 다르겠지만 그 핵심적 징표를 중심으로 각각을 설명해본다.

2. 법철학

대학에서 강의되고 있는 법철학은 법의 보편적 본질을 구명하는 것이다. 여기에는 법의 효력, 법의 개념, 권리의 개념 등에 대한 탐구가 포함된다. 법의 목적도 법철학에서 다룬다. 즉 법의 목적은 무엇인지, 정의와 법의 관계는 무엇인지 등에 대해 탐구하는 것이다. 법학방법론과 법사상사도 법철학자들의 주요 관심사다.

하지만 생각하건대 법철학의 가장 개성적이고 고유한 특성은 가치의 문제를 다룬다는 것이다. 법철학은 철학의 한 하위분과로서 철학이 갖는 특성을 공유한다. 철학은 가치관의 학문이다. 철학은 무엇이 가치가 있는 것인지, 무엇이 그렇지 않은 것인지를 탐구한다. 그렇다면 법철학은 법에 관한 가치관의 학문이다. 법에 관한 종합적인 가치판단에 이르는 것이 법철학의 최종적인 목표다. 인생철학 없이 인생을 의미 있게 살 수 없고 교육철학 없이 훌륭한 교사가 될 수 없듯이 법철학 없이 훌륭한 법률가가 될 수 없다. 법철학을 하는 것은 법학을 하는 이유와 방법에 관한 나름대로의 견해를 형성하는 것이다. 확고한 철학적 기반을 가지고 있을 때 법률가로서 힘차고 의미 있게 살아갈 수 있다. 이것이 우리가 법철학을 하는 이유다.[161]

법철학을 하는 방법의 핵심은 사색이다. 철학에서는 이를 반성

---

[161] 이에 대해 좀 더 자세한 내용을 읽고 싶으면 이상수, 법철학 어떻게 할 것인가?, 〈민주법학〉, 제22호, 2002를 참고하라.

(reflection)이라고도 부른다. 두뇌에 입력된 각종 지식을 반추해 생각하는 것이 철학이기 때문이다. 사색의 소재를 얻기 위해서는 많은 경험을 해야겠지만 근본적으로는 생각하는 시간을 확보하는 것이 중요하다. 생각을 통해 복잡한 변수들을 통합하는 가치를 발견하거나 창조하는 것이 철학을 하는 방법이다. 흔히 생각이 많은 사람을 두고 철학적이라고 하는데 이는 맞는 말이다. 법철학을 잘하는 방법의 핵심은 생각을 오랫동안 그리고 깊이 하는 것이다. 그리하여 법률가로서의 삶을 이끌어줄 가치관을 정립하는 것이다.

3. 법사학

법사학은 법에 관한 역사를 말하는 것으로 흔히 법제사라고도 부른다. 법에 관한 역사는 종종 과거 법제도에 관한 역사를 의미했기 때문이다. 세부적으로는 서양법제사, 한국법제사, 로마법사 등의 강좌가 개설된다. 하지만 오늘날 법사학은 단순히 과거의 법제도를 복원하는 데 그치지 않고 그 법제도의 사회적 의미에 대한 탐구도 포함한다.

 법사학은 과거의 법을 연구대상으로 한다는 점에 그 특이성이 있다. 우리가 어떤 대상에 대해 연구하든 그것의 과거에 대해 아는 것은 매우 중요하다. 과거를 알고자 하는 것은 단순히 호고적 취미만은 아니다. 역사에 대해 공부하는 것은 우리가 그것을 공부하지 않을 수 없는 사정이 있기 때문이다.

 우선 현재를 이해하기 위해서는 필연적으로 과거를 알지 않으면 안 되기 때문에 우리는 과거에 관심을 갖는다. 현재는 과거의 연장이며, 과거의 맥락 속에서만 현재 존재하는 것의 의미를 파악할 수 있다. 우리가 제3강과 제10강에서 헌법과 민법의 역사를 살펴본 것은 현행 헌법과 민법을 이해하기 위해서였다. 그 과정에서 역사를 보는 것이 어떤 의미인지를 어렴풋이나마 알게 됐을 것이다.

그리고 역사에 대한 공부는 우리에게 변화에 대한 감각을 가져다준다. 역사를 공부하는 사람은 모든 사태를 시간 축에서 파악함으로써 모든 것이 변화한다는 것을 확실히 안다. 그와 동시에 무엇이 좀 더 지속적이고 무엇이 그렇지 않은지를 안다. 그러한 변화에 대한 감각이 역사의식이다. 지식인은 역사와 대화하는 사람이다. 지식인은 역사적으로 의미 있는 변화를 포착하고 또 그러한 변화를 도모하는 사람이다. 법의 역사를 공부하는 것도 마찬가지다. 법사학은 우리로 하여금 법이 변화한다는 인식을 갖게 하며 모든 것이 변화한다는 전제 위에서 의미 있는 행동이 무엇인지를 판단하게 한다.

또 한 가지 지적하자면, 역사는 우리에게 장기비전을 제공한다. 1000년 전의 역사를 공부하는 사람은 1000년 뒤에 어떤 일이 일어날지에 관심을 두는 사람이다. 100년 전의 역사를 공부하는 사람은 100년 뒤에 어떤 일이 일어날지에 관심을 두는 사람이다. 역사를 공부하게 되면 거시적, 장기적 비전을 확보하게 된다. 그렇기 때문에 법사학은 단순히 과거에 대한 지식만을 제공하는 것이 아니고, 현재 상황을 이해할 수 있게 해주고 현재 상황을 장기적인 관점에서 타개할 수 있는 비전과 방법론을 얻게 해준다. 결국 법사학자는 시간축에서 변화하는 현상으로서의 법을 이해하려고 하는 사람이라고 하겠다.

법사학의 핵심적 방법은 사료(史料)를 발굴하고 해석하는 것이다. 법사학에서도 상상의 힘이 중요하지만 가장 중시되는 것은 사료다. 일차적 사료에 대한 해석을 제대로 하지 못하는 법사학자는 법사학계에서 결코 주류적 지위를 차지할 수 없다. 법사학은 실증성을 매우 중시하는 학문이다. 법사학의 힘은 실제로 있었던 현실에 경험적인 방법으로 접근하는 데서 나온다. 그렇기 때문에 충실한 법사학방법론에 입각한 저술은 비판하기가 매우 어렵다.[162]

그러나 현실적으로 법학도들이 법사학을 한다고 할 때 직접 1차적 사료를 대면해야 하는 것은 아니다. 이러한 일은 전문 연구자들이 한다. 대신 일반 법학도들은 전문연구자들이 정리해 놓고 해석해 놓은 저술을 읽으면 된다. 동일한 현상에 대한 대립되는 여러 견해들을 비판적으로 읽노라면 각자의 역사관이 서서히 형성되는 것이다.

4. 법사회학

법사회학의 대전제는 법이란 사회의 산물이며 그와 동시에 법이 사회

---

162 찰스 비어드, 《미국 헌법의 경제적 해석》, 양재열, 정성일 옮김, 신서원, 1997이라는 책을 읽어보라. 이 책은 미국 헌법이 제정되는 과정에 참여한 사람들의 경제적 배경에 대한 실증적인 연구서다. 이런 연구를 통해 저자는 경제적 이해관계가 어떻게 미국 헌법에 반영됐는지를 포착해 보여준다. 법이 반드시 경제적 이해관계의 반영이라고는 보기 어렵겠지만, 이러한 실증적인 연구는 우리의 상식에서 잘못된 부분을 명료하게 보여준다.

에 작용을 하기도 한다는 것이다. 이러한 전제 위에서 법과 사회의 관계를 이론적으로 해명하려는 학문이 법사회학이다. 법사회학 강좌에서는 법의 사회적 토대, 법의 사회적 기능, 법을 통한 사회변동 등에 대해 살펴본다.

법사회학의 강점은 현재 진행중인 법현상에 대해 경험적인 방법으로 탐구한다는 데 있다. 그렇기에 법사회학은 법에 대한 지식을 실질적으로 증가시킨다. 특히 법사회학이 의미 있는 것은 현재의 한국사회를 연구대상으로 할 수 있기 때문이다. 한국적 법학을 정립하자는 논의는 무수히 나왔지만 그 진전은 별로 이루어지지 않은 것이 사실이다. 만약에 누군가가 한국적 법학을 정립하는 대과업을 이룬다면 그는 틀림없이 법사회학자이거나 법사회학적 문제의식에 투철한 사람일 것이다. 한국적 법학은 결국 한국사회를 이해한 바탕 위에서 한국사회에 적합한 법규범을 발견하거나 창조하는 것 이외에 다른 길이 없기 때문이다. 이런 점에서 우리나라 법학이 세계화되지 못하는 것은 우리나라에서 법사회학이 발달하지 못했기 때문이라고 해도 과언이 아니다.

5. 비교법학

비교법학은 두 개 이상의 사회에 존재하는 법제도를 비교함으로써 법에 대한 이론적 이해에 도달하려는 시도다. 비교법학자들은 세계의 수많은 법들을 비교하면서 여러 흐름이 있다는 것을 알게 됐다. 전세계의 법을 일별해보면 영미법계, 대륙법계, 이슬람법계 등이 있다. 비교법학자들은 그러한 법계들의 공통점과 차이점을 연구하는 과정에서 법의 본질에 도달할 수 있다. 역사학자들이 시간축에서 나타나는 차이점과 공통점에 착안해 법의 본질을 탐구한다면, 비교법학자는 공간축에서 나타나는 차이점과 공통점에 착안해 법의 본질을 탐구한다.

비교법학이 중요한 방법이 될 수 있다는 것은 따로 설명할 필요가 없을 것이다. 사실 어떤 대상을 인식한다는 것은 많은 경우에 비교한다는 의미와 같다. 예를 들어 내가 누구인지를 알아가는 과정은 내가 다른 사람들과 무엇이 같고 무엇이 다른지를 알아가는 과정이다. 특히 요즘과 같이 세계화가 진전되는 시대에는 비교법학의 중요성이 더욱 커진다. 이러한 시대에 개별 국가의 법학이 자국법의 개성을 존중하면서도 보편성을 획득하기 위해서는 비교법학적인 노력이 요청된다.

6. 기초법학간의 관련성

이상에서 여러 기초법에 대해 설명했지만, 사실은 서로 많이 중첩되는 것이 사실이다. 예컨대 법철학을 하기 위해서는 역사도 공부해야 하고, 법이 운영되는 현실사회도 살펴봐야 하고, 다른 나라의 법들도 들여다봐야 한다. 하지만 그렇더라도 여전히 변화하지 않는 것은 법철학은 사색을 통해 가치를 추구한다는 점이다. 다른 기초법도 마찬가지다. 법사학자들이 연구하는 대상은 그저 과거의 법이 아니고 현재적 의미가 있는 과거의 법이다. 다시 말해 의미 있는 법사학을 하기 위해서는 현재의 법적 문제상황을 알아야 하는 것이다. 만약 법사학자가 현재의 사회에 관심을 갖지 않는다면 수많은 사료더미 중에서 무엇을 연구해야 할지 알 수 없게 된다. 하지만 현재 제기되는 문제가 무엇이든 간에 법사학은 과거의 사료에 대한 연구를 통해 그 문제를 해결하고자 한다. 마찬가지로 법사회학은 비교법적 방법이나 역사적 방법을 동원하고 사색을 통해 결론에 이른다. 하지만 법사회학은 일관되게 경험적이고자 하며 법과 사회의 관계에 관한 일관된 이론을 추구한다. 비교법학도 제대로 하기 위해서는 현재 발을 디디고 있는 사회와 법을 이해하지 않을 수 없다. 하지만 해법은 비교과정을 통해 도출한다. 요컨대 각 기초법은 서로 중첩되지만 그럼에도 불구하고 여전히 각각 고유한 학문적 영역을 가지고 있다.

기초법학간의 관련성에 대해 한 가지 더 지적해야 할 점은 모든 기초법학은 결국 법철학으로 귀결된다는 것이다. 역사를 공부하는 것도 결국은 법에 대한 가치판단의 문제로 귀결되고, 법을 둘러싼 사회현실을 연구하는 것도 결국은 법에 대한 가치판단의 문제로 귀결되며, 외국의 법과 우리나라의 법을 비교하는 것도 결국은 법에 대한 가치판단의 문제로 귀결된다. 기초법학은 모두 법학의 본질에 대한 탐구이며, 그 방법이 사료에 대한 연구이든 통계적 조사이든 상호비교이든 모두 사색을 통해 체계정합성을 도모하는 과정이다. 이러한 과정은 법에 관한 가치관을 정립하는 것을 목표로 하는 법철학의 범주에 드는 것이다. 어떤 의미에서 모든 기초법학은 서로 다른 방법을 동원하는 법철학이라고 해도 과언이 아니다. 그런데 법철학은 철학의 일종이고 철학은 궁극적으로 삶의 문제에 대한 고민이다. 이처럼 모든 기초법학은 결코 비현실적 관념의 유희가 아니다. 그것은 삶을 치열하게 살아가려는 몸부림이다. 또 그렇게 돼야만 올바로 기초법학을 했다고 할 수 있다.

7. 기초법학의 실용적 변용

위에서 모든 기초법학은 법철학의 연장이라고 했는데, 그러한 기초법학의 개념을 혼란시키는 요인 중 하나는 기초법학이 실정법학의 운영과 밀접하게 연결된다는 점이다. 기초법학이 우회적인 방법으로 실정법학의 발달에 기여한다는 것은 앞에서도 지적했지만, 그와 별도로 기초법학이 실정법학에 직접적인 기여를 하기도 한다.

예를 들어 법철학은 정의나 도덕 등의 관념을 끌어들여 실정법학이 법규범을 정의하고 있지 않은 분야에서 법규범을 제시하곤 한다. 최근의 사례로는 생명공학과 관련된 법분야에서 법철학자들이 대거 연구 실적을 낸 일이 있었다. 이런 분야는 새로 생긴 분야이기 때문에 일시적으로 법률의 공백상태가 생겨났는데 법철학자들이 법이 추구하는 이념에 비추어 그 분야의 문제에 대해 일정한 해법을 제시한 것이다. 법사학의 경우도 그런 일이 있었다. 예를 들어 호주제 폐지를 둘러싼 논쟁이 있었을 때 유림들이 나서서 호주제는 우리 민족의 고유한 전통이므로 폐지해서는 안 된다고 주장했다. 그때 법사학자들이 나서서 역사적인 증거를 들이대면서 호주제는 우리 민족 고유의 전통이 아니고 일제강점기에 일본사람들에 의해 강요된 왜곡된 문화임을 보여주었다. 결국 호주제는 폐지됐다. 법사회학도 현행법의 운영에 직접적으로 기여한다. 사형제의 폐지가 논의되면 법사회학자들은 억울하게 사형된 사람들에 관한 통계를 제시하곤 한다. 법사회학이 실정법의 운영을 위해 사용되는 경우는 너무나 많기 때문에 법사회학의 실용적 이용이 '사회학적 법학(sociological jurisprudence)'이라는 용어로 표현되기도 한다. 비교법학은 종종 외국법에 대한 연구와 동일시되곤 한다. 우리나라에서 새로운 법을 도입할 때에는 외국법을 참조하는데 이때 관련정보가 비교법이라는 이름으로 제공되는 것이다. 우리나라에서 외국법에 대한 연구 없이 법학을 하는 법학자는 없다고 봐도 과언이 아니다. 기초법학의 이러한 역할은 현실의 실정법을 운영하는 데 실질적이고 직접적으로 기여하는 것이긴 하지만 이것이 기초법학의 본령은 아니다. 그것은 어디까지나 기초법학의 부산물이다.

이상에서 논의한 모든 것을 아래와 같이 도표로 만들어보았다.

기초법학의 분과들

분과	이론적 전제	방법		이론의 지향	실용적 목적의 이용 사례
법철학	법의 본질을 철학적으로 이해하는 것이 중요하다.	사변적, 논리적 방법		가치관의 정립	합목적적 법해석 (예) 인공수정의 법리 개발
법사학	법은 변화한다.	경험적 방법	과거의 경험 연구	역사의식의 정립	실정법규의 연혁 이해 (예) 호주제의 기원 폭로
법사회학	법은 사회의 산물이다. 사회를 알아야 법을 알 수 있다.		사회적 사실 연구	사회의식의 정립	사회학적 법학 (예) 부당한 사형에 관한 통계 제시
비교법학	법은 사회에 따라 다르다.		외국법 연구	보편주의적 사고	선진국법 수용 (예) 미국 증권법의 수입

생각거리

50

대철학자 칸트는 철학을 하는 것과 철학에 대해 공부하는 것을 구분했다. 이것을 법철학에 적용해서 다음과 같은 글을 써보았다. 법철학을 하는 것과 법철학에 대해 공부하는 것이 서로 어떻게 다른지에 대해 설명해보자.

철학을 하는 것과 철학에 대해 공부하는 것은 구분됩니다. 예컨대 철학자에 대해 암기하는 것, 철학의 흐름과 계파를 파악하는 것 등은 철학에 대해 공부하는 것입니다. 사법시험 법철학 과목에서 100점을 받았다고 해서 그 사람이 법철학을 잘하는 사람으로 볼 수는 없습니다. 법철학을 하는 것은 남의 견해를 암기하고 이해하는 것이 아닙니다. 그러한 것을 전혀 하지 않는다고 해서 법철학적이 아니라고 할 수도 없습니다. 법철학을 한다는 것은 법에 관한 자신의 견해를 형성한다는 것을 의미합니다. 그것은 자신의 실천적 지침을 발견하기 위한 과정입니다. 즉 철학은 남을 위해서 하는 것이 아닙니다. 철학함의 주체도 나이며, 철학함의 목적도 나 자신입니다. 육체를 지닌 나, 실존적 한계를 지닌 나를 전제하지 않는다면 우리는 철학을 할 이유를 발견할 수 없을 것입니다. 우리에게 중요하고 또 지금 내가 이야기하는 것은 철학에 대해 공부하는 것이 아니라 제대로 철학하는 것입니다. 철학을 하고자 하는 사람에게는 전자는 전적으로 후자에 종속되는 것입니다.

읽을거리

- 존 스튜어트 밀, 《자유론》, 서광사, 1992. 기본권의 하나인 자유권 중에서도 특히 중요한 것이 사상과 언론, 출판의 자유다. 이에 관한 고전인 이 책을 반드시 일독할 것을 권한다.

제28강 변호사윤리
"법대로 했을 뿐"이라고 말하지 말라

> 변호사는 법만 지키면 되고 윤리는 지키지 않아도 되는가? 이에 대해 노골적으로 긍정하는 변호사는 많지 않을 것이다. 하지만 현실에서 보면 윤리와 무관하게 사는 변호사가 적지 않다. 로스쿨의 법조윤리 강의에서도 변호사의 직무규칙을 가르칠 뿐 윤리의식의 문제는 다루지 않는 경우가 많고, 다루고자 해도 여건상 허락되지 않기도 한다. 하지만 현실이 이렇다고 해서 윤리문제의 중요성이 덜해지거나 변호사의 비윤리적 행동이 정당화되는 것은 아니다.

1. 변호사와 윤리

우리 사회에서 변호사에 대한 평판은 어떤가? 우리 사회에서 변호사는 과연 정의의 사도인가? 현직 변호사 중에 칭송받는 이가 없다고 할 수는 없겠지만 그와 반대로 욕을 듣는 변호사도 적지 않다. 변호사를 두고 '허가 받은 도둑'이니 '법비(法匪)'니 하는 말들이 있다. 법률가에 대해 빈정대는 유머도 많다. 예를 들어 길에서 뱀이 차에 치인 흔적과 변호사가 차에 치인 흔적은 금방 분간할 수 있는데, 왜 그러냐면 운전자의 제동 노력을 보여주는 스키드 마크(제동 후 타이어가 끌린 자국)가 있는지의 여부만 확인하면 되기 때문이라고 한다. 또 있다. 지옥과 천국이 소송을 하게 되면 반드시 지옥이 이기는데, 왜 그러냐면 천국에는 변호사가 없기 때문이라고 한다. 셰익스피어는 법률가들을 몰살시키라고 외쳤다. 프랑스의 루이 12세는 다음과 같이 말했다. "변호사는 가죽세공업자가 가죽을 다루듯이 법을 다룬다. 문지르고 짓누르고 이빨로 물어 늘어뜨리고…. 그렇게 해서 결국은 그것이 원래 목적에 맞도록 한다." 변호사는 '법'을 말하지만 그의 말은 결국 궤변에 불과하다는 뜻이다.

영국의 맥콜리라는 사람은 변호사들에 대해 얘기하다가 "머리에 가발을 하고 목에 띠를 두르기만 하면, 만약 그러지 않았다면 제국을 위해 한다고 해도 나쁜 일이고 부끄러운 일이라고 생각했을 일을 단 몇 푼의 돈만 받고 기꺼이 한다"고 말했다. 여기서 머리에 가발을 쓰고 목에 띠를 두른다는 말은 변호사의 직무를 맡는다는 뜻이다. 따라서 맥콜리의 말은 상식적이고 멀쩡한 사람도 변호사의 직무를 맡기만 하면 아무리 부끄러운 짓도 다 한다는 뜻이다. 마치 점잖은 사람도 예비군복만 입으면 아무 짓이나 다 한다는 말과 비슷하다. 맥콜리가 한 말의 의미는 모호한 측면이 있다. 그렇기 때문에 변호사가 나쁘다는 것인지, 아니면 변호사는 마땅히 그래야 한다는 것인지가 모호하다는 말이다. 아마 전자의 뜻이 아닐까 한다. 현직 변호사라면 후자라고 생각할지도 모르겠다.

좀 더 구체적인 예를 몇 가지 살펴보자. 변호사들은 대개 자신들은 직무의 특성상 보통사람들이라면 허용되지 않는 일을 할 수 있고, 또 해야 한다고 생각한다. 미국에서는 소위 '더러운 소송전략'이라는 말이 자주 사용된다. 미국에서 피임도구를 만들어 파는 회사가 대규모 소송에 휘말리게 됐다. 그 회사의 피임도구는 여성용이었는데 피해자들의 주장은 그 피임도구로 인해 질병이 생겼으며, 심지어 불임에 이른 사용자도 있다는 것이었다. 그 회사는 그러한 일은 있을 수 없으며 그러한 일이 있었다면 그것은 문란한 성생활 때문이거나 피임도구를 잘못 사용했기 때문일 것이라고 주장했다. 그 회사를 대리한 변호사들은 특별한 소송전략을 썼다. 그들은 피해여성을 증인석에 세우고는 성편력을 공개하거나 성적 취향을 공개하도록 압박함으로써 웬만한 여성은 창피함을 견디지 못하고 소송을 포기하게 만들었다. 물론 겉으로는 피임도구와 질병이나 불임 사이에 인과관계가 없음을 입증하기 위한 것이라고 주장했다. 이러한 소송전략은 정당할까? 변호사라면 자기의 의뢰인을 위해 이러한 소송전략도 기꺼이 구사해야 하는가?

또 이런 예도 있다. 어떤 시민단체에 소속된 활동가가 거대기업의 비리에 대해 주목하고 있었다. 특히 그 기업은 오염물질을 함부로 배출하기로 악명이 높았다. 결국 그 기업이 검은색 물질을 강으로 배출하는 것을 활동가가 목격하게 됐다. 그 활동가는 즉시 사진을 찍어 증거를 확보하는 한편 그 기업 앞에 가서 피케팅을 하며 항의했다. 피켓의 내용은 그 회사가 독극물을 강에 유출하고 있다는 것이었다. 이 소식은 언론을 타고 널리 퍼졌다. 그 기업은 즉시 변호사를 고용하고 그 활동가를 상대로 엄청난 금액의 손해추정액에 대한 손해배상소송을 제기했다. 그 손해추정액의 5%만 인용된다고 해도 그 활동가는 파산할 수밖에 없을 정도였다. 기업 측의 주장은 강에 흘려보낸 물질은 검은색이긴 하지만 법의 규정에 따라 배출한 것이고, 그럼에도 불구하고 그 활동가의 피케팅으로 인해 회사의 명예에 큰 손상을 입었다는 것이었다. 그러나 그 기업의 내심은 손해배상액에 관심이 있는 것이 아니었다. 그 기업의 의도는 자사의 비리를 문제 삼으면 어떤 결과가 되는지에 대한 본보기를 보여주려는 것이었다. 이런 종류의 소송을 SLAPP(Strategic Lawsuits Against Public Participation)이라고 한다. 이것을 우리말로 '전략적 봉쇄소송' 이라고 번역한 사람이 있었다.[163] 이런 소송은 대부분 끝까지 간다면 원고패소 판결이 난다. 하지만 이런 소송에 휘말린 활동가는 심하게 위축될 수밖에 없다. 또 조금이라도 활동가의 잘못이 인정되면 심각한 재산의 손상을 입게 된다. 기업은 때로는 화해로 사건을 종결시키기도 하지만, 그럴 때에는 화해조건에 다시는 자사를 상대로 그러한 활동을 하지 않겠다는 문구를 집어넣는다.[164] 이러한 부류의 소송을 수행하는 변호사는 정당한 자기 역할을 하는 것인가? 변호사라면 마땅히 그래야 하는가?

우리나라에도 그러한 사례가 없지 않다. 한 노동자는 부당해고를

---

163 김종서, 전략적 봉쇄소송 규제법제에 관한 연구, 〈민주법학〉, 제30호, 2006.
164 우리나라에서도 정당한 파업에 대해 기업 측에서 노동조합이나 노조간부를 업무방해죄로 고발하거나 손해배상청구소송을 제기하는 경우가 많다. 이런 소송은 많은 경우 노동조합이 다시는 파업을 하지 못하게 하려는 의도가 깔려있을 것이다.

당했는데 소송을 통해 부당해고를 확인받는 데 8년이나 걸렸다. 그 사이에 그 노동자의 가정이 겪은 고난은 말로 다 할 수 없을 정도였다. 해당 기업의 입장에서 중요한 것은 소송 자체보다 그 사람에게 고통을 주는 것이었는지도 모른다. 변호사라면 의뢰인이 소송을 지연시켜달라고 하면 이런 식으로 지연시켜주는 것이 당연한가? 통상적인 경우라면 이러한 소송지연이 불가능하지만, 이 사례에서는 소송에 동원된 변호사들이 모두 유력한 변호사였고 심지어 대법관 출신 변호사도 동원됐기 때문에 그게 가능했다. 그렇다면 의뢰인의 요구대로 소송을 지연시킨 그 변호사들을 유능하다고 평가해야 하는가? 로스쿨에서 유능한 변호사를 배출한다고 할 때 이러한 일도 너끈히 잘 해내는 변호사를 배출한다는 의미인가? 아니면 제대로 된 변호사라면 이러한 일은 하지 말아야 하는가?

이런 문제에 대해 변호사들은 대개 그렇게 하는 것이 당연하다고 생각하고, 변호사가 아닌 사람들은 그렇게 하는 것이 법적으로 허용되는지는 모르겠지만 옳지 않은 행동이라고 생각하는 경향이 있다. 변호사들은 의뢰인이 원하는 것을 해주어야지 그것이 도덕적으로 정당한지의 여부에 대한 판단은 하지 말아야 한다고 생각하는 경향이 있다. 심지어 의뢰인의 이익을 옹호한 결과로 무고한 제3자가 상당한 손해를 입게 되는 일이 있더라도 그것은 어쩔 수 없는 일이라고 생각한다.

어떤 법학자들은 변호사들의 그러한 태도는 정당한 것이고 마땅히 그래야 한다고 주장한다. 미국의 페퍼라는 사람은 변호사라는 직업은 의뢰인에게 법률적인 도움을 주는 사람일 뿐이라고 말한다. 그에 의하면 현대사회는 각자가 법이 허용하는 한 원하는 방식대로 살 권리가 있으며, 그러한 자율성이야말로 현대사회의 핵심이라는 것이다. 그런데 현대사회에서는 법이 복잡하기 때문에 변호사의 조력을 받지 않으면 그 자율성의 한계가 어디까지인지를 알 수가 없으며, 따라서 누구에게나 허용되는 자율성을 충분히 누리려면 변호사의 도움을 받지 않을 수 없다고 그는 주장한다. 이러한 조건에서 만약 변호사가 자기의 도덕적 판단에 따라 의뢰인에게 도움을 주기를 거부한다면 결국 의뢰인은 법에 의해 허용되는 자율성을 누리지 못하게 되기 때문에 변호사가 그렇게 하는 것은 불합리하다는 것이다. 결국 페퍼가 주장하는 것은 변호사는 법적으로 허용되는 모든 방법으로 의뢰인을 도와야 한다는 것이다. 그에 의하면 법에 의해 금지되지 않은 방식으로 소송을 지연시킬 수 있다면 변호사는 그런 일도 기꺼이 해야 하고, 전략적 봉쇄소송도 법이 금지하지 않는 한 변호사가 당연히 수행해야 한다는 결론에 이른다.

페퍼의 이러한 입장에 반대하는 학자도 물론 있다. 루반(Luban)이라는 사람은 변호사는 의뢰인이 맡긴 일을 할 때 그것에 대해 도덕적 판단을 해야 하며, 만약 법적으로는 허용되지만 변호사 개인의 도덕감정에 비추어 합당하지 않으면 그런 일을 하지 말아야 한다고 주장한다. 한 사회가 유지되는 것은 그러한 도덕적 압력이 작동하기 때문이며 변호사도 그러한 도덕적 압력에서 면제되는 것은 아니라는 것이다. 그는 예를 들어 무장강도가 도주하는 데 쓰기 위해 타이어를 수리하는 것임을 알면서도 그 타이어를 신속히 수리해주는 것은 전문적인 타이어 수리공이라고 해도 해서는 안 되는 일이라고 말한다. 또 어떤 이는 돈을 주기만 하면 도덕성 여부를 묻지 않고 일을 해준다고 하면 변호사의 일이 '매춘'과 무엇이 다르냐고 묻는다.

이러한 쟁점은 쉽게 해결되지 않는다. 결국 각자의 가치관이 최종적인 판정을 할 것이다. 하지만 변호사가 자신을 나쁜 의미의 법기술자로 전락시키는 것이 도덕적으로 허용되는지는 의문이다. 변호사가 자신의 도덕적 판단은 포기하고, 의뢰인이 어떤 일을 해주기를 희망하고 그 일을 해주면 기꺼이 많은 돈을 지불할 의사를 갖고 있기만 하다면 그 일의 내용과 상관없이 자신의 모든 역량을 동원해 그 일을 해준다면 의뢰인의 신뢰도 얻을 수 있고 돈도 많이 벌 수 있을지 모르겠다. 많은 의뢰인은 바로 그런 변호사를 원할 것이다. 그런 변호사가 되고 싶은 사람도 있을 것이다. 하지만 그런 변호사가 우리 사회가 바라는 변호사일까? 우리가 동경하고 존경하는 변호사가 그런 변호사는 아닐 것이다. 태권도를 배워서 조직폭력배의 경호원이 된다면 결코 존경받지 못할 것이지만, 태권도를 배워서 조직폭력배로부터 국민을 보호하는 경찰이 된다면 존경을 받을 것이다. 태권도 사범이라면 태권도를 배우러 온 사람이 조직폭력배이든 아니든 구분하지 않고 최선을 다해 그에게 태권도를 가르쳐야 할까? 아니면 돈을 많이 주겠다고 하더라도 조직폭력배에게는 태권도를 가르쳐주기를 거부해야 할까?

또 다른 예를 들어보자. 어느 재벌총수는 해마다 자신의 생일잔치에 유명가수를 비싼 값에 부른다고 한다. 그런데 그의 초청에 절대로 응하지 않는 가수가 있다고 한다. 그 가수는 자신은 대중가수이며 대중을 위해서만 노래를 하기 때문에 그런 곳에 가서 노래를 하지 않는다고 한다. 돈을 아무리 많이 준다고 해도 남의 개인적인 생일잔치 따위에서 흥을 돋우는 일은 하지 않겠다는 뜻이다. 그것은 그 가수의 자존심일 것이다. 변호사는 어떤가? 변호사는 돈을 주기만 하면 무슨 일이든지 해야 하고, 그렇게 해야 훌륭한 변호사인가? 아니면 아무리 돈을 많이 주더라도 하지 않는 일이 있는 변호사가 훌륭한 변호사인가? 비록 정답대로 실천하지는 못한다고 하더라도 무엇이 정답인지는 명확하지 않은가?

2. 법조윤리

법을 공부한 변호사들이 도덕적 판단을 포기하고 오직 의뢰인이 원하는 것을 해주는 역할을 하는 데 머문다면 이는 법학계와 법조계의 재난이라고 하지 않을 수 없다. 이미 우리 법조계는 재난상황인지도 모른다. 변호사와 판검사에 대한 국민의 신뢰는 거의 바닥수준이기 때문이다. 우리나라를 선진국으로 만들기 위해서는 신뢰받는 법조계와 수준 높은 법률문화를 만드는 것이 절대적으로 필요하다. 이러한 문제의식의 연장선에서 로스쿨은 법조윤리를 필수과목으로 교육하고 있다. 변호사와 판검사 등 법조인들의 윤리를 제고해야 한다는 요구가 강력했기 때문에 법조윤리를 로스쿨의 필수과목에 넣자는 데 대해 아무도 반대하지 않았다. 법도 바꾸고 관행도 바꾸어야겠지만 무엇보다도 법조인들의 윤리의식 자체가 변화하지 않으면 안 되는 것이고 그것은 교육을 통해서만 가능하다고 보았기 때문일 것이다.

로스쿨에서 법조윤리 과목을 이수하지 않으면 법조윤리 시험에 합격할 수 없고, 법조윤리 시험에 합격하지 않으면 변호사 시험에 응시할 자격이 부여되지 않는다. 로스쿨의 법조윤리 과목은 1학점 또는 2학점으로 이루어져 있다. 그런데 그 시간에 법조인의 윤리의식 제고를 위한 교육이나 훈련은 그다지 이루어지지 않는다. 그렇다면 로스쿨의 법조윤리 시간에 무엇을 가르치는가? 실상을 말하자면, 법조윤리 시간에 내면적 가치관의 문제인 '윤리' 대신 법조인(특히 변호사)의 '직무수칙'을 가르친다. 그 직무수칙은 변호사가 일상적 업무를 수행할 때 부딪히는 딜레마 상황에 대한 공식적인 해법의 모음이라고 할 수 있다.

예를 들어보자. 변호사윤리에서 가장 많이 문제가 되고 까다롭다고들 하는 영역은 이익충돌과 관련된 영역이다. 다음 문제는 법무부가 만든 법조윤리 예시문제다.

변호사 갑은 법무법인 L에서 근무하다가 그 법무법인이 해산된 후 개인변호사 사무실을 개설했다. 어느 날 A와 상담을 하던 중 변호사 갑은 그 사건이 법무법인 L에서 동료변호사가 형사사건으로 A의 상대방인 B로부터 수임받아 취급한 사건임을 알게 됐다. 다만 차이점이라면 이번에는 A가 민사소송을 제기하고자 한 것이었다. 변호사 갑은 자신이 법무법인 L에서 근무할 때 그 사건의 담당변호사는 아니었지만 그 사건의 내용에 대해서는 잘 알고 있었기 때문에 A의 이익을 가장 잘 대리할 수 있다고 생각했다. 이 경우 변호사 갑은 A의 사건을 수임할 수 있는가?

이 문제를 단순히 윤리의식으로 해결할 수 있는 사람은 없을 것이다. 이 문제의 정답은 "비록 변호사 갑이 A의 이익을 가장 잘 보장할 수 있다고 하더라도 전 의뢰인이었던 B의 이익과 충돌되기 때문에 수임계약을 체결해서는 안 된다"는 것이다. 이 문제를 해결하기 위해서는 이익충돌의 일반법리를 알아야 하고, 로펌에서 그것이 어떻게 작동하는지를 알아야 한다. 변호사윤리에 관한 규범은 주로 〈변호사법〉과 〈변호사윤리장전〉에 규정돼 있다. 그 외에 〈변호업무광고규정〉이나 〈공익활동 등에 관한 규정〉도 중요하다.

〈변호사윤리장전〉에 의하면 변호사는 동일 사건에서 당사자 쌍방을 대리할 수 없다(제22조 제1항). 이것이 소위 쌍방대리 금지규정이다. 만약에 변호사가 A를 대리하면서 동시에 A의 이해관계에 대립하는 B를 대리한다면 변호사는 딜레마에 빠지게 된다. 왜냐하면 A의 이익을 도모하려면 B를 배신해야 하고, B의 이익을 옹호하려면 A를 배신해야 하기 때문이다. 예전에는 변호사들이 이런 경우에도 A와 B의 이익을 해치지 않으면서 공정하게 일을 처리할 수 있다고 주장했다. 그러나 지금은 누구도 그런 말을 믿지 않는다. 그렇다면 이런 경우 어떻게 해야 하는가? 해법은 한 가지 밖에 없다. 사건을 맡지 말아야 하는 것이다. 만약 이러한 사건을 맡으면 그 자체로 심각한 윤리위반이 된다. A와 B가 모두 좋다고 동의해도 이런 식으로 사건을 맡으면 윤리위반이 된다. A와 B가 가해자와 피해자로서 연루된 교통사고에 대해 형사소송에서는 A를 대리하고 민사소송에서는 B를 대리한다면 이것도 금지되는 쌍방대리에 해당한다.

이와 같은 문제를 해결하기 위해서는 하나를 더 알아야 한다. 윤리장전에는 "수인의 변호사가 공동으로 사무소를 개설하고 있는 경우에 그 사무소 구성원들은 당사자 쌍방의 양해 없이는 쌍방당사자 사건을 수임할 수 없다"고 규정하고 있다. 이는 주로 로펌을 염두에 둔 규정이다. 로펌에는 수십 명 또는 수백 명의 변호사들이 함께 일을 한다. 이런 경우 그 많은 변호사 중에서 한 명이라도 이익충돌 때문에 사건을 수임하지 못한다면 그 로펌의 누구도 그 사건을 수임하지 못한다는 의미다. 로펌은 하나의 법인격일 뿐만 아니라 로펌에 속한 사람들은 서로 의사소통을 하면서 일을 하는 것으로 간주하기 때문이다.

위의 조항들을 조합하면 위의 문제를 해결할 수 있다. 즉 A는 B로부터 사건을 수임할 수 없다.[165]

로스쿨에서 가르치는 법조윤리란 이런 것이고, 변호사윤리 시험에서 점검하는 것도 이런 것이다. 위에서 거론된 이익충돌의 문제도 깊이 들어가면 한없이 복잡하다. 법조윤리 강의에서는 이익충돌 문제 외에 비밀유지 의무, 공익활동 의무, 광고관련 의무, 법정에서의 의무 등에 대해 배운다. 이러한 관련 규정들을 위반하면 변호사는 징계를 받는다. 그렇기 때문에 징계절차에 관한 것도 법조윤리의 강의범위 내에 있다. 판검사도 법조인이기 때문에 판검사의 윤리도 법조윤리에서 다루고 시험범위에 속하기도 하지만 이것은 그다지 깊이 다루지 못한다. 로스쿨에서 법조윤리란 사실상 변호사윤리라고 보면 된다.

그런데 이런 것을 윤리라고 할 수 있을까? 변호사윤리 시험에서 만점을 받은 사람은 그렇지 않은 사람보다 더 윤리적인가? 만점을 받은

---

[165] 대법원 2007.5.10 판결 2003다15556.

사람이 그렇지 않은 사람보다 덜 윤리적이라고 말할 이유도 없지만 더 윤리적이라고 말할 이유도 없다. 위에서 보았듯이 변호사윤리 시험은 인간 내면의 윤리성을 문제 삼기보다는 법조윤리에 관한 규정을 얼마나 잘 숙지하고 적용할 수 있는가를 점검하고 측정할 뿐이다. 특히 미국의 법조윤리는 이런 경향이 강하다. 미국에서는 민사소송 '규칙'이 법이듯이 변호사윤리규정도 법이라고 한다. 윤리적 행동인지의 여부를 판정하는 방식은 법률의 규정을 해석하는 방식과 전적으로 동일하다. 다른 점이 있다면 윤리위반은 징계의 문제를 낳지만 법위반은 손해배상 또는 형벌의 문제를 낳는다는 것뿐이다. 윤리위반 여부는 도덕규칙에 반했는지를 묻는 것이 아니고 징계규칙을 위반했는지를 묻는 것이다. 그래서 어떤 사람들은 변호사 '윤리(ethics)'라는 것은 '잘못된 명칭(misnomer)'이라고 주장하기도 한다. 대신 그들은 '변호사 책임(professional responsibility)' 혹은 '변호사에 관한 법(Law Governing Lawyer)'이라는 표현을 사용한다.

    법조윤리에 대해 미국식의 태도를 취해야 한다는 것이 주류적 입장이라고 할 수 있다. 그러나 미국의 모든 법조윤리 교수가 그런 입장인 것은 아니고, 한국의 모든 법조윤리 교수가 그런 입장인 것도 아니다. 소수이긴 하지만 몇몇 교수들은 예비법조인의 윤리의식 자체를 제고하기 위해 노력하고 있다. 그들은 법조 '윤리'라는 명칭은 잘못된 것이 아니며, 법조윤리 과목은 윤리규정도 가르쳐야 하지만 학생들의 윤리의식 자체를 제고하는 데도 시간을 할애해야 한다고 주장한다. 윤리는 남을 위한 것이 아니다. 그렇기 때문에 학교에서 가르치지 않는다고 윤리를 지키지 않을 것도 아니고, 학교에서 가르친다고 해서 그것만으로 법조윤리의 문제가 해결되는 것도 아니다. 학교에서 법조윤리를 제대로 배우지 못했다고 해서 비윤리적인 행동이 정당화되는 것도 물론 아니다. 결국 윤리문제는 법조인 각 개인의 과제로 남는 것이다.

생각거리

51

변호사 갑은 화학물질을 제조하는 K회사의 사내변호사다. 하루는 갑이 회사 주변을 둘러보던 중 화학폐기물을 불법으로 매립하는 현장을 목격하게 됐다. 폐기되는 화학물질은 암유발 물질로서 제대로 처리하려면 상당한 비용이 드는 것이었다. 이것을 매립하면 당장은 비용이 들지 않지만 매립한 결과로 이것이 지하수를 오염시키면 다른 사람들의 인체에 지속적으로 심각한 손상을 끼칠 것이 분명했다. 당신이 변호사 갑이라면 이런 경우에 어떻게 하겠는가? 왜 다르게 하지 않고 바로 그렇게 하기로 선택했는지를 설명해보라.

(1) 불법적 매립이지만 의뢰인의 이익이므로 묵인한다.
(2) 문제 삼을 수 있겠지만 이를 문제 삼으면 직장을 잃을 것이므로 묵인한다.
(3) 현장 책임자를 설득해서 매립하지 못하게 한다.
(4) 회사의 최고경영자에게 말해서 매립하지 못하게 한다.
(5) 회사의 이사회에 알려서 매립하지 못하게 한다.
(6) 회사의 감사에게 알려서 매립하지 못하게 한다.
(7) 회사의 주주들에게 알려서 매립하지 못하게 한다.
(8) 환경부나 검찰에 고발해서 더 이상 매립하지 못하게 한다.
(9) 언론사에 알려서 매립하지 못하게 한다.
(10) 그런 회사를 위해서 일할 수 없으므로 조용히 회사를 떠난다.

읽을거리 / 볼거리

- 앨런 더쇼비츠, 《미래의 법률가에게》, 심현근 옮김, 미래인, 2008. 하버드 로스쿨 교수이면서 탁월한 변호사인 이 책의 저자는 많은 경험과 탁월한 표현력을 토대로 법학을 시작하는 로스쿨 학생들에게 따뜻하고 진지한 조언을 하고 있다. 특히 법조윤리와 관련해 변호사가 도덕적이어야 하는 이유에 대해 설명하고 있다.

- 영화 〈데블스 애드버킷〉(1997, 테일러 핵크포드 감독 / 키아누 리브스, 알 파치노 출연 / ★★★). 변호사는 악마의 대변인인가, 아니면 선의 대변인인가? 또는 선이나 악과는 무관하게 그저 법률을 대변할 뿐인가? 이 영화는 이런 대비를 보여준다.

- 영화 〈변호인〉(2014, 양우석 감독 / 송강호, 김영애, 오달수, 임시완 출연).

생각거리에 대한 안내

1

이것은 소위 시민불복종의 문제다. 법률을 개선할 목적을 가지고 의도적으로 법률을 위반하는 것이다. 법률가는 이런 곤란한 문제에 당당하게 대면해야 한다. 법률은 지켜야 하는 것이지만 불완전하다. 각자 지혜로운 해법을 찾아보자. 간디가 당시에 어떤 생각을 했는지를 알고 싶으면 필자의 글 '간디의 시민불복종'(이상수, 〈민주법학〉 제25호, 2004년 상반기)을 참고하라.

우리나라의 판례를 보면, 낙선운동은 시민불복종에 해당되지 않는다고 판결한 사례가 있다. 그렇지만 만약 시민불복종에 해당된다면 위법성이 조각된다는 투로 판결문이 씌어졌다(대법원 2004. 11. 12. 선고 2003다52227 판결). (참고: 여기서 '위법성이 조각된다'는 말은 법이 금지하는 행동은 있었지만 그 행동에 대해 처벌하거나 손배배상을 청구하지는 못한다는 뜻이다.)

2

각자 사례를 찾아보자. 불의의 앞잡이에 해당하는 사례를 찾아내는 것도 좋겠지만, 정의의 사도에 해당하는 사례를 우선 잘 찾아보자.

3

각자 솔직히 법학에 입문하는 내면적 동기가 무엇인지를 스스로 생각해보자. 대부분 개인의 이익을 위해 법학을 공부하겠지만 반드시 그것에만 동기가 있는 것은 아닐 것이다. 법학을 공부하는 대의명분을 갖는다면 더욱 힘차게 법학을 공부할 수 있다.

4

이 문제는 각자가 투쟁을 어떻게 정의하는가와 관련이 있다. 이 문제는 깊은 철학적 논점을 담고 있으니 당장에 정답을 내리려고 하기보다 시간을 갖고 생각해보자. 충분히 생각하고 결론을 내려야지, 생각하는 과정 없이 결론을 내린다면 그것은 잘못된 것이다.

5

권력이 헌정을 농단한 것은 부끄러운 일이지만 국민이 그것을 극복한 것은 자랑스러운 일이 아닐까. 권력은 언제나 그랬고, 민중은 늘 그런 권력을 극복해왔다. 그것이 역사가 아닐는지.

6

유진오의 연설에 의하면 우리 제헌헌법은 근대헌법의 정신에 충실하려고 했으며, 아울러 현대적 의미의 헌법 개념에도 충실하려고 했다는 것을 알 수 있다. 즉 자유권 중심의 기본권 보장을 근본으로 하면서도 사회권과의 조화를 도모하려고 했던 것이다. 전체적으로 제헌헌법은 사회권을 매우 튼튼하게 규정했다. 재산권에 대한 규제, 교육의 권리, 근로의 권리, 노동3권의 보장, 여성·소년·노인에 대한 국가의 보호의무 등이 그것을 보여준다. 이는 사회주의를 표방한 북한을 의식한 결과라고 볼 수도 있을 것이다. 물론 이런 규정이 있었다고 해서 그러한 권리가 잘 보장됐다는 의미는 아니다.

7

기본권이 침해되고 있는 것으로 보이는 수많은 사례를 발견할 수 있을 것이다. 인권감수성이 있는 학생이라면 거의 모든 기본권 항목에 걸쳐 위반사례를 발견할 수 있을 것이다. 그 과정에서 기본권 목록을 읽는 것의 중요성과 유용성을 이해하기를 바란다. 서울대학교 정종섭 교수는 이렇게 말한 바 있다. "국가에서 모든 것의 기본이 되는 규범이 헌법이다. 헌법을 읽고, 헌법대로 하자. 헌법을 읽어보기만 하면 우리 사회의 문제를 해결할 길을 찾을 수 있다."(〈한국일보〉, 2009년 7월 20일자).

8

과잉금지 원칙은 '목적의 정당성, 방법의 적정성, 피해의 최소성, 법익의 균형성'이라는 관점에서 기본권 제한이 필요한 최소한에 그치는지를 살펴야 한다는 것이다. 참고판례: 헌재2008.5.29, 2007헌마110. 이 판례에서는 A 견해가 다수입장이었다. 하지만 결론을 외우려고 하지 말고 자기의 생각을 말해보자. 헌법재판관들도 의견이 나누어지지 않았는가! 사실 위에서 보다시피 헌법재판소 재판관들의 논리구조는 매우 취약하다. 더구나 법학에 입문하는 입장에서는 창조적 사고가 중요함을 아는 것도 중요하다.

9

앞에서 소개한 김도현의 책《한국의 소송과 법조》도 도움이 된다. 임지봉의 《사법적극주의와 사법권 독립》(철학과 현실사, 2004)도 있다. 내가 최근에 쓴 글로는 '사법권 독립과 법관의 직무 평가' (이상수, 〈민주법학〉, 제41호, 2009)가 있다. 이 외에도 학술논문 검색사이트에서 사법권 독립이라고 입력하면 많은 자료를 구할 수 있다.

10

위헌심판을 청구하기 위해서는 재판의 전제성이 있어야 하고, 헌법소원은 직접 현재 기본권 침해를 받고 있는 당사자만이 청구할 수 있다. 이 건은 헌법소원 대상이다. 사립대학교 사범대학 출신자로서 교사의 길을 가려고 하는 사람은 원고로서의 적격이 있다고 볼 수 있다. 실제 사건에서 헌법재판소는 다음과 같이 판단했다. "국·공립 사범대학 등의 출신자를 국·공립학교 교사로 우선하여 채용하도록 규정한 법은 부당한 차별이므로 헌법상 보장되는 평등의 원칙에 어긋난다." 해당 판례를 찾아서 읽어보자. 헌재 1990.10.08, 89헌마89.

11

이 경우에는 일단 손해배상 소송을 제기해 재판의 전제성을 갖춘 다음에 위헌법률심판 제청을 신청하면 될 것이다. 기각되면 헌법소원을 청구하면 된다. 〈실화책임에 관한 법〉이 경과실에 의한 화재에 대해 책임을 경감해주도록 규정한 것은 화재란 일단 발생하면 주위에 널리 옮겨 붙기 십상인데 경과실에 의한 화재인 경우에도 처음 화재를 낸 사람에게 그로 인한 손해의 전액을 책임지게 하는 것은 너무 가혹하다는 이유에서다. 헌법재판소는 이 법이 위헌이라고 보았다. 해당 판례를 찾아보자. 헌재 2007.8.30, 2004헌가25. 이후 법이 개정됐다. 〈실화책임에 관한 법〉이 어떻게 바뀌었는지를 알아보자.

12
행정권력이 국민의 권리를 침해하거나 의무를 부과하는 경우에는 법률의 규정에 의거해야 한다(법률유보의 원칙). 반대로 국민에게 이득을 주는 수익적 행정행위의 경우에는 반드시 법률의 규정이 있어야 하는 것이 아니다. 대법원은 제시된 사례의 경우에 '승인'은 권리를 침해하거나 의무를 부과하는 행정작용이 아니라 권리나 이익을 부여하는 행정작용이라고 보았다. 그렇기 때문에 반드시 법률의 규정이 있어야만 하는 것은 아니라는 판단을 내렸다(참고판례: 대법원 2007.5.10. 선고 2005두13315 판결). 하지만 수익적 행정행위의 경우에도 수익을 자의적으로 분배하면 안 된다. 수익적 행정행위의 경우에는 이 사례에서처럼 객관적 근거에 따라 공정하게 이루어진다면 반드시 법률의 근거가 있어야 하는 것은 아니다. 예컨대 구청에서 관내의 독거노인에게 일정한 편의를 제공한 경우 법률의 근거가 없다고 해서 그것이 불법적인 것이거나 무효가 되는 것이 아니다.

13
정보공개 청구서를 작성할 때에는 공공기관으로부터 정확한 정보를 공개받을 수 있도록 공개를 요구하는 정보 등을 구체적으로 써야 한다.

다른 법률 또는 법률이 위임한 명령(국회규칙·대법원규칙·헌법재판소규칙·중앙선거관리위원회규칙·대통령령 및 조례에 한한다)에 의하여 비밀 또는 비공개 사항으로 규정된 정보, 국가안전보장·국방·통일·외교관계 등에 관한 사항으로서 공개될 경우 국가의 중대한 이익을 현저히 해할 우려가 있다고 인정되는 정보, 공개될 경우 국민의 생명·신체 및 재산의 보호에 현저한 지장을 초래할 우려가 있다고 인정되는 정보, 진행 중인 재판과 관련된 정보 등은 공개하지 않을 수 있다(정보공개법 제9조). 이에 해당되지 않으면서 정보를 공개하지 않는 경우에는 세 가지 구제절차를 이용할 수 있다. 첫째는 이의신청이다. 이는 청구인이 정보공개를 청구한 당해 공공기관에 대해 문서로써 이의신청을 하는 제도다. 이의신청은 비공개 결정 또는 부분공개 결정을 통보받은 때로부터 30일 이내에 해야 한다. 둘째는 행정심판이다. 이는 청구인이 〈행정심판법〉이 정한 바에 따라 행정심판을 청구하여 비공개 결정의 부당성을 다투는 것이다. 셋째는 행정소송이다. 이는 〈행정소송법〉이 정한 바에 따라 행정소송을 제기하여 법관으로 하여금 정보 비공개의 적절성에 대해 판단하도록 하는 것이다(행정심판과 행정소송에 대해서는 다음 강의에서 서술함).

14

우선 행정심판을 생각해볼 수 있다. 서울시 행정심판위원회를 재결청으로 하여 행정심판을 청구할 수 있다. 사실관계를 입증하는 것이 문제이겠으나, 일상 영업에서 신선한 고기를 이용했다는 것을 입증한다면 구제받을 수 있다. 만약 행정심판에서 구제받지 못하면 행정소송을 제기할 수 있다.

행정심판 없이 곧장 행정소송을 제기할 수도 있다. 행정소송 중 영업정지 처분의 취소를 구하는 항고소송을 제기하면 된다. 이 사건에서는 행정청의 행위에 처분성이 있고 갑은 원고적격이 있다고 할 수 있다. 영업정지 취소소송 중에 1개월이 지나버리면 소의 이익이 없어지므로 각하될 수도 있다. 만약에 그럼에도 불구하고 소송을 계속할 이유(소의 이익)가 있다면 갑은 이를 법관에게 입증해야 한다. 소송에서 주장해야 할 내용은 행정심판에서와 같다. 즉 비록 냉동실에서 오래된 고기가 발견됐지만 그것을 이용하지 않았음을 입증해야 할 것이다.

영업정지 처분의 부당성이 입증되어 그 처분이 취소되면 갑은 영업을 재개할 수 있을 뿐만 아니라 그로 인해 입은 손해에 대해 손해배상을 청구할 수 있다. 손해배상은 다음 강의에서 설명하는 〈국가배상법〉에 근거해 청구해야 한다.

15
국가손해배상의 대상이 되는지를 검토하면 된다. "국가나 지방자치단체는 공무원 또는 공무를 위탁받은 사인(이하 '공무원'이라 한다)이 직무를 집행하면서 고의 또는 과실로 법령을 위반하여 타인에게 손해를 입힌 경우에 해당하는지를 본다.

이 사건에서 시위진압을 책임진 기관은 국가였고 고의가 있었다고 볼 수 있으며 손해가 발생했다. (참고판례: 광주지법 1999. 7. 1. 선고 98가합6079 판결)

16

이번에도 "국가나 지방자치단체는 공무원 또는 공무를 위탁받은 사인이 직무를 집행하면서 고의 또는 과실로 법령을 위반하여 타인에게 손해를" 입힌 경우에 해당하는지를 보자. 경찰이 사고를 내라고 한 것은 아니니 고의는 없었다고 볼 수 있다. 하지만 경찰에게는 음주운전 단속에서 적발된 사람이 운전을 하려고 하면 그렇게 하지 못하도록 저지할 의무가 있다. 이런 의무를 게을리 했기 때문에 경찰에게 과실이 있다고 볼 수 있다. 이 경우 국가는 갑의 손해를 배상해야 한다. (참고판례: 대법원 1998. 5. 8. 선고 97다54482 판결)

17

우연인지 필연인지, 로마와 영국 두 곳 모두에서 구체적인 사건을 중심으로 구체적으로(개별 사건별로) 타당한 법논리를 만드는 작업을 수백 년간 하는 중에 법의 발달이 이루어졌다. 말하자면 구체적인 분쟁에 대면해 현실의 문제를 합당하게 해결할 수 있는 법논리를 끊임없이 개발한 것이다. 법학은 현실과 대면해야 하고 창조적인 대안을 제시해야 한다. 법학은 서류양식을 채우는 서기를 기르기 위한 것도 아니고 주어진 법조문을 맹목적으로 추종하는 변호사를 기르기 위한 것도 아니다. 법학은 현실의 복잡한 문제를 창조적 법논리로써 해결해가는 능력을 배양하는 과정이 돼야 하지 않을까? 다 같이 생각해보자.

18

이것은 미성년자의 행위능력에 관한 문제다. 미성년자는 행위무능력자이므로 법정대리인의 동의가 없으면 단독으로 법률행위를 할 수 없다. 이미 법률행위를 했다면 그것을 취소할 수 있다. 이런 취소로 인해 물건을 반환해야 하는 사람은 현존하는 이익이 있는 한도 안에서 반환하면 된다.

19
등기부의 표제부와 갑구와 을구를 확인해보자. 저당권은 갑구와 을구 중 어디에 기재돼 있는지, 그 외에 가압류, 가처분, 강제경매, 전세권 등이 설정된 것은 없는지 세세히 살펴보자.

20
이 책 본문의 내용을 이용해 토론을 해보자.

21
이런 집은 경매에 붙여지면 대항력이 인정되지 않는다는 점을 지적해주어야 할 것이다. 하지만 집의 시가를 확인해보고 경매에 회부되더라도 보증금을 회수할 수 있는지를 점검해봐야 한다. 최악의 경우에도 보증금을 회수할 수 있으려면 우선변제권을 확보하기 위한 조치를 취해야 한다고 조언하면 된다.

22
우선 B, C, D가 최우선변제 대상이 되어 각각 3400만 원, 3400만 원, 2000만 원을 변제받고, 이어 A가 5000만 원을 배당받는다. 다음으로 남은 돈 6200만 원은 확정일자를 가장 먼저 받은 B에게 우선변제된다. 결국 A는 5000만 원, B는 9600만 원, C는 3400만 원, D는 2000만 원을 받는다.

23

이것은 민법 750조의 일반불법행위와 관련된 문제다. 고의나 과실로 인한 위법행위로 타인에게 손해를 입혔는지가 관건이다. 의사가 고의로 그런 일을 했을 리는 만무하고 과실이 문제가 된다. 의사가 환자를 치료함에 있어서 늘 완벽할 수는 없다. 의사의 치료에는 늘 부작용이 따를 수 있고 상당부분은 환자가 자기 책임 아래 치료를 받는다. 즉 그러한 위험성에도 불구하고 환자가 동의한다는 조건 아래 치료가 진행된다. 다만 의사는 환자가 그러한 선택을 하는 데 필요한 설명을 할 의무가 있다. 이를 의사의 설명의무라고 한다. 만약 의사가 설명하지 않은 부작용이 발생하는 경우에는 의료과실이 인정된다. 비록 희귀하다고 하더라도 중대한 부작용의 가능성이 있다면 이를 설명하지 않으면 안 된다. 그러한 설명 없이 중대한 부작용이 발생했다면 이는 환자의 선택권을 침해한 것이며 의료과실로 인정된다. (참고판례: 대법원 2002. 10. 25. 선고 2002다48443 판결)

24

특수불법행위 중 공작물책임이 문제가 된다. 나무로 인한 손해의 경우에도 공작물로 인한 손해의 경우에 준해 책임이 발생한다. 즉 점유자에게 일차적인 손해배상책임이 있다. 피해자는 나무가 안전하게 관리되지 않았고 그로 인해 피해가 발생했다는 사실을 입증하면 된다. 점유자(을)의 과실을 입증할 필요는 없다. 점유자가 무과실을 입증하면 소유자가 책임을 진다.

25
담배로 인해 폐암에 걸렸다면 담배회사에 제조물책임을 물을 수 있을 것이다. 우리 판례는 담배와 폐암 사이에 인과관계가 없다고 보았다. 즉 우리나라에서 판매되는 담배에서 제조상, 설계상, 표시상의 결함이 있다고 보지 않았다. 이 판례가 타당한지에 대해 토론해보자. (참고판례: 서울중앙지법 2007.1.25. 선고 99가합104973 판결)

26
경찰은 갑에게 음주의 혐의가 있으면 갑의 음주상태를 검사할 수 있다. 혈중 알콜농도를 검사한 후 역산해 사고 당시에 혈중 알콜농도가 0.05% 이상이었다고 추정되면 음주운전으로 인정된다. 갑은 구호를 하지 않고 현장을 떠났으므로 뺑소니가 된다. 또한 음주운전이므로 특례법은 당연히 적용되지 않고, 도주를 한데다가 음주상태에서 낸 상해사고이므로 〈특정범죄가중처벌법〉에 따른 가중처벌의 대상이 된다(각각 5조의3과 5조의11). 민사책임을 보면, 피해자가 육교 밑을 무단횡단했다는 점이 과실상계의 근거가 될 수 있지만, 이 경우에는 을이 음주운전을 했으므로 통상적인 경우보다는 피해자의 과실이 적게 인정된다. 즉 보통 육교 밑의 무단횡단이면 50~80%의 과실이 피해자에게 있다고 보지만, 이 경우에는 피해자의 과실 비율이 그보다 낮다고 본다.

을은 운행자로서의 책임이 있으므로 상해에 대한 손해배상책임을 진다. 그러나 을은 별도의 형사책임은 지지 않는다.

27

이 경우 갑과 을의 혼인관계는 사실상 파탄상태이므로 이혼청구소송이 받아들여질 것이다. 그러나 부부공동생활의 실체가 소멸되어 회복할 수 없는 상태라고 보아 갑과 을 사이에는 성적성실의무가 존재한다고 보기 힘들 것이다. 따라서 을은 갑에게 위자료를 청구할 수 없고 병에게 손해배상을 청구하기도 어려울 것이다. (대법원 2014. 11.20. 선고 2011므2997 전원합의체 판결 참조.)

28

이것은 사실혼의 문제다. 사실혼도 대부분의 경우 혼인과 유사하게 보호된다. 사실혼의 파탄에 책임이 있는 자는 손해배상의 책임을 져야 한다. 이 경우 갑에게 파탄의 귀책이 있으므로 갑이 손해배상책임을 진다. 재산관계와 관련해서는 이 경우에도 재산분할을 청구할 수 있다. 자식의 경우는 계속해서 혼외자가 되지만, 그렇더라도 아버지인 갑에게 양육비를 청구할 수 있다. 그 자식은 나중에 갑의 재산을 상속받을 권리도 갖는다. 다만 사실혼 관계의 당사자 남녀간에는 상속의 문제가 발생하지 않는다.

29

(1) 중학생(17세 미만)은 유언적격이 없음. (2) 녹음만으로는 효력이 없

음. 녹음의 경우에는 증인이 있고 증인의 녹음이 있어야 함. (3) 사기, 강박에 의한 유언은 취소할 수 있음. (4) 유언의 내용이 될 수 있는 것은 법정되어 있고, 화장하라는 유언은 법적 효력이 없음. (5) 유언은 철회할 수 있음. (6) 사인증여는 계약이므로 일방적으로 철회할 수 없음.

30
동시사망시의 상속기준을 적용하면 된다. 우선 A의 재산은 단독으로 B에게 상속된다. 그 뒤에 B도 죽었기 때문에 E와 F가 1 : 1의 비율로 상속받는다. 만약 A, B, C가 동시에 죽었다면 A의 재산은 D가 단독으로 상속받는다.

31
자식은 유류분권리자다. 딸의 법정상속분은 9억 원×(1/1.5+1+1+1)=2억 원이다. 따라서 두 딸은 각각 법정상속분의 2분의 1에 해당하는 1억 원씩을 을에게 청구할 수 있다. 이는 소송을 통해 받아낼 수 있다.

32
을이 채무의 존재 자체를 부인하는 상황은 아니므로 지급명령제도를 이용하는 방법이 있다. 을이 현실적으로 보증금을 돌려줄 여력이 없는 상황이라면 조정을 통해 합의안을 모색해보는 것도 방법이 된다. 갑이 을과 만나 합의안을 도출했다면 제소전 화해를 신청해 합의내용을 법관으로부터 확인받아 두는 것이 좋다. 소액사건심판절차를 이용하려면 소송가액이 2000만 원 이하여야 하므로 이 절차는 이용할 수 없다.

33

관할은 피고의 주소지, 채무의 이행지, 부동산의 소재지 등이다. 제소 전의 조치로는 내용증명우편의 발송, 보전처분(가압류) 등을 생각해볼 수 있다.

34

청구원인에 대해 다양하고 발랄하게 상상해보자. 사건이 간단해 보여도 실제 인간사는 매우 복잡하다. 세상에 이유 없는 무덤은 없는 법이다.

35

이사의 책임에 관한 문제다. 이사는 법령을 위반해서는 안 된다. 뇌물을 제공하기 위해 돈을 지출한 것은 그 자체가 불필요하게 회사에 손실을 입힌 것이며, 이사는 뇌물액 상당의 손해를 배상할 책임이 있다(참고판례: 대법원 2005.10.28. 선고 2003다69638 판결). 이사가 법령·정관을 위배하여 손해를 발생시켰다면 이사에게 과실이 있다고 추정하기 때문에 이 사례의 경우에 주주가 이사의 과실을 입증할 필요가 없다.

36

이것도 이사의 책임에 관한 문제다. 이사는 법령을 위반하지 말아야 할 뿐만 아니라 위임의 취지에 맞게 주의의무도 다해야 한다. 자기의 토지를 시가의 2배로 회사에 매각했다면 이사의 자기거래에 대한 승인여부와 상관없이 그러한 임무를 게을리 했다고 볼 수 있다. 그러므로 회사는 갑에게 책임을 물을 수 있다.

37

주주대표소송을 생각할 수 있다. 소송을 제기하기 전에 회사에 소송의 제기를 청구해야 한다. 판례는 갑 회사의 대표이사 및 이사가 출자액을 회수할 수 없음이 분명한데도 대주주의 개인적 손실을 막기 위한 배임행위로 을 회사 등의 유상증자에 참여한 결과로 갑 회사에 손해가 발생한 사안에 대해 그 회사 주주들이 제기한 주주대표소송에서 회사의 대표이사 및 이사의 회사에 대한 손해배상책임을 인정했다(서울중앙지법 2010.2.8. 선고 2008가합47867 판결).

38

우리나라의 권위주의 시대에는 국가형벌권을 정치적인 목적으로 이용한 사례가 많았다. 인혁당 재건위 사건, 강신옥 변호사 법정모독 구속 사건, 김대중 내란음모 사건, 삼청교육대 사건, 송 씨 일가 간첩단 사건 등에 대해 인터넷을 이용해 알아보고 관련 판례를 찾아보자. 국가형벌권은 적절히 통제되지 않으면 안 된다는 것을 알 수 있을 것이다.

39

(1) 13세 어린이의 행위는 범죄가 되지 않는다. 책임능력의 부재 때문이다. 제9조. (2) 불능미수이므로 범죄가 성립하지 않는다. 제27조. (3) 저주와 살인 사이에 인과관계가 없다고 본다. 제17조. (4) 살인의 위험성이 있으므로 미수범으로 처벌한다. 제25조. (5) 이런 경우를 '미필적

고의'라고 한다. 이는 살인의 고의가 있었다는 뜻이다. 제13조. (6) 아버지는 살인의 교사범이다. 제31조. (7) 다소 모호한 사례다. 제17조. (8) 이 경우 과잉방어로 인한 살인죄의 책임을 질 수 있다. 제21조. (9) 둘 다 살인의 공범으로서 살인의 책임을 진다. 제30조. (10) 일반인에게 살인을 신고할 의무는 없다. (11) 살인의 방조범이 된다. 제32조. (12) 어린이를 살인의 도구로 쓴 것이다. 살인의 정범이다. 제34조. (13) 인사불성 상태에 빠진 책임이 있다고 간주되므로 살인의 책임을 질 수 있다. 제13조. (14) 책임을 지지 않는다. 제13조. (15) 인과관계가 없다고 봐야 할 것이다. 제17조. (16) 살인의 미수다. 중지미수에 해당한다. 제26조. (17) 생명을 위험하게 하거나 상해를 입히는 행위에 대한 승낙은 불가능하다. 제24조. 이 경우를 존엄사와 비교해보라. (18) 과잉의 긴급피난 책임을 진다. 제22조.

40

형법각론이 구성요건을 명확히 드러내고 있다고는 하지만 여기에서 보듯이 구성요건이 반드시 명료한 것은 아니다. 하나씩 법조문과 대조하면서 범죄가 되는지를 생각해보자.

(1) 소송사기에 관한 문제다. 소송사기는 처분문서 등을 거짓으로 만들어내거나 증인의 허위증언을 유도하는 등의 방법으로 객관적인 제3자적 증거를 조작하는 행위를 말한다(대판, 2007.9.6, 2006도3591). 이 사례는 사기죄에 해당한다.

(2) 작가가 나머지 인세에 대한 청구권의 존재 자체를 알지 못하는 착오에 빠져 이를 행사하지 아니한 것이므로 부작위에 의한 처분행위

에 해당한다(대판 2007.7.12, 2005도9221). 사기죄에 해당한다.

(3) 단순한 채무의 불이행은 사기죄가 되지 않는다. 그러나 애당초 돈을 갚을 의도나 능력이 없으면서도 갚겠다고 말하고 돈을 빌린 뒤 갚지 않으면 사기죄가 된다.

(4) '기망'은 법률상 고지의무가 있는 자가 일정한 사실에 관해 상대방이 착오에 빠져 있음을 알면서도 그 사실을 고지하지 않는 것을 말한다. 고지의무가 있는지의 여부가 쟁점인데, 이 경우 신의성실의 원칙상 고지의무가 있다고 봐야 하지 않을까? 다소 모호하다.

(5) 상품의 허위 과장광고가 사기죄에 해당되는가의 문제다. 다소의 과장은 허용되지만 거래에서 중요한 사항에 관해 구체적인 사실을 '거래상의 신의성실 의무에 비추어 비난받을 정도'의 방법으로 허위로 고지한 경우에는 과장이나 허위광고의 한계를 넘어 사기죄에 해당하는 기망행위가 된다(대판 2004.1.15 2001도1429). 백화점의 허위 세일행사도 마찬가지다. 세일용 상품을 만들어 곧장 세일로 파는 경우가 이에 속한다.

(6) 사기죄는 타인을 기망해서 그로 인한 하자 있는 의사에 기하여 재물의 교부를 받거나 재산상의 이득을 취함으로써 성립하는 범죄로서 그 본질은 기망행위에 의한 재산이나 재산상 이익의 취득에 있는 것이고 상대방에게 현실적으로 재산상의 손해가 발생함을 요건으로 하지 않는다(대판 2004.4.9, 2003도7828).

(7) 신상품을 세일상품인 것으로 속여서 판매한 행위는 사기죄에 해당한다. (5)번 참조.

41

이는 크게 보면 전문(傳聞)법칙에 관한 문제다. 경찰조서의 경우는 피고인이 그 내용을 인정하는 경우에만 증거능력이 인정되지만, 검찰수사 단계에서 작성된 신문조서는 증거능력이 인정될 수 있다. 이 사례의 경우 심리적 억압상태가 지속됐다고 보기 어려울 것이다.

42

이 글은 〈한겨레〉 2006년 9월 10일자에 게재된 칼럼의 일부다. 당시 현직 검사였던 금태섭은 '현직 검사가 말하는 수사 제대로 받는 법'이라는 기획칼럼을 쓰기 시작했다. 이 글은 그 첫 회분이다. 이 글이 문제가 되어 금태섭은 결국 검사직을 사직하게 됐고, 첫 회분 이후의 글은 게재되지 못했다. 범죄의 입증책임이 검사에게 있다는 것을 생각한다면 금태섭은 당연한 것을 말해주었다고 봐야 하지 않을까?

43

부당해고를 다툴 수 있으며 체불임금과 퇴직금을 청구할 수 있다. 절차적으로는 노동부와 노동위원회를 이용하는 방법, 민사소송을 이용하는 방법 등이 있다. 민사소송의 경우 노동부 지방사무소로부터 체불임금 확인원을 받아 이를 증거자료로 해서 지급명령이나 소액심판을 청구하면 편리하다.

44

병원이 우월적인 지위를 이용해 의약품 공급자에게 돈을 요구하는 것은 불공정거래행위로서 우월적 지위의 남용에 해당한다. 이러한 경우에 갑은 공정거래위원회에 신고하면 된다. 공정거래위원회는 불공정거래행위에 대해 직권으로 조사를 개시하거나 신고가 있을 때 조사를 개시한다(제49조). 신고에 자격의 제한이 없으니 누구나 신고할 수 있다. 갑은 익명으로도 공정거래위원회에 신고해 시정조치를 취하게 할 수 있다. 이와 유사한 실제 사건에서 대학병원은 2억 5000만 원의 과징금을 부과받았다(공정거래위원회 전원회의, 의결 제2010-052호, 2010.5.4. 사건번호 2010제감0303).

45

약관은 사적 계약의 내용이긴 하지만 공정성을 잃은 것은 무효가 된다(〈약관규제에 관한 법률〉 제6조). 그런데 제시된 사례에서 관건은 아직 계약을 체결하기 전에 약관의 내용에 대해 문제 삼을 수 있는 방법이 없을까 하는 것이다. 약관규제법에 의하면 약관조항과 관련해 법률상 이익이 있는 자, 등록된 소비자단체, 한국소비자원, 사업자단체는 약관법의 유효성에 대해 공정거래위원회에 심사를 청구할 수 있다(제19조). 갑의 경우는 직접 계약당사자가 아니기 때문에 법률상 이익이 있는 자에 해당한다고 보기 어렵다. 그렇지만 소비자단체나 한국소비자원을 통하면 약관의 유효성에 대해 심사청구를 할 수 있다. 이와 비슷한 약관에 대해 대법원은 임차인에게 부당하게 불리한 조항을 담고 있어 공정성을 잃은 것이므로 무효라고 보았다(대법원 2009.8.20. 선고 2009다20475,20482 판결).

46

방문판매법에 따르면 구입일로부터 14일 이내에는 계약을 취소할 수 있다. 서면으로 취소해야 하는 것은 아니지만 분쟁의 소지를 줄이기 위해 내용증명우편으로 취소를 통보하는 것이 좋다. 계약취소를 통보한 뒤에도 문제가 해결이 되지 않으면 소비자단체나 한국소비자원 등을 통해 문제의 해결을 시도해볼 수 있다. 물론 소송도 가능하다.

47

특허는 발명을 공개하는 대신에 독점적 실시권을 갖는 것이고, 영업비밀은 발명을 공개하지 않는 대신에 독점적 실시권을 주장하지 않는 것이다. 제품을 보고 다른 사람이 쉽게 흉내 낼 수 있는 것이면 반드시 특허를 선택해야 한다. 그렇지 않다면 영업비밀로 관리하는 것도 생각해볼 만하다. 특허는 20년간 보호되지만 영업비밀은 비밀로서 유지되는 한 기한 없이 보호되기 때문이다. 영업비밀과 동일한 내용으로 특허가 등록되면 영업비밀을 보유한 자는 더 이상 해당 물건을 생산할 수 없다. 코카콜라를 예로 들면 그 병마개는 특허 거리이고 코카콜라 제조법은 영업비밀 거리다.

48

(1) 저작권 침해가 된다. 서울남부지법 2008.6.5. 선고 2007가합18479 판결. (2) 저작권 침해가 된다. 대법원 1997. 11. 25. 선고 97도2227 판결. (3) 단순히 누군가가 타인의 저작물을 게시했다고 해서 포털사이트의 관리자가 책임을 지는 것은 아니고, 포털사이트의 관리자는 그러한

게시를 묵인하거나 방조한 경우에만 저작권을 침해한 것으로 본다. 서울중앙지법 2006.7.21. 선고 2004가합76058 판결. 물론 타인의 게시물을 올린 사람의 행위는 그 자체로 저작권 침해가 된다. (4) 단순한 링크는 저작권 침해가 되지 않는다. 대법원 2010.3.11. 선고 2009다4343 판결. (5) 저작권 침해가 된다. 대법원 1996. 9. 6. 선고 96도139 판결. (6) 창작성이 없으면 저작권의 보호대상이 아니다. 대법원 2001. 5. 8. 선고 98다43366 판결. (7) 초·중·고등학교의 교과서에 단편소설을 게재하는 것은 저작권 침해가 아니지만 대학, 사범대학, 교육대학, 실업고등전문학교, 전문학교 등에서 사용하는 교과서에 그렇게 하는 것은 저작권 침해가 된다. 대법원 1979.12.28. 선고 79도1482 판결.

49

국제사회의 가장 큰 관심사 중 하나는 국제사회에서 대규모로 잔인한 인권침해가 일어나는 것을 방지하는 일이다. 이와 관련된 중요한 절차로는 1970년 유엔 경제사회이사회 결의 제1503호에 의해 만들어진 인권피해 청원절차가 있다. 이를 '1503절차'라고 한다. 이에 의하면 세계 어느 곳에서든 인권침해가 일어나고 있다는 명백한 증거를 가지고 있는 사람이면 누구든지 유엔 경제사회이사회에 통보(communication)할 수 있다. 개인이 직접 통보할 수도 있고 집단이나 단체 명의로도 통보할 수 있다. 일단 통보가 접수되면 접수사실을 통보한 사람에게 알려준다. 그 후의 절차는 경제사회이사회가 독자적으로 진행한다. 이 절차에는 당사국의 해명을 듣는 것, 현지조사를 하는 것, 해결방안을 모색하는 것, 인권침해 실태를 공개하는 것 등이 포함된다. 전체 절차는 비공개로 진행된다. 이는 정치적인 해법을 모색하기 위한 것이기도 하지만 국제법의 한계를 보이는 것이기도 하다. 하지만 이러한 제도가 마련됐다는 것 자체가 국제사회가 개별 국가의 국내적 인권침해에 대해 개입하기 시작했음을 의미하는 것인 동시에 개인에게도 국제법상의 주체성을 인정했음을 의미하는 것인 만큼 중요하다. 1503절차를 적용함에 있어서 당사국이 특별히 국제조약에 가입돼 있을 필요는 없다. 우리나라에서도 중대한 인권침해를 당한 피해자가 있으면 이 절차를 이용해볼 만하다. (참고자료: 조용환, 국제적 인권보호제도와 이용가능성, 〈법과 사회〉, 제5호, 1992.)

50
이 글은 앞에서 각주로 소개한 이상수, 법철학 어떻게 할 것인가? 〈민주법학〉, 제22호, 2002의 282쪽에 나오는 내용을 일부 수정해 옮겨놓은 것이다. 법학도라면 법철학에 대해 공부하는 데 그치지 말고 제대로 법철학을 해야 한다는 것을 강조하기 위해 여기에 실어보았다.

51
이 문제는 변호사가 의뢰인의 비밀정보를 어느 정도로 보호해야 하느냐에 관한 것이다. 변호사는 의뢰인의 비밀을 지켜주어야 하지만 공익과 충돌할 때에는 그것을 공개할 수도 있다. 미국의 경우 주에 따라서는 일정한 경우에 공익의 관점에서 그런 정보를 의무적으로 공개하게 하는 경우도 있지만 대개는 공개의무를 부과하지는 않고 공개를 허용하는 정도에 그친다. 우리나라의 경우도 공익의 관점에서 공익과 충돌

하는 정보의 공개를 허용하고 있다. 제시된 사례의 경우 회사 내부에서 해결을 시도해보고 여의치 않으면 공개해도 된다. 여기서 공개해도 된다는 말은 공개로 인해 변호사가 징계를 받거나 손해배상책임을 지지는 않는다는 의미다. 하지만 진정한 문제는 공개해도 되는 경우에 공개하기로 결정할 것인지 공개하지 않기로 결정할 것인지다. 이것은 윤리적 판단의 문제다. 당신이라면 어떻게 하겠는가? 많은 변호사들이 (1)이나 (2)처럼 할 것이다. 표준화된 해법을 말한다면 먼저 (3)을 해보고, 안 되면 (4)를 해보고, 그래도 안 되면 (5)를 해보는 식으로 해서 (8)이나 (9)까지 해보는 것이 문제를 해결하는 순서일 것이다. (7)번, (8)번 또는 (9)번의 조치는 의뢰인의 비밀정보를 공개하는 경우에 해당한다. 사내변호사의 의뢰인은 회사이기 때문이다. (10)번 방식으로 해결하면 변호사 개인은 보호되겠지만 제3자에게 가해지는 피해를 방지하지 못한다는 문제가 있다. 정답을 암기하려고 하기보다는 이러한 문제상황이 제기하는 딜레마가 무엇인지를 잘 생각해보자.

찾아보기

ㄱ

가등기 228
가압류 223, 306, 326~7, 337
가족관계 275~7
가족법 275
가집행 판결 335
가처분 223, 306, 323, 326, 328
가치판단 467, 473
간디 31, 494
간병급여 405
간접점유 234
감사 212, 350, 353
감정 334
감치 334
강제경매 336~7
강제수용 159~61
강제집행 305~6, 311~8, 324~5, 336
개발이익 162
개별적 근로관계법 395
개인기업 343
거래상 지위 남용행위 417
거주·이전의 자유 81
검사 375, 377, 380~2
검열 63~7, 113, 117, 119
검인계약서 227
검증 334
검찰 377, 380
게이츠, 빌 428
결심 334

결함과 하자 257
경국대전 52, 177
경매 223, 326~7
경범죄처벌법 363, 381
경영상 해고 395~6
경영판단의 법리 352
경제력 집중 415
경제법 394, 409~12
경제적 합리주의 342
경찰 377~84
경찰관직무집행법 376~7
계약 248~9
계약결혼 280
계약금 225~6
계약자유의 원칙 196
계약해제의 항변 311
계쟁물 326~7
고문 80, 358, 360, 383
고용계약 394
고용보험법 395
고홍주 49
골드스타인, 브란트 49
공공기관의 정보공개에 관한 법률 43, 130, 139~141
공공수용 160
공공재의 부족 410
공권력 121, 143~4, 159~60, 393
공동기업 343
공동불법행위 책임 256
공동상속인 295~6

공동정범 368
공무상 비밀표시 무효에 관한 죄 327
공무원 83, 90, 113, 163~7
공법 367~8
공법 176, 393~4
공시의 원칙 221
공연권 437
공연윤리위원회 64~5, 113
공익사업의 특권 161
공익사업자 161
공작물 점유자의 책임 255
공정거래법 412, 414~7
공정거래위원회 412, 416~7, 512
공정증서 305, 311~3, 317, 336
공정증서에 의한 유언 292~3
공중송신권 437
공중 162, 312~3
공증인 293~4, 312
공판 380~2
과실책임의 원칙 196, 253, 255
과실책임주의 250
과잉금지의 원칙 87
과잉방위 365
과장광고 510
관세 및 무역에 관한 일반협정(GATT) 454
관할 318, 324~5
교사범 368
교수형 369
교전단체 449
교통사고 172, 249, 263~73
교통사고에서의 합의 269~70
교통사고처리특례법 264
교통할아버지 164
구류 369
구민법 178

구성요건해당성 364
구속영장 378~9
구수증서에 의한 유언 293~4
국가 52, 63, 72~3, 111~2, 448~9
국가배상법 163~4, 171, 386
국가보상 143, 145~6, 159
국가보안법 172, 363
국가승인 449
국가의 손해배상책임 164
국가인권위원회법 43
국무총리행정심판위원회 148
국민고충민원 처리 제도 147
국민권익위원회 147
국민기초생활 보장법 43
국민의 권리와 의무 79~86
국민의 알권리 102, 139
국민의 형사재판 참여에 관한 법률 385
국민주권론 93~8
국민참여재판 385
국민투표 98
국선변호사 306
국제경제법 453
국제공무원 455~7
국제관습법 445, 447
국제기구 449~50, 455~7
국제노동기구 455
국제법 445~7
국제법의 법원 446~7
국제법의 주체 448~51
국제사법재판소 446~7, 452, 455~6
국제연합(유엔) 450
국제원자력기구 450, 455
국제재판소 452, 457
국제조약 116~7, 447, 515
국제지적재산권기구 450

국제통화기금(IMF) 454
국제해사기구 455
국제해양법재판소 452~3, 456~7
국제형사재판소 452, 456
군주주권론 94
권력남용의 문제 96
권력분립 76, 93, 95~6, 98
권리 35~44, 72~4
권리금 243~4
권리남용 금지의 원칙 196, 447
권리능력 201~5, 345
권리를 위한 투쟁 35~42
권리와 의무 202, 248
권리의식 41, 47~8, 62
권리장전 75
권리청원 75
권한쟁의심판 113~6
규제실패 411
근대민법 180, 197
근대헌법 52, 54, 61~2, 74, 77, 100
근대형법 357, 360
근대형법의 정신 361
근로감독관 398~9
근로계약 399, 402
근로기준법 395~6, 407
근로복지공단 401, 406
근로의 권리 84
근로자퇴직급여보장법 407
근로조건 84~5, 400~1
근저당 223, 237~8
금고 369
금반언의 원칙 447
금전소비대차 341~2
금태섭 511
급부 247~8

기간제 근로자 403~4
기관소송 151
기망 510
기본권 51, 54, 68, 71~89, 101, 111~2, 117
기본권 목록 77, 79
기본권 침해 112, 122, 131~2, 135, 497
기본권의 제한 86~9
기소 380~1
기소권 377
기소독점 381
기소유예 381
기속위임의 원칙 96
기수범 367
기업 213, 255, 341~8
기업결합 414
기업결합 제한 415
기업지배구조 350
기업집단 414
기초법학의 분과들 475
긴급체포 378~9
긴급피난 252, 365
김구 55
김규식 55
김두영 457
끼워팔기 416

ㄴ

나치시대의 법률가 462~3
낙선운동 494
난민 49, 451
남녀 고용평등과 일 · 가정 양립 지원에 관한 법률 395
내부거래 규제 415
내용증명우편 278, 324, 422, 507

노동3권 37, 393, 401
노동법 393~8, 407
노동부 진정 400, 403
노동위원회 397~8, 403~4, 511
노동조합 및 노동관계조정법 395, 401
노동조합의 운영 개입 401
노령수당 44~6
노무현 113~4
노인복지법 45
녹음에 의한 유언 292~3
뇌사 203

ㄷ

다단계판매 419, 421~2
다수결 민주주의 74
다자간투자협정 447, 454
다자간협약 447
단결권 77, 85, 401
단체교섭 거부 402
단체교섭권 85, 401
단체행동권 85, 401
단체협약 396, 401
달, 로버트 127
담보물권 217, 219
답변서 332~3
답변서의 양식 340
당사자소송 151
당사자주의 308, 381
대륙법계 198, 471
대리와 대표 212
대명률 358
대습상속 205, 296~7
대의제 95~6, 98~9
대의제의 위기 102

대통령 독재 58
대통령직선제 56, 61, 101
대통령제 55, 59~60, 100~2
대표기관 212
대표이사 347~8, 350, 353
대한민국 임시헌법 55
대한민국 헌법개정사 54~61
대항력 231, 233~5
대항력요건 236~40
더러운 소송전략 481
데이터베이스 439
도로교통법 271, 363, 381
도메인네임 430
도스 428
도주의 우려 379
독일 민법 175, 181~4, 192, 194
독점 413~5
독점규제 및 공정거래에 관한 법률 363, 412
독점규제 412~7
독점이윤 411, 413
독점적 실시권 431~2, 437, 513
독촉절차 313
동로마 186~9
동물 점유자의 책임 256
동산에 대한 가압류 326~7
동성동본 125, 280, 289
동시이행의 항변 310
등기부등본 222, 230
디자인권 430

ㄹ

로마법 29~30, 175, 183~97
로마법의 계수 175, 190~1

로마의 법학자 185~6
로마의 평화 185
로스쿨 156, 486~9
로스쿨법 44, 156
로열티 432
로크, 존 52, 71~5, 91, 94~6, 99
로펌 488~9
루소, 장-자크 97
리콜 257

ㅁ

마이크로소프트 416, 428
만민법 184~6
망명자 비호권 451
망원동 수재사건 169~70
매매문기 177
면접교섭권 285~6
명의신탁약정 229
명치유신 180
명확성의 원칙 361
모성의 보호 86
목적형론 368
몰수 369, 381
몽테스키외 52~3, 96, 99~100, 109
무과실책임 168, 196, 253, 258
무과실책임주의 196
무역관련 지적재산권 협약 430
무책배우자 284
무한책임사원 346~7
묵비권 380
문서송부촉탁 334~5
문서제출명령 334~5
물권 215~20
물권과 채권의 차이 216

물권법정주의 217
물권의 구조 217
물권의 변동 221
물적회사 346~8
미국 독립선언서 53, 75
미성년자 201, 206~10
미수범 367~8
미필적 고의 508
민법 175~97, 341~3
민법의 3대 기본원칙 196, 255
민사소송 151, 155, 305~10, 321
민사소송법 170~1, 176, 323, 399
민사일반법 176
민사조정법 315~6
민사특별법 176
민사합의 269
민상법통일론 343
민주공화국 94~5, 98
민중소송 151

ㅂ

바이마르 헌법 54, 77
박병호 48
박시환 108
박정희 59~60
박춘호 456, 458
반도체배치설계 431, 439
반독점법 412
반란단체 449
반의사불벌죄 380
발췌개헌 56
방계혈족 276
방문판매 등에 관한 법률 421
방문판매 421~2

찾아보기 521

방송심의위원회 64
배상심의회 170~1
배심원의 평결 385
배타적 경제수역 449
배포권 437
버지니아 주 권리장전(선언) 360
벌금 369~70
범죄 353~63
범죄의 성립요건 364~7
범죄피해자보호법 386
법과 권리 36
법과 도덕 462
법관 103~8, 308~11, 369
법관의 승진과정 106
법관인사 108
법률가 30~1, 33, 36, 463, 467
법률관계 202
법률우위의 원칙 135
법률유보의 원칙 135~6, 498
법률의 대일의존 180
법률주의의 원칙 361
법률행위 201, 206~12
법비 480
법사학 468~70
법사회학 470~1
법실증주의 462~4
법의 보편성 25
법의 일반원칙 446~7
법인 211~3, 329, 344~5
법인격 344
법정담보물권 220
법정이자율 331
법정지상권 218
법정채권관계 248
법정혈족 276, 295

법조계 486
법조윤리 486~91
법철학 461, 467~8, 472~3, 515
법치주의 129, 137~8, 394
법치행정 102, 129, 133~7
법학 4, 17~30, 201~2, 461~6
법학방법론 467
법학전문대학원 설치·운영에 관한 법률 44
법학전문대학원 156~7
법학제요 187, 191
베카리아, 체사레 359~61
변론기일 334
변론주의 308~9, 311, 319
변제의 항변 311
변호사 책임 490
변호사법 488
변호사비용 306, 335
변호사윤리 487~90
변호사윤리장전 488
보전처분 323, 325~6, 328
보존등기 222~3
보증금반환청구권 238
보증금의 우선변제권 236~8, 242
보충성의 원칙 121~2, 144
보통법 198~9
보통실종 205
보험회사 266
복제권 437
복지국가 54
본안소송 323, 328
본안심리 155
본안심판 323, 329
본인소송 306, 320
부당노동행위 393, 401~3

부당이득 248~9
부당한 공동행위 414
부당해고 구제신청 397~8
부당해고 396~9
부동산 매매계약 224~7
부동산 명도소송 228
부동산등기 특별조치법 224, 228~9
부동산실명법 228
부동산의 가압류 326
부동산투기 방지 관련 특별법 228
부부 사이의 재산관계 282
부부관계 275~7
부부별산제 282
부작위에 의한 위법행위 165
부전조약 452
부정경쟁방지 및 영업비밀에 관한 법률 439
분배적 정의 24, 26, 410
분쟁의 평화적 해결 원칙 452
불공정거래행위 415~7, 512
불공정고용계약 401~2
불기소처분 381, 386
불능범 367
불법행위능력 201, 345
불법행위의 요건 250
불심검문 377
불이익취급 401
브레턴우즈회의 453
비교법학 471~2, 475
비밀증서에 의한 유언 293~4
비스마르크 체제 181
비어드, 찰스 470
비정규직 393, 403~4
비정규직법 403
비정부기구 448

빈부격차 410~1
뺑소니 265, 273

ㅅ

사단 344, 349
사단법인 344
사무관리 248~9
사물관할 318, 324
사법경찰관 377, 380, 384, 398
사법권 100, 103~7, 133
사법권의 독립 103~6
사법부 103~5
사사오입 개헌 57
사실조회촉탁신청 334~5
사실혼 287~8, 505
사용자책임 255
사원 344~9
사원의 교체 346
사인증여 292, 506
4·19의거 57
사적 자치의 원칙 195~6, 394
사전보상의 원칙 161
사정재결 150
사정판결 156
사형제 360, 474
사회계약론 52, 93
사회국가 54
사회권 495
사회법 393~5
사회보험 405
사회적 기본권 54, 77~8
사회적 특수계급 79
사회주의 410
사회학적 법학 475

산업재산권 430~1, 438
산업재해 404~6
산업재해보상보험 405~6
산업재해보상보험법 405
3권분립 96, 102, 104
상가건물임대차보호법 242~4
상계의 항변 311
상고 335
상당인과관계 252
상대권 216, 247
상법 176, 213, 342~5
상병보상연금 405
상속세법 137
상속의 순위 295~8
상속의 포기 298
상인 342
상표권 430
샌델, 마이클 32
생명공학 474
서면주의 334
서증조사신청 334~5
서태영 108~9
선거권 82, 97, 369
선고공판 335
선고유예 370
선발명주의 433
선출원주의 433
설계상의 결함 258
설립등기 211
성년 206
성년의제 209, 288
세계무역기구(WTO) 454
세계보건기구 455
세계지적재산권기구 430, 455
셰익스피어 480

소금법 31
소급입법 58, 81, 361
소급입법의 금지 361
소급효 119
소비자기본법 418
소비자분쟁조정위원회 316, 418
소송가액에 따른 관할 318
소송대리인 319
소송대상물 326
소송비용 329, 331, 335
소송비용확정결정 신청 335
소송사기 509
소송상 화해 318
소송전 절차 306
소송촉진 등에 관한 특례법 330
소액보증금의 최우선변제권 239~40, 243
소액사건심판법 318~9
소액사건심판소송 318~20
소유-경영 분리 341, 348
소유권이전금지가처분 223
소유권이전등기 222, 226~7
소유권절대의 원칙 196
소의 이익 154, 500
소장 319, 329~32
소청심사 148
소청심사위원회 148~9
손괴죄 271, 366
손해사정인 267
송달 330~1
송상현 456
송치 380
수결 177
수사 377~8, 388~9
수사권 377
수익적 행정행위 498

시민단체 43~5
시민법 184~6
시민불복종 494
시장경제 409~11
시장실패 411
시장지배적 사업자 414
시정적 정의 24, 26
시효완성의 항변 310
신의성실의 원칙 447, 510
신지적재산권 427, 431, 438~41
신체의 자유 76, 80, 375~7
신칙법 188
실용신안권 430
실정법학 461~5
실종선고 203~5
실질적 법치주의 129, 137~8
실질적 의미의 민법 176
실질적 의미의 행정 132
실체법 176
실체적 진실 307~8, 319, 382
실화책임에 관한 법 126, 497~8
실황조사서 266
심사청구 148, 512
10악 358
쌍방대리 488

ㅇ

아리스토텔레스 21~7, 32
아산만 방조제 114
악덕소비자 423
안전보장이사회 450, 453
약관 424, 512
약관규제에 관한 법률 512
약식명령 381

약혼 277~9
양심의 자유 81
양안 177
양육권 285, 290
양육권자 285
양자 276, 295
양창수 299
언론 · 출판의 자유 63~4, 81, 86
업무상 과실치사죄 271
업무상 과실치상죄 271
업무상 재해 405~6
역경매방식 431
영공 448
영국법 198
영리법인 213
영미법계 198, 471
영상물등급위원회 66~7, 117
영업방식 431
영업비밀 439~41, 513
영장 80, 375, 378~80
영장실질심사 379
영조물책임 167~9
영해 448
영화법 64~6, 113
영화진흥법 66~7
예링, 루돌프 폰 36~42, 62, 190
5 · 18민주화운동 관련자 보상 등에 관한
    법률 43
옴부즈만 148
외교관계에 관한 비엔나협약 451
외교면제특권 451~2
요양급여 405
용산참사 163
용익물권 217~8
우루과이라운드협정 454~5

우리나라 형벌의 종류 369
우월적 지위의 남용 512
운행자책임 268
울피아누스 29
위법성조각사유 252, 364~5
위법수집증거 배제 382~3
위약금 225, 420, 424
위증죄 382
위헌법률심판 113~20, 124
위험책임주의 168
유니언숍 402
유럽연합 450
유류분 205, 291, 298~9
유류분권리 299
유류분권리자 506
유스티니아누스 법전 175, 189
유스티니아누스 187~9
유신정권 60
유신헌법 60, 112
유언 209, 291~5
유언능력 292~3
유언의 방식 292
유언의 효력 302
유엔 경제사회이사회 514
유엔식량농업기구 455
유엔해양법협약 447~8
6월 대항쟁 61
유족급여 405
유죄의 입증책임 375
유증 205, 292
유진오 55, 69, 495
유책배우자 284~5
유추해석의 금지 361
유치권 217, 219~20
유한책임사원 346~8

유한회사 348
유효경쟁 413
유효독점 413
윤석명 108
음반법 117~20
음주운전 172, 273, 501, 504
응보형론 368
응보형주의 362
의뢰인의 비밀정보 515
의료심사조정위원회 316
의무보험 269, 271
의사의 설명의무 503
의사의 주의의무 251
의원내각제 56, 58, 69, 100~1, 103
의장권 430
2권분립 96
이데아 21~2
이사의 의무와 책임 351~3
이슬람법계 471
이승만 55~8
이의신청 148, 162, 499
이익배당청구권 350
이익충돌 487~9
이중매매 226
2차적 저작물 작성권 437
이행권고제도 319
이혼 282~7
이혼숙려기간 283
이혼신고 283
이혼의 귀책사유 284
인 두비오 프로 레오 381
인간과 시민의 권리선언 76
인감증명 225, 227
인권의 실정법화 74
인민주권론 93~9

인스티투치오네스 체계 191, 193
인신보호령 75
인적회사 345~6, 348
인정사망 203~4
인지대 332~3
인척 275~6
일반불법행위 250~1, 257, 267, 434, 503
일반예방설 369
일본 민법 175, 178~82, 193~4
일본 민법과 독일 민법 181~2
일본 민법과 한국 민법 179~80
일상가사대리권 281
1503절차 514
1원 소송 38
임금채권 393, 400
임금채권보장법 400
임금채권의 우선변제권 400
임대차보증금 231, 424
임의동행 378
임차권 219, 231
임차권과 전세권의 차이 219
임차권등기명령 241
입법권 96, 100, 104, 133
입증책임분배의 원칙 310
입헌주의 51, 53~4, 58, 61, 68

ㅈ

자격상실 369
자격정지 369
자구행위 365~6
자기책임원칙 255
자동차사고 263~73
자동차사고처리특례법 271
자동차손해배상보장법 264, 268~9
자동차종합보험 271~2
자력구제 252, 365~6
자백 80~1, 383~4, 391
자백보강법칙 383
자본주의 341~2, 345, 395, 409
자연권 52~3, 63, 72~4, 93~4, 359
자연법 184
자연인 201, 211~2, 345
자연혈족 295
자원배분 410
자유결혼 276
자유권 72, 75, 77, 495
자유권적 기본권 78
자유대헌장 75
자유심증주의 308~11
자유위임의 원리 95~6
자유의지 362
자필증서에 의한 유언 292~3
작량감경 369
장래무효의 원칙 119
장래효 119
장면 59
장해급여 405
재결신청 148
재결청 149
재벌 370, 413~5
재벌에 대한 집행유예 370
재산관계 명시제도 337
재산권 82, 160, 328, 375, 411
재산분할 비율 286~7
재산분할청구권 286~7
재산조회제도 337
재판상 이혼 282~5
재판상 화해 318
재판을 받을 권리 83, 103~4

재판의 전제성 117~20, 497
저당권 217, 219~23, 400
저작권 427, 429~31, 436~8, 442
저작권법 429, 436~8
저작권 침해 438, 442, 513
저작인격권 437
저항권 72
적정성의 원칙 361
전과기록 370
전관예우 106
전두환 60~1
전략적 봉쇄소송 482
전문경영인 341, 345
전문증거 384
전봉덕 47
전부노출설 203
전세권 217~9, 232
전시권 437
전용실시권의 양도 432
전입신고 234~5
전자상거래 등에서의 소비자보호에 관한 법률 422
전자상거래 422
전쟁범죄자재판 453
전주정기 186
전태일 407
전화권유판매 421
절대권 216, 247
절차법 5, 176
점유권 217, 220
정당방위 252, 364
정당한 해고 396
정당해산심판 113~5
정당행위 252, 365
정보공개 청구서 141

정보공개법 499
정부형태 100~1
정의 17, 20~30
정종섭 496
제3자에 대한 대항력 233~4
제3자에 대한 이사의 책임 352~3
제소명령 328
제소전 절차 323
제소전 화해 305, 317~8, 325
제소전 화해조서 336
제조물책임 256~9, 504
제조물책임법 253, 257~9
제조물책임법상 결함 258
제조방법 430
제조상의 결함 258
제퍼슨, 토머스 75
제한능력자 206~7
제한물권 217, 222
제헌헌법 55~6, 69, 108, 495
조선민사령 178
조선시대의 형벌 358
조선총독부 178
조세법률주의 136
조세심판원 148
조수현 108
조약 445, 447
조영래 170, 407
조정 305, 314~6
조정위원회 316
조정조서 316, 336
조합 343~5
존엄사 509
종교의 자유 37, 81
종범 368
죄형법정주의 357, 359, 361, 364

주기적인 공황 410
주석학파 190
주의의무 250~1, 507
주주 341, 344, 347, 349~50
주주대표소송 353~4, 508
주주제안권 350
주주총회 350~1
주주총회 소집청구권 350
주택건설촉진법 139
주택임대차계약 231~2
주택임대차기간 240~1
주택임대차보호법 43, 219, 231~2, 242
주해학파 190
준비서면 333~4
준현행범 378
중간생략등기 224
중도금 225~6
중앙노동위원회 397~8
중요사항유보설 136
중지미수 367
즉결심판 381
즉결심판에 관한 절차법 376
증거능력 383~4
증거보전신청 334~5
증거서류 332, 334
증거인멸의 우려 379
증인신청 334
지급명령 313~4
지급명령서 336
지방노동위원회 397~8
지상권 217~8, 223
지식사회 428~30
지역권 217~8
지적재산권 427
직계혈족 276, 319

직권주의 155
직권탐지주의 308, 319
직업선택의 자유 81
직접민주주의 93, 96, 98
진술거부권 383
진실・화해를 위한 과거사정리 기본법 43
질권 217, 219~20, 337, 400
집단소송 170
집단적 노사관계법 395
집행관 327
집행권원 305, 312~9
집행문 336
집행유예 369~70
집회・결사의 자유 63, 81
징계해고 395
징역 369

ㅊ

차용증서 313, 373
참여민주주의 102
참정권적 기본권 78
채권계약 231~2
채권법 247~8
채무불이행 196, 313
채무불이행자 명부 338
책임능력 254, 508
책임무능력자 253~4
책임무능력자의 감독자 책임 253~4
책임보험 263~4, 269
책임성의 요건 364
처분권주의 308~9
처분금지가처분 328
청구권적 기본권 78
청구인 적격 121~3, 126

청약의 철회 420
청원법 147
청원제도 147
체당금 400~1
체벌 365
체불임금 400, 511
촌수 276
최고권 210
최병조 199
최우선변제권 231, 233, 239~43
최저임금법 395, 400
최저임금위원회 400
출소기간 154
출자총액 제한 415
취소소송 152
칙령집 187
친고죄 380, 434
친권자 285, 292
친생부인 292
친족법 275
침해배제청구권 196
침해행정 129, 135

ㅋ

카르텔 412
칸트 476
컴퓨터 428
컴퓨터프로그램 431, 437
KTX 여승무원 404
켈젠, 한스 28~9

ㅌ

탄핵심판 113~5

태아 202~5
텔레비전방송 수신료 136
토지관할 324
토지보상법 161
토지소유권 162, 177
토지수용위원회 162
통상실시권의 양도 432
통상해고 395
통치구조 93
통치구조론 94
통치행위 99, 131~2
통행지역권 218
퇴직금 286, 400, 407
투기적 부동산거래 228
트리보니아누스 187
특례법상 10대 예외사유 272
특별실종 205
특별형법 363
특수불법행위책임 257
특정범죄가중처벌법 265, 363, 504
특허권 431~6
특허권의 양도 432
특허권침해행위 433
특허법 434~6
특허출원 432~3
티보-사비니 논쟁 192

ㅍ

파견과 도급 404
파견근로자 404
파피루스 186
파혼 278~9
파혼의 사유 279
판결문 305, 312, 335

판덱텐 체계 193~4
판례 462~4
판례법 1988
조법금 357
페를만, 카임 27
평등권 76, 78, 122, 126
평등원칙 26
폐해규제주의 414
표시상의 결함 258, 504
표절 438
프랑스 민법 181, 191
프랑스 인권선언 76, 360
프랑스혁명 53, 76, 181, 191
플라톤 21~2
피상속인 295
피성년후견인 206~7
피의자의 권리 380
피한정후견인 206~7
피해자의 승낙 252, 366

ㅎ

학설집 187, 193
한국소비자원 418~9, 512~3
한국적 법학 471
한정승인 298
할부거래에 관한 법률 419~20
함병춘 47
합명회사 346, 348
합자회사 346, 348
항고소송 151~2
항변 310~1
항소 152, 335, 382
해고 395~9
해고무효확인소송 399

해답권 제도 185
행복을 추구할 권리 76
행위능력 201, 205~6, 501
행정구제법 132~3, 143~8
행정권 96, 100, 104, 133, 135
행정법 129~38, 146, 158, 176
행정부 94, 100~2, 135
행정상 손실보상 146, 159~63
행정상 손해배상 146, 160, 163~71
행정상 손해전보 143, 146
행정소송법 151~2
행정소송의 원고적격 153
행정심판 145~6, 148~51, 499
행정심판법 149, 499
행정심판위원회 149~50, 397
행정작용법 133
행정쟁송 143, 145~6, 148
행정조직법 132
행정지도 133, 153
행정행위의 공정력 152
행정행위의 처분성 153
허가 받은 도둑 480
헌법 51~91, 111~2, 176
헌법소송 306
헌법소원심판 113~6, 121~6
헌법유보 86
헌법재판 104, 113~21
헌법재판 접수건수 115
현대적 의미의 헌법 77, 495
현대적인 민법원리 196
현장조사서 266
현행법 378~9
협의이혼 282~3, 285
형벌 357~63, 368~70
형법의 체계 363

형법이론의 고전학파 362
형법이론의 실증학파 362
형사보상 385~7
형사소송법 375~6, 383
형사합의 269
형식적 법치주의 137~8
형평 17, 25, 29~30
호주제 125, 474
혼외자 278, 295, 505
혼인관계 존부확인 청구소송 288
혼인무효 확인의 소송 281
혼인신고 280~1, 287
혼인의 실질적 요건 279
혼인의 형식적 요건 280
홉스, 토머스 52, 72, 93~4
화해조서 317~8, 336, 398
확정일자 236~7, 243, 294
확정판결후 절차 336~8
환경분쟁조정위원회 316
회계장부열람권 350
회사법 345, 348
회사에 대한 이사의 책임 351~2
회사의 종류 345~8
휴업급여 405